普通高等教育"十一五"国家级规划教材

21世纪交通版高等学校教材

Design Principles of Prestressed Concrete Structures

预应力混凝土结构设计原理

（第二版）

（土木工程专业用）

李国平　　　　主编

黄鼎业　黄　侨　主审

人民交通出版社

内 容 提 要

　　本书根据土木工程专业平台课程的教学要求,以预应力混凝土结构设计原理为主要内容,综合阐述了土木工程专业相关领域中预应力混凝土结构的特点,详尽介绍了先张与后张、有粘结与无粘结、体内及体外预应力体系及工艺、结构构造与受力性能,以及结构计算理论和方法,并用大量计算示例详细解释。

　　本书可作为土木工程专业本科学生的教材,也可作为土木工程各相关领域中工程技术人员、大专院校学生和教师的参考用书。

图书在版编目(CIP)数据

预应力混凝土结构设计原理/李国平主编.—2版.—北京:人民交通出版社,2009.11

ISBN 978-7-114-08003-6

Ⅰ.预… Ⅱ.李… Ⅲ.预应力混凝土结构—结构设计—高等学校—教材 Ⅳ.TU378.04

中国版本图书馆 CIP 数据核字(2009)第 191948 号

普通高等教育"十一五"国家级规划教材
21 世纪交通版高等学校教材

书　　名:	预应力混凝土结构设计原理(第二版)
著 作 者:	李国平
责任编辑:	曲　乐　王文华
出版发行:	人民交通出版社股份有限公司
地　　址:	(100011)北京市朝阳区安定门外外馆斜街 3 号
网　　址:	http://www.ccpress.com.cn
销售电话:	(010)59757973
总 经 销:	人民交通出版社股份有限公司发行部
经　　销:	各地新华书店
印　　刷:	北京市密东印刷有限公司
开　　本:	787×1092　1/16
印　　张:	15.25
字　　数:	363 千
版　　次:	2000 年 11 月　第 1 版 2009 年 11 月　第 2 版
印　　次:	2023 年 2 月　第 2 版　第 11 次印刷　总第 14 次印刷
书　　号:	ISBN 978-7-114-08003-6
定　　价:	30.00 元

(有印刷、装订质量问题的图书由本社负责调换)

总　序

　　当今世界,科学技术突飞猛进.全球经济一体化趋势进一步加强,科技对于经济增长的作用日益显著,教育在国家经济与社会发展中所处的地位日益重要。进入新世纪,面对国际国内经济与社会发展所出现的新特点,我国的高等教育迎来了良好的发展机遇,同时也面临着巨大的挑战,高等教育的发展处在一个前所未有的重要时期。其一,加入WTO,中国经济已融入到世界经济发展的进程之中,国家间的竞争更趋激烈,竞争的焦点已更多地体现在高素质人才的竞争上,因此,高等教育所面临的是全球化条件下的综合竞争。其二,我国正处在由计划经济向社会主义市场经济过渡的重要历史时期,这一时期,我国经济结构调整将进一步深化,对外开放将进一步扩大,改革与实践必将提出许多过去不曾遇到的新问题,高等教育面临加速改革以适应国民经济进一步发展的需要。面对这样的形势与要求,党中央国务院提出扩大高等教育规模,着力提高高等教育的水平与质量。这是为中华民族自立于世界民族之林而采取的极其重大的战略步骤,同时,也是为国家未来的发展提供基础性的保证。

　　为适应高等教育改革与发展的需要,早在1998年7月,教育部就对高等学校本科专业目录进行了第四次全面修订。在新的专业目录中,土木工程专业扩大了涵盖面,原先的公路与城市道路工程,桥梁工程,隧道与地下工程等专业均纳入土木工程专业。本科专业目录的调整是为满足培养"宽口径"复合型人才的要求,对原有相关专业本科教学产生了积极的影响。这一调整是着眼于培养21世纪社会主义现代化建设人才的需要而进行的,面对新的变化,要求我们对人才的培养规格、培养模式、课程体系和内容都应作出适时调整,以适应要求。

　　根据形势的变化与高等教育所提出的新的要求,同时,也考虑到近些年来公路交通大发展所引发的需求,人民交通出版社通过对"八五"、"九五"期间的路桥及交通工程专业高校教材体系的分析,提出了组织编写一套21世纪的具有鲜明交通特色的高等学校教材的设想。这一设想,得到了原路桥教学指导委员会几乎所有成员学校的广泛响应与支持。2000年6月,由人民交通出版社发起组织全国面向交通办学的12所高校的专家学者组成21世纪交通版高等学校教材(公路类)编审委员会,并召开第一次会议,会议决定着手组织编写土木工程专业具有交通特色的**道路专业方向、桥梁专业方向以及**交通工程专业教材。会议经过充分研讨,确定了包括**基本知识技能培养层次、知识技能拓宽与提高层次**以及**教学辅助层次**在内的约130种教材,范围涵盖**本科与研究生用**教材。会后,人民交通出版社开始了细致的教材编写组织工作,经过自由申报及专家推荐的方式,近20所高校的百余名教授承担约130种教材的主编工作。2001年6月,教材编委会召开第二次会议,全面审定了各门教材主编院校提交的教学大纲,之后,编写工作全面展开。

　　21世纪交通版高等学校教材编写工作是在本科专业目录调整及交通大发展的背景下展开的。教材编写的基本思路是:(1)顺应高等教育改革的形势,专业基础课教学内容实现与土木工程专业打通,同时保留原专业的主干课程,既顺应向土木工程专业过渡的需要,又保持服务公路交通的特色,适应宽口径复合型人才培养的需要。(2)注重学生基本素质、基本能力的培养，为学生知识、能力、素质的综合协调发展创造条件。基于这样的考虑，将教材区分为二个主层次与一个辅助层次，即基本知识技能培养层次与知识技能拓宽与提高层次，辅助层次为教学参考用书。工作的着力点放在基本知识技能培养层次教材的编写上。(3)目前，中国的经济发展存在地区间的不平衡，各高校之间的发展也不平衡，因此，教材的编写要充分考虑各校人才培养规格及教学需求多样性的要求，尽可能为各校教学的开展提供一个多层次、系统而全面的教材供给平台。(4)教材的编写在总结"八五"、"九五"工作经验的基础上，注意体现原创性内容，把握好技术发展与教学需要的关系，努力体现教育面向现代化、面向世界、面向未来的要求，着力提高学生的创新思维能力，使所编教材达到先进性与实用性兼备。(5)配合现代化教学手段的发展，积极配套相应的教学辅件，便利教学。

教材建设是教学改革的重要环节之一，全面做好教材建设工作，是提高教学质量的重要保证。本套教材是由人民交通出版社组织，由原全国高等学校路桥与交通工程教学指导委员会成员学校相互协作编写的一套具有交通出版社品牌的教材，教材力求反映交通科技发展的先进水平，力求符合高等教育的基本规律。各门教材的主编均通过自由申报与专家推荐相结合的方式确定，他们都是各校相关学科的骨干，在长期的教学与科研实践中积累了丰富的经验。由他们担纲主编，能够充分体现教材的先进性与实用性。本套教材预计在二年内完全出齐，随后，将根据情况的变化而适时更新。相信这批教材的出版，对于土木工程框架下道路工程、桥梁工程专业方向与交通工程专业教材的建设将起到有力的促进作用，同时，也使各校在教材选用方面具有更大的空间。需要指出的是，该批教材中研究生教材占有较大比例，研究生教材多具有较高的理论水平，因此，该套教材不仅对在校学生，同时对于在职学习人员及工程技术人员也具有很好的参考价值。

21世纪初叶，是我国社会经济发展的重要时期，同时也是我国公路交通从紧张和制约状况实现全面改善的关键时期，公路基础设施的建设仍是今后一项重要而艰巨的任务，希望通过各相关院校及所有参编人员的共同努力，尽快使全套21世纪交通版高等学校教材(公路类)尽早面世，为我国交通事业的发展做出贡献。

21世纪交通版
高等学校教材(公路类)编审委员会
人民交通出版社
2001年12月

第二版前言

《预应力混凝土结构设计原理》是根据原国家教委1998年新编专业目录有关土木工程专业教学大纲的要求而编写的，从2000年10月第一版出版使用至今已有9年时间。在这期间，我国预应力混凝土技术已有很大发展，土木工程相关领域内人才需求量逐年增加，各种新的国家标准、规范也相继颁布，原教材已不能适应这种快速发展的需要。2006年在本教材被评选为普通高等教育"十一五"国家级规划教材之际，我们开始了本教材的修订工作。

作为土木工程专业的平台课程，本教材第一版在如何将原交通土建工程、建筑工程等土建类专业中有关预应力混凝土结构部分的内容综合起来方面做了不少尝试，在近十年的使用过程中许多师生也给本教材的修订提供了许多宝贵建议。

基于上述需求和建议，本教材在如下方面进行了修改：

（1）注重基本原理，更好地适应土木工程专业相关领域的教学要求。教材力求从基本原理出发揭示预应力混凝土结构的各种机理，尽量避免形成对规范条款解释的编写方式。

（2）兼顾相关专业方向的技术特点，反映工程设计的方法。教材单独增加一章基于国家标准和行业标准设计的两种预应力混凝土结构的完整计算示例，以反映基本原理和设计规定的相互关系，初步了解工程结构设计的方法。

（3）调整算例和习题的编排方式，改善教学与阅读理解。将原第一版教材附录中的计算示例与习题分散到相关章节中，使其与章节的教学内容更好地结合在一起。

（4）修改文字和表述方面的错误。根据有关学校师生的意见，统一和规范了教材中的专业术语，纠正了各种错误。

同第一版教材编写时的情况一样，由于目前我国土木工程专业相关领域的技术标准、规范尚不统一，且涉及的基本理论、方法也不尽相同，给本教材的编写带来了困难。为此，本教材在一些差异较大的基本理论、方法介绍中，仍采取了先进性、广泛性相结合的选择原则。

本教材由同济大学李国平主编，各章节均由同济大学教师编写。其中，第二章由李国平、张国泉修编，第八章和第十章由薛伟辰修编，第十一章的第一、二节分别由柳惠芬和薛伟辰编写，其他章节均由李国平修编。

本教材由同济大学黄鼎业教授和东南大学黄侨教授共同主审。

本教材不可避免存在错误和缺点,恳请使用者批评、指正。有关意见可径寄同济大学桥梁工程系(上海市四平路 1239 号,邮编 200092)。

编　者
2009 年 8 月

第一版前言

《预应力混凝土结构设计原理》是根据国家教委 1998 年新编专业目录有关土木工程专业教学大纲的要求而编写的教材,它包含了原交通土建工程、建筑工程等土建类专业中有关预应力混凝土结构部分的教学内容。本教材为土木工程专业的专业课。

本教材的内容以预应力混凝土结构设计理论、原理及设计方法为主。根据新专业目录土木工程专业涉及工程领域广、适应性强的特点,本教材在内容方面作了较大改变:

首先,教材内容的覆盖面扩大,收入了一些预应力混凝土结构发展的最新成果,添加了原土建类有关教材中未包含的内容,如体外预应力混凝土结构、预应力混凝土结构的抗震性能,细化了如无粘结预应力混凝土结构等内容。这些内容的扩展,使本教材能够适应土木工程专业宽口径的教学要求,而在具体教学过程中部分这些内容也可根据要求作为学生自学、扩展知识的内容。

其次,重点突出原理、方法,构筑土木工程宽口径专业共同的知识平台;基本解决了原土建类各专业领域规范及教材中计算公式、符号等的多式样问题,并统一在以国标(GBJ 10—89)为基础、适当考虑目前使用习惯的范围内。本教材在这方面的特点,增强了土木工程专业毕业生对土建类各工程领域的适应性,也为我国在这些工程领域逐步建立统一的技术标准、规范,并与国际惯例接轨创造了基本条件。

值得注意的是,由于目前我国土木工程专业各工程领域的技术标准、规范不统一,且所涉及的基本理论、方法也不尽相同,这对本教材的编写带来了困难。为此,本教材在一些差异较大的基本理论、方法叙述中,采取了先进性、广泛性相结合的选择原则。为了保证学生的动手能力,熟悉有关技术标准、规范,加深对实际工程设计的认识,以及巩固教材阐述的基础理论、原理及方法,本教材应配以与土木工程专业各工程领域技术标准、规范相结合的课程设计或大型习题。与本教材配套的《预应力混凝土结构设计》是本教材的后续教材。

本教材共有十章和一个附录,主要内容如下:

第一章主要阐述了预应力混凝土结构的基本概念、历史与发展,并对本课程的学习要求提出了要求。

第二章介绍了预应力混凝土结构对材料性能的要求,列出了国内外常用的预应力混凝土材料；同时介绍了预应力混凝土结构预应力的工艺及相应的设备，包括国内外常用的预应力锚具类型等。

第三章叙述了预应力筋的张拉控制应力、预应力损失计算及有效预应力的计算原理和方法，并介绍了减少预应力损失的措施。

第四章至第六章以预应力混凝土构件为基础，从基本原理出发分别阐述了下列计算内容：受弯构件正截面、斜截面承载能力的计算方法，偏心拉、压构件截面承载能力的计算方法；构件截面正应力、剪应力、主应力及考虑截面开裂的应力的计算方法，构件各阶段变形的计算方法；构件的裂缝、疲劳强度的计算方法，预应力筋锚固区计算方法。

第七章以预应力混凝土构件的设计为主，叙述了构件设计的基本思路，构件内力计算中预应力效应计算的几个基本概念，以及构件的设计基本方法和步骤。

第八章主要介绍了无粘结预应力混凝土结构的基本概况，受弯构件的受力性能、计算和设计方法。

第九章的主要内容为体外预应力混凝土结构的基本概况、结构的组成，包括构造特点，以及结构的力学性能等。

第十章以预应力混凝土结构的抗震问题为基本内容，介绍了地震对预应力混凝土结构的影响、抗震性能研究的成果、抗震设计方法以及抗震构造措施。

附录中给出了本教材有关章节的计算示例和习题，以帮助读者加深对教材内容的理解，巩固所学知识。

本教材第四章至第七章内容主要以体内有粘结预应力混凝土结构为主。

本教材由同济大学李国平主编，各章节均由同济大学教师编写。其中，第一章由李国平编写；第二章由郑步全、张国泉编写；第三章由张国泉编写；第四章由薛二乐编写；第五章由柳惠芬编写；第六章由柳惠芬、李国平编写；第七章由周宗泽、熊学玉、张国泉编写；第八章由薛伟辰编写；第九章由徐栋编写；第十章由薛伟辰编写；附录由李国平编写。全书最后由李国平统一修改定稿，由周玉生主审。

本书为土木工程专业预应力混凝土结构设计原理统一化教材的首次编写实践，由于作者水平有限，加之编写时间紧张，故不可避免地存在一些缺点和错误，敬请使用者给予批评、指正。有关意见可径寄上海四平路同济大学桥梁工程系，以便修正。

编　者
2000 年 8 月

目　　录

第一章 绪 论

第一节 预应力混凝土结构的基本概念

现代混凝土结构工程发展的总趋势,是通过不断提高设计、施工技术水平和采用高强、高性能的轻质材料建造更为经济合理的结构。采用高强、高性能的轻质材料技术,对钢筋混凝土结构尤为重要。然而,混凝土是一种抗压强度高、抗拉强度低的结构材料,它的抗拉强度不仅很低,只有抗压强度的 $1/10\sim1/15$,而且还很不可靠;它的抗拉变形能力也很小,脆性破坏没有明显预兆。钢筋混凝土结构利用钢筋来承受混凝土的拉应力,如果假设不允许混凝土开裂,则钢筋的拉应力只能达到约 $20\sim30$MPa;而将裂缝宽度限制在容许的 $0.2\sim0.25$mm 以内,钢筋的拉应力也只能达到约 $150\sim250$MPa。

钢筋混凝土虽然弥补了混凝土抗拉强度低的缺陷,但仍存在两个不能解决的问题:一是在带裂缝工作状态下,受拉区混凝土材料不能充分利用、结构刚度下降和自重荷载比例较大.限制了其使用范围;二是为了保证结构耐久性必须限制混凝土裂缝的宽度,这就使高强度钢筋在钢筋混凝土结构中无法充分发挥作用,同样也不可能发挥高强混凝土的作用。因此,当荷载或跨度增加时,钢筋混凝土结构只有靠增大构件的截面尺寸或增加钢筋用量的方法来控制裂缝和变形。显然,这种做法既不经济又必然增加结构自重,因而使钢筋混凝土结构的适用范围受到很大限制。因此,为了使钢筋混凝土结构得到进一步发展,就必须解决混凝土抗拉性能差的问题。

一、预应力的概念

如果能预先对混凝土施加一定的压应力,使其在拉应力作用后不开裂,那么混凝土抗拉强度低的缺陷就能被弥补。上述混凝土预先受到的(压)应力称为预加应力,简称预应力。预加应力的混凝土即预应力混凝土,它是一种能克服钢筋混凝土缺点、性能优良且具有广泛发展潜力的结构材料。

预应力这一术语出现的历史虽不很长,但预应力的思想是古老的,其基本原理在几个世纪以前就已被聪明的祖先所运用。

木桶是预加压应力抵抗拉应力的一个典型例子。采用藤、竹或铁箍的木桶,当其被箍紧时便受到了一个环向压应力,如这个环向压应力超过了水压力引起的环向拉应力,木桶就不会开裂和漏水。现代预应力混凝土圆形水池的工作原理与上述带箍木桶是一样的,所以带箍木桶实质上是一种预应力木结构。

木锯是利用预拉应力抵抗压应力的一个典型例子。采用线绳绞拧而紧的木锯给锯条施加了一个拉应力,使其挺直而能承受锯木来回运动产生的拉、压力,避免了抗弯能力很低的锯条受压失稳或弯折破坏。

现实生活和工作中利用预应力原理的例子很多,如拧紧的螺钉,辐条收紧的车轮钢圈,以及为稳定烟囱、电线杆、桅杆而设的拉索等。

上述例子和许多实践都表明,既可以用预压应力来抵抗结构承受的拉应力,又可用预拉应力来抵抗结构承受的压应力。因此,只要善于运用预应力原理和技术,就可能获得改善结构性能和提高结构承载能力的效果。

在预应力运用最广泛的混凝土结构中,利用预拉的高强度钢筋的弹性回缩作用对混凝土构件施加一个力(称为预加力),并在混凝土中形成预压应力,使构件在荷载作用下处于有利的受力状态,从而克服了混凝土抗拉强度低的弱点,发挥了混凝土的抗压强度,达到了结构轻型、大跨、高强、耐久的目的。

1. 预应力混凝土的定义

由于预应力技术的不断发展,国际上对预应力混凝土迄今还没有一个统一的定义。一个概括性较强、由美国混凝土协会(ACI)做出的广义的定义是:"预应力混凝土是根据需要人为地引入某一分布与数值的内应力,用以全部或部分抵消外荷载应力的一种配筋混凝土"。

2. 预应力混凝土的三种概念

对于采用高强度钢筋的预应力混凝土,可以用三种概念或三个角度来理解和分析其性能。设计者同时理解这三种概念及相应的计算方法是十分重要的,只有这样才能更灵活有效地去选择和设计预应力混凝土结构。

(1)第一种概念——预应力能使混凝土在使用状态下成为弹性材料

预应力使混凝土从原先抗拉弱、抗压强的脆性材料变为一种在正常使用阶段既能受压又能抗拉的弹性材料。在此,混凝土被看做承受着两个力系,即内部预应力和外部荷载。若预应力所产生的压应力将外荷载产生的拉应力全部抵消,则在正常使用阶段混凝土没有裂缝甚至不出现拉应力。

在上述两个力系共同作用下,混凝土构件的应力、应变及变形均可按材料力学公式计算,并在需要时采用叠加原理。如图 1-1,在一根混凝土梁轴线以下偏心距 e 处预留孔道,穿以高强度钢筋后将其拉伸(称为张拉)并锚固在梁端,钢筋的回缩作用对梁施加的预加力为 N_p。在预加力 N_p 的作用下,混凝土截面的正应力(应力以压为正)为

$$\sigma_c = \frac{N_p}{A_c} + \frac{N_p e y}{I_c} \tag{1-1}$$

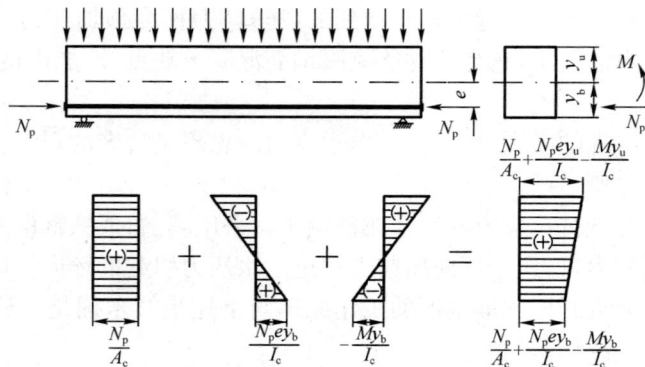

图 1-1 偏心预加力和外荷载作用下的应力分布

外荷载弯矩 M(包括梁的自重)产生的混凝土截面正应力为

$$\sigma_c = -\frac{My}{I_c} \tag{1-2}$$

2

混凝土截面的最终正应力为

$$\sigma_c = \frac{N_p}{A_c} + \frac{N_p ey}{I_c} - \frac{My}{I_c} \qquad (1\text{-}3)$$

式中：A_c、I_c——混凝土截面面积和抗弯惯性矩；

　　　　y——应力计算点至截面形心轴的距离,在截面形心轴以下取正。

（2）第二种概念——预应力能促高强度钢材和混凝土共同工作并发挥两者的潜力

预应力混凝土是高强度钢材和混凝土两种材料的一种最佳组合。在采用高强度钢筋的混凝土构件中,必须使钢筋发生很大的伸长变形才能充分发挥其强度。如果高强度钢筋只是简单地埋在混凝土体内,那么在使用荷载作用下混凝土势必严重开裂,构件将出现不能允许的宽裂缝和大挠度。在预应力混凝土构件中,高强度钢筋只有在与混凝土结合之前被预先张拉并锚固,才能让使用荷载作用下受拉的混凝土预压、储备抗拉能力,受拉的高强度钢筋的强度才能充分发挥。因此,预应力是一种充分利用高强度钢材的能力、改变混凝土工作状态的有效手段,预应力混凝土可看作钢筋混凝土应用的扩展。但也应明确,预应力混凝土不能超越材料本身的强度极限。

（3）第三种概念——预加力实现荷载平衡

预加力可认为是对混凝土构件预先施加一种与使用荷载（外力）方向相反的荷载,用以部分和全部抵消使用荷载效应的一种作用。在预应力混凝土构件中,改变预应力钢筋的线形可以对混凝土构件产生不同的横向分布力。以采用抛物线形的预应力钢筋为例（图 1-2）,其对混凝土梁的作用可近似等效为梁端集中力 N_p 和方向向上、沿水平方向分布集度为 q 的均布荷载：

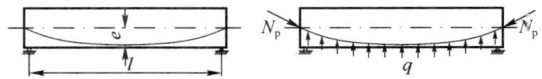

图 1-2　采用抛物线形预应力钢筋的混凝土梁

$$q = \frac{8N_p e}{l^2} \qquad (1\text{-}4)$$

如果在梁上作用方向向下、集度为 q 的均布外荷载,那么,两种荷载对梁产生的弯曲效应将相互抵消,即梁将不发生下挠也不产生上拱,成为仅受轴力 N_p 的状态。如果均布外荷载超过预加力所产生的反向均布荷载,则可用这两种荷载的差值来计算梁截面增加的弯曲应力。这种把预加力看成实现荷载平衡的概念是由美籍华人林同炎先生提出的。

预应力混凝土三个不同的概念,是从不同的角度来解释预应力混凝土的原理。第一种概念是预应力混凝土弹性分析的依据,指出了预应力混凝土的主要工作状态;第二种概念反映了预应力对发挥高强度钢材和混凝土潜力的必要性,也指出了预应力混凝土的强度界限;第三种概念则在揭示预加力和外荷载效应相互关系的同时,也为预应力混凝土结构设计与分析提供了一个简捷的方法。

例 1-1　一根计算跨径 $l = 20\text{m}$ 的预应力混凝土简支梁,截面尺寸见图 1-3,梁内配有抛物线形预应力钢筋,其跨中垂度即偏心距 $e = 350\text{mm}$,预加力 $N_p = 1\,125\text{kN}$;简支梁的均布结构重力与活荷载集度分别为 $q_g = 4.5\text{kN/m}$ 和 $q_{ll} = 6.75\text{kN/m}$。试按预应力混凝土原理的第一种概念计算跨中截面混凝土的应力。

解：（1）截面几何特征计算

梁的毛截面面积：

$$A_c = bh = 200 \times 900 = 1.8 \times 10^5 (\text{mm}^2)$$

梁的毛截面抗弯惯性矩：

$$I_c = \frac{1}{12}bh^3 = \frac{1}{12} \times 200 \times 900^3 = 1.215 \times 10^{10}(\text{mm}^4)$$

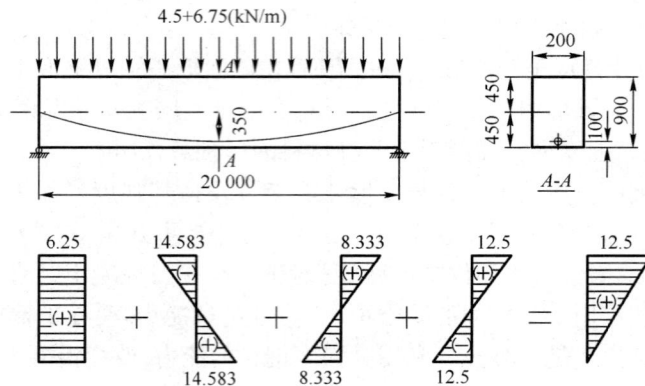

图 1-3 预应力混凝土简支梁及应力分布(尺寸单位:mm;应力单位:MPa)

(2)跨中截面荷载引起的弯矩计算

跨中截面结构重力弯矩：

$$M_g = \frac{1}{8}q_g l^2 = \frac{1}{8} \times 4.5 \times 20^2 = 225(\text{kN} \cdot \text{m})$$

跨中截面活荷载弯矩：

$$M_{ll} = \frac{1}{8}q_{ll} l^2 = \frac{1}{8} \times 6.75 \times 20^2 = 337.5(\text{kN} \cdot \text{m})$$

(3)跨中截面应力计算

$$\sigma_c = \frac{N_p}{A_c} \mp \frac{N_p ey}{I_c} \pm \frac{M_g y}{I_c} \pm \frac{M_{ll} y}{I_c}$$

$$= \frac{1125 \times 10^3}{1.8 \times 10^5} \mp \frac{1125 \times 10^3 \times 350 \times 450}{1.215 \times 10^{10}} \pm$$

$$\frac{225 \times 10^6 \times 450}{1.215 \times 10^{10}} \pm \frac{337.5 \times 10^6 \times 450}{1.215 \times 10^{10}}$$

$$= 6.25 \mp 14.583 \pm 8.333 \pm 12.5(\text{MPa})$$

混凝土截面上、下缘应力为

$$\sigma_{cu} = 6.25 - 14.583 + 8.333 + 12.5 = 12.5(\text{MPa})$$

$$\sigma_{cb} = 6.25 + 14.583 - 8.333 - 12.5 = 0$$

例 1-2 试用预应力混凝土原理的第二种概念,分析预应力和非预应力混凝土梁在外荷载弯矩作用下截面抗弯内力偶性状的区别。根据分析结果,计算例 1-1 简支梁跨中截面混凝土的应力。

解：(1)预应力和非预应力混凝土梁截面抗弯内力偶性状分析

非预应力的普通钢筋混凝土梁,在正常使用阶段处于带裂缝工作状态,由钢筋承担的拉力 F_s 与混凝土截面承担的压力 F_c 都随外荷载弯矩的增加成比例增长,而内力偶臂 a 则几乎保持不变[图 1-4b]。

预应力混凝土梁如在正常使用阶段不开裂,当外荷载弯矩增加时,组成内力偶的拉力 F_p 与压力 F_c 变化的比例较小,而内力偶臂 a 则随外荷载弯矩的增加成比例增长[图 1-4a]。

现取如图 1-5 的一根预应力混凝土简支梁,假定预加力 N_p 沿梁全长为常量,偏心距为 e。

在预加力的单独作用下,简支梁混凝土截面所受压力 F_c 的位置即在 N_p 作用点,方向与 N_p 相反[图 1-5a],此时内力偶臂 a 为零。当作用外荷载(包括梁自重)弯矩 M 时,因拉力 F_p 即 N_p 与压力 F_c 保持不变(变化的比例较小),故由内力偶与外荷载弯矩相平衡的条件[图 1-5b],即

$$F_c a = N_p a = M$$

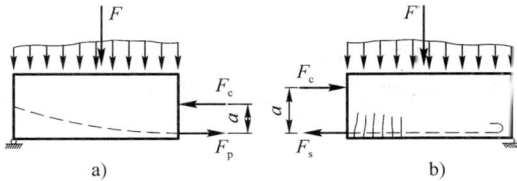

图 1-4 预应力和非预应力混凝土梁的为力偶
a)预应力混凝土梁;b)普通钢筋混凝土梁

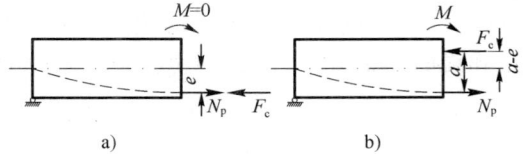

图 1-5 混凝土截面压力作用点和外荷载弯矩的关系
a)外荷载弯矩为零;b)外荷载弯矩为 M

可得内力偶臂:

$$a = \frac{M}{F_c} = \frac{M}{N_p}$$

由内力偶臂 a 即可得混凝土截面压力 F_c 作用点对于混凝土截面的偏心距为 $(a-e)$[图 1-5b],故截面应力可按下式计算:

$$\sigma_c = \frac{N_p}{A_c} \pm \frac{N_p(a-e)y}{I_c}$$

显然,在沿梁的每个混凝土截面均可求得压力 F_c 作用点,在梁内便能找到一条压力线。这种用内力偶即压力线进行截面内力分析的方法,称为压力线法。

(2)用内力偶法计算跨中截面混凝土应力

在外荷载弯矩作用下,跨中截面的一对内力,即预加力 N_p 和混凝土截面压应力的合力 F_c 组成了一个内力偶并与外荷载弯矩平衡:

$$F_c a = N_p a = M$$

跨中截面外荷载弯矩为

$$M = \frac{1}{8}(q_g + q_{ll})l^2 = \frac{1}{8} \times (4.5 + 6.75) \times 20^2 = 562.5(\text{kN} \cdot \text{m})$$

内力偶臂为

$$a = \frac{M}{F_c} = \frac{M}{N_p} = \frac{562.5 \times 10^3}{1\,125} = 500(\text{mm})$$

计算混凝土截面上、下缘应力为

$$\sigma_{cu} = \frac{N_p}{A_c} + \frac{N_p(a-\epsilon)y'}{I_c}$$

$$= \frac{1\,125 \times 10^3}{1.8 \times 10^5} + \frac{1\,125 \times 10^3 \times (500-350) \times 450}{1.215 \times 10^{10}}$$

$$= 6.25 + 6.25 = 12.5(\text{MPa})$$

$$\sigma_{cb} = \frac{N_p}{A_c} - \frac{N_p(a-e)y}{I_c}$$

$$= \frac{1\,125 \times 10^3}{1.8 \times 10^5} - \frac{1\,125 \times 10^3 \times (500-350) \times 450}{1.215 \times 10^{10}}$$

$$= 6.25 - 6.25 = 0$$

结果与例 1-1 一样,见图 1-6 所示。

例 1-3 已知条件同例 1-1,试用预应力混凝土原理的第三种概念,计算简支梁跨中截面混凝土的应力。

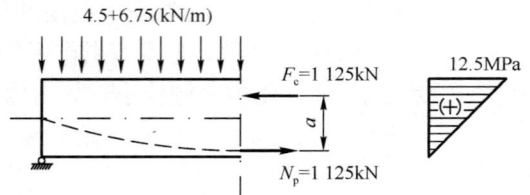

图 1-6 1/2 预应力混凝土简支梁及跨中截面应力分布

解:取混凝土梁体为研究对象,施加外荷载并将预加力的作用等效为锚固点的集中力 N_p 和横向均布力 q。根据公式(1-4)可求得预应力钢筋对混凝土梁体的横向均布力为

$$q = \frac{8N_p e}{l^2} = \frac{8 \times 1125 \times 350 \times 10^{-3}}{20^2} = 7.875(\text{kN/m})$$

作用在混凝土梁体的横向总荷载为

$$q_g + q_u - q = 4.5 + 6.75 - 7.875 = 3.375(\text{kN/m})$$

相应跨中截面弯矩为

$$M = \frac{1}{8}(q_g + q_u - q)l^2 = \frac{1}{8} \times 3.375 \times 20^2 = 168.75(\text{kN} \cdot \text{m})$$

由此弯矩引起的混凝土截面上、下缘应力为

$$\sigma_{cu,M} = \frac{My'}{I_c} = \frac{168.75 \times 10^6 \times 450}{1.215 \times 10^{10}} = 6.25(\text{MPa})$$

$$\sigma_{cb,M} = -\frac{My}{I_c} = -\frac{168.75 \times 10^6 \times 450}{1.215 \times 10^{10}} = -6.25(\text{MPa})$$

锚固点的集中力 N_p 将在混凝土梁内产生轴向压力即 N_p,由此引起的混凝土截面应力为

$$\sigma_{c,N} = \frac{N_p}{A_c} = \frac{1125 \times 10^3}{1.8 \times 10^5} = 6.25(\text{MPa})$$

混凝土截面上、下缘总应力为

$$\sigma_{cu} = \sigma_{cu,M} + \sigma_{c,N} = 6.25 + 6.25 = 12.5(\text{MPa})$$

$$\sigma_{cb} = \sigma_{cb,M} + \sigma_{c,N} = -6.25 + 6.25 = 0$$

结果与例 1-1 一样。

二、预应力混凝土的等级与分类

采用高强度钢筋的预应力混凝土,实际上与普通钢筋混凝土同属于一个钢筋混凝土系列,国际上对配筋混凝土按照其受力性能及变形情况分为若干个等级。

1. 国外对钢筋混凝土的分类

1970 年国际预应力协会(FIP)、欧洲混凝土委员会(CEB)根据对混凝土所施加的预应力大小程度,建议将钢筋混凝土分为四个等级:

(1)I 级——全预应力

在全部荷载最不利组合作用下,混凝土不出现拉应力。

(2)II 级——有限预应力

在全部荷载最不利组合作用下,混凝土允许出现拉应力,但不超过其强度容许值;在长期持续荷载作用下,混凝土不出现拉应力。

(3)III 级——部分预应力

在全部荷载最不利组合作用下,混凝土允许出现裂缝,但裂缝的宽度不超过规定值。

(4)IV 级——普通钢筋混凝土

以上分类是以全预应力混凝土与普通钢筋混凝土为两个边界,设计者可以根据结构功能的设计要求和结构所处的环境条件,合理选用预应力等级,以求最优的设计方案。

2. 我国对钢筋混凝土的分类

中国土木工程学会《部分预应力混凝土结构设计建议》(1986 年,以下简称《PPC 建议》),根据预应力程度的不同,把钢筋混凝土分为全预应力、部分预应力和钢筋混凝土三类。其中部分预应力包括国际分类法中 II 级的有限预应力和 III 级的部分预应力。对于部分预应力混凝土,我国又将其分为 A 类和 B 类。A 类指使用荷载短期效应组合作用下,构件预压应力区混凝土正截面的拉应力不超过规定的容许值;B 类则指使用荷载短期效应组合作用下,构件预压应力区混凝土正截面的拉应力允许超过规定的限值,但裂缝宽度不超过容许值。

3. 预应力度的定义及表达方式

不管对预应力混凝土如何进行分类,其都与对混凝土施加的预应力大小有关。因此,近年来国际上逐步统一用预应力度的方法对预应力混凝土进行分类。

(1)预应力比率及预应力指标

在极限荷载状态下,由预应力钢筋所提供的抵抗弯矩与由预应力和非预应力钢筋共同提供的抵抗弯矩之比值,称为预应力比率 PPR。这是美国的内曼(A. E. Naaman)教授首先提出的,即

$$PPR = \frac{(M_u)_p}{(M_u)_{p+s}} \tag{1-5}$$

式中:$(M_u)_p$——预应力钢筋提供的抵抗弯矩;

$(M_u)_{p+s}$——预应力和非预应力钢筋共同提供的抵抗弯矩。

根据钢筋混凝土构件抗弯承载力设计理论,当材料达到其强度时式(1-5)可表示成如下形式:

$$PPR = \frac{A_p f_{py}\left(h_p - \frac{x}{2}\right)}{A_p f_{py}\left(h_p - \frac{x}{2}\right) + A_s f_{sy}\left(h_s - \frac{x}{2}\right)} \tag{1-6}$$

式中:A_p、A_s——预应力和非预应力钢筋的截面面积;

f_{py}、f_{sy}——预应力和非预应力钢筋的抗拉强度;

h_p、h_s——预应力和非预应力钢筋合力作用点至混凝土截面受压区最外纤维的距离;

x——混凝土受压区高度。

如果 $h_p \approx h_s$,则式(1-6)简化为

$$PPR = \frac{A_p f_{py}}{A_p f_{py} + A_s f_{sy}} \tag{1-7}$$

高强度预应力钢材没有明显的流限平台,瑞士的瑟尔利曼(Thürliman)建议采用的预应力指标为

$$i_p = \frac{A_p f_{0.2}}{A_p f_{py} + A_s f_{sy}} \tag{1-8}$$

式中:$f_{0.2}$——残余应变为 0.2%时预应力钢筋的应力(条件屈服强度);

其余符号意义同前。

(2)预应力度

印度学者拉曼斯瓦迈(G. S. Ramaswamy)在他的著作中提出了预应力度($D. P.$)的新概

念,他认为 D.P. 应定义为

$$D.P. = \frac{M_0}{M} \tag{1-9}$$

式中:M_0——消压弯矩,即将构件控制截面受拉边缘预压应力抵消为零时的弯矩;

M——使用荷载短期效应组合作用下控制截面的弯矩。

式(1-9)把预应力度和预压受拉区是否出现拉应力或开裂联系起来,当 M_0/M 大于或等于1时,构件不出现拉应力;当 M_0/M 小于1时,则构件出现拉应力,甚至可能开裂。

我国的《PPC建议》将式(1-9)定义为受弯构件的预应力度,用 λ 表示,并将轴向受拉构件的预应力度定义为

$$\lambda = \frac{N_0}{N} \tag{1-10}$$

式中:N_0——消压轴向力,即把构件控制截面受拉边缘预压应力抵消到零时的轴向力;

N——使用荷载短期效应组合作用下控制截面的轴向拉力。

预应力度的范围可以从全预应力混凝土变化到钢筋混凝土。《PPC建议》认为:当预应力度 $\lambda \geqslant 1.0$ 时为全预应力混凝土,当预应力度 $\lambda = 0$ 时为普通钢筋混凝土,预应力度在 $0 < \lambda < 1.0$ 时为部分预应力混凝土。

用应力比值 K_{f0} 表达预应力度,是一种不仅适用于受弯构件,同时可推广到偏心受力构件和轴心受力构件的方法,即

$$K_{f0} = \frac{\sigma_{pc}}{\sigma_t} \tag{1-11}$$

式中:σ_{pc}——有效预压应力;

σ_t——使用荷载短期效应组合作用下混凝土的拉应力。

三、预应力混凝土结构的种类

预应力混凝土结构,根据其工艺、预应力度、体系及构造特点等可划分为如下几种类型。

1. 按预应力工艺分类

预应力混凝土结构根据预应力施加工艺可分为先张法和后张法两种。

先张法,指采用永久和临时设备在构件混凝土浇筑之前张拉预应力钢筋,待混凝土强度和龄期达到设计值后,将施加在预应力钢筋上的拉力逐渐释放,在预应力钢筋回缩的过程中利用其与混凝土之间的粘结握裹力,对混凝土施加预应力(图1-7)。采用这种工艺施加的预应力简称先张预应力。

后张法,指构件混凝土在浇筑、养护及强度和龄期达到设计值后,利用在构件内预设的孔道穿入预应力钢筋,以混凝土构件本身为支承采用千斤顶张拉预应力钢筋,然后用特制锚固器具(锚具)将预应力钢筋锚固形成预加力,最后在预应力钢筋孔道内压注水泥浆防锈,并使预应力钢筋和混凝土粘结成整体(图1-8)。采用这种工艺施加的预应力简称后张预应力。

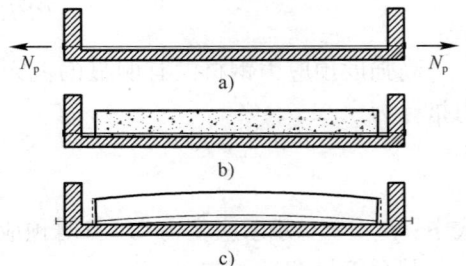

图 1-7　先张法预应力混凝土工艺
a)预应力钢筋张拉、锚固;b)混凝土施工;
c)预应力钢筋放松

2. 按预应力度分类

根据预应力度的不同和我国对预应力混凝土的分类方法,预应力混凝土结构被分为全预应力、部分预应力两类。

全预应力混凝土结构,指使用荷载短期效应组合作用下控制的正截面混凝土不出现拉应力。

部分预应力混凝土结构,指使用荷载短期效应组合作用下控制的正截面混凝土出现拉应力或出现不超出规定宽度的裂缝。我国又将部分预应力混凝土结构分为 A 类和 B 类。A 类指使用荷载短期效应组合作用下控制的正截面混凝土拉应力不超过限值;B 类则指使用荷载短期效应组合作用下控制的正截面混凝土拉应力允许超过限值,但当裂缝出现时其宽度不超过容许值。

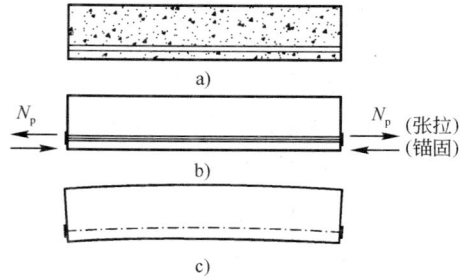

图 1-8 后张法预应力混凝土工艺
a)预设孔道、混凝土施工;b)穿钢筋、张拉、锚固;
c)孔道压浆粘结成整体

3. 按预应力体系分类

根据预应力体系的特点,预应力混凝土结构可分为体内预应力、体外预应力、有粘结和无粘结预应力、预拉预应力及预弯预应力等几类。

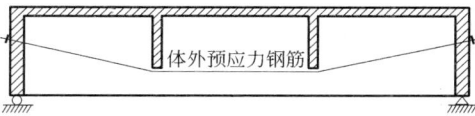

图 1-9 体外预应力混凝土结构

预应力钢筋布置在混凝土构件体内的称为体内预应力结构。先张预应力结构和预设孔道穿钢筋的后张预应力结构等均属此类。

体外预应力混凝土结构为预应力钢筋布置在混凝土构件体外的预应力结构(图 1-9)。

有粘结预应力混凝土结构,是指沿预应力钢筋全长预应力钢筋周围完全与混凝土粘结、握裹在一起的预应力混凝土结构。先张预应力结构和预设孔道穿筋压浆的后张预应力结构均属此类。

无粘结预应力混凝土结构,指预应力钢筋可在混凝土内沿纵向相对移动、不与混凝土粘结的预应力混凝土结构。这种结构采用的预应力钢筋全长涂有建筑防锈油脂、外套塑料(PE)管,无粘结预应力混凝土结构通常与后张法预应力工艺相结合。

预拉预应力混凝土结构,是指在混凝土构件的受压区采用先压或后压预应力钢筋(管)的工艺,对混凝土施加预拉应力的预应力混凝土结构。同时采用预压预应力和预拉预应力的预应力混凝土结构称为双向预应力混凝土结构,其具有抗弯能力大、截面尺寸小及自重荷载比例低的优点。

预弯预应力混凝土结构,是指在加载弯曲的钢梁下翼板上浇筑外包混凝土,待混凝土与钢梁结合为整体、混凝土强度和龄期达到设计值后卸载,利用钢梁的反弹作用对混凝土施加预应力的预应力混凝土结构(图1-10)。

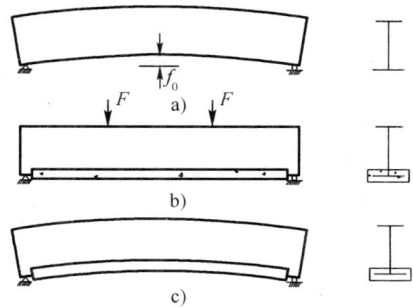

图 1-10 预弯预应力混凝土结构
a)预拱的钢梁;b)加载预弯、混凝土施工;
c)卸载反弹、预应力作用

预应力混凝土结构根据其不同的构造特点、设计思路,还有其他分类方法,在此不再一一叙述。

四、预应力混凝土结构的优缺点

预应力混凝土结构与钢筋混凝土结构相比,具有下列主要优点。

(1)提高了混凝土构件的抗裂性和刚度。在使用荷载作用下,预应力混凝土构件不出现裂缝或裂缝出现大大推迟,因而构件的刚度提高、使用性能改善,结构的耐久性增强。

(2)可以节省材料,减少自重。预应力混凝土由于采用高强度材料,因而可以减少钢筋用量和减小构件截面尺寸,节省钢材和混凝土用量,从而降低结构物自重。对自重占总荷载比例很大的大跨公路桥梁来说,采用预应力混凝土有着显著的优越性。大跨度或重荷载结构,采用预应力混凝土一般是经济合理的。

(3)可以减小混凝土受弯构件的剪力和主拉应力。预应力混凝土受弯构件采用曲线布置钢筋,可使构件承受的剪力减小;又由于混凝土截面上预压应力的存在,也使主拉应力相应减小。这有利于减薄混凝土构件腹部的横向厚度,使自重进一步减小。

(4)结构安全、质量可靠。施加预应力时,预应力钢筋与混凝土构件都将经受一次强度检验。如果在施加预应力时预应力钢筋和混凝土构件的质量表现良好,那么在使用阶段一般也可以认为是安全可靠的。

此外,预应力混凝土还能提高结构的耐疲劳性能。因为全截面或基本全截面参加工作的预应力混凝土构件,在使用阶段因加载或卸载所产生的应力变化幅度很小,因而引起疲劳破坏的可能性也小。这对于承受动荷载的桥梁结构来说是很有利的。

预应力混凝土结构也存在着一些缺点:

(1)工艺较复杂,施工质量要求高,因而需要配备一支技术较熟练的专业队伍。

(2)需要专门施工设备,如张拉机具、灌浆设备等。

(3)预应力引起的反拱不易控制。它将随混凝土徐变增加而加大,可能影响结构使用效果。如桥梁反拱过大,将影响行车舒适性。

(4)预应力混凝土结构的开工费用较大,对于跨径小、构件数量少的工程,成本较高。

但是,以上缺点是可以设法克服的。总之,只要从实际出发,因地制宜地进行合理设计和妥善安排,预应力混凝土结构就能充分发挥其优越性。

五、预应力混凝土的适用范围

由于预应力混凝土具有许多优点,数十年内得到了快速发展,特别在大跨度或重荷载结构中得到了广泛应用。我国从 20 世纪 50 年代开始将预应力混凝土用于桥梁结构中。目前,预应力混凝土已成熟应用于桥梁结构,房屋结构开始大量采用预应力混凝土,蓄液池、压力容器和管道及原子能反应堆等结构中预应力混凝土也得到了初步应用。

第二节 预应力混凝土结构的历史与发展

一、发展简史

1866 年美国工程师杰克逊(P. H. Jackson)及 1888 年德国的道克林(C. E. W. Dochring)首先把预应力用于混凝土结构,但这些最初的运用并不成功,量值较小的预应力很快在混凝土徐变和收缩后丧失。

预应力混凝土技术进入实用阶段,归功于法国工程师弗莱西奈(E. Freyssinet),他在对混凝土和钢材性能进行大量研究的基础上,于 1928 年指出了预应力混凝土必须采用高强钢材和高强混凝土的论断。这是预应力混凝土在理论上的关键性突破。1938 年德国的霍友(E. Hoyer)研究成功了不靠专用锚具传力的先张法预应力工艺,为预应力混凝土构件工厂化生产提供了简单可靠的方法;1939 年弗莱西奈创制的锥型锚具及双作用千斤顶,1940 年比利时的麦尼尔(G. Magnel)研制的麦式镦型锚具,都大大促进了后张预应力技术进步,为预应力技术在更大范围发展作出了贡献。

第二次世界大战后,由于钢材紧缺,预应力混凝土结构大量代替钢结构以修复战争破坏的结构,这使预应力混凝土技术得到了蓬勃发展。1950 年成立的国际预应力混凝土协会(FIP)更是极力促进预应力混凝土技术的发展。近 30 余年来,预应力混凝土技术在土建结构的各个领域扮演着重要的角色。

我国的预应力混凝土技术是在 20 世纪 50 年代发展起来的,最初试用于预应力混凝土轨枕,之后预应力混凝土在全国范围内开始逐步推广。预应力混凝土技术在桥梁工程中发展最快,尤其在 20 世纪 70 年后期,我国修建的各类混凝土桥梁绝大多数是预应力混凝土结构。近年来,预应力混凝土技术在土建结构中也得到了迅速发展。

二、新 的 发 展

纵观预应力混凝土结构的历史与发展,已经从一个婴儿成长为巨人。然而,近二十几年来由于材料、预应力体系、施工技术等领域的发展,预应力混凝土结构仍然发生着很大的变化,各种新技术、新方法及新的设计构思层出不穷。

1. 混凝土材料

抗压强度高达 100MPa 的混凝土早在 20 世纪 30 年代便能够工业化生产,现在实验室里已能制出强度 200MPa 以上的混凝土。虽然随着科技进步,更高强度的混凝土能被生产出来,但其在预应力混凝土结构中的应用却很有限。采用高强混凝土所带来的优越性是显著的。1989 年法国建造了一座采用高强混凝土的试验桥梁,混凝土圆柱体抗压强度为 87MPa,与采用 50MPa 相比混凝土用量减少了约 30%,下部结构基底反力减小了约 24%。世界各国目前正致力于把高强混凝土的研究成果编入设计规范。1989 年挪威新规范 NS5473 中普通密度混凝土的圆柱体抗压强度已允许达到 105MPa,轻质混凝土为 85MPa。我国目前混凝土结构设计规范中混凝土抗压强度的最大值仅约为圆柱体抗压强度 60~70MPa,与先进国家相比有较大差距。

大量实践证明,一些使用时间较长的混凝土结构在不利环境中毁坏的原因,并不是混凝土强度的缺陷,而是混凝土耐久性问题。可见,高强度并不是混凝土发展的主要方向。事实上,高性能才是混凝土发展的主要方向,高性能混凝土除能达到高强度,还具有良好的耐久性。随着人们对高性能混凝土特征认识的深入,高性能混凝土的含义也在不断扩大,超和易性、低水化热、高早强等,也成为高性能混凝土的重要特征。

混凝土是强度/重度比较低的材料。随着预应力混凝土结构跨径的不断增大,自重也随之增大,导致结构的承载能力大部分耗于抵抗自重荷载。追求更高的强度/重度比是混凝土材料发展的目标之一。虽然兼有高强度和低重度混凝土的研究进展缓慢,但其显著的优越性已受到各国的重视,其中应用实例有:前联邦德国的 Koln Deutz 桥为减轻中跨自重而采用重度为 18kN/m³ 的轻质混凝土;日本一座人行观光斜拉桥,混凝土的圆柱体抗压强度为 40MPa,使用了重度为 19.5kN/m³ 及 15.6kN/m³ 的超轻质骨料。

2. 预应力材料

预应力混凝土结构必须采用高强度且有一定塑性性能的钢筋。目前能满足塑性性能要求的高强度钢筋的极限强度一般可达到 1 800～2 000MPa。低松弛也是预应力钢筋的重要技术指标。

随着预应力混凝土结构设计使用年限的延长和用于不利环境的情况越来越多,预应力混凝土结构的耐久性问题逐步反映出来。预应力钢筋采用外涂环氧层以免遭腐蚀是增强其耐久性的一项措施。

近年来用非钢材制造预应力筋的技术得到了很大发展,它们主要是纤维增强聚合物(FRP)预应力筋,如玻璃纤维增强聚合物(GFRP)、芳纶纤维增强聚合物(AFRP)及碳素纤维增强聚合物(CFRP)预应力筋。它们具有轻质、高强(强度接近或大于预应力钢筋)、耐腐蚀、耐疲劳、非磁性等优点,表面形态可以是光滑的、螺纹或网状的,形状包括棒状、绞线形及编织物形。研究与使用非钢材预应力筋的主要国家是德国与日本。20 世纪 70 年代后期,原联邦德国首先对用玻璃纤维增强聚合物替代预应力钢材做了大量试验。1980 年起开始用 GFRP 预应力钢筋修建人行试验桥,1986 年开始使用于公路桥梁。日本是较早使用 CFRP 和 AFRP 预应力筋的国家,1988 年、1996 年 CFRP 和 AFRP 预应力筋分别被用于公路桥梁和悬索板桥。目前,纤维增强聚合物预应力筋,如延性、粘结、松弛、疲劳等力学性能的测试标准,有待统一的规范,各种 FRP 预应力筋仍处于研究试用阶段,其材料的价格仍相当昂贵。然而,FRP 预应力筋的发展前景将是很广阔的。

大吨位预应力锚具和张拉设备,是因大跨径预应力结构的设计和施工要求而发展起来的,大吨位预应力锚具的吨位已超过 10 000kN。

3. 预应力混凝土结构体系

现代预应力混凝土的产生是具有革命性意义的,其不仅仅在于对高强度材料的使用,而且在于结构体系的不断创新。

部分预应力混凝土结构,因其兼有预应力混凝土和钢筋混凝土结构的优点,克服了全预应力混凝土结构预压应力过高的缺点,20 世纪 70 年代以来备受重视而得以发展。无粘结体内预应力混凝土结构,消除了后张预应力钢筋孔道的压浆工作,降低了预应力在孔道内的摩阻损失,已在房屋建筑的板式结构中广泛应用。混凝土受拉区预压、受压区预拉的双向预应力体系是预应力概念的一个发展,从而使结构的高跨比显著减小、预应力产生同样预加弯矩的情况下混凝土的压应力降低,这种预应力技术已在桥梁工程得到了应用。预弯预应力混凝土结构是预应力概念的另一种发展,在加载后弯曲的钢梁上浇筑外包混凝土,当混凝土与钢梁结合为整体后卸荷,利用钢梁反弹对混凝土施加预应力。

20 世纪 70 年代欧洲一些国家发现,部分体内预应力混凝土桥梁由于设计和施工方面的缺陷致使其破损严重而需要加固,或者使用荷载等级的不断提高也需要对其加固。但是,受到现有结构的限制,加固采用的预应力钢筋只能布置在混凝土体外,这反而使预应力钢筋构造简化、施工方便,预应力孔道摩阻损失大大减少。这些优点的存在,加之体外预应力钢筋防腐技术的不断完善,以及体内预应力桥梁因孔道压浆不密而造成事故的教训,都促进了体外预应力桥梁发展。因此,体外预应力已不仅作为一种加固措施,而是作为新结构设计中更可选择和更能实施的方案。美国和法国是体外预应力技术发展较快的国家,我国从 20 世纪末起也逐步将这一技术用于预应力混凝土结构设计。

4.预应力混凝土结构施工技术

预应力混凝土结构施工技术的新发展,在桥梁工程领域是最具有代表性的。节段施工法是预应力混凝土桥梁施工技术发展的杰出成果。在大跨径混凝土桥梁的施工中,桥梁沿纵向被划分为若干节段,以桥墩为中心悬臂对称地拼装预制节段或现场浇筑节段,通过预应力钢筋使结构逐节段连续,最终形成一个整体结构。这种施工方法能轻松跨越深险的山谷和宽阔的江海,也能克服建桥对桥下通行的影响。节段施工法的另一种形式是整跨施工法,桥梁整跨预制、整体吊装就位,或利用架桥机将整跨桥梁的预制节段拼接起来,通过串联预应力钢筋形成整体。这种施工方法充分利用了现代化机械设备,大大提高了施工速度,并对环境的不利影响降低到最低程度。利用预应力技术发展起来的桥梁施工方法,还有节段现浇顶推施工法、转体施工法等,它们分别适用于不同的桥梁结构或施工要求。

预应力技术进一步运用而产生的施工技术还很多,如利用预应力设备提升大型建筑结构就是其中一例。

我国的预应力混凝土结构施工技术同国际先进水平相比还有一定差距,但是,随着我国大跨、大型预应力混凝土结构施工技术研究的进展和工程实践的积累,在不远的将来定能赶上世界先进水平。

5.混凝土结构耐久性设计

预应力结构耐久性问题是国内外工程界日益关注的课题,20世纪中期建造的预应力混凝土结构破坏的现象,使人们认识到研究耐久性的必要性。1990年CEB-FIP模式混凝土结构设计规范,对混凝土结构使用寿命的基本要求为:混凝土结构应以这样的方式设计、施工和使用,即在特定的环境条件影响下,在指明或不指明的运营期内保持其安全性和正常适用性,不需要为维护和修理花费高额的费用。

混凝土结构劣化机理的定量研究尚处于试验研究阶段。但混凝土劣化机制的发展通常经历两个不同的阶段。初始阶段:混凝土碳化和氯化物表层渗入或硫酸盐堆积,保护层被穿越但材料和结构功能没有明显减弱。发展阶段:混凝土主动破坏发展迅速,开始出现钢筋锈蚀和损坏。

混凝土结构耐久性设计,已成为正常使用极限状态的重要方面。延长混凝土结构物的使用寿命,首要是延长其劣化机制发展的初始阶段。选择抗腐蚀、渗透性较低的高性能混凝土,选择最优的混凝土保护层厚度,以及选择便于施工操作的结构构造和配以较好的养护,都是保证实现耐久性设计目标的主要方面。当劣化机制进入发展阶段,应设有减缓腐蚀速度的措施。

近年来,我国混凝土结构特别是预应力混凝土结构建设发展很快,但在结构耐久性方面的研究尤其是预应力混凝土结构耐久性问题的研究还很缺乏。增强混凝土结构耐久性研究,使设计使用寿命和耐久性联系起来,将是未来与混凝土结构建设一样重要的工作。

第三节　本教材的任务与学习要求

《预应力混凝土结构设计原理》主要叙述预应力混凝土结构与构件的设计原理,是土木工程专业学生的专业基础课程教材。作为专业基础课程教学的主要任务之一,是教授学生如何根据预应力混凝土材料物理力学特性建立起来的计算理论,设计达到安全、适用、耐久、经济和考虑美观效果要求的结构及构件。其主要内容包括如何合理设计构件截面尺寸及构造、配置预应力钢筋,并根据荷载情况验算构件的承载力、刚度、稳定性及裂缝宽度等问题。

学习本教材的先修课程主要为"材料力学"、"建筑材料"、"混凝土结构基本原理"等,后续课程是"预应力混凝土结构设计"等。它将为专业课程的学习奠定理论基础。

本教材是理论联系工程实际的媒介,读者应学会分析和判断结构及构件的受力特点,建立符合实际受力情况的力学计算图式,掌握混凝土材料的物理力学性质及预应力混凝土结构及构件的受力性能,认识本学科必须依赖科学实践的特点,应用半理论半经验计算公式的必然性。此外,读者还应从众多影响工程设计的因素和许多可行的设计结果中,学会辩证地分析和解决问题,在反复的实践中逐步培养自己的综合能力。

复习思考与习题

1-1 列举现实生活中运用预应力原理的例子,并分析其特点。

1-2 简述预应力混凝土对材料的基本要求。

1-3 简述预应力混凝土与普通钢筋混凝土的区别。

1-4 预应力混凝土结构的类型有哪些?

第二章 预应力混凝土材料和
预应力工艺及设备

第一节 预应力混凝土材料

预应力混凝土结构所用的基本材料通常和钢筋混凝土相同,即以钢筋和混凝土为主,但是预应力混凝土结构必须采用高强度材料,同时材料的强度也要相匹配,以保证其成为有效、适用的受力结构,充分发挥其优势。

一、混凝土材料

混凝土的种类很多,在预应力混凝土中一般采用以水泥为胶结料的混凝土。对预应力混凝土而言,混凝土应具有高强度且早期高强度、小变形包括收缩和徐变要小的特性。另外,轻质、高性能也将成为预应力混凝土的主要指标。

1. 混凝土的强度要求

预应力混凝土采用高强度混凝土的原因,首先是为了能够与高强度预应力钢筋相匹配,这样可以充分发挥材料的强度,从而能够有效减小构件的截面尺寸和自重,以适应大跨度结构的要求;其次是高强度混凝土具有较高的弹性模量,从而具有更小的弹性变形和与强度有关的塑性变形,达到减少预应力损失的目的。此外,高强度混凝土具有更高的抗拉、局部承压强度及与钢筋的粘结力,故能推迟混凝土裂缝出现、有利于预应力钢筋锚固。预应力混凝土不仅应具有高强度而且也要有早期高强度,以便尽早施加预应力、提高构件的生产效率和设备的利用率。

目前,我国预应力混凝土采用的强度一般为 40~80MPa(28d 立方体抗压强度),但强度大于 60MPa 的混凝土用得很少。发达国家工厂预制的预应力混凝土一般为 60~80MPa(圆柱体抗压强度),个别也已接近 100MPa。

为了配制高强度、低收缩的混凝土,20 世纪 60 年代初推广采用干硬性混凝土,可在水泥用量不变的条件下提高混凝土的强度和早期强度。干硬性混凝土的水灰比较小,因此难以浇筑,必须使用高频强振捣设备。为了改善混凝土的和易性和节省水泥用量,20 世纪 70 年代中期开始采用高效减水剂,混凝土强度提高到 60~70MPa,最高可达 100MPa。这种高强度混凝土具有很高的早期强度,一般混凝土的 3d 抗压强度可达 28d 强度的 60%~80%,轴心抗压强度和弹性模量都比干硬性混凝土高。除此以外,配制高强度混凝土还要注意选择水泥品种,一般水泥强度不低于混凝土强度的 1.2 倍,同时宜采用普通硅酸盐水泥。矿渣水泥的早期强度低、干缩性大,一般不宜采用;火山灰水泥不仅早期强度低,而且收缩率大,所以更不能采用。还要注意的是,必须注意加强养护才能保证混凝土得到高强度。

2. 混凝土的性能要求

长期以来,人们总是以强度来评价混凝土的性能,认为混凝土的强度越高性能越好。

但实践表明,诸如桥梁、道路、海上建筑物、化工建筑物等设计使用寿命期较长而处于险恶环境中的结构物的毁坏原因,并不是强度问题而是耐久性问题。事实上,高强度混凝土不一定能够保证足够的耐久性。为了耐久,混凝土除应具备高强、低徐变收缩,还必须具有韧性好、耐疲劳、耐磨损、抗气候和化学侵蚀作用的性能。为了达到这些性能,混凝土应具有易浇筑、易密实、不离析、低水化热、高密水、放气少等特性。混凝土的上述性能正是高性能混凝土的概括。高性能混凝土不是传统混凝土的简单扩展,而是一种新材料。高性能比高强度更为重要。目前,人们已经掌握了许多可以满足高性能要求的混凝土基本材料和制配工艺。为了起到填充、润滑和增强作用从而达到高性能,高性能混凝土内添加了高效减水剂、飞灰、极细的硅粉及粒状高炉碱矿渣等材料。随着新化学外加剂和新胶凝材料的不断开发和使用,混凝土的性能已发生了很大改善,虽然现在仍处于研究和发展阶段,但其应用前景将是非常广阔的。

3. 混凝土的轻质要求

为了增大预应力混凝土结构的跨越能力,增强其对周围环境的耐久性,除应采用高强度、高性能的混凝土,还需要采用轻质的混凝土。混凝土材料的强度/重度比较低是一个不利因素,随着预应力混凝土结构跨度的不断增大,自重也随之增大,导致结构的承载能力大部分消耗于抵抗自重。因此,轻质混凝土应用于预应力结构具有直接的经济利益。轻质混凝土主要是采用轻质集料的混凝土。这种集料一般通过在旋转炉内高温加工,形成多孔性蜂窝轻质结构,重度减轻为 $14 \sim 19 \mathrm{kN/m^3}$,再通过良好的配合比设计,制成轻质混凝土,就能得到与一般碎石混凝土不差上下的强度。但是,目前轻质混凝土的实用强度仍低于普通混凝土,轻质混凝土广泛应用于预应力混凝土结构仍需要一定的时间。

4. 混凝土的变形性能

由于混凝土是由粗集料、细集料和水泥浆等组成。在承受荷载之前,粗集料与细集料的交界面就已存在大量微裂缝,又由于硬化过程中混凝土内部吸附水的消失而产生的收缩还会形成空隙,这便使混凝土在低应力状态下就表现出非线性的变形性质。

(1)混凝土的应力与应变

混凝土的应变可分为受力应变和非受力应变两类,在实测的应变中它们是混杂在一起的。根据 1990 年 CEB-FIP 标准规范,在龄期 t_0 承受单轴向、不变应力为 $\sigma(t_0)$ 的混凝土构件,在龄期 t 的总应变 $\varepsilon_c(t)$ 可分解为

$$\varepsilon_c(t) = \varepsilon_{ci}(t_0) + \varepsilon_{cc}(t) + \varepsilon_{cs}(t) + \varepsilon_{cT}(t) = \varepsilon_{c\sigma}(t) + \varepsilon_{cn}(t) \qquad (2\text{-}1)$$

式中:$\varepsilon_{ci}(t_0)$——加载时初始应变;

$\varepsilon_{cc}(t)$——从 t_0 至 t 时间内的徐变应变;

$\varepsilon_{cs}(t)$——收缩应变;

$\varepsilon_{cT}(t)$——温度应变;

$\varepsilon_{c\sigma}(t)$——由应力产生的应变,$\varepsilon_{c\sigma}(t) = \varepsilon_{ci}(t_0) + \varepsilon_{cc}(t)$;

$\varepsilon_{cn}(t)$——不由应力产生的应变,$\varepsilon_{cn}(t) = \varepsilon_{cs}(t) + \varepsilon_{cT}(t)$。

在不包括温度应变时,混凝土的典型应力—应变过程又可分解为

$$\varepsilon_c(t) = \varepsilon_e + \varepsilon_v + \varepsilon_a + \varepsilon_{f,g} + \varepsilon_{f,tr} + \varepsilon_{cs} \qquad (2\text{-}2)$$

式中:ε_e——初始瞬时弹性应变;

ε_v——滞后弹性应变,属可恢复应变;

ε_a ——初始瞬时流塑应变,基本不可恢复;

$\varepsilon_{f,g}$ ——基本徐变应变,不可恢复;

$\varepsilon_{f,tr}$ ——干燥徐变应变,部分可能恢复;

ε_{cs} ——收缩应变。

从混凝土典型的应变随龄期变化曲线(图 2-1)可见:在时刻 t_0 承受单轴向、不变应力为 $\sigma(t_0)$ 时,混凝土产生初始瞬时弹性应变;随着时间的延续,混凝土将产生与应力无关的收缩应变和与应力有关的应变,即滞后弹性应变和徐变;在某时刻卸除初应力后,混凝土的初始弹性应变将瞬时恢复,随着时间的推移滞后弹性应变也将逐步恢复,但由于混凝土的塑性性能,其仍将保留不可恢复的应变部分。

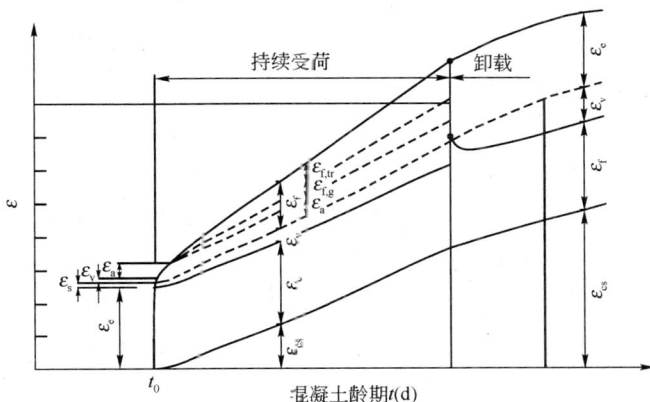

图 2-1 混凝土典型的应变随龄期变化曲线

(2)混凝土的收缩、徐变

混凝土的收缩是由于所含水分的蒸发及其他物理化学原因产生的体积的缩小,混凝土徐变是在荷载长期作用下产生的随时间增长的变形。混凝土的收缩和徐变,将引起预应力下降,即预应力损失。混凝土的收缩、徐变越大,预应力损失也就越大,这对预应力混凝土结构是很不利的。因此,在预应力混凝土结构的设计、施工中,应尽量设法减少混凝土的收缩和徐变,并应尽量准确地估算混凝土的收缩和徐变。

①混凝土的收缩应变

混凝土收缩主要与混凝土品质和构件所处的环境等因素有关。普通混凝土收缩应变,随时间的增加而增加,一般在第一年中其值可达到 $\varepsilon_{cs} = (150 \sim 400) \times 10^{-6}$,一年后仍有所增加。但初期发展较快,在龄期 7d、2 周及一个月的收缩应变分别可达到其终极值的 25%、30%~40%及约 50%,8 个月后的收缩应变即可达到终极值的 70%~80%。

根据 1990 年 CEB-FIP 标准规范,混凝土收缩应变随时间变化规律可用下列公式表示:

$$\varepsilon_{cs}(t, t_0) = \varepsilon_{cso}[\beta_s(t - t_s) - \beta_s(t_0 - t_s)] \tag{2-3}$$

$$\varepsilon_{cso} = \varepsilon_s(f_{cm})\beta_{RH}$$

$$\varepsilon_s(f_{cm}) = \left[160 + 10\beta_{sc}\left(9 - \frac{f_{cm}}{f_{cmo}}\right)\right] \times 10^{-6}$$

$$\beta_{RH} = \begin{cases} -1.55\left[1-\left(\dfrac{RH}{RH_o}\right)^3\right] & 40\% \leqslant RH \leqslant 99\% \\ \\ +0.25 & RH > 99\% \end{cases}$$

$$\beta_s(t-t_s) = \left[\frac{(t-t_s)/t_1}{350(h/h_o)^2+(t-t_s)/t_s}\right]^{0.5}$$

式中：$\varepsilon_{cs}(t,t_0)$——从 t_0 至 t 时间内的收缩应变；

$\quad\quad t_0$——桥梁结构开始考虑收缩影响的混凝土龄期(d)；

$\quad\quad \varepsilon_{cso}$——名义收缩应变，对强度等级大于 C50 的混凝土乘以 $\sqrt{f_{c,C50}/f_c}$，其中，$f_{c,C50}$ 为 C50 混凝土的轴心抗压强度，f_c 为采用混凝土的轴心抗压强度；

$\quad\quad \beta_s$——收缩随时间发展的函数；

$\quad\quad t_s$——收缩开始时(初期养护结束时)混凝土龄期(d)，可假定为 3～7d；

$\quad\quad f_{cm}$——混凝土 28d 龄期时的平均立方体抗压强度(MPa)，$f_{cm}=0.8f_{cu,k}+8$，$f_{cu,k}$ 为混凝土 28d 龄期时的立方体抗压强度标准值(MPa)；

$\quad\quad \beta_{RH}$——年平均环境相对湿度(%)；

$\quad\quad \beta_{sc}$——依水泥种类而变的系数，慢硬水泥 $\beta_{sc}=4.0$，普通或快硬水泥 $\beta_{sc}=5.0$，快硬高强水泥 $\beta_{sc}=8.0$；

$\quad\quad f_{cmo}$——为 10MPa；

$\quad\quad RH$——环境年平均相对湿度(%)；

$\quad\quad RH_o$——为 100%；

$\quad\quad t_1$——为 1d；

$\quad\quad h$——构件理论厚度(mm)，$h=2A_c/u$，A_c 为构件的截面面积，u 为构件与大气接触的周边长度；

$\quad\quad h_o$——为 100mm；

其余符号意义同前。

②混凝土的徐变应变

影响混凝土徐变的因素主要有混凝土应力的大小，混凝土的加载龄期、级配、水灰比及构件所处的环境等。当混凝土所受的持久应力低于混凝土抗压强度 40%～50% 时，徐变应变与混凝土应力之间存在着线性关系，在此范围内的徐变称为线性徐变。在线性徐变情况下，加荷初期徐变增长速度较快，六个月时一般已完成 50% 以上，后期徐变逐渐减小，一年以后逐渐趋于稳定，随后缓慢发展，三年左右趋于终止。徐变应变约为瞬间应变的 1～4 倍。混凝土徐变通常采用徐变系数 $\varphi_c(t,t_0)$ 来描述。根据 CEB-FIP 标准规范的定义，在时刻 t_0 开始作用于混凝土的单轴向常应力 $\sigma(t_0)$ 至时刻 t 所产生的徐变应变为：

$$\varepsilon_{cc}(t,t_0) = \frac{\sigma(t_0)}{E_c}\varphi_c(t,t_0) \tag{2-4}$$

式中：E_c——混凝土的弹性模量(28d 龄期)。

根据 1990 年 CEB-FIP 标准规范，混凝土徐变系数随时间变化规律可用公式表示为：

$$\varphi_c(t,t_0) = \varphi_o\beta_c(t,t_0) \tag{2-5}$$

$$\varphi_0 = \varphi_{RH}\beta(f_{cm})\beta(t_0)$$

$$\varphi_{RH} = 1 + \frac{1 - RH/RH_0}{0.46(h/h_c)^{\frac{1}{3}}}$$

$$\beta(f_{cm}) = \frac{5.3}{(f_{cm}/f_{cmo})^{0.5}}$$

$$\beta(t_0) = \frac{1}{0.1 + (t_0/t_1)^{0.2}}$$

$$\beta_c(t,t_0) = \left[\frac{(t-t_0)/t_1}{\beta_H + (t-t_0)/t_1}\right]^{0.3}$$

$$\beta_H = 150\left[1 + \left(1.2 \times \frac{RH}{RH_0}\right)^{18}\right]\frac{h}{h_0} + 250 \leqslant 1\,500$$

式中： t——计算时刻的混凝土龄期(d)；

t_0——加载时刻的混凝土龄期(d)；

$\varphi_c(t,t_0)$——加载龄期 t_0 至计算龄期 t 时间内的混凝土徐变系数；

φ_0——名义徐变系数,对强度等级大于 C50 的混凝土乘以 $\sqrt{f_{c,C50}/f_c}$ ；

β_c——加载后徐变随时间发展的函数；

其余符号意义同前。

上述徐变计算公式,适用于不变环境下硬化的、压应力不超过抗压强度 40% 的混凝土。当混凝土的应力超过抗压强度的 60% 时,徐变变形与混凝土应力将不成线性比例关系,这种徐变称为非线性徐变,此时徐变变形急剧增加不再收敛,呈非稳定的徐变现象。对于混凝土应力 σ_c 在抗压强度的 40%~60% 之间时,名义徐变系数 φ_0 应按下式修正：

$$\varphi_{0,k} = \varphi_0 e^{1.5(k_\sigma - 0.4)},\ 0.4 < k_\sigma < 0.6 \tag{2-6}$$

式中：$\varphi_{0,k}$——修正后的名义徐变系数；

k_σ—— $k_\sigma = \sigma_c/f_{cm}$ ；

其余符号意义同前。

水泥品种和养护温度的影响,可以通过修正加载龄期 t_0 加以考虑：

$$t_0 = t_{0,T}\left[\frac{9}{2 + (t_{0,T}/t_{1,T})^{0.5}} + 1\right]^\alpha \geqslant 0.5 \tag{2-7}$$

$$t_{0,T} = \sum_{i=1}^{n}\Delta t_i e^{-\left[\frac{4\,000}{273+T(\Delta t_i)/T_0} - 13.65\right]}$$

式中：$t_{1,T}$——为 1d；

α——慢硬水泥 $\alpha = -1$,普通或快硬水泥 $\alpha = 0$,快硬高强水泥 $\alpha = 1$；

n——持续某种温度的时间段数；

Δt_i—— i 种温度持续的时间(d)；

$T(\Delta t_i)$——在时间 Δt_i 内的温度(℃)；

T_0——为 1℃。

应注意的是,按徐变公式的计算结果,应看成在受压方向或受拉方向有 20% 差异的代表值。徐变系数计算公式允许推广到受拉混凝土。在线性徐变范围内,由不同或相同时间内作用的各次应力产生的徐变变形假定满足叠加原理。如果混凝土在较高应力的持续作用下，虽然应力小于抗压强度，也可能造成混凝土破坏，所以通常令70%～80%的抗压强度作为混凝土的长期极限强度。

二、预应力钢筋

1. 预应力钢筋的要求

（1）强度要求

预应力钢筋必须采用高强度材料，这已被预应力混凝土的发展历史所证明。早在19世纪中后期，就有人提出了在钢筋混凝土梁中建立预应力的想法，并进行了试验。但当时采用的是抗拉强度低的普通钢筋，由于混凝土的收缩、徐变等原因，施加的预应力随着时间的延长而丧失殆尽，使这种努力一度遭到失败。直到约半个世纪后的1928年，法国工程师 E. Freyssinet 在采用高强度钢丝试验后才获得成功，并使预应力混凝土结构有了实用的可能。不采用高强度材料，就无法克服由于各种因素所造成的应力损失，也就不能有效地建立预应力。提高钢材的强度通常有三种不同的方法：在钢材成分中增加某些合金元素，如碳、锰、硅、铬等；采用冷拔、冷拉和冷扭法提高钢材屈服强度；采用调质热处理、高频感应热处理、余热处理等方法提高钢材强度。

（2）塑性要求

高强度材料的塑性一般较弱，不是所有的高强材料都能用作预应力材料。如预应力钢筋需要弯曲和转折，在锚夹具中还受到较高的局部应力，同时为了保证结构物在破坏之前有较明显的变形预兆和满足结构内力重分布等要求，必须保证其有足够的塑性性能。因此，预应力钢筋必须满足一定的拉断延伸率和弯折次数的要求。

（3）粘结性要求

先张法预应力混凝土构件，预加应力材料和混凝土之间应具有可靠的粘结力，以确保预加力能可靠传递至混凝土。为此，高强度钢丝通过刻痕或把钢丝扭绞成钢绞线，以增加钢丝与混凝土之间的粘结力。

另外，对于非成卷供应的预应力粗钢筋，良好的焊接性能也是保证加工质量的重要条件。

2. 预应力钢筋的种类

预应力钢筋可分为钢筋、钢丝和钢绞线三类。

（1）钢筋

预应力钢筋分为冷拉热轧低合金钢筋和热处理低合金钢筋。冷拉热轧低合金钢筋是指有明显屈服台阶的、经过冷拉提高了屈服强度的热轧低合金钢筋，这种钢筋强度较低、焊接可靠性差，目前已很少采用。热处理低合金钢筋是经过淬火和回火调质热处理的低合金钢筋，表2-1为我国常用预应力热处理钢筋的力学性能，详见《预应力混凝土用钢棒》（GB/T 5223.3—2005）（我国国家标准将上述热处理钢筋归为钢棒）。

含碳量和主加合金对低合金钢筋的焊接性能有一定的影响，尤其当含碳量为上限或直径较粗时，焊接质量不稳定。解决这一问题的方法是，在钢筋的端部冷轧螺纹采用套筒接长，或是钢厂用热轧方法直接生产一种无纵肋的精轧螺纹钢筋，在端部用螺纹套筒连接接长。我国标准中螺纹钢筋的公称直径有18、25、32、40、50（mm）几种，其级别用PSB（prestressing screw bars）加屈服强度最小值表示。表2-2为我国常用预应力螺纹钢筋的力学性能，详见《预应力混凝土用螺纹钢筋》（GB/T 20065—2006）。

热处理钢筋力学性能　　　　　　　　　　　　　　　表 2-1

表面形状	公称直径 D_n (mm)	抗拉强度 R_m (MPa) 不小于	规定非比例延伸强度 $R_{P0.2}$ (MPa) 不小于	最大力下伸长率 A_{gt} ($L_0=200mm$) (%)不小于	断后伸长率 A ($L_0=8D_n$) (%)不小于	应力松弛 V_t (1 000h) 初始应力	普通松弛 (N)(%) 不大于	低松弛 (L)(%) 不大于
光圆	6、7、8、10、11、12、13、14、16	1 080	930			$0.6R_m$	2.0	1.0
螺旋槽	7.1、9、10.7、12.6	1 230	1 080	2.5 (延性级别25)	5.0 (延性级别25)	$0.7R_m$	4.0	2.0
螺旋肋	6、7、8、10、12、14	1 420	1 280	3.5 (延性级别35)	7.0 (延性级别35)	$0.8R_m$	9.0	4.5
带肋	6、8、10、12、14、16	1 570	1 420					

注:表中的符号按《预应力混凝土用钢棒》(GB/T 5223.3—2005)取用。

螺纹钢筋力学性能　　　　　　　　　　　　　　　表 2-2

级　别	抗拉强度 R_m (MPa) 不小于	屈服强度 R_{eL} (MPa) 不小于	断后伸长率 A (%) 不小于	最大力下伸长率 A_{gt} (%) 不小于	应力松弛 V_t (1 000h) 初始应力	(%)
PSB785	980	785	7			
PSB830	1 030	830	6	3.5	$0.8R_{eL}$	≤3
PSB930	1 080	930	6			
PSB1080	1 230	1 080	6			

注:表中的符号按《预应力混凝土用螺纹钢筋》(GB/T 20065—2006)取用。

(2)钢丝

预应力混凝土结构用钢丝,按交货状态分为冷拉和矫直回火两种,按外形分为光面和刻痕两种。我国标准中钢丝的公称直径有 3.0、4.0、4.8、5.0、6.0、6.25、7.0、8.0、9.0、10.0、12.0 (mm)几种。

高强度钢丝系采用优质碳素钢盘条经过几次冷拔而形成的达到所需直径和强度的钢丝。然后,若用机械方式对钢丝进行压痕就成为刻痕钢丝,对钢丝进行低温(一般低于 500℃)矫直回火处理后便成为矫直回火钢丝。钢丝经过矫直回火后,可消除钢丝冷拔中产生的残余应力,比例极限、屈服强度和弹性模量均有所提高,塑性也有所改善;同时也解决钢丝的伸直问题,方便施工。这种钢丝通常称为消除应力钢丝。

消除应力钢丝的松弛损失(详见后),虽比消除应力前低一些但仍然较高。于是,又发展了一种称为"稳定化"的特殊工艺,即在一定的温度(如 350℃)和拉应力下进行应力消除回火处理,然后冷却至常温。经"稳定化"处理后,钢丝的松弛值仅为普通钢丝的 0.25～0.33。这种钢丝称为低松弛钢丝,目前国际上已大量采用。

我国消除应力钢丝分为普通松弛(WNR)和低松弛(WLR)两种,表 2-3 为我国常用消除应力预应力钢丝的主要力学性能,详见《预应力混凝土用钢丝》(GB/T 5223—2002)。

消除应力钢丝力学性能 表 2-3

品种	公称直径 d_n (mm)	抗拉强度 σ_b (MPa) 不小于	屈服强度 $\sigma_{P0.2}$ (MPa) 不小于		最大力下伸长率 δ_{gt} ($L_0=200mm$) (%)	弯曲180° 次数 不小于	弯曲180° 半径 R (mm)	应力松弛 r(1000h) 初始应力	WNR (%) 不大于	WLR (%) 不大于
光圆及螺旋钢丝	4.00	1470	1290	1250		3	10			
		1570	1380	1330						
	4.80	1670	1470	1410		4	15			
		1770	1560	1500				$0.6\sigma_b$	4.5	1.0
	5.00	1860	1640	1580	≥3.5					
	6.00	1470	1290	1250			15			
	6.25	1570	1380	1330		4		$0.7\sigma_b$	8.0	2.0
		1670	1470	1410		4	20			
	7.00	1770	1560	1500						
	8.00	1470	1290	1250		4	20			
	9.00	1570	1380	1330		4	25	$0.8\sigma_b$	12	4.5
	10.00	1470	1290	1250		4	25			
	12.00					4	30			
刻痕钢丝	≤5.00	1470	1290	1250						
		1570	1380	1330						
		1670	1470	1410			15	$0.6\sigma_b$	4.5	1.0
		1770	1560	1500	≥3.5	3				
		1860	1640	1580				$0.7\sigma_b$	8.0	2.0
	>5.00	1470	1290	1250						
		1570	1380	1330				$0.8\sigma_b$	12	4.5
		1670	1470	1410			20			
		1770	1560	1500						

注:表中的符号按《预应力混凝土用钢丝》(GB/T 5223—2002)取用。

(3)钢绞线

预应力混凝土用钢绞线由冷拔钢丝制造而成,方法是在绞线机上以一种稍粗的直钢丝为中心,其余钢丝围绕其进行螺旋状绞合[图 2-2a)],再经低温回火处理即可。钢绞线规格有 2 股、3 股、7 股、19 股等。

模拔钢绞线是在普通钢绞线绞成型时通过一个钨合金模拔机,并经低温回火处理而成。由于每根钢丝在挤压接触时被压扁,钢绞线的内部空隙和外径都大为减小,提高了钢绞线的密度,与相同外径的钢绞线相比,有效面积增加 20% 左右[图 2-2b)]。而且,由于周边面积较大,易于锚固。

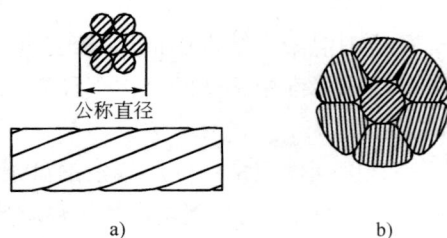

图 2-2　钢绞线结构
a)7 股普通钢绞线;b)7 股模拔钢绞线

表 2-4 为我国常用预应力钢绞线的主要力学性能,详见《预应力混凝土用钢绞线》(GB/T 5224—2003)。其中,7 股钢绞线由于面积较大、柔软,可用于先张法和后张法,施工操作方便,已成为目前国内外应用最广的一种预应力钢筋。表 2-5 给出了国外常用 7 股钢绞线的主要力学性能。

钢绞线结构	公称直径 D_n (mm)	抗拉强度 R_m (MPa) 不小于	钢绞线最大力 F_m (kN) 不小于	规定非比例延伸力 $F_{P0.2}$ (kN) 不小于	最大力下伸长率 ($L_0 \geqslant 400mm$ 或 $L_0 \geqslant 500mm$) A_{gt}（%）不小于	应力松弛 r(1 000h) 初始拉力	（%）不大于
1×2 (2股)	8.00	1 470	36.9	33.2	3.5	0.6 F_m	1.0
		1 570	39.4	35.5			
		1 720	43.2	38.9			
		1 860	46.7	42.0			
		1 960	49.2	44.3			
	10.00	1 470	57.8	52.0		0.7 F_m	2.5
		1 570	61.7	55.5			
		1 720	67.6	60.8			
		1 860	73.1	65.8		0.8 F_m	4.5
		1 960	77.0	69.3			
	12.00	1 470	83.1	74.8			
		1 570	88.7	79.8			
		1 720	97.2	87.5			
		1 860	105.0	94.5			
1×3 (3股)	8.60	1 470	55.4	49.9	3.5	0.6 F_m	1.0
		1 570	59.2	53.3			
		1 720	64.8	58.3			
		1 860	70.1	63.1			
		1 960	73.9	66.5			
	10.80	1 470	86.6	77.9		0.7 F_m	2.5
		1 570	92.5	83.3			
		1 720	101.0	90.9			
		1 860	110.0	99.0		0.8 F_m	4.5
		1 960	115.0	104.0			
	12.90	1 470	125.0	113.0			
		1 570	133.0	120.0			
		1 720	146.0	131.0			
		1 860	158.0	142.0			
		1 960	166.0	149.0			
1×7 (7股)	9.50	1 720	94.3	84.9	3.5	0.6 F_m	1.0
		1 860	102.0	91.8			
		1 960	107.0	96.3			
	11.10	1 720	128.0	115.0			
		1 860	138.0	124.0			
		1 960	145.0	131.0			
	12.70	1 720	170.0	153.0		0.7 F_m	2.5
		1 860	184.0	166.0			
		1 960	193.0	174.0			
	15.20	1 470	206.0	185.0		0.8 F_m	4.5
		1 570	220.0	198.0			
		1 670	234.0	211.0			
		1 720	241.0	217.0			
		1 860	260.0	234.0			
		1 960	274.0	247.0			

钢绞线结构	公称直径 D_n (mm)	抗拉强度 R_m (MPa) 不小于	钢绞线最大力 F_m (kN) 不小于	规定非比例延伸力 $F_{P0.2}$ (kN) 不小于	最大力下伸长率 ($L_0 \geqslant 400mm$ 或 $L_0 \geqslant 500mm$) A_{gt} (%) 不小于	应力松弛 r(1000h) 初始拉力	(%) 不大于
1×7 (7股)	21.60	1 770	504.0	454.0			
		1 860	530.0	477.0			
(1×7)C	12.70	1 860	208.0	187.0			
	15.20	1 820	300.0	270.0			
	18.00	1 720	384.0	346.0			

注:表中的符号按《预应力混凝土用钢绞线》(GB/T 5224—2003)取用;规定非比例延伸力 $F_{P0.2}$ 值不小于钢绞线最大力 F_m 的90%;7股钢绞线取 $L_0 \geqslant 500mm$;(1×7)C 为7股模拔钢绞线。

国外钢绞线规格及力学性能

表 2-5

标准	级别 (MPa)		公称直径 (mm)	破坏荷载 (kN)	条件屈服荷载 (kN)	伸长率 (%)	应力松弛(1000h) (70%)	(80%)
美国 ASTM A416—92	(250k)	1 720	12.7	160.1	144.1**	3.5	2.5	3.5
			15.24	240.2	216.2			
	(270k)	1 860	12.7	183.7	165.3			
			15.24	260.7	234.6			
英国 BS 5896—1980	标准	1 770	12.5	164.0	144.0*	3.5	2.5	4.5
		1 670	15.2	232.0	204.0			
	超级	1 880	12.9	186.0	163.0			
		1 770	15.7	265.0	233.0			
	模拔	1 860	12.7	209.0	184.0			
		1 820	15.2	300.0	264.0			
日本 JIS G3536—1971	SWPR-7A		12.4	160.0	136.0*	3.5	3.0	
			15.2	240.0	204.0			
	SWPR-7B		12.7	183.0	156.0*			
			15.2	261.0	222.0			
国际 ISO 6934	普通	1 860	12.7	184.0	156.0*	3.5	2.5	4.5
		1 860	15.2	258.0	220.0			
	模拔	1 860	12.7	209.0	184.0			
		1 860	15.2	300.0	264.0			

注:* 指 $f_{0.2}$ 时的拉力;** 指1%伸长时的拉力。

我国生产的钢绞线分为普通松弛和低松弛两种,根据《预应力混凝土用钢绞线》(GB/T 5224—2003),我国的低松弛钢绞线的屈服强度与极限强度之比(屈强比)约为0.85,而国外同一级别1 860MPa(270ksi)钢绞线的屈强比则为0.90,但厂家可按国外标准生产。

(4)复合材料预应力筋

复合材料预应力筋主要是指纤维增强聚合物(简称FRP)制成的预应力筋,如玻璃纤维增强聚合物(GFRP)、芳纶纤维增强聚合物(AFRP)及碳素纤维增强聚合物(CFRP)预应力筋。

这些预应力筋具有轻质、高强(强度接近或大于预应力钢筋)、耐腐蚀、耐疲劳、非磁性等优点，表面形态可以是光滑的、螺纹或网状的，形状包括棒状、绞线形及编织物形。这些复合材料预应力筋的强度虽大，但由于纤维受力不均匀性、很低的抗剪强度(仅为钢材的1/3)、长期与短期荷载强度比较低、极限延伸性差和不能采用常规锚具锚固，纤维的抗拉强度在实际工程中得不到充分利用。表2-6为纤维增强聚合物预应力筋与高强钢丝材性的对比。

FRP 预应力筋与高强钢丝材性比较 表 2-6

预应力筋种类	抗拉强度 (MPa)	极限拉应变 (%)	弹性模量 (MPa)	重度 (kN/m³)
芳纶纤维筋	1 610	2.5	64 000	13.0
玻璃纤维筋	1 750	3.4	51 000	20.0
碳素纤维筋	2 400	1.6	150 000	15.0
高强钢丝	1 800	4.0	200 000	78.5

当前，复合材料预应力筋还处于试用阶段，其力学性能，如延性、粘结、锚具、松弛、疲劳等性能，仍需要继续研究，相应的测试标准也有待规范。由于价格等原因复合材料预应力筋一定时期内无法与预应力钢筋竞争，但其应用前景是广阔的。

3.预应力钢材的性能

(1)钢材的应力—应变曲线

冷拉热轧钢筋属软钢，其有明显的屈服台阶，极限伸长率大，塑性性能好。图 2-3a)显示了冷拉热轧钢筋冷拉前、后的应力—应变曲线，冷拉后强度得到了提高但仍有良好的塑性及不小的伸长率。碳素钢丝及钢绞线为硬钢，没有明显的屈服台阶，极限伸长率小、塑性性能差。硬钢的极限抗拉强度(f_{pu})可通过试验确定，但其屈服强度却不易确定。图 2-3b)为硬钢的应力—应变曲线($\sigma\varepsilon$ 曲线)。国际上常用"条件流限"方法定义硬钢的条件屈服强度。但是，目前确定预应力钢材(硬钢)的条件屈服强度还没有一个统一的标准。例如：国际预应力协会(简称 FIP)取用 0.1％残余应变对应的应力作为条件屈服强度($f_{0.1}$)；我国及日本以 0.2％残余应变对应的应力作为条件屈服强度($f_{0.2}$)；美国对高强钢丝和钢绞线都取 1％伸长时的应力作为条件屈服强度。

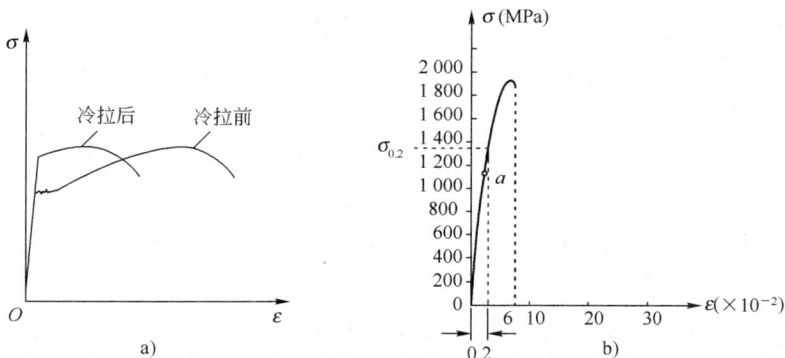

图 2-3 钢材的应力—应变曲线
a)软钢；b)硬钢

钢材的塑性常用钢材拉断时的应变 δ(伸长率)表示。伸长率的数值与量测时的标距有关，而各种预应力钢材取用的标距也不一样。钢丝标距常用 $10d$(d 指钢丝的直径)或 100mm，而钢绞线多取 600mm。预应力钢材的最低塑性要求也不相同，取用标距为 $10d$ 的钢丝，一

般 δ_{10} 不得小于 4%；取用 600mm 标距的钢绞线，则规定不得小于 3.5%。工程实践和试验都表明，以上塑性规定可满足结构和构件的延性要求。

（2）钢材的松弛

在持续高应力的作用下，如长度和温度保持不变，钢材的应力随时间增长而降低的现象称为松弛；而如应力与温度维持不变，钢材的应变随时间而增加的现象则称为蠕变。在一般预应力混凝土结构中，由于预应力钢筋张拉后长度基本保持不变，所以应力松弛是预应力钢筋性能中的一个主要问题。

预应力钢筋的松弛损失由试验得到，试验通常在温度 20℃、初始应力范围 $(0.6 \sim 0.8) f_{pu}$ 的情况下进行。试验表明，在第一个小时中，应力松弛非常显著，大约可以完成 100h 松弛的 50%～60%（表 2-7）。试验持续到 7～8 年之后松弛尚未完成，但松弛率随时间增长而逐渐减小，趋于定值。所以，习惯上都把 1 000h 发生的松弛作为推断长期松弛的依据。

1 000h 内松弛与时间的关系　　　　　　　　　　表 2-7

时间(h)	1	5	20	100	200	500	1 000
与 1 000h 松弛之比	15%	25%	35%	55%	65%	85%	100%

初始应力越大，松弛也越大；而当初始应力不超过 $0.5 f_{pu}$ 时，松弛损失很小、可忽略不计。表 2-8 为两类钢材在不同初应力 σ_{pi} 和抗拉强度 f_{pu} 比值下，1 000h 内（20℃常温）的最大松弛值。表中，一类钢材接近于经消除应力处理的普通松弛钢丝与钢绞线，二类钢材则接近于低松弛钢丝、钢绞线及其他一些钢筋。

不同初应力下预应力钢材松弛值的比较　　　　　　表 2-8

σ_{pi}/f_{pu}	0.6	0.7	0.8
一类	4.5%	8%	12%
二类	1%	2%	4.5%

温度对松弛的影响也很大，而且比初始应力对松弛的影响还要大。应力松弛值随温度的升高而增加，同时这种影响还会长期存在。相对于 20℃，初始应力为 $0.75 f_{pu}$ 时，温度对应力松弛的影响系数见表 2-9。

温度对应力松弛的影响系数　　　　　　　　　表 2-9

时间 ＼ 温度	20℃	40℃	60℃	100℃
初始 1 000h	1	1.9	3.3	7.8
30 年后 1 000h	1	1.9	2.7	6.2

因此，对于采用蒸汽养护或处于高温状态工作的预应力混凝土构件，应考虑温度对预应力松弛的影响。

预应力钢材松弛损失的差别较大，低合金钢热轧粗钢筋的松弛值是相对最小的，热处理钢筋次之，高强度钢丝和钢绞线因经冷拔则要大些，钢绞线因经缠制松弛又略大于钢丝。钢丝经回火处理可减小松弛，经"稳定化"处理后钢丝的松弛可大大减小。

（3）钢材的疲劳

预应力混凝土结构在反复荷载作用下，预应力钢筋的应力将会出现波动，预应力钢筋及其锚具抵抗这种波动应力的能力，即为抗疲劳能力。

影响钢材抗疲劳能力的因素,除钢种的化学、物理性质外,主要是荷载引起应力的上限值(σ_{max})和下限值(σ_{min})及引起破坏的应力循环次数 N。对于一定的 N 值(2×10^6 次)和某一应力 σ_{min} 或应力循环特征值 $\rho (\rho = \sigma_{max} / \sigma_{min})$,将有相应应力幅度 $\Delta \sigma$ ($\Delta \sigma = \sigma_{max} - \sigma_{min}$)或应力上限值 σ_{max} 的疲劳强度。图2-4 为一根按 2×10^6 次循环次数试验得到的典型预应力钢筋的史密斯曲线,曲线表明引起破坏的应力幅度 $\Delta \sigma$ 随上限值 σ_{max} 的增加而有一定的下降。因此,钢材的疲劳强度是一个有条件的变值。

国际预应力混凝土协会(FIP)1982 年建议,当缺少试验数据时,预应力钢筋的容许应力幅度 $\Delta \sigma$ 可取表 2-10 的数值。

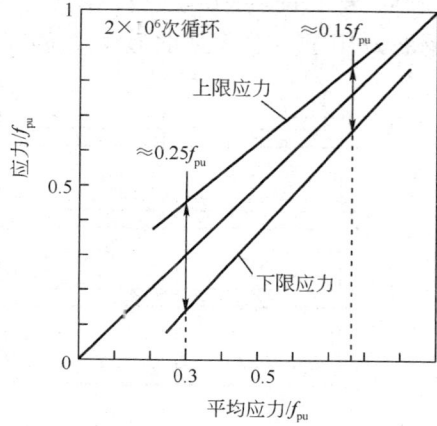

图 2-4　预应力钢材的史密斯曲线

钢筋容许应力幅度 $\Delta \sigma$

表 2-10

钢筋种类	$\Delta \sigma$(MPa)	钢筋种类	$\Delta \sigma$(MPa)
光面钢筋	200	带肋钢筋	150
钢绞线	200	高强钢筋	80

这里的容许应力幅度 $\Delta \sigma$ 是一种特征疲劳强度,其定义为:在 $\sigma_{max} = 0.85 f_{0.2}$ 应力作用下经 2×10^6 次循环所得试验值的 10% 分位值。对于全预应力混凝土,预应力钢筋的应力幅度较小,几乎各种预应力钢筋都能满足疲劳要求。但对于部分预应力混凝土,预应力钢筋承受的应力幅度较大,通常应进行疲劳强度验算。

经刻痕、扭转处理的或带有横肋的预应力钢筋,都会降低其疲劳强度。

第二节　预应力工艺及设备

一、预加应力方法

预应力混凝土中的预应力,按其加力方式不同分为两类,即外部预加应力和内部预加应力。目前,工程实践中大多采用内部预加应力,预应力钢筋与混凝土结构构成一个内力自平衡的系统。

内部预加应力主要通过张拉预应力钢筋并锚固于混凝土的方式实现。张拉的方法有机械法、电热法、自张法等。机械张拉法一般采用千斤顶或其他张拉工具建立预应力;电热张拉法是将低压强电流通过预应力钢筋使其发热伸长,锚固后利用预应力钢筋的冷缩而建立预应力;自张法是利用膨胀混凝土拉长预应力钢筋的方式建立预应力。最常用的预应力钢筋张拉方法是机械张拉法。根据张拉预应力钢筋与浇筑混凝土的先后次序,可分为先张法和后张法两种。

1. 先张法

先张法,即先张拉预应力钢筋后浇筑混凝土构件的预加应力方法,如图 2-5 所示。根据构件受力需要,预应力钢筋可采用直线布置或折线布置,按设计要求张拉预应力钢筋,并将其临时锚固在台座上(此时预应力钢筋的反作用力由台座承受),然后浇筑混凝土构件;待混凝土养护到设计要求的强度(一般应不低于混凝土强度设计值的75%)后,解除锚固、逐步放松预应力钢筋,利用预应力钢筋的弹性回缩及其与混凝土之间的粘结作用使混凝土构件获得预应力。

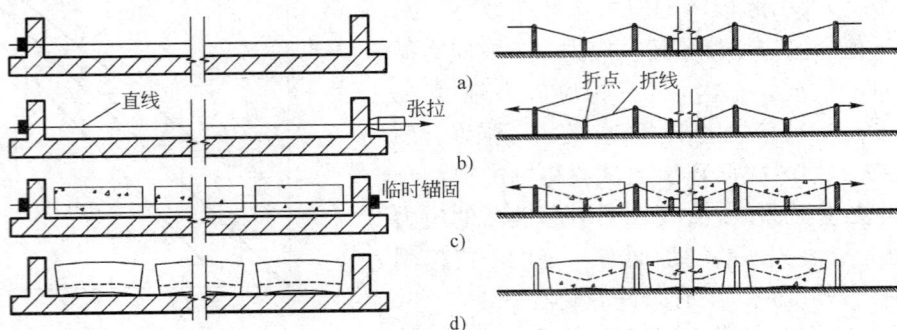

图 2-5　先张法预应力工艺流程
a)台座准备;b)预应力钢筋张拉;c)混凝土施工;d)预应力钢筋放松

先张法常用的预应力钢筋为高强钢丝、钢绞线和冷拉钢筋等。预应力钢筋一般采用直线或折线布置方式。

先张法预应力工艺简单、工序少、效率高、质量易保证,且能省去锚固预应力钢筋所用的永久锚具,临时锚固采用可重复使用的工具式锚具或夹具。但需要专门的张拉台座,基建投资较大,适用于固定工厂预制大批生产的中小型构件,还需要满足交通运输条件的要求。

2. 后张法

后张法,即先浇筑混凝土构件,再张拉预应力钢筋的预加应力方法,如图2-6所示。这种预应力工艺的要点为:首先,在混凝土构件浇筑前按预应力钢筋的设计位置预设孔道;待混凝土养护到设计要求的强度(一般不应低于混凝土强度设计值的75%)后,将预应力钢筋穿入预留孔道内;再以混凝土构件为支承,张拉预应力钢筋使混凝土构件受力;待张拉力达到设计值后,用锚具将预应力钢筋锚固在混凝土构件上,使混凝土获得永久的预应力;最后,在预留孔道内压注水泥浆,以防止预应力钢筋锈蚀并使其与混凝土粘结成整体。

由于后张法在混凝土构件浇筑后再张拉预应力钢筋,并由锚具将预应力永久保持下来,因而它可以用于预制构件,也可以用于施工现场浇筑的构件。但后张法预应力工艺相对较复杂,锚具耗钢量较大。

后张法预应力混凝土构件的预设孔道是采用制孔器形成的。常用的制孔器有两类。

(1)抽拔式制孔器。即在预应力混凝土构件中按设计要求预埋制孔器,但混凝土初凝后抽拔出制孔器,从而形成预留孔道。橡胶抽拔管是最常用的一种抽拔式制孔器,其制孔工艺为:在钢丝网加劲的胶管内穿入钢筋(称芯棒),再将胶管(连同芯棒)放入构件模板内,待浇筑的混凝土凝结到一定强度(一般为初凝期)后,抽掉芯棒再拔出胶管,从而形成预留孔道。

(2)埋入式制孔器。即在预应力混凝土构件中按设计要求永久埋置制孔器(管道),从而形成预留孔道。目前常用铁皮管、金属波纹管及塑料

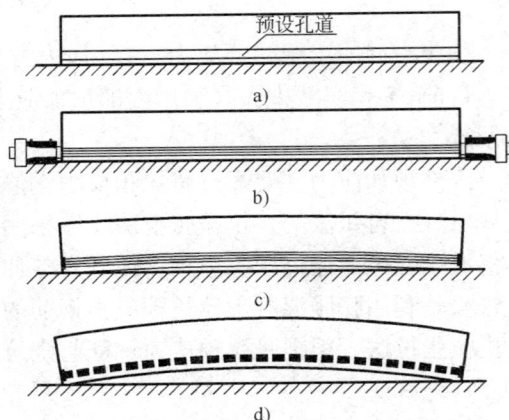

图 2-6　后张法预应力工艺流程
a)预设孔道、混凝土浇筑;b)穿入预应力钢筋、张拉;c)预应力钢筋锚固;d)孔道压浆

波纹管作为制孔器。这种预埋管道的构件,在混凝土达到设计强度后,即可直接张拉管道内的预应力钢筋。

在后张法预应力混凝土构件中,为了防止预应力钢筋锈蚀和使预应力钢筋与梁体混凝土结合成一个整体,一般在预应力钢筋张拉完毕之后,即需向预留孔道内压注水泥浆。为了减少水泥浆凝结过程中产生的收缩,可在水泥浆中加入适量的膨胀剂,并控制水泥浆的水灰比及泌水率;同时,为了使预应力钢筋与构件混凝土可靠地结成一体,所用水泥的品种及强度等级都应达到一定要求。详细内容可以参考我国有关预应力混凝土结构的施工规范。

二、锚 固 体 系

预应力锚固体系是预应力混凝土结构成套技术的重要组成部分,完善的锚固体系通常包括:锚具、夹具、连接器及锚下支承系统等。

锚具和夹具是锚固与夹持预应力钢筋的装置,它是预应力锚固体系中的关键部件和基础部件。在先张法中锚具可重复使用,这种锚具称为夹具或工具锚;后张法是靠永久锚具传递预加力,该锚具埋置在混凝土构件内不再取下,张拉过程中采用临时夹具或工具锚夹持预应力钢筋。

连接器是预应力钢筋的连接装置,能将多段预应力钢筋连接接长,可使分段施工的混凝土构件内的预应力钢筋逐段接长、张拉及锚固。

锚下支承系统,包括与锚具相配套的锚垫板、螺旋筋或钢筋网片等,布置在锚固区混凝土内,以增强混凝土的局部承压和抗劈裂强度。

预应力钢筋配套的锚固体系很多,国外主要的锚固体系有:法国的 FREYSSINET 体系、瑞士的 VSL 体系、德国的 DYWIDAG 体系及瑞士的 BBRV 体系等。同样,国内也有针对各种预应力钢筋的锚固体系。

锚具应满足预应力混凝土结构承受静载和动载的需要,其锚固性能由预应力钢筋组装件静载试验测定的锚具效率系数 η_a 和达到实测极限拉应力时的总应变 ε_{apu} 确定。其中,锚具效率系数 η_a 按下式计算:

$$\eta_a = \frac{F_{apu}}{\eta_p F_{apu}^c} \tag{2-8}$$

式中:F_{apu} ——锚具组装件的实测极限拉力;

η_p ——预应力钢筋的效率系数,当预应力钢筋为钢丝、钢绞线或热处理钢筋时,一般取 $\eta_p = 0.97$,当为冷拉 II、III、IV 级钢筋时,取 $\eta_p = 1.00$;

F_{apu}^c ——锚具组装件中各预应力钢材的计算极限拉力之和。

锚具的静载锚固性能应同时符合下列要求:

$$\eta_a \geqslant 0.95, \varepsilon_{apu} \geqslant 2.0\%$$

夹具的静载锚固性能,由夹具组装件静载试验测定的夹具效率系数 η_g 确定:

$$\eta_g = \frac{F_{gpu}}{\eta_p F_{gpu}^c} \tag{2-9}$$

式中:F_{gpu} ——夹具组装件的实测极限拉力;

F_{gpu}^c ——夹具组装件中各预应力钢材的计算极限拉力之和;

其余符号意义同前。

夹具的静载锚固性能应符合 $\eta_g \geqslant 0.95$。

预应力锚固体系的其他一些技术要求及性能可参见有关规范和标准,此不赘述。

总之,在设计、制造或选择锚固体系时,原则上应注意满足下列要求:

（1）锚固体系受力安全可靠、确保构件的预应力要求；

（2）引起的预应力损失和在锚具附近的局部压应力小；

（3）构造简单，加工制作方便，重量轻、节约钢材；

（4）根据设计取用的预应力筋种类、预加力大小及预应力钢筋布置需要选择锚具体系；

（5）预应力钢筋张拉操作方便、设备简单。

预应力锚固体系的其他一些技术要求及性能可参见有关规范和标准，此不赘述。

下面简略介绍几种国内外常用的锚具。

1. 锥形锚

锥形锚是锥塞式锚具的简称。它的工作原理是通过顶压锥形锚塞，将钢丝或钢绞线夹在锚圈与锚塞之间，在张拉千斤顶放松后，利用钢丝或钢绞线向混凝土体内的回缩带动锚塞向锚圈内楔紧，钢丝或钢绞线通过摩擦力将预加力传到锚圈，然后由锚圈的承压将预加力传到锚垫板及混凝土体上。

锥形锚由法国的 E. Freyssinet 首创，称为 FREYSSINET 锥形锚，由最先锚固钢丝发展为锚固钢绞线。在张拉时为了达到需要的吨位可以进行重复张拉多次，甚至通过放松、部分张拉、反复张拉等，使预加力控制到任意要求的程度。图 2-7 为两种 FREYSSINET 锥形锚。

传统的锚固钢丝的锥形锚的尺寸较小，便于分散布置，但缺点是钢丝无法接长，较大的回缩量引起的预应力损失亦大。这种锚具在国内已很少使用。

2. 镦头锚

镦头锚即镦头式锚具，由锚杯、锚圈、冷镦头三部分组成。预应力钢筋常用钢丝束，也可以用直径 14mm 以下的钢筋成束。这种锚具的构造特点和工作原理是：将预应力钢筋穿过锚杯的蜂窝眼，用镦头机将钢丝或钢筋的端头镦粗成球形，带球形头的预应力钢束直接支承在锚杯上；千斤顶拉杆旋入锚杯的内螺纹后进行张拉，锚杯拉动钢丝或钢筋伸长达到设计值后，锚圈沿锚杯外的螺纹旋紧顶在锚垫板上，锚圈通过支承作用将预加力传到混凝土体上。图 2-8 为镦头锚的张拉端锚具、固定端锚具及连接器。

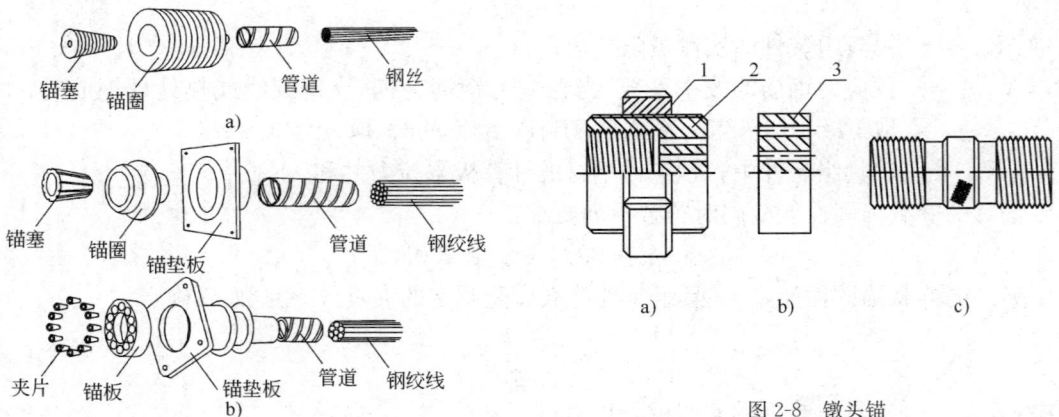

图 2-7　FREYSSINET 锥形锚

a)钢丝锚具；b)钢绞线锚具

图 2-8　镦头锚

a)张拉端锚具；b)固定端锚具；c)连接器

1-螺母；2-锚杯；3-锚板

镦头锚的优点是操作简便迅速，不会像锥形锚那样发生"滑丝"，故没有相应的预应力损失。与锥形锚相比，高强度钢丝、锚具材料费用均节省不少。这种锚具的缺点是下料长度要求很精确，如果误差太大，张拉时会因各钢丝受力不均匀而发生断丝。

国内研制成的镦头锚,可以采用直径 5mm 的高强度钢丝 12～110 根,直径 7mm 的高强度钢丝 12～48 根,钢丝强度主要为 1 570MPa 和 1 670MPa 两种。

国外同类型的锚具体系 BBRV,是四位瑞士工程师(Birkenmeir, Brandestini, Ros 和 Vogt)在 1949 年研制成的,用他们名字的第一个字母作为体系的名称,这种体系在世界上应用较广泛。BBRV 锚的钢丝束一般采用 8～32 根,大吨位锚的钢丝数量可达 90～170 根。图 2-9 所示为 BBRV 几种形式的锚具。

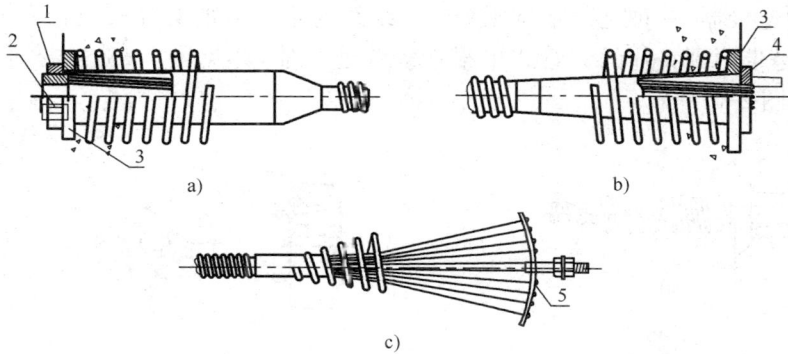

图 2-9　BBRV 锚

a)张拉端锚具;b)非张拉端锚具;c)固定端锚具

1-锚杯;2-螺母;3-锚垫板;4-锚板;5-承压板

3. 轧丝锚

轧丝锚是一种螺杆、螺母式锚具(图 2-10)。这种锚具适用于锚固高强度粗钢筋,预应力钢筋张拉完毕后旋紧螺母,预加力通过螺母支承在锚垫板上、传至混凝土体上。

螺杆的螺纹可用冷轧或热轧的方式加工而成。常以小段冷轧螺纹钢筋焊接在预应力钢筋的端部而形成最简单的锚具。同济大学试制成的轧丝锚具采用了冷滚压工艺,在预应力钢筋端部滚压加工过程中,通过钢筋表层金属的塑性变形而形成螺纹的牙峰和牙槽。滚压可利用普通车床进行。

轧丝锚是一种广泛使用的锚具,其制作简单、用钢量最省、张拉操作方便、锚固作用明确可靠、预应力损失小,适用于短小的预应力混凝土构件,亦能用简单的套筒加以接长,还具有能够多次重复张拉与放松的优点。轧丝锚配有拧紧螺母的扳手工具,通过旋紧螺母的圈数测定引伸量,但缺点是有时螺纹不易咬紧。

国外同类型的锚具有德国的 DYWIDAG 体系,为目前国外采用较广泛的轧丝锚。DY-WIDAG 预应力粗钢筋沿全长都有精轧螺纹(不连续的螺旋形凸筋),可以在粗钢筋任何地方拧上螺母和套筒连接器。图 2-11 为 DYWIDAG 精轧螺纹钢筋锚具及连接器。我国从 1992 年起也开始生产精轧螺纹钢筋并研制了相应锚具。采用同样锚固原理的还有英国的 LEEMECALL 体系、美国的 STRESSTEEL 体系等。

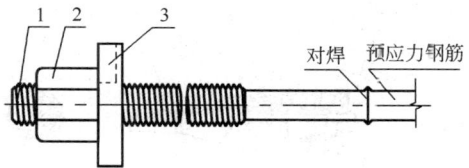

图 2-10　轧丝锚

1-螺杆;2-螺母;3-锚垫板

4. 夹片锚

夹片锚即夹片式锚具,是一种由楔形夹片、锚板及锚垫板等部件组成的锚具(图 2-12)。两分式或三分式夹片构成一副锚塞,共同夹持一根钢绞线;每个锚板上设有锥形的孔洞,夹持钢绞线的夹片按楔作用的原理,在钢绞线回缩过程中将其夹紧从而达到锚固的目的。这种锚具锚固时一般不采用外加顶塞作用,利用钢绞线回缩带进夹片、实现自锚;夹片的拼缝有平行钢绞线轴向和成一定角度的两种。国内目前常用的夹片锚有:OVM、QM、STM、XM、XYM、YM 等,品种很多,但构造原理基本一致,这些锚具主要用于锚固 7 股 φ5mm 的钢绞线,锚固的钢绞线根数从一根至几十根。其他配套的锚具还有:带挤压头的钢绞线和锚板(钢板)组成的固定端 P 型锚;将钢绞线末端顶压成球形钢丝花、形成空间网格的固定端 H 型锚。配套的连接器,一种是由带挤压头的钢绞线与带齿口形的锚板组合而成的整体式连接器,另一种是带两副夹片的套管式单根钢绞线连接器,详见图 2-13。国外同类型的锚具有 VSL 体系(图 2-14)等。

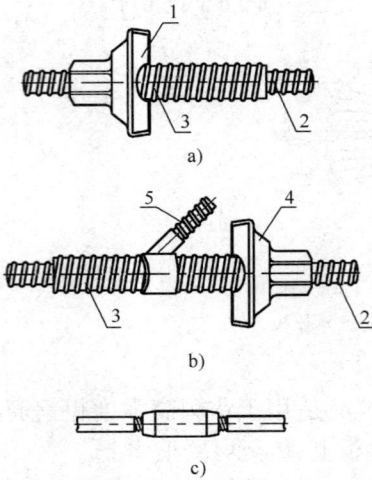

图 2-11　DYWIDAG 精轧螺纹钢筋锚

a)张拉端锚具;b)固定端锚具;c)连接器

1-张拉端锚板;2-精轧螺纹钢筋;3-波纹形管道;4-非张拉端锚板;5-压浆管道

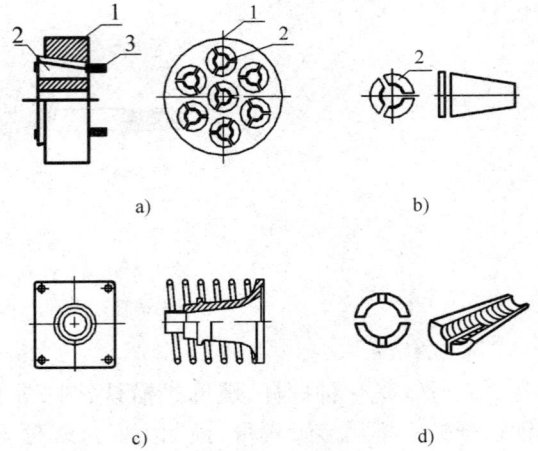

图 2-12　夹片锚

a)三分式夹片锚具;b)三分式夹片;c)锚垫板;d)两分式夹片

1-锚板;2-夹片;3-钢绞线

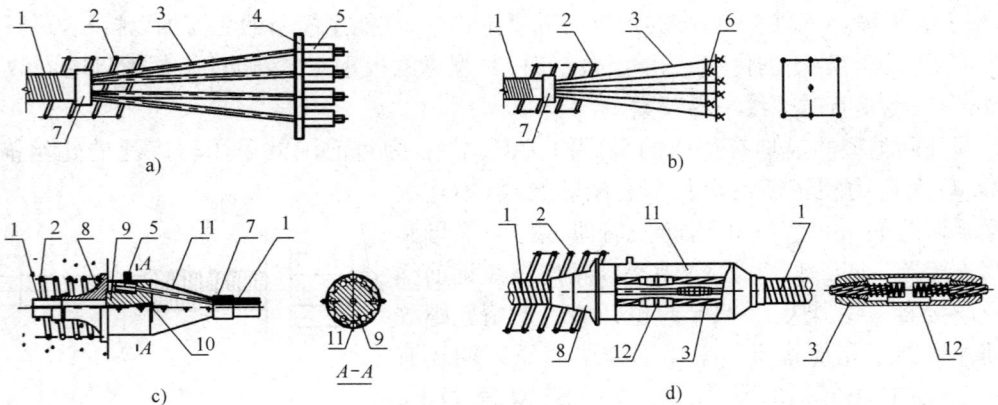

图 2-13　固定端锚和连接器

a)P 型锚具;b)H 型锚具;c)整体连接器;d)单根连接器

1-波纹管;2-螺旋钢筋;3-钢绞线;4-锚板;5-挤压头;6-压花头;7-约束圈;8-锚垫板;9-连接体;10-夹片;11-保护罩;12-连接器

夹片锚的锚固性能稳定,受力均匀,安全可靠,锚固钢绞线的数量也较大。

三、千 斤 顶

千斤顶是张拉预应力钢筋的主要设备。目前,张拉设备均与锚固体系相配合,可以参考有关的资料,此不赘述。

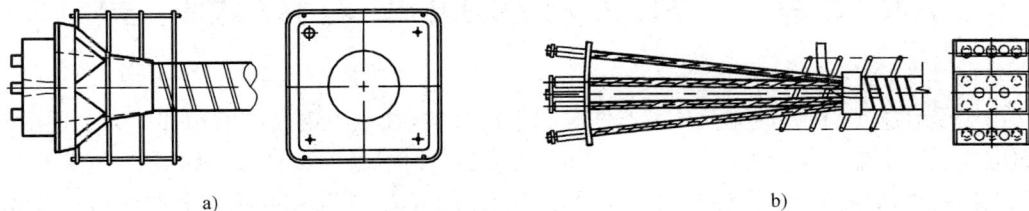

图 2-14　VSL 夹片锚
a)张拉端锚具 EC 型;b)固定端锚具 P 型

复习思考与习题

2-1　简述预应力钢材的性能、特点和预应力钢筋的种类。

2-2　简述混凝土材料的性能、特点。

2-3　某预应力混凝土矩形截面受弯构件,截面尺寸为 $b \times h = 250\text{mm} \times 800\text{mm}$,在混凝土强度达到其强度等级 85% 时施加预应力,加载龄期为 15d,构件处于野外一般地区。试求该构件在浇筑后 180d 时的徐变系数 $\varphi_c(180,15)$ 和终值徐变系数 $\varphi_c(\infty,15)$ 。

2-4　预应力锚具的种类有哪几种?

2-5　简述先张法和后张法工艺的特点。

第三章　预应力及预应力损失计算

由于受到施工、材料性能及环境条件等因素的影响,预应力钢筋中的预加应力会逐渐减小,从而也使混凝土中的预应力相应减小。预应力钢筋这种预加应力减少的现象称为预应力损失。

根据构件荷载需要而设计的预应力钢筋中的预加应力,应是扣除预应力损失后的有效预应力。因此,一方面要确定预应力钢筋张拉时的初始应力,另一方面要正确估算预应力损失,然后由两者差确定有效预应力。值得注意的是,有效预应力过大或过小对结构都是有害的,这是因为预应力钢筋的作用除作为受力钢筋外更主要的还有施力作用。过大或过小估计预应力损失,对结构的安全性和使用性能都是不利的。所以,必须尽可能合理地估计预应力损失。

第一节　预应力钢筋张拉控制应力

预应力钢筋的张拉控制应力,是指预应力钢筋张拉锚固前的设计预加应力,其值即为千斤顶施加的总拉力除以预应力钢筋截面面积所得的应力,以 σ_{con} 表示。采用后张法的预应力钢筋,对存在锚圈口附加摩阻力的锚具,σ_{con} 指经过锚具、扣除该摩阻力后(锚下)的应力,或称锚下张拉控制应力。

从经济性的角度出发,预应力钢筋的张拉控制应力越大越好。若采用较大的张拉控制应力,则同样截面面积的预应力钢筋,就能使混凝土建立较大预压应力,构件的抗裂性也就越好;或者若构件达到同样的抗裂性时,则预应力钢筋的截面面积可以减小。然而,张拉控制应力太大也有以下问题:

(1)可能引起预应力钢丝断裂。由于同一钢丝束中各根钢丝的应力不可能完全相同,其中少数钢丝的应力必然超过 σ_{con},如果 σ_{con} 值本身定得过大,个别钢丝就可能破断。还有,气温降低也可能使先张法预应力钢筋在与混凝土粘结之前突然断裂。

(2)张拉控制应力越大,预应力钢筋的应力松弛也越大。

(3)张拉控制应力过大,就没有足够的安全系数防止预应力混凝土构件脆断。

因此,预应力钢筋的张拉控制应力不能定得过大,应留有适当的余量。

张拉控制应力与所采用的钢筋品种有关,如塑性较差、没有明显屈服台阶的钢丝和钢绞线,σ_{con} 的限值应定得小一些;而冷拉热轧钢筋的塑性较好,达到屈服强度后有较长的流幅,则 σ_{con} 的限值可取得大一些。我国的预应力混凝土结构设计规范在充分考虑上述因素后,确定的预应力钢筋(锚下)张拉控制应力 σ_{con} 的限值见表 3-1。

张拉控制应力 σ_{con} 的限值　　　　　　　　　　　　　　　表 3-1

钢　　种	先　张　法	后　张　法
钢丝、钢绞线	$0.75 f_{pk}$	$0.75 f_{pk}$
热处理钢筋	$0.70 f_{pk}$	$0.65 f_{pk}$
冷拉热轧钢筋	$0.90 f_{pk}$	$0.90 f_{pk}$

注:表中 f_{pk} 为预应力钢筋的抗拉强度标准值。

在预应力混凝土构件设计时,可根据具体情况和施工经验对张拉控制应力进行适当调整。但在任何情况下,预应力钢筋中的最大控制张拉应力:钢丝和钢绞线不应超过 $0.80f_{pk}$,冷拉热轧钢筋不应超过 $0.95f_{pk}$。同时,为了充分利用预应力钢材、保留足够的有效预应力,钢丝、钢绞线和热处理钢筋的最低张拉控制应力不应小于 $0.40f_{pk}$;冷拉热轧钢筋的最低张拉控制应力不应小于 $0.50f_{pk}$。

第二节　预应力损失计算

引起预应力损失的因素很多,产生的时间也不相同,先张法和后张法预应力损失的项目也不完全一致。在预应力钢筋的应力计算时,一般应考虑由下列因素引起的预应力损失,即:

预应力钢筋与孔道壁之间摩擦引起的预应力损失 σ_{l1};

预应力钢筋回缩与构件拼接缝压密引起的预应力损失 σ_{l2};

预应力钢筋和张拉台座之间温差引起的预应力损失 σ_{l3};

混凝土弹性压缩引起的预应力损失 σ_{l4};

预应力钢筋松弛引起的预应力损失 σ_{l5};

混凝土收缩和徐变引起的预应力损失 σ_{l6}。

此外,还需根据实际情况考虑可能出现的预应力损失,如预应力钢筋与锚圈口之间的摩擦等其他因素引起的预应力损失。

上述六项是常见的预应力损失,也大致根据预应力损失出现的先后次序编号,计算时应根据所采用的工艺(先张法或后张法)选择相应的损失项目。若有可能,预应力损失最好根据试验数据确定。

下面对各项应力损失的性质、特点和计算方法分别进行讨论。

一、预应力钢筋与孔道壁之间摩擦引起的预应力损失 σ_{l1}

这项预应力损失出现在采用后张法的构件中。后张法构件中的预应力钢筋,一般由直线段和曲线段两部分组成。在张拉预应力钢筋时,由于预留孔道的位置可能有偏差、孔壁不光滑等原因,预应力钢筋与孔道壁之间将产生摩擦力[图 3-1a)],故离开张拉端后预应力钢筋的应力 σ_p 逐渐减小[图 3-1b)]。预应力钢筋任意两个截面之间的应力差,就是这两截面间由摩擦引起的预应力损失。从张拉端至计算截面的摩擦损失习惯以 σ_{l1} 表示。

摩擦损失主要是由孔道弯曲和孔道位置偏差两部分影响所产生的。从理论上讲,直线孔道无摩擦损失,但由于孔道制孔器是支承在一定间距的定位钢筋上,形成的孔道不可能完全顺直,因而直线预应力钢筋在张拉时仍会与孔道壁材料接触而引起摩擦损失,一般称此项损失为孔道偏差摩擦损失,其值较小且主要取决于预应力钢筋的长度、接触材料间的摩阻系数及孔道成型的质量等。在曲线孔道部分,除了孔道偏差摩擦损失外,还有在曲线孔道内张拉预应力钢筋时对孔道内壁产生的径向压力所引起的摩擦损失,一般称此项损失为曲线孔道摩擦损失,其值较大且随预应力钢筋弯曲角度的增加而增加。

1. 曲线孔道的摩擦力

曲线段内预应力钢筋的预加力损失分析,可采用图 3-1c)所示的简图。

假设预应力钢筋与孔道内壁相贴,取微段预应力钢筋 dl 为脱离体,设微段曲线两端间的弯曲角为 $d\theta$,曲线的弯曲半径为 R_1,则 $dl = R_1 d\theta$。若预应力钢筋与孔道壁之间的摩擦系数

为 μ，则预应力钢筋对孔道内壁作用的径向压力 F 引起的摩擦力为

$$\mathrm{d}N_1 = -\mu F \tag{3-1}$$

根据微段预应力钢筋的平衡条件，$\sum Y = 0$：

$$F = N\sin\frac{\mathrm{d}\theta}{2} + (N - \mathrm{d}N_1)\sin\frac{\mathrm{d}\theta}{2}$$

$$= 2N\sin\frac{\mathrm{d}\theta}{2} - \mathrm{d}N_1\sin\frac{\mathrm{d}\theta}{2}$$

略去高阶微量 $\mathrm{d}N_1\sin\dfrac{\mathrm{d}\theta}{2}$，又 $\sin\dfrac{\mathrm{d}\theta}{2} \approx \dfrac{\mathrm{d}\theta}{2}$，得

$$F = 2N\sin\frac{\mathrm{d}\theta}{2} \approx N\mathrm{d}\theta \tag{3-2}$$

用上式代入公式(3-1)，得

$$\mathrm{d}N_1 = -\mu N\mathrm{d}\theta \tag{3-3}$$

2. 孔道偏差的摩擦力

设孔道具有正负偏差，其平均半径为 R_2 [图 3-1d]。同理，假定预应力钢筋与平均弯曲半径为 R_2 的孔道壁相贴，在直线部分取微段预应力钢筋 $\mathrm{d}l$ 为脱离体，相应的弯曲角为 $\mathrm{d}\theta_2$，则预应力钢筋对孔道内壁作用的径向压力引起的摩擦力为

$$\mathrm{d}N_2 = -\mu N\mathrm{d}\theta_2 = -\mu N\frac{\mathrm{d}l}{R_2} \tag{3-4}$$

令 $k = \mu/R_2$ 为孔道偏差摩擦影响系数，则

$$\mathrm{d}N_2 = -kN\mathrm{d}l \tag{3-5}$$

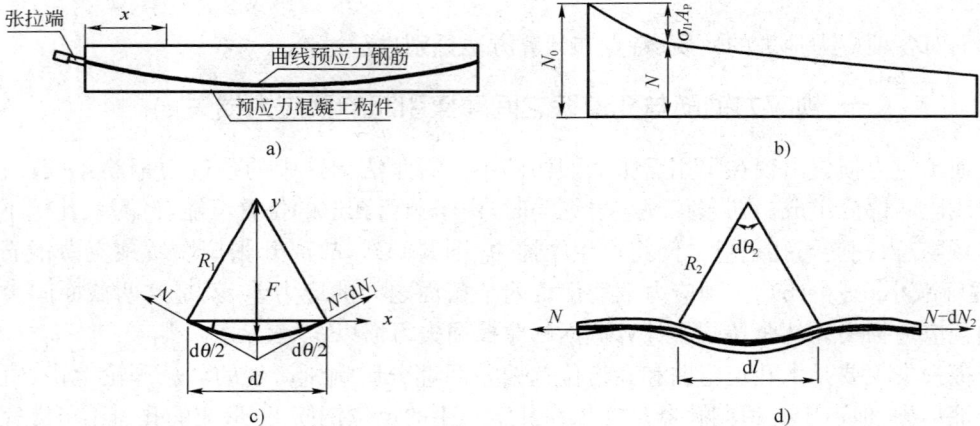

图 3-1　摩擦损失计算简图

3. 摩擦引起的预应力损失值 σ_{l1}

曲线孔道微段 $\mathrm{d}l$ 内的总摩擦力为上述两部分之和，即

$$\mathrm{d}N = \mathrm{d}N_1 + \mathrm{d}N_2$$

以式(3-3)和式(3-5)代入上式得

$$\mathrm{d}N = -\mu N\mathrm{d}\theta - kN\mathrm{d}l$$

$$= -N(\mu\mathrm{d}\theta + k\mathrm{d}l)$$

或

$$\frac{dN}{N} = -(\mu d\theta + kdl) \tag{3-6}$$

对式(3-6)两边同时积分,并由张拉端边界条件:$\theta = 0, l = 0, N = N_0$,可得

$$N = N_0 e^{-(\mu\theta + kl)}$$

为方便计算,式中 l 近似用预应力钢筋从张拉端至计算截面在构件轴线上的投影长度 x 代替:

$$N = N_0 e^{-(\mu\theta + kx)} \tag{3-7}$$

于是,从张拉端至计算截面预应力钢筋预加力的下降为

$$\Delta N = N_0 - N = N_0 [1 - e^{-(\mu\theta + kx)}] \tag{3-8}$$

将张拉端的预加力 N_0 取为控制张拉力,即 $N_0 = N_{con}$,式(3-8)的等式两边同除以预应力钢筋的截面面积 A_p,即可得到孔道摩擦引起的预应力损失:

$$\sigma_{l1} = \sigma_{con} [1 - e^{-(\mu\theta + kx)}] \tag{3-9}$$

式中:σ_{con}——预应力钢筋(锚下)张拉控制应力;

μ——预应力钢筋与孔道壁之间的摩擦系数,如无试验数据可参考表 3-2 采用;

θ——从张拉端至计算截面各曲线段孔道弯曲角之和(rad);

k——孔道偏差摩擦影响系数(1/m),如无试验数据可参考表 3-2 采用;

x——从张拉端至计算截面的孔道长度(m),可近似取该段孔道在构件轴上的投影长度。

如前所述,对于在锚圈口存在摩阻力的锚具,如钢质锥形锚具等类似构造的锚具,σ_{con} 应为已扣除锚圈口附加摩阻影响(一般为张拉应力的 3%~6%)的锚下张拉控制应力,设计计算时可根据产品实测数据确定。

偏差系数 k 和摩擦系数 μ 值　　　　　　　　　　表 3-2

管道成型形式		k(1/m)	μ	
			钢丝束、钢绞线、光面钢筋	螺纹钢筋
预埋金属波纹管		0.0015	0.20~0.25	0.50
预埋塑料波纹管		0.0015	0.14~0.17	—
预埋铁皮管		0.0030	0.35	0.40
钢管抽芯成型		0	0.55	0.60
橡皮管抽芯成型		0.0015	0.55	0.60
无粘结钢筋	$7\phi5$ 钢丝	0.0035	0.10	—
	$\phi^s 15.2$ 钢绞线	0.0040	0.12	—

电热后张法可不计摩擦引起的预应力损失。

二、预应力钢筋回缩与构件拼接缝压密引起的预应力损失 σ_{l2}

此项预应力损失与锚具类型和构件拼接缝有关。在后张法预应力混凝土结构中,当预应力钢筋张拉到位开始锚固时,锚具本身将受力而变形,锚板(螺母)与垫板之间的缝隙也将被压密,从而使预应力钢筋回缩产生预应力损失;锥形锚具在千斤顶顶压活塞锚固时伴随着钢丝回缩,夹片式锚具利用钢绞线回缩带动并楔紧夹片锚固时,都会产生预应力损失。此外,钢筋锚固后,分段预制、逐段拼装构件的接缝还将继续压密,结果导致预应力损失。以上因素造成的

预应力损失表示为 σ_{l2}，其计算公式为

$$\sigma_{l2} = E_{\mathrm{p}}\varepsilon = \frac{\sum \Delta l}{l} E_{\mathrm{p}} \qquad (3\text{-}10)$$

式中：Δl——锚具变形和压紧、预应力钢筋回缩与构件拼接缝压密值，一般应根据试验实测数据确定，当无可靠资料时，可按表 3-3 取用；

l——预应力钢筋的有效长度；

E_{p}——预应力钢筋的弹性模量。

从式(3-10)可以看出，若预应力钢筋的长度很短则 σ_{l2} 值就很大。先张法利用长线台座张拉预应力钢筋时(构件串联预制) σ_{l2} 值很小，当台座长度超过 100m 时通常可将 σ_{l2} 忽略。在后张法构件中应尽可能少用垫板，因为每增加一块垫板 Δl 值即增加 1mm；σ_{l2} 只考虑张拉端的变形，因固定端的锚具在张拉过程中已发生变形并被压紧。

一个锚具变形、预应力钢筋回缩和一个接缝压密值 表 3-3

锚具或接缝类型	Δl 出现形式	Δl (mm)
钢制锥形锚具（用于钢丝）	锚具变形及锚塞顶压引起的预应力钢筋回缩	6
夹片式锚具（用于钢绞线）	锚具变形及夹片楔紧引起的预应力钢筋回缩	5~6（回缩自锚） 3~4（顶压锚固）
镦头锚具	锚具变形及缝隙压密引起的预应力钢筋回缩	1
螺杆、螺母式锚具		1
每块后加垫板或构件各种接缝	缝隙压密引起的预应力钢筋回缩或放松	1

需要指出的是，后张法预应力钢筋回缩时，其也将受到孔道壁的摩阻作用，但摩阻力的方向与原先相反，故称之为反摩阻作用。显然，考虑反摩阻作用后 σ_{l2} 沿预应力钢筋是变化的。公式(3-10)假定 Δl 沿预应力钢筋长度均匀分布，对先张法此假定是成立的，但后张法不能直接采用该公式。

下面介绍后张法预应力钢筋考虑反摩阻作用的 σ_{l2} 计算方法。

为了确定 σ_{l2} 沿预应力钢筋变化的情况，必须先求出预应力钢筋回缩的影响长度 l_{f} 和张拉端的预应力损失 σ_{l2}。显然，由于预应力钢筋在张拉端的回缩最大，σ_{l2} 也最大，而离张拉端越远，σ_{l2} 也越小；当离张拉端的距离超过 l_{f} 后，预应力钢筋的回缩不再发生，σ_{l2} 变成零。如近似认为预应力钢筋回缩时的反摩阻作用机理与其张拉时的(正)摩阻作用机理相同，则就能计算出预应力钢筋回缩的影响长度 l_{f} 和张拉端的预应力损失 σ_{l2}，然后便能确定 σ_{l2} 沿预应力钢筋长度的变化。

张拉预应力钢筋时，预应力沿长度的变化如图 3-2 所示，张拉端内侧锚下预应力钢筋的张拉控制应力(σ_{con})设为图中 A 点；远离张拉端后，预应力钢筋的应力因摩阻作用而逐渐降低，表示为图中的 $ABNC$ 曲线。传力锚固时，预应力钢筋回缩后锚下的预应力减少了 σ_{l2}，即预应力降低为 $A'(\sigma_{\mathrm{con}} - \sigma_{l2})$；扣除反摩阻影响部分的应力，可以得到预应力钢筋的实际应力变化曲线 $A'B'NC$。影响长度 l_{f} 为图中的 aN，两条曲线之间的纵距表示相应截面位置由预应力钢筋回缩引起的预应力损失。例如，b 处截面的预应力损失 σ_{l2} 为 BB'，而在交点 N 处 σ_{l2} 为零。

若假定正、反摩阻力相等，则预应力钢筋回缩后沿其长度的应力变化将如图中的

$A'B'NC$ 曲线所示,其中曲线 $A'B'N$ 与曲线 ABN 以水平线 aN 对称。上述假定基本被试验所证实。根据变形协调条件,在从张拉端 a 至 N 点的回缩影响长度内,总回缩量 $\sum\Delta l$ 应等于该长度内各微段 $\mathrm{d}x$ 的回缩量之积分,即

$$\sum\Delta l = \int_a^N \varepsilon \mathrm{d}x = \frac{1}{E_p} \int_a^N \sigma_{l2}(x) \mathrm{d}x$$

则

$$E_p \sum\Delta l = \int_a^N \sigma_{l2}(x) \mathrm{d}x \tag{3-11}$$

式中,$\int_a^N \sigma_{l2}(x) \mathrm{d}x$ 为图形 $AB\!\!\!\!\diagdown\!\!B'A'$ 的面积,即图形 $ABNa$ 面积的两倍。根据已知的 $E_p \sum\Delta l$ 值,用试算法确定一个等于 $E_p \sum\Delta l/2$ 的面积 $ABNa$,于是影响长度 aN 即可求得。在影响长度 aN 内,任一截面位置的预应力损失为基线 aN 以上垂直距离的两倍,例如 b 截面的预应力损失 $\sigma_{l2} = \overline{BB'} = 2\overline{Bb}$。

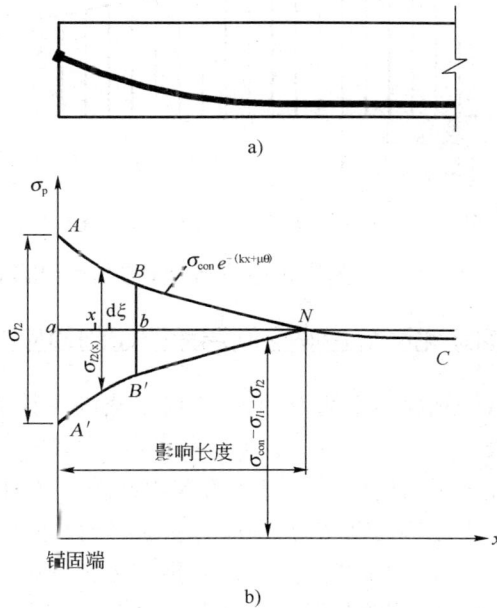

图 3-2　反摩阻作用的计算图式

现将摩擦引起的预应力损失计算公式中的指数函数用级数展开,并近似取展开式的前两项,即取 $e^x \approx 1+x$。上述近似处理后,$x \leqslant 0.3$ 时的误差小于 4%,可以满足工程设计计算要求。因此,摩擦引起的预应力损失可近似用下列公式计算:

$$\begin{aligned}
\sigma_{l1}(x) &= \sigma_{con}\left[1 - e^{-(\mu\theta+kx)}\right] \\
&\approx \sigma_{con}\{1 - [1-(\mu\theta+kx)]\} \\
&= \sigma_{con}(\mu\theta+kx)
\end{aligned} \tag{3-12}$$

对圆弧线形的预应力钢筋,若假定其在影响长度 l_f 内的摩擦损失按线性规律变化,由式 (3-12) 和图 3-3 有

$$\sigma_{l2} = 2\sigma_{con}(\mu\theta_f + kl_f)\left(1 - \frac{x}{l_f}\right) = 2\sigma_{con}l_f\left(\frac{\mu}{r_c} + k\right)\left(1 - \frac{x}{l_f}\right) \tag{3-13}$$

代入式(3-11)得到

39

$$l_{\mathrm{f}} = \sqrt{\frac{E_{\mathrm{p}} \sum \Delta l}{\sigma_{\mathrm{con}}\left(\dfrac{\mu}{r_{\mathrm{c}}} + k\right)}} \tag{3-14}$$

式中：θ_{f} —— l_{f} 内圆弧线形预应力钢筋的弯曲角（rad）；

r_{c} —— 圆弧线形预应力钢筋的曲率半径；

其余符号意义同前及见图 3-2 和图 3-3。

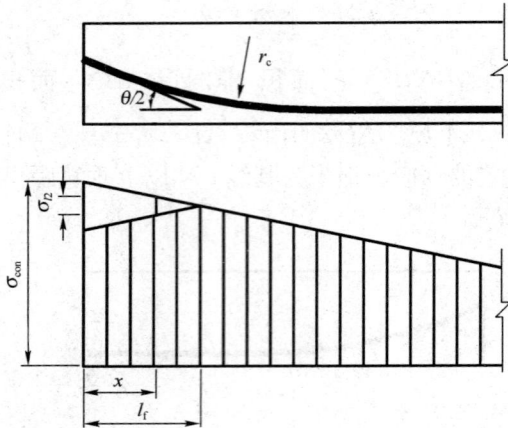

图 3-3 圆弧线形预应力钢筋的 σ_{l2} 近似计算图式

其他线形预应力钢筋 σ_{l2} 的近似计算公式也可按上述方法导出，详见有关资料。

三、预应力钢筋和张拉台座之间温差引起的预应力损失 σ_{l3}

这项损失仅发生在先张法预应力钢筋中，但一般仅在蒸汽或其他方法加热养护混凝土时才进行此项预应力损失计算。

加热养护混凝土是缩短先张法构件生产周期的有效方法。当加温养护开始时，由于混凝土与预应力钢筋之间尚未建立足够的粘结力，预应力钢筋将因升温而伸长，而张拉台座受加温的影响则很小（一般为与场地固定的永久台座），结果预应力钢筋被放松，发生预应力下降；当加温养护结束构件降温时，预应力钢筋与混凝土之间已建立了足够的粘结力，也就无法恢复到原来的应力状态，于是产生了永久的预应力损失 σ_{l3}。

设预应力钢筋张拉时其与制造场地的温度均为 t_1，加热养护混凝土时预应力钢筋的最高温度为 t_2，两者温度差为 $\Delta t = t_1 - t_2$，则预应力钢筋因温度升高而产生的变形为

$$\Delta l = \alpha \Delta t l \tag{3-15}$$

式中：α——预应力钢筋的线膨胀系数，钢材一般可取 $\alpha = 1 \times 10^{-5}$（1/℃）；

l——预应力钢筋的有效长度。

于是，预应力钢筋的预应力损失 σ_{l3} 的计算公式为

$$\sigma_{l3} = \frac{\Delta l}{l} E_{\mathrm{p}} = \alpha \Delta t E_{\mathrm{p}} = \alpha (t_1 - t_2) E_{\mathrm{p}} \tag{3-16}$$

式中：t_2——加热养护混凝土时预应力钢筋的最高温度（℃）；

t_1——张拉预应力钢筋时制造场地的温度（℃）；

其余符号意义同前。

如果张拉台座与构件一起加热并可共同变形,则不计算此项预应力损失。

四、混凝土弹性压缩引起的预应力损失 σ_{l4}

预应力混凝土构件受到预加力时立即会产生弹性压缩应变 ε_c,已与混凝土粘结或已锚固的预应力钢筋,也将产生与相应位置混凝土一样的弹性压缩应变 $\varepsilon_p = \varepsilon_c$,因而引起预应力损失 σ_{l4}。引起应力损失的混凝土弹性压缩量同预应力工艺和预加应力的方式有关。

1. 先张法构件

在先张法构件中,预应力钢筋的张拉和对混凝土传力是先后分开的两个阶段。在传力阶段放松预应力钢筋时,由于其已与混凝土粘结在一起,预应力钢筋与混凝土将发生相同的弹性压缩应变 $\varepsilon_p = \varepsilon_c$,因而产生预应力损失为

$$\sigma_{l4} = \varepsilon_p E_p = \varepsilon_c E_p = \frac{\sigma_c}{E_c} E_p = \alpha_{Ep} \sigma_c \tag{3-17}$$

式中:E_c ——混凝土的弹性模量;

α_{Ep} ——预应力钢筋与混凝土的弹性模量之比;

σ_c ——计算截面预应力钢筋合力作用位置(假定预加力的合力作用位置和其形心位置相同),由预加力产生的混凝土截面的正应力,可按下式计算

$$\sigma_c = \frac{N_{p0}}{A_0} + \frac{N_{p0} e_p^2}{I_0}$$

N_{p0} ——对混凝土传力前预应力钢筋的预加力(扣除相应阶段的预应力损失);

A_0、I_0 ——预应力混凝土构件的换算截面面积和换算截面抗弯惯性矩;

e_p ——预应力钢筋合力作用位置至换算截面形心的距离;

其余符号意义同前。

2. 后张法构件

在后张法预应力混凝土构件中,混凝土的弹性压缩发生在张拉过程中,混凝土的弹性压缩随张拉完毕而完成。对一次张拉完成的后张法构件,不必考虑预应力损失 σ_{l4}。但由于后张法构件一般预应力钢筋的数量较多,限于张拉设备、操作空间、受力要求等条件的限制,一般都采用分批张拉、锚固预应力钢筋。在这种情况下,已锚固的预应力钢筋,将会在后续分批张拉预应力钢筋时发生弹性压缩变形,从而产生预应力损失,故通常称其为分批张拉应力损失。

预应力钢筋采用分批张拉时,先张拉预应力钢筋的预应力损失,可按如下公式计算:

$$\sigma_{l4} = \alpha_{Ep} \sum \Delta\sigma_c \tag{3-18}$$

式中:$\sum \Delta\sigma_c$ ——先张拉预应力钢筋合力作用位置(假定预加力的合力作用位置和其形心位置相同),由后续张拉各批预应力钢筋所产生的混凝土截面正应力之和;

其余符号意义同前。

由于后张法构件大多采用曲线配筋,预应力钢筋在不同截面的相对位置是变化的,因而不同截面的 $\sum \Delta\sigma_c$ 也是不相同的。为了简化起见,可按下述近似方法计算预应力损失:

(1)对一些简单构件如简支梁,近似以代表截面(如 $l/4$ 截面)计算得到的 σ_{l4},作为其他计算截面的预应力损失。

(2)如果预应力钢筋分成 m 批张拉,那么第 i 批张拉的预应力钢筋的预应力损失,将由在其后张拉的 $(m-i)$ 批预应力钢筋所引起。因此,如 m 批预应力钢筋是同类型的,则假定其都

位于所有预应力钢筋的合力作用位置,那么第 i 批张拉预应力钢筋的应力损失为

$$\sigma_{l4}^i = (m-i)\alpha_{Ep}\Delta\sigma_c \qquad i = 1 \sim m \tag{3-19}$$

式中:m——预应力钢筋张拉的总批数;

$\Delta\sigma_c$——先张拉预应力钢筋合力作用位置(假定预加力的合力作用位置和其形心位置相同),由后张拉一批预应力钢筋产生的混凝土截面正应力。

(3)为便于计算,还可以取 m 批预应力钢筋的平均弹性压缩损失作为第 i 批 σ_{l4} 的计算值,即

$$\sigma_{l4}^i = \frac{\sum_{i=1}^{m}(m-i)\alpha_{Ep}\Delta\sigma_c}{m} = \frac{m-1}{2}\alpha_{Ep}\Delta\sigma_c \tag{3-20}$$

令

$$\sigma_c = \sum\Delta\sigma_c = m\Delta\sigma_c$$

则

$$\Delta\sigma_c = \frac{\sigma_c}{m}$$

将上式代入式(3-20)中,可得 m 批预应力钢筋张拉后 σ_{l4} 的计算公式:

$$\sigma_{l4} = \frac{m-1}{2m}\alpha_{Ep}\sigma_c \tag{3-21}$$

式中:σ_c——全部预应力钢筋合力作用位置(假定预加力的合力作用位置和其形心位置相同),张拉所有预应力钢筋产生的混凝土截面正应力(预应力钢筋的预加力按张拉控制应力扣除 σ_{l1} 和 σ_{l2} 后算得)。

对于如简支梁等静定结构,式(3-21)中的 σ_c 可直接按如下公式计算:

$$\sigma_c = \frac{N_p}{A_n} + \frac{N_p e_{pn}^2}{I_n} \tag{3-22}$$

式中:N_p——所有预应力钢筋的预加力(扣除相应阶段的应力损失 σ_{l1} 和 σ_{l2} 后)之合力;

e_{pn}——所有预应力钢筋预加力的合力 N_p 至混凝土净截面形心轴的距离;

A_n、I_n——混凝土的净截面面积与净截面抗弯惯性矩。

例 3-1 先张预应力混凝土简支板的截面宽度和高度分别为 $b = 1\,000$ mm 和 $h = 180$ mm(图 3-4);预应力钢筋的截面面积 $A_p = 9.8 \times 10^2$ mm²,偏心距 $e = 50$ mm,放张传力前预应力钢筋的应力 $\sigma_{p0} = 1\,300$ MPa;预应力钢筋和混凝土的弹性模量之比为 $\alpha_{Ep} = E_p/E_c = 6$。试计算预应力钢筋放张后混凝土弹性压缩引起的预应力损失 σ_{l4}。

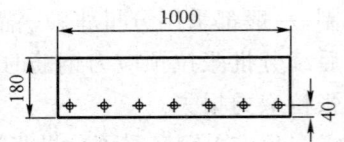

图 3-4 先张法预应力混凝土简支板的截面尺寸和钢筋布置(尺寸单位:mm)

解:(1)换算截面几何特征计算

将预应力钢筋截面换算为混凝土截面,则换算截面的几何特征如下。

换算截面面积:

$$A_0 = bh + (\alpha_{Ep}-1)A_p = 1\,000 \times 180 + (6-1) \times 9.8 \times 10^2$$
$$= 180\,000 + 4\,900 = 1.849 \times 10^5 \text{(mm}^2)$$

换算截面形心至下缘的距离:

$$y_0 = \frac{bh^2/2 + (\alpha_{Ep}-1)A_p(h/2-e)}{A_0}$$

$$= \frac{1\,000 \times 180^2/2 + (6-1) \times 9.8 \times 10^2 \times (180/2 - 50)}{1.849 \times 10^5}$$

$$= 88.675(\text{mm})$$

预应力钢筋对换算截面的偏心距：

$$e_{\text{p}} = y_0 - h/2 + e = 88.675 - 90 + 50 = 48.675(\text{mm})$$

换算截面惯性矩：

$$I_0 = \frac{1}{12}bh^3 + (\alpha_{\text{Ep}} - 1)A_{\text{p}}e_{\text{p}}^2 + bh(h/2 - y_0)^2$$

$$= \frac{1}{12} \times 1\,000 \times 180^3 + (6-1) \times 9.8 \times 10^2 \times 48.675^2 +$$

$$1\,000 \times 180 \times (90 - 88.675)^2$$

$$= 4.979 \times 10^8(\text{mm}^4)$$

（2）混凝土弹性压缩引起的预应力损失 σ_{l4} 计算

预应力钢筋放张前的预加力：

$$N_{\text{p0}} = \sigma_{\text{p0}}A_{\text{p}} = 1\,300 \times 10^3 \times 9.8 \times 10^{-4} = 1\,274(\text{kN})$$

由公式（3-17）可得混凝土弹性压缩引起的预应力损失：

$$\sigma_{l4} = \alpha_{\text{Ep}}\sigma_{\text{c}} = \alpha_{\text{Ep}}\left(\frac{N_{\text{p0}}}{A_0} + \frac{N_{\text{p0}}e_{\text{p}}^2}{I_0}\right)$$

$$= 6 \times \left(\frac{1\,274 \times 10^3}{1.849 \times 10^5} + \frac{1\,274 \times 10^3 \times 48.675^2}{4.979 \times 10^8}\right)$$

$$= 77.72(\text{MPa})$$

可见，混凝土弹性压缩损失约占预加应力的 6.0%。

五、预应力钢筋松弛引起的预应力损失 σ_{l5}

如果把预应力钢筋张拉到某一应力后两端固定不动，则其应力将随时间的延长而降低。预应力钢筋的这种现象，一般称为应力松弛或松弛。松弛是预应力钢筋的一种塑性特征，根据我国的试验结果，预应力钢筋松弛有如下特点：

（1）预应力钢筋的初应力越高，其应力松弛也越大。

（2）预应力钢筋松弛量值的大小与其材料品质有关。一般热轧钢筋的松弛较碳素钢丝小，而钢绞线的松弛比其所用的钢丝大。

（3）预应力钢筋的松弛，在承受初应力后的初期发展最快，第一小时内的松弛量最大，24h 内的松弛量约为 50% 以上的总松弛量；以后逐渐趋向稳定，但在持续 5～8 年的试验中仍可测得其影响。

（4）采用超过设计张拉应力 5%～10% 张拉预应力钢筋（超张拉）并保持数分钟，然后再将应力降回至设计张拉应力，可使预应力钢筋应力松弛减小约 40%～50%。

（5）预应力钢筋的松弛还将随温度升高而增加，这对蒸汽养护的预应力混凝土构件将有所影响。

试验还表明，当预应力钢筋的初应力小于其极限强度的 50% 时，其松弛一般可忽略不计。预应力钢筋的持续工作应力一般多为其极限强度的 60%～70%，若以 1\,000h 计，普通松弛（Ⅰ级松弛）的预应力钢丝、钢绞线的应力松弛率约为 4.5%～8.0%；低松弛（Ⅱ级松弛）的预应力钢丝、钢绞线的应力松弛率约为 1.0%～2.5%。

根据我国钢材的情况，各种预应力钢筋松弛引起的应力损失可按如下方法计算。

对于冷拉热轧及热处理钢筋：

一次张拉 $\qquad\qquad\qquad\qquad \sigma_{l5} = 0.05\sigma_{con}$ $\qquad\qquad\qquad\qquad$ (3-23)

超张拉 $\qquad\qquad\qquad\qquad \sigma_{l5} = 0.035\sigma_{con}$ $\qquad\qquad\qquad$ (3-24)

对于钢丝和钢绞线，根据《预应力混凝土用钢丝》(GB/T 5223—2002)和《预应力混凝土用钢绞线》(GB/T 5224—2003)中规定的数值综合成统一的公式：

(1)普通松弛(I级松弛)钢丝和钢绞线

$$\sigma_{l5} = 0.4\psi\left(\frac{\sigma_{con}}{f_{pk}} - 0.5\right)\sigma_{con} \qquad\qquad (3-25)$$

(2)低松弛(II级松弛)钢丝和钢绞线

$$\sigma_{l5} = \alpha\left(\frac{\sigma_{con}}{f_{pk}} - \gamma\right)\sigma_{con} \qquad\qquad (3-26)$$

式中：ψ——张拉方式影响参数，一次张拉时 $\psi = 1.0$，超张拉时 $\psi = 0.9$；

$\quad\;\;\alpha$、γ——张拉控制应力影响参数，$0.7f_{pk} < \sigma_{con} \leqslant 0.8f_{pk}$ 时，$\alpha = 0.2$，$\gamma = 0.575$，$\sigma_{con} \leqslant 0.7f_{pk}$ 时，$\alpha = 0.125$、$\gamma = 0.5$；

$\quad\;\;$其余符号意义同前。

由于张拉工艺对预应力钢筋的预加应力有较大影响，故《公路钢筋混凝土及预应力混凝土桥涵设计规范》(JTG D62—2004)将钢丝和钢绞线松弛引起的预应力损失的计算公式表示为

$$\sigma_{l5} = \psi\zeta\left(0.52\frac{\sigma_{pe}}{f_{pk}} - 0.26\right)\sigma_{pe} \qquad\qquad (3-27)$$

式中：ζ——松弛系数，普通松弛(I级松弛)时，$\zeta = 1.0$，低松弛(II级松弛)时，$\zeta = 0.3$；

$\quad\;\;\sigma_{pe}$——后张预应力钢筋传力锚固后的应力，$\sigma_{pe} = \sigma_{con} - \sigma_{l1} - \sigma_{l2} - \sigma_{l4}$；先张预应力钢筋张拉锚固在台座后的应力，$\sigma_{pe} = \sigma_{con} - \sigma_{l2}$；

$\quad\;\;$其余符号意义同前。

由于松弛与持续时间有关，故计算时应根据构件不同受力阶段的持荷时间，采用不同的松弛损失值。如先张法构件在预加应力阶段中，考虑其持荷时间较短，一般取总松弛损失的一半计算，其余的一半则在使用阶段完成；后张法构件的松弛损失，则认为全部在使用阶段内完成。

六、混凝土收缩和徐变引起的预应力损失 σ_{l6}

收缩和徐变是混凝土固有的特性，它们均使预应力混凝土构件缩短，预应力钢筋回缩即发生预应力损失。

1. 不考虑钢筋影响的简化计算方法

由混凝土收缩应变引起的预应力损失可表示为

$$\sigma_{l6,s} = E_p \varepsilon_{cs}(t, t_0) \qquad\qquad (3-28)$$

式中：$\varepsilon_{cs}(t, t_0)$——龄期 t_0 至 t 时段混凝土的收缩应变值；

$\quad\;\;$其余符号意义同前。

当混凝土所受的持久应力低于混凝土抗压强度50%时，徐变应变与混凝土应力之间存在着线性关系。故在持续常应力作用下混凝土的徐变应变为

$$\varepsilon_{cc}(t, t_0) = \varepsilon_e \varphi_c(t, t_0) = \frac{\sigma_c}{E_c}\varphi_c(t, t_0) \qquad\qquad (3-29)$$

式中：$\varepsilon_{cc}(t,t_0)$ ——龄期 t_0 至 t 时段混凝土的徐变应变；

$\varphi_c(t,t_0)$ ——龄期 t_0 至 t 时段混凝土的徐变系数；

σ_c、ε_e ——龄期 t_0 施加于混凝土的常应力及产生的相应弹性应变；

其余符号意义同前。

在持续常应力作用下，混凝土徐变引起的预应力损失为

$$\sigma_{l6,c} = E_p\varepsilon_{cc}(t,t_0) = E_p\frac{\sigma_{pc}}{E_c}\varphi_c(t,t_0) = \alpha_{Ep}\sigma_{pc}\varphi_c(t,t_0) \tag{3-30}$$

式中：σ_{pc} ——先张法预应力钢筋放张后或后张法预应力钢筋锚固后，预应力钢筋截面形心处预应力产生的混凝土截面正应力（扣除相应阶段的应力损失，根据张拉受力情况考虑结构重力的影响）；

其余符号意义同前。

当构件内配置的非预应力钢筋截面积不大于预应力钢筋截面积的 30% 时，可参考以上简化公式进行计算。

2. 考虑钢筋影响的计算方法

由于钢筋对混凝土收缩和徐变起着阻碍作用，减少了混凝土预压应力。显然，钢筋的存在相当于在其截面形心处对混凝土施加一个 $\sigma_{l6}(A_p + A_s)$ 的拉力，这个拉力所引起的全部钢筋截面形心处混凝土有效预压应力的损失为

$$\sigma'_{l6,c} = \sigma_{l6}(A_p + A_s)\left(\frac{1}{A} + \frac{e_{ps}^2}{I}\right) = \sigma_{l6}\frac{A_p + A_s}{A}\left(1 + \frac{e_{ps}^2}{i^2}\right) \tag{3-31}$$

$$\sigma'_{l6,c} = \rho\rho_{ps}\sigma_{l6} \tag{3-32}$$

式中：A、I ——分别为构件截面积和截面抗弯惯性矩，按具体情况采用净截面或换算截面；

A_p、A_s ——分别为构件截面配置的预应力钢筋和非预应力钢筋的截面面积；

e_{ps} ——全部钢筋截面形心至构件截面形心轴的距离；

i ——截面回转半径，$i = \sqrt{I/A}$；

ρ ——截面全部钢筋的配筋率，$\rho = (A_p + A_s)/A$；

ρ_{ps} —— $\rho_{ps} = 1 + e_{ps}^2/i^2$。

在假定作用于混凝土截面的应力为常量、预应力钢筋和非预应力钢筋的截面形心与其合力位置重合的条件下，混凝土收缩和徐变引起的预应力损失，可近似表示为下列形式：

$$\sigma_{l6} = \alpha_{Ep}(\sigma_{pc} - \sigma'_{l6,c})\varphi_c(t,t_0) + E_p\varepsilon_{cs}(t,t_0) \tag{3-33}$$

式中：σ_{pc} ——先张法预应力钢筋放张后或后张法构件预应力钢筋锚固后，全部钢筋截面合力作用位置预应力产生的混凝土截面正应力（扣除相应阶段的应力损失，根据张拉受力情况考虑结构重力的影响）；

其余符号意义同前。

将式(3-32)代入式(3-33)，得

$$\sigma_{l6} = \alpha_{Ep}(\sigma_{pc} - \rho\rho_{ps}\sigma_{l6})\varphi_c(t,t_0) + E_p\varepsilon_{cs}(t,t_0) \tag{3-34}$$

整理后可得

$$\sigma_{l6} = \frac{\alpha_{Ep}\sigma_{pc}\varphi_c(t,t_0) + E_p\varepsilon_{cs}(t,t_0)}{1 + \alpha_{Ep}\varphi_c(t,t_0)\rho\rho_{ps}} \tag{3-35}$$

混凝土的弹性模量和徐变系数都是随时间变化的函数，运用中值定理对函数进行积分变换，通过试验确定有关系数并根据实际情况修正，我国《公路钢筋混凝土及预应力混凝土桥涵

设计规范》(JTG D62—2004)给出了如下用于构件截面受拉区和受压区的 σ_{l6} 和 σ'_{l6} 近似计算公式：

$$\sigma_{l6} = \frac{0.9[\alpha_{Ep}\sigma_{pc}\varphi_c(t,t_0) + E_p\varepsilon_{cs}(t,t_0)]}{1 + 15\rho\rho_{ps}} \tag{3-36a}$$

$$\sigma'_{l6} = \frac{0.9[\alpha_{Ep}\sigma'_{pc}\varphi_c(t,t_0) + E_p\varepsilon_{cs}(t,t_0)]}{1 + 15\rho'\rho'_{ps}} \tag{3-36b}$$

式中：σ_{l6}、σ'_{l6}——分别为构件截面受拉区和受压区预应力钢筋合力作用位置由混凝土收缩徐变引起的预应力损失；

σ_{pc}、σ'_{pc}——分别为构件截面受拉区和受压区全部钢筋合力作用位置由预应力产生的混凝土截面正应力（先张法预应力钢筋放张后或后张法构件预应力钢筋锚固后，扣除相应阶段的应力损失，根据张拉受力情况考虑结构重力的影响）；

ρ、ρ'——分别为构件截面受拉区和受压区全部钢筋的配筋率，$\rho = (A_p + A_s)/A$，$\rho' = (A'_p + A'_s)/A$；

ρ_{ps}、ρ'_{ps}——$\rho_{ps} = 1 + e_{ps}^2/i^2$，$\rho'_{ps} = 1 + e_{ps}'^2/i^2$；

A_p、A'_p——分别为构件截面受拉区和受压区预应力钢筋的截面面积；

A_s、A'_s——分别为构件截面受拉区和受压区非预应力钢筋的截面面积；

e_{ps}、e'_{ps}——分别为构件截面受拉区和受压区全部钢筋合力作用位置至构件截面形心轴的距离；

其余符号意义同前。

对于一般简单受力的构件，我国《混凝土结构设计规范》(GB 50010—2002)给出了如下混凝土收缩和徐变引起的预应力损失近似计算公式：

$$\sigma_{l6} = \frac{\sigma_{cs} + 280 \times \dfrac{\sigma_{pc}}{f'_{cu}}}{1 + 15\rho} \tag{3-37a}$$

$$\sigma'_{l6} = \frac{\sigma_{cs} + 280 \times \dfrac{\sigma'_{pc}}{f'_{cu}}}{1 + 15\rho'} \tag{3-37b}$$

式中：σ_{cs}——先张法构件与后张法构件分别取值 45MPa 和 35MPa；

f'_{cu}——施加预应力时构件混凝土的立方体抗压强度；

其余符号意义同前。

实际上，预应力钢筋的拉力与混凝土构件的压力组成了一个自平衡系统，混凝土收缩和徐变等引起的预应力损失将随时改变、调整这种平衡系统的状态，可见以上互不相关的近似计算方法是不够完善的；同时，随着施工条件的变化，实际预应力损失值和计算值会有较大差别，故施工时应尽可能做好实测试验工作，以便调整计算值。

第三节　有效预应力计算

预应力钢筋的有效预应力 σ_{pe}，定义为（锚下）张拉控制应力 σ_{con} 扣除相应应力损失后剩余的预拉应力值。有效预应力随不同受力阶段而变，将预应力损失按各受力阶段进行组合，可计算出不同阶段的有效预应力。扣完所有预应力损失后的有效预应力也称为永存预应力。

预应力损失的组合，一般根据预应力工艺、应力损失出现的先后次序与完成所需要的时间分阶段进行组合。对形式和施工方法简单的结构,可按表 3-4 进行预应力损失组合。

在第 I 阶段(传力锚固时)即预加应力阶段,预应力钢筋中的有效预应力为:

$$\sigma_{pe} = \sigma_{con} - \sigma_{lI} \qquad (3-38)$$

在第 II 阶段(传力锚固后)即使用阶段,预应力钢筋中的有效预应力,即永存预应力为:

$$\sigma_{pe} = \sigma_{con} - (\sigma_{lI} + \sigma_{lII}) \qquad (3-39)$$

式中:σ_{lI}——预应力钢筋张拉完毕、传力锚固时所出现的预应力损失之和;

σ_{lII}——传力锚固结束后出现的预应力损失之和。

预应力损失组合　　　　　　　　表 3-4

预应力工艺 阶　段	先　张　法	后　张　法
第 I 阶段(传力锚固时)	$\sigma_{lI} = \sigma_{l2} - \sigma_{l3} + \sigma_{l4} + 0.5\sigma_{l5}$	$\sigma_{lI} = \sigma_{l1} + \sigma_{l2} + \sigma_{l4}$
第 II 阶段(传力锚固后)	$\sigma_{lII} = 0.5\sigma_{l5} + \sigma_{l6}$	$\sigma_{lII} = \sigma_{l5} + \sigma_{l6}$

例 3-2　后张预应力混凝土简支梁的截面尺寸、计算跨径及预应力钢筋布置如图 3-5 所示。预应力钢筋由 7 束 $3 \times \phi^s 15.2$ 低松弛钢绞线所组成,采用预埋金属波纹管成孔、自锚式夹片锚具;钢绞线强度标准值 $f_{pk} = 1860\text{MPa}$,张拉控制应力取 $\sigma_{con} = 0.7 \times f_{pk} = 1302\text{ MPa}$,采用两端、分批张拉工艺。混凝土强度等级为 C50。在混凝土龄期为 14d 时张拉预应力钢筋,在混凝土龄期为 180d 时施加结构附加重力。其他计算所需数据如下。

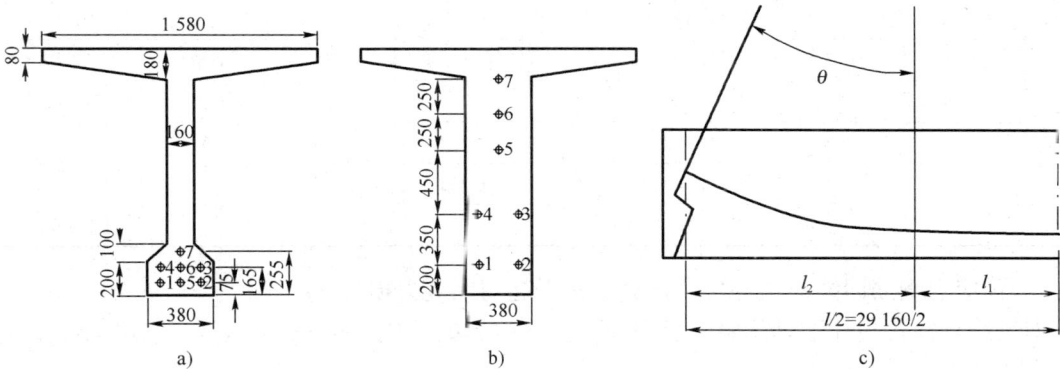

图 3-5　简支梁截面尺寸和预应力钢筋布置(尺寸单位:mm)

a)跨中截面及预应力钢筋布置;b)支点截面及预应力钢筋布置;c)预应力钢筋立面几何参数

(1)预应力钢筋几何参数(表 3-5)

预应力钢筋几何参数　　　　　　　　表 3-5

钢束编号	$\theta(°)$	l_1 (mm)	l_2 (mm)
1,2	9	1 650	13 150
3,4	9	4 960	9 780
5	10	10 630	4 170
6	10	12 460	2 300
7	10	14 290	430

每束预应力钢筋的面积:$A_{pi} = 4.2 \times 10^2 \text{mm}^2$

(2)跨中净截面、换算截面及毛截面几何特征

$$A_n = 5.059 \times 10^5 \text{ mm}^2, I_n = 1.882 \times 10^{11} \text{mm}^4, e_{pn} = 969\text{mm}$$

47

$$A_0 = 5.330 \times 10^5 \text{mm}^2, I_0 = 2.124 \times 10^{11} \text{mm}^4, e_{p0} = 920 \text{mm}$$
$$A_c = 5.196 \times 10^5 \text{mm}^2, I_c = 2.007 \times 10^{11} \text{mm}^4, e = 943 \text{mm}$$

(3)混凝土和预应力钢材的弹性模量

$$E_c = 3.45 \times 10^4 \text{MPa}, E_p = 1.95 \times 10^5 \text{MPa}$$

(4)跨中截面结构重力弯矩

结构自身重力弯矩：$M_{g1} = 1\,550 \text{kN} \cdot \text{m}$。

结构附加重力弯矩：$M_{g2} = 590 \text{kN} \cdot \text{m}$。

试计算简支梁跨中截面的预应力损失。

解:1)各项预应力损失计算

(1)预应力钢筋与孔道壁之间摩擦引起的预应力损失 σ_{l1}

根据式(3-9)，

$$\sigma_{l1} = \sigma_{con}\left[1 - e^{-(\mu\theta + kx)}\right]$$

按已知条件，预应力钢筋孔道由预埋金属波纹管形成,故由表 3-2 取 $k = 0.001\,5(1/\text{m})$,$\mu = 0.20$。跨中截面 σ_{l1} 计算见表 3-6。

跨 中 截 面 $\boldsymbol{\sigma_{l1}}$ 表 3-6

钢束编号	θ		$\mu\theta$	$x = l_1 + l_2$ (m)	kx	$1 - e^{-(\mu\theta + kx)}$	σ_{con} (MPa)	σ_{l1} (MPa)
	(°)	rad						
1,2	9	0.157 1	0.031 42	14.80	0.022 2	0.052 2	1 302	67.96
3,4	9	0.157 1	0.031 42	14.74	0.022 1	0.052 1	1 302	67.83
5	10	0.174 5	0.034 90	14.80	0.022 2	0.055 5	1 302	72.26
6	10	0.174 5	0.034 90	14.76	0.022 1	0.055 4	1 302	72.13
7	10	0.174 5	0.034 90	14.72	0.022 1	0.055 4	1 302	72.13
平　均　值								69.73

(2)预应力钢筋回缩与构件拼装接缝压密引起的预应力损失 σ_{l2}

钢绞线自锚式夹片锚具需要考虑钢绞线回缩引起的预应力损失,由表 3-3 取用 6mm。根据式(3-10)，

$$\sigma_{l2} = E_p\varepsilon = \frac{\sum\Delta l}{l}E_p$$

式中,$\sum\Delta l = 12 \text{mm}$(采用两端张拉);$l$ 取各预应力钢筋的平均长度,即 $l = 29\,530 \text{mm}$。故

$$\sigma_{l2} = \frac{\sum\Delta l}{l}E_p = \frac{12}{29\,530} \times 1.95 \times 10^5 = 79.24(\text{MPa})$$

在此为简化起见,不考虑反摩阻的影响。

(3)混凝土弹性压缩引起的预应力损失 σ_{l4}

本算例考虑采用分批张拉工艺,分批数为 7。按简化公式(3-21)进行计算:

$$\sigma_{l4} = \frac{m-1}{2m}\alpha_{Ep}\sigma_c$$

其中:

$$\sigma_c = \frac{N_p}{A_n} + \frac{N_p e_{pn}^2}{I_n}$$

式中,$N_p = A_p(\sigma_{con} - \sigma_{l1} - \sigma_{l2}) = 7 \times 4.2 \times 10^2 \times (1\,302 - 69.73 - 79.24) = 3\,389.9(\text{kN})$;$\alpha_{Ep}$

按张拉预应力钢筋时混凝土的实际强度计算,考虑此时混凝土强度已达到其强度等级的80%,相应的弹性模量近似取为 $E_c' = 3.25 \times 10^4 \mathrm{MPa}$,则 $\alpha_{Ep} = 6$ 。

$$\sigma_c = \frac{3\,389.9 \times 10^3}{5.059 \times 10^5} + \frac{3\,389.9 \times 10^3 \times 969^2}{1.882 \times 10^{11}} = 23.61(\mathrm{MPa})$$

故

$$\sigma_{l4} = \frac{7-1}{2 \times 7} \times 6 \times 23.61 = 60.71(\mathrm{MPa})$$

(4)预应力钢筋松弛引起的预应力损失 σ_{l5}

按式(3-27)计算:

$$\sigma_{l5} = \psi\zeta\left(0.52\,\frac{\sigma_{pe}}{f_{pk}} - 0.26\right)\sigma_{pe}$$

式中, $\psi = 1.0$ (一次张拉); $\zeta = 0.3$ (低松弛钢绞线); $\sigma_{pe} = \sigma_{con} - \sigma_{l1} - \sigma_{l2} - \sigma_{l4} = 1\,302 - 69.73 - 79.24 - 60.71 = 1\,092.32(\mathrm{MPa})$ 。

$$\sigma_{l5} = 0.3\left(0.52 \times \frac{1\,092.32}{1\,860} - 0.26\right) \times 1\,092.32 = 14.87(\mathrm{MPa})$$

(5)混凝土收缩和徐变引起的预应力损失 σ_{l6}

采用式(3-36a)计算:

$$\sigma_{l6} = \frac{0.9[\alpha_{Ep}\sigma_{pc}\varphi_c(t,t_0) + E_p\varepsilon_{cs}(t,t_0)]}{1 + 15\rho\rho_{ps}}$$

式中数据计算如下。

①预应力钢材和混凝土弹性模量之比 α_{Ep}

考虑混凝土强度达到了其强度设计等级,则

$$\alpha_{Ep} = \frac{1.95 \times 10^5}{3.45 \times 10^4} = 5.65$$

②混凝土收缩应变 $\varepsilon_{cs}(\infty, t_0)$ 和徐变系数 $\varphi_c(\infty, t_0)$

混凝土收缩应变按式(2-3)计算:

$$\varepsilon_{cs}(t,t_0) = \varepsilon_{cso}[\beta_s(t-t_s) - \beta_s(t_0-t_s)]$$

$$\varepsilon_{cso} = \varepsilon_s(f_{cm})\beta_{RH}$$

$$\varepsilon_s(f_{cm}) = \left[160 + 10\beta_{sc}\left(9 - \frac{f_{cm}}{f_{cmo}}\right)\right] \times 10^{-6}$$

$$\beta_{RH} = \begin{cases} -1.55\left[1 - \left(\dfrac{RH}{RH_o}\right)^3\right] & 40\% \leqslant RH \leqslant 99\% \\ +0.25 & RH > 99\% \end{cases}$$

$$\beta_s(t-t_s) = \left[\frac{(t-t_s)/t_1}{350(h/h_o)^2 + (t-t_s)/t_s}\right]^{0.5}$$

式中, $\beta_{sc} = 5.0$ (快硬水泥); $f_{cm} = 0.8f_{cu,k} + 8 = 0.8 \times 50 + 8 = 48(\mathrm{MPa})$;设简支梁所处野外一般地区, $RH = 70\%$;简支梁截面与大气接触的周边长度 u 近似取 6 700mm,构件理论厚度 $h = 2A_c/u = 2 \times 5.196 \times 10^5/6\,700 = 155(\mathrm{mm})$; $f_{cmo} = 10\mathrm{MPa}$; $RH_o = 100\%$; $t_s = 5\mathrm{d}$ (取 3~7d 的中值); $t_1 = 1\mathrm{d}$; $h_o = 100\mathrm{mm}$ 。

$$\varepsilon_s(f_{cm}) = \left[160 + 50 \times \left(9 - \frac{48}{10}\right)\right] \times 10^{-6} = 3.7 \times 10^{-4}$$

$$\beta_{RH} = -1.55 \times \left[1 - \left(\frac{70}{100}\right)^3\right] = -1.018$$

$$\beta_s(\infty - 5) = \left[\frac{(\infty - 5)/1}{350 \times (155/100)^2 + (\infty - 5)/5}\right]^{0.5} = 1$$

$$\beta_s(14 - 5) = \left[\frac{(14 - 5)/1}{350 \times (155/100)^2 + (14 - 5)/5}\right]^{0.5} = 0.0107$$

$$\varepsilon_{cso} = 3.7 \times 10^{-4} \times (-1.018) = -3.767 \, 10^{-4} \quad (\text{负号表示收缩，以下取正值})$$

混凝土收缩应变为

$$\varepsilon_{cs}(\infty, 14) = 3.767 \times 10^{-4} \times (1 - 0.0107) = 3.727 \times 10^{-4}$$

混凝土徐变系数按式(2-5)计算：

$$\varphi_c(t, t_0) = \varphi_0 \beta_c(t, t_0)$$

$$\varphi_0 = \varphi_{RH}\beta(f_{cm})\beta(t_0)$$

$$\varphi_{RH} = 1 + \frac{1 - RH/RH_0}{0.46(h/h_0)^{\frac{1}{3}}}$$

$$\beta(f_{cm}) = \frac{5.3}{(f_{cm}/f_{cmo})^{0.5}}$$

$$\beta(t_0) = \frac{1}{0.1 + (t_0/t_1)^{0.2}}$$

$$\beta_c(t, t_0) = \left[\frac{(t - t_0)/t_1}{\beta_H + (t - t_0)/t_1}\right]^{0.3}$$

$$\beta_H = 150\left[1 + \left(1.2\frac{RH}{RH_0}\right)^{18}\right]\frac{h}{h_0} + 250 \leqslant 1\,500$$

故

$$\varphi_{RH} = 1 + \frac{1 - 70/100}{0.46 \times (155/100)^{\frac{1}{3}}} = 1.564$$

$$\beta(f_{cm}) = \frac{5.3}{(48/10)^{0.5}} = 2.419$$

$$\beta(14) = \frac{1}{0.1 + (14/1)^{0.2}} = 0.557$$

$$\beta(180) = \frac{1}{0.1 + (180/1)^{0.2}} = 0.342$$

$$\beta_H = 150 \times \left[1 + \left(1.2 \times \frac{70}{100}\right)^{18}\right] \times \frac{155}{100} + 250 = 492.58$$

$$\beta_c(\infty, 14) = \left[\frac{(\infty - 14)/1}{492.58 + (\infty - 14)/1}\right]^{0.3} = 1$$

$$\beta_c(\infty, 180) = \left[\frac{(\infty - 180)/1}{492.58 + (\infty - 180)/1}\right]^{0.3} = 1$$

混凝土龄期为 14d 和 180d 的徐变系数分别为

$$\varphi_c(\infty, 14) = 1.564 \times 2.419 \times 0.557 \times 1 = 2.107$$

$$\varphi_c(\infty, 180) = 1.564 \times 2.419 \times 0.342 \times 1 = 1.294$$

③预应力钢筋合力作用点混凝土应力 σ_{pc}

引起混凝土徐变的应力,由预加力、梁的结构自身重力及结构附加重力所组成。考虑结构附加重力在混凝土龄期 180d 施加,故混凝土应力计算公式为

$$\sigma_{pc} = \frac{N_p}{A_n} + \frac{N_p e_{pn}^2}{I_n} - \frac{M_{g1} e_{pn}}{I_n} - \frac{\varphi_c(\infty,180)}{\varphi_c(\infty,14)} \frac{M_{g2} e_{p0}}{I_0}$$

式中:

$$N_p = A_p(\sigma_{con} - \sigma_{l1} - \sigma_{l2} - \sigma_{l4})$$
$$= 7 \times 4.2 \times 10^2 \times (1\,302 - 69.73 - 79.24 - 60.71) = 3\,211.41(kN)$$

于是,

$$\sigma_{pc} = \frac{3\,214.1 \times 10^3}{5.059 \times 10^5} + \frac{3\,214.1 \times 10^3 \times 969^2}{1.882 \times 10^{11}} - \frac{1\,550 \times 10^6 \times 969}{1.882 \times 10^{11}} -$$
$$\frac{1.294}{2.107} \times \frac{590 \times 10^6 \times 920}{2.124 \times 10^{11}}$$
$$= 12.84(MPa)$$

④截面配筋率 ρ 和系数 ρ_{ps}

截面配筋仅考虑预应力钢筋,即

$$\rho = \frac{A_p}{A_0} = \frac{7 \times 4.2 \times 10^2}{5.330 \times 10^5} = 0.005\,5$$

ρ_{ps} 按下式计算:

$$\rho_{ps} = 1 + \frac{e_{ps}^2}{i^2} = 1 + \frac{920^2 \times 5.330 \times 10^5}{2.124 \times 10^{11}} = 3.124$$

最后,由式(3-36a)可得

$$\sigma_{l6} = \frac{0.9 \times [5.65 \times 12.84 \times 2.107 + 1.95 \times 10^5 \times 3.727 \times 10^{-4}]}{1 + 15 \times 0.005\,5 \times 3.124} = 179.32(MPa)$$

2)不同阶段的预应力损失汇总(表 3-7)

预应力损失汇总表 表 3-7

瞬时损失	损失值(MPa)	相对 σ_{con} (%)	长期损失	损失值(MPa)	相对 σ_{con} (%)
σ_{l1}	69.73	5.36	σ_{l5}	14.87	1.14
σ_{l2}	79.24	6.09	σ_{l6}	179.32	13.77
σ_{l4}	60.71	4.66	$\sigma_{lI} = \sigma_{l5} + \sigma_{l6}$	194.19	14.91
$\sigma_{lI} = \sigma_{l1} + \sigma_{l2} + \sigma_{l4}$	209.68	16.11			
			$\sigma_l = \sigma_{lI} + \sigma_{lII}$	403.87	31.02

第四节 减少预应力损失的措施

1.减少预应力钢筋与孔道之间摩擦引起的预应力损失的措施

(1)采用两端张拉方法。两端张拉可使预应力钢筋曲线的切线夹角 θ 及孔道计算长度 x 减少一半。

(2)采用超张拉方法。超张拉时预应力钢筋端部的预应力增大,其他截面的预应力也相应增大。但当张拉端应力退回到控制应力后,由于受到反向摩擦力的作用,应力退回的影响并没有传到其他截面,仍保持较大的预应力。因此,对非自锚式锚具可采用的超张拉程序为

$$0 \rightarrow 初应力[(0.10 \sim 0.15)\sigma_{con}] \rightarrow 1.05\sigma_{con} \xrightarrow{\text{持荷 2min}} \sigma_{con}(锚固)$$

但是一般自锚式锚具,如钢绞线夹片锚,不适合采用以上超张拉程序,因锚具的自锚作用不能使超张拉应力退回到张拉控制应力,故一般只采用如下张拉程序:

$$0 \rightarrow 初应力[(0.10 \sim 0.15)\sigma_{con}] \rightarrow \sigma_{con} \xrightarrow{\text{持荷 2min}} \sigma_{con}(锚固)$$

以上两个张拉程序中,对锚圈口有局部摩擦损失锚具的 σ_{con},应为已扣除该项损失后的锚下张拉控制应力。

2.减少预应力钢筋回缩和接缝压密引起的预应力损失的措施
(1)选择变形量较小的锚具及尽可能少用垫板;
(2)采用超张拉方法。

3.减少预应力钢筋与台座间温差引起的预应力损失的措施

先张法构件可采用两次升温养护的方法。其中,初次升温应在混凝土尚未结硬、未与预应力钢筋粘结时进行,升温的温差一般可控制在 20℃ 以内;第二次升温则在混凝土构件具备一定强度(例如 7.5～10MPa),即混凝土与预应力钢筋的粘结力足以抵抗温差变形后,再将温度升到 t_2 进行养护,此时,预应力钢筋将和混凝土一起变形,预应力钢筋不再产生预应力损失。故采取两次升温养护后,σ_{l3} 计算公式中的 Δt 系指混凝土构件尚无强度时的初次升温温度与自然温度的差值。

4.减少混凝土弹性压缩引起的预应力损失的措施
后张法构件可尽量采用较少的分批张拉次数。

5.减少预应力钢筋松弛引起的预应力损失的措施
(1)采用低松弛预应力钢筋;
(2)采用超张拉方法及增加持荷时间。

6.减少混凝土收缩和徐变引起的预应力损失的措施
(1)采用普通硅酸盐水泥,控制每立方混凝土中的水泥用量及混凝土的水灰比;
(2)不要过早让混凝土受力,即加大混凝土的加载龄期。

复习思考与习题

3-1 简述预应力损失的种类和产生的机理。

3-2 按例 3-2 的已知条件,试计算该梁 $l/4$ 跨处截面的预应力损失。

3-3 简述减少预应力损失的措施。

第四章　预应力混凝土构件截面承载力计算

第一节　预应力混凝土受弯构件正截面承载力计算

在荷载逐渐增加的过程中,配置适当预应力钢筋的预应力混凝土受弯构件的受拉区开裂后,钢筋(受拉区预应力钢筋和非预应力钢筋)将逐步进入明显塑性变形或屈服状态;随着裂缝迅速向受压区延伸,受压区边缘混凝土压应变快速增大,受压区混凝土塑性变形发展,最终受压区边缘混凝土的压应变达到极限压应变、混凝土压碎,即构件耗尽承载能力而破坏。试验研究表明,预应力混凝土受弯构件开裂后,受力性能开始趋向普通钢筋混凝土受弯构件,受压区混凝土塑性发展如同普通钢筋混凝土受弯构件,破坏时截面应力状态也和普通钢筋混凝土受弯构件相似,抗弯承载力由其材料强度所决定。

但是,预应力混凝土受弯构件与普通钢筋混凝土受弯构件相比仍有如下区别:

其一,在未受到外荷载时,预应力混凝土受弯构件中的预应力钢筋已有预应力(相应阶段的有效预应力),混凝土也已被施加了预压应力,而普通钢筋混凝土受弯构件未受外荷载时的应力则为零;在正常使用阶段,预应力混凝土受弯构件混凝土一般不开裂,而普通钢筋混凝土受弯构件则带裂缝工作;

其二,预应力混凝土受弯构件一般采用无明显屈服台阶的高强度钢材(钢丝、钢绞线等),钢材进入塑性变形后的应力需由应力应变曲线确定,故简化计算时需要假定一个条件屈服强度;而普通钢筋混凝土受弯构件一般均采用有明显屈服台阶的软钢,屈服强度有明确的数值。

一、破坏形态与特征

根据预应力钢材性能、混凝土强度及配筋率,预应力混凝土受弯构件和普通钢筋混凝土受弯构件一样可分为三种破坏形态,即具有良好塑性性能的适配筋梁破坏、带有脆性破坏特征的超筋梁破坏和少筋梁破坏。这三种破坏形态的各自特征可参阅普通钢筋混凝土受弯构件,在此不再赘述。

二、基 本 假 定

为了建立预应力混凝土受弯构件正截面抗弯承载力简化计算方法,根据构件的破坏形态和特征可以提出如下基本假定。

(1)平截面假定

构件截面达到抗弯承载力时,沿截面高度混凝土应变与离开中性轴的距离成正比。

(2)不考虑混凝土抗拉作用

靠近截面中性轴未开裂的受拉区混凝土所承担的拉力很小,为便于简化计算偏安全地将其忽略不计。

(3)变形协调假定

预应力钢筋与混凝土有很好的粘结强度,由荷载引起的钢筋应变与相同位置的混凝土应变相同。

（4）混凝土的极限压应变和应力—应变关系

受弯构件和偏心受压构件试验表明，截面受压区边缘混凝土的极限压应变与混凝土的强度等级、钢筋品种、配筋率、截面形状及预应力大小等许多因素有关，极限压应变的试验值离散性大，范围在 0.002～0.007。试验还表明，试验梁配置无屈服台阶钢筋时混凝土极限压应变的统计平均值为 0.003 4，试验梁配置有屈服台阶钢筋时约为 0.002 9。国内外有关设计规范中混凝土极限压应变的取值也不尽相同，我国有关设计规范根据混凝土强度等级取值为 0.003～0.003 3。

受弯构件进入破坏阶段时，混凝土的应力与应变物理关系决定了截面中性轴以上受压区混凝土的应力分布，一般认为该应力分布接近于混凝土轴心受压时的应力—应变试验曲线，故可用理想化的混凝土应力—应变曲线，即用抛物线加直线的应力分布曲线来替代，配以相应数学表达式可用于截面抗弯承载力计算。

然而，为了达到简化截面抗弯承载力计算的目的，受压区混凝土的曲线应力分布图一般均用等效的矩形应力分布图来替换。矩形应力分布图等效曲线应力分布图的原则是，两种应力分布图的合力相等、合力位置相同。由此，可以推出等效矩形应力分布图的两个特征值：即 β 为等效矩形应力分布图的高度 x 与实际受压区高度 c 的比值，或 $x=\beta c$；γ 为等效矩形应力分布图的应力与曲线应力分布图的最大应力之比值，或 $\sigma_c=\gamma\sigma_0$，见图 4-1。

通过理论计算并结合试验资料分析，当混凝土强度等级在 C50 及以下时，取等效矩形应

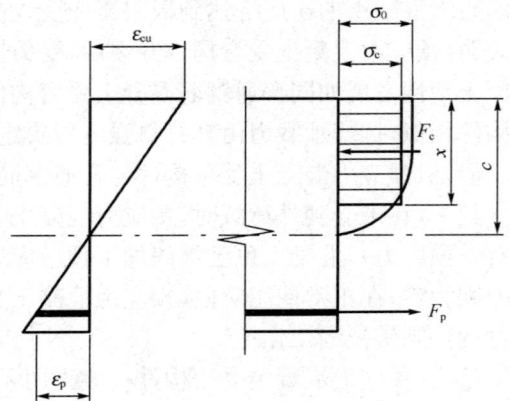

图 4-1　受压区混凝土等效矩形应力分布图的特征

力分布图的高度 x 与实际受压区高度 c 的比值 $\beta=0.8$，混凝土强度等级在 C50～C80 之间时按 $\beta=0.8～0.74$ 直线内插。因曲线应力分布图的最大应力 σ_0 与混凝土的强度成比例，故其可表示成 $\sigma_0=\alpha_1 f_c$；而经理论分析，可以近似取等效矩形应力分布图的应力与曲线应力分布图的最大应力之比值 $\gamma=1.0$。于是，等效矩形应力分布图的应力又可表示成 $\sigma_c=\alpha_1 f_c$，其中，α_1 为混凝土强度修正系数，当混凝土强度等级在 C50 及以下时，$\alpha_1=1.0$，混凝土强度等级在 C50～C80 之间时，按 $\alpha_1=1.0～0.94$ 直线内插，f_c 为混凝土轴心抗压强度。

（5）预应力钢筋的应力—应变关系和抗拉强度

对于有明显屈服台阶的预应力钢筋，可用理想的应力—应变曲线来描述其本构关系，即表达式如下：

当 $\varepsilon_p \leqslant \varepsilon_{py}$ 时　　　　　　　　　　　$\sigma_p=\varepsilon_p E_p$

当 $\varepsilon_p > \varepsilon_{py}$ 时　　　　　　　　　　　　$\sigma_p=f_{py}$

式中：ε_p——预应力钢筋的应变；

　　　ε_{py}——预应力钢筋的屈服应变或极限应变；

　　　E_p——预应力钢筋的弹性模量；

　　　σ_p——预应力钢筋的应力；

　　　f_{py}——预应力钢筋的屈服强度。

有明显屈服台阶预应力钢筋的抗拉强度一般取其屈服强度。

预应力混凝土受弯构件一般采用无明显屈服台阶的高强度钢筋,构件破坏时钢筋已进入材料弹塑性阶段,精确确定钢筋的极限应力需要通过其应力—应变曲线。但根据适配筋预应力混凝土受弯构件预应力钢筋的极限应力大小,国内外现行设计规范一般以钢材的条件屈服强度(我国以 0.85 倍极限抗拉强度取值)作为其抗拉强度。

三、应变协调分析和界限破坏

对于配置有明显屈服台阶预应力钢筋的受弯构件,采用与普通钢筋混凝土受弯构件相似的应变协调分析方法,也可建立适配筋梁与超筋梁界限破坏的配筋率、受压区高度、预应力钢筋应变和应力的等价关系;而对于配置无明显屈服台阶预应力钢筋的受弯构件,适配筋梁与超筋梁破坏的界限是不明确的,因而无法建立上述等价关系。然而,各国设计规范仍从实用角度出发提出了限制破坏受压区高度或配筋率的要求,以保证构件延性破坏。我国现行设计规范对配置无明显屈服台阶预应力钢筋的受弯构件,根据条件屈服强度的定义,在钢筋应变中考虑 0.2% 的残余应变,建立了类似采用明显屈服台阶预应力钢筋的受弯构件界限破坏时的配筋率、受压区高度、预应力钢筋应变和应力的等价关系。以下,仅对受拉区配置预应力钢筋的矩形截面受弯构件进行分析。

如图 4-2,梁高为 h、梁宽为 b,预应力钢筋的截面面积为 A_p,离顶面距离为 h_0,扣除预应力损失后的有效预应力为 σ_p。

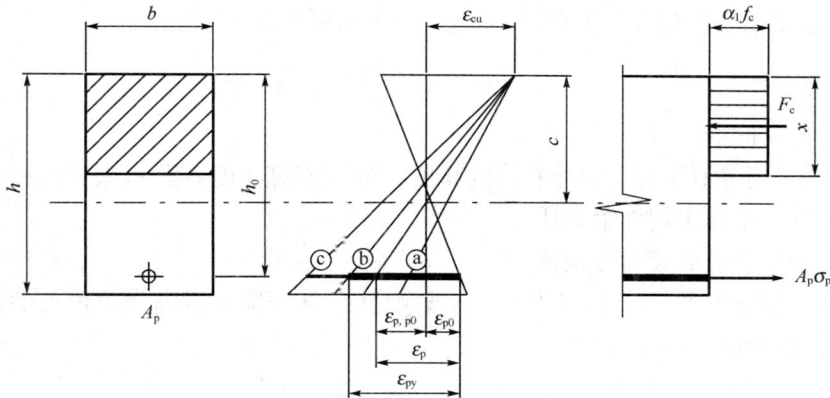

图 4-2 受弯构件的应变协调分析
ⓐ-超筋梁破坏;ⓑ-界限破坏;ⓒ-适配筋梁破坏

1. 有明显屈服台阶的预应力钢筋

由平截面假定和变形协调条件可得:

$$\frac{c}{h_0} = \frac{\varepsilon_{cu}}{\varepsilon_{p,p0} + \varepsilon_{cu}} \tag{4-1}$$

式中:c——截面实际受压区高度,$c = x/\beta$;

h_0——截面有效高度;

ε_{cu}——受压区混凝土的极限压应变;

$\varepsilon_{p,p0}$——从预应力钢筋合力作用位置的混凝土消压至构件破坏的预应力钢筋的应变增量,$\varepsilon_{p,p0} = \varepsilon_p - \varepsilon_{p0}$,$\varepsilon_{p0} = \sigma_{p0}/E_p$,其中,$\varepsilon_p$ 为构件破坏时预应力钢筋的总应变,σ_{p0}、ε_{p0} 分别为钢筋合力作用位置混凝土截面应力为零时预应力钢筋的应力和应变;

其余符号意义同前。

将混凝土截面受压区相对高度系数定义为

$$\xi = \frac{x}{h_0} = \frac{\beta c}{h_0} = \frac{\beta \varepsilon_{cu}}{\varepsilon_{p,p0} + \varepsilon_{cu}}$$

在界限破坏时，预应力钢筋正好达到屈服应变，即

$$\varepsilon_p = \varepsilon_{py} = \frac{f_{py}}{E_p}$$

故

$$\varepsilon_{p,p0} = \varepsilon_{py} - \varepsilon_{p0}$$

相应界限破坏时受压高度相对系数为

$$\xi_b = \frac{\beta \varepsilon_{cu}}{\varepsilon_{p,p0} + \varepsilon_{cu}} = \frac{\beta \varepsilon_{cu}}{\varepsilon_{py} - \varepsilon_{p0} + \varepsilon_{cu}} = \frac{\beta}{1.0 + \dfrac{f_{py} - \sigma_{p0}}{\varepsilon_{cu} E_p}} \tag{4-2}$$

从图 4-2 和以上推导，不难得出下列关系：

超筋破坏 $\qquad \varepsilon_p < \varepsilon_{py}, c > c_b, x > \xi_b h_0, \xi > \xi_b, \rho > \rho_{max}$

界限破坏 $\qquad \varepsilon_p = \varepsilon_{py}, c = c_b, x = \xi_b h_0, \xi = \xi_b, \rho = \rho_{max}$

适配筋破坏 $\qquad \varepsilon_p > \varepsilon_{py}, c < c_b, x < \xi_b h_0, \xi < \xi_b, \rho < \rho_{max}$

式中：c_b——界限破坏时截面实际受压区高度；

$\qquad \rho$——截面配筋率；

$\qquad \rho_{max}$——适配筋受弯构件最大配筋率，由平衡关系可推得

$$\rho_{max} = \frac{\xi_b \alpha_1 f_c}{f_{py}} \tag{4-3}$$

其余符号意义同前。

经上分析，可用等效矩形应力分布图的高度 x 或其相对高度系数 ξ，来判别构件破坏是属于适配筋梁破坏还是属于超筋梁破坏。

2. 无明显屈服台阶的预应力钢筋

根据条件屈服强度 $f_{0.2}$ 定义，考虑 0.2% 残余应变，从预应力钢筋合力位置的混凝土消压至破坏时预应力钢筋的应变增量为

$$\varepsilon_{p,p0} = \varepsilon_{py} - \varepsilon_{p0} + 0.002 \tag{4-4}$$

类似有明显屈服台阶预应力钢筋，也可得到名义上界限破坏时受压高度相对系数以及相似的等价关系：

$$\xi_b = \frac{\beta \varepsilon_{cu}}{\varepsilon_{p,p0} + \varepsilon_{cu} + 0.002} = \frac{\beta}{1.0 + \dfrac{0.002}{\varepsilon_{cu}} + \dfrac{f_{py} - \sigma_{p0}}{\varepsilon_{cu} E_p}} \tag{4-5}$$

式中：f_{py}——无明显屈服台阶预应力钢材的条件屈服强度；

其余符号意义同前。

如前所述，对于配置无明显屈服台阶预应力钢筋的受弯构件，以上界限破坏和等价关系实际上是不存在的，采用这种处理方法仅为简化计算。

四、正截面抗弯承载力计算

受弯构件正截面抗弯承载力计算较精确的方法是变形协调法，结合实际预应力钢筋的应

力—应变曲线,用试算法反复迭代求得受压区高度、预应力钢筋的极限应力和截面抗弯承载力。这种方法虽然较精确但烦琐不实用,所以通常用条件屈服强度替代无明显屈服台阶的预应力钢筋的极限应力,这样就可如同普通钢筋混凝土受弯构件正截面抗弯承载力计算方法一样,通过截面力系平衡条件建立计算公式。以下就此作介绍。

1. 计算图式(图 4-3)

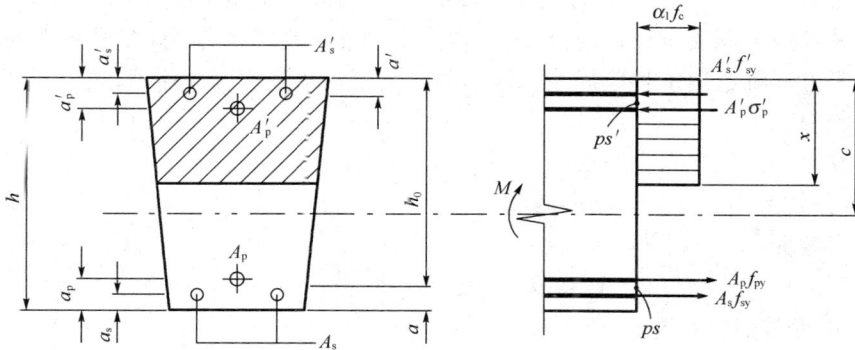

图 4-3 正截面抗弯承载力计算图式

2. 基本公式

参照计算图式,由平衡条件可写出如下方程。

沿轴向力方向的平衡条件,$\sum X = 0$:

$$f_{py}A_p + f_{sy}A_s = \alpha_1 f_c A_c + f'_{sy}A'_s + \sigma'_p A'_p \tag{4-6}$$

由受拉区钢筋(预应力和非预应力钢筋)合力作用点(ps)力矩的平衡条件,$\sum M_{ps} = 0$,有

$$M_u = \alpha_1 f_c S_{c,ps} + f'_{sy}A'_s(h_0 - a'_s) + \sigma'_p A'_p(h_0 - a'_p) \tag{4-7}$$

由受压区钢筋(预应力和非预应力钢筋)合力作用点(ps')力矩的平衡条件,$\sum M_{ps'} = 0$,有

$$M_u = \alpha_1 f_c S_{c,ps'} + f_{sy}A_s(h'_0 - a_s) + f_{py}A_p(h'_0 - a_p) \tag{4-8}$$

式中：f_{py}——预应力钢筋的抗拉强度;

f_{sy}——非预应力钢筋的抗拉强度;

α_1——混凝土强度修正系数,详见前;

f_c——混凝土轴心抗压强度;

f'_{sy}——非预应力钢筋的抗压强度;

σ'_p——受压预应力钢筋的计算应力,详见后;

A_p、A_s——分别为受拉区预应力钢筋和非预应力钢筋的截面面积;

A'_p、A'_s——分别为受压区预应力钢筋和非预应力钢筋的截面面积;

A_c——受压区混凝土的截面面积;

$S_{c,ps}$、$S_{c,ps'}$——分别为受压区混凝土截面对受拉区钢筋合力作用点和受压区钢筋合力作用点的静矩;

a'_p、a'_s——分别为受压区预应力钢筋合力点和非预应力钢筋合力点至截面受压边缘的距离;

a_p、a_s——分别为受拉区预应力钢筋合力点和非预应力钢筋合力点至截面受拉边缘的距离;

h_0、a——分别为受拉区预应力钢筋和非预应力钢筋合力点至截面受压边缘和受拉边缘

的距离,$h_0 = h - a$;

h_0'、a'——分别为受压区预应力钢筋和非预应力钢筋合力点至截面受拉边缘和受压边缘距离,$h_0' = h - a'$;

M_u——正截面抗弯承载力。

以上计算得到的正截面抗弯承载力应不小于该截面需要承担的弯矩。

应该指出,式(4-6)~式(4-8)为预应力混凝土受弯构件正截面抗弯承载力计算的基本公式。我国有关预应力混凝土设计规范,对不同类型和使用功能的结构,在材料强度取值、结构重要性考虑等方面都给出了相应规定。因本教材主要介绍基本设计原理,故不再细化,读者可去查阅有关资料。

对上述基本公式的几点说明如下。

(1)基本公式适用于任何形状的截面

对于矩形截面:

$$A_c = bx, S_{c,ps} = bx(h_0 - x/2)$$

式中:b——矩形截面的宽度。

对于 T 形截面(图 4-4),当等效矩形应力分布图的高度 x 在翼板内时:

$$A_c = b_f'x, S_{c,ps} = b_f'x(h_0 - x/2)$$

而当 x 在梁肋中:

$$A_c = (b_f' - b)h_f' + bx, S_{c,ps} = (b_f' - b)h_f'(h_0 - h_f'/2) + bx(h_0 - x/2)$$

式中:b_f'、h_f'——分别为翼板的宽度和高度;

b——梁肋的宽度。

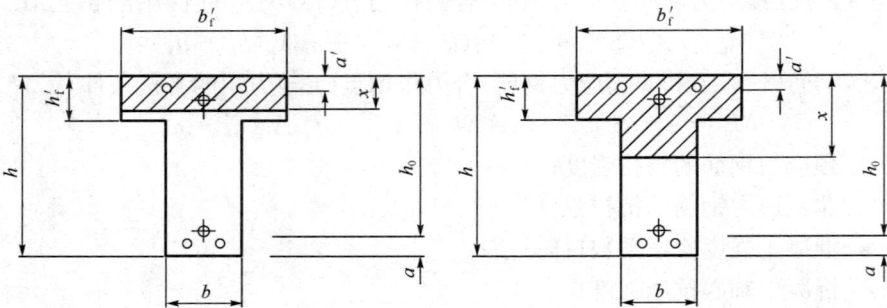

图 4-4 T 形截面受压区面积几何量计算

由于使用基本公式前 x 是未知的,故对于类似 T 形等宽度有突变的截面需要判别 x 位置。具体方法如下:

①先假定 x 在某个范围内。如要对截面承载力进行验算,选用式(4-6)求 x;而如要进行截面配筋设计,选用式(4-7)求 x;

②根据选用式(4-6)或式(4-7)求出所需受压区面积的几何量,如面积 A_c 或 $S_{c,ps}$;

③将整个截面按宽度有突变处为分界线分块,计算不同分块情况的几何量与上述 A_c 或 $S_{c,ps}$ 比较,判断 x 的位置,如与假定不一致返回①重新按以上步骤计算。

(2)受压区预应力钢筋 A_p' 的应力 σ_p'

受压区预应力钢筋(下面用 A_p' 表示)在荷载作用前已存在有效预拉应力 σ_{pe}',当荷载从零加载至构件破坏,A_p' 将产生压应力增量 $\Delta\sigma_p'$,故破坏时 A_p' 的应力(取压为正、拉为负)为

$$\sigma'_p = \Delta\sigma'_p - \sigma'_{pe}$$

根据变形协调条件，A'_p 压应变增量 $\Delta\varepsilon'_p$ 应与相同位置混凝土截面的压应变增量 $\Delta\varepsilon_c$ 相等，即

$$\Delta\varepsilon'_p = \Delta\varepsilon_c$$

而

$$\Delta\varepsilon_c = \varepsilon_{cp} - \frac{\sigma'_{pc}}{E_c}$$

式中：ε_{cp}——构件破坏时 A'_p 位置混凝土截面的应变；

σ'_{pc}——A'_p 合力作用位置由预加力产生的混凝土截面应力；

E_c——混凝土的弹性模量。

于是，

$$\Delta\sigma'_p = E_p\Delta\varepsilon'_p = E_p\Delta\varepsilon_c = E_p\varepsilon_{cp} - \sigma'_{pc}\frac{E_p}{E_c} = f'_{py} - \alpha_{Ep}\sigma'_{pc}$$

$$\sigma'_p = f'_{py} - \alpha_{Ep}\sigma'_{pc} - \sigma'_{pe} = f'_{py} - \sigma'_{p0} \tag{4-9}$$

式中：α_{Ep}——受压区预应力钢筋与混凝土的弹性模量之比；

f'_{py}——预应力钢筋的抗压强度；

σ'_{p0}——A'_p 合力作用位置混凝土消压时 A'_p 的应力，$\sigma'_{p0} = \alpha_{Ep}\sigma'_{pc} + \sigma'_{pe}$，即 A'_p 合力作用位置混凝土截面应力为零时 A'_p 的应力（扣除不包括混凝土弹性压缩损失的其他所有预应力损失）。

在上述推导中，认为构件破坏时 A'_p 处混凝土的压应变 ε_{cp} 已达到了 f'_{py} 相应的应变值。

3. 公式的限制条件

(1) $x \leqslant \xi_b h_0$

基本公式显然是建立在适配筋受弯构件基础上的，也即在构件破坏时受拉预应力钢筋应达到屈服强度或条件屈服强度。根据前述界限破坏条件及等价关系，要保证适配筋梁的破坏状态，即受拉预应力钢筋屈服，应满足 $x \leqslant \xi_b h_0$ 条件。

当上述条件不能满足时，一般需要修改截面尺寸、改变材料强度等级，或增加受压区钢筋。

(2) $x \geqslant 2a'_p$

在计算图式和计算公式中，A'_p 的应力为 $\sigma'_p = f'_{py} - \sigma'_{p0}$，相应的应变为 $\varepsilon'_p = \varepsilon_{cp} - \varepsilon'_{p0}$，其中 ε'_{p0} 为 A'_p 位置混凝土消压时 A'_p 的应变。可见，已假设 A'_p 处混凝土的压应变 ε_{cp} 达到了 f'_{py} 相应的应变。

但是，当 $x < 2a'_p$ 时上述假设可能不成立。下面来说明这个问题。

前面我们曾用应变协调条件建立了混凝土受压区高度与受拉区预应力钢筋应变、应力的等价关系，这里也可对受压区预应力钢筋建立相似等价关系。

由平截面假定和变形协调条件可得

$$\frac{c}{a'_p} = \frac{\varepsilon_{cu}}{\varepsilon_{cu} - \varepsilon'_p} \tag{4-10}$$

而 $x = \beta c$，故

$$\frac{x}{x'_p} = \frac{\beta c}{a'_p} = \frac{\beta\varepsilon_{cu}}{\varepsilon_{cu} - \varepsilon'_p}$$

假定受压预应力钢筋也存在一个界限，此时 ε'_p 恰好为 ε'_{py}（受压预应力钢筋的屈服应变），而 $c = c'_b$、$x = x'_b$，则

$$\frac{x'_b}{a'_p} = \frac{\beta c'_b}{a'_p} = \frac{\beta \varepsilon_{cu}}{\varepsilon_{cu} - \varepsilon'_{py}}$$

上式右侧为定值,将常用预应力钢筋的 ε'_{py} 和混凝土的 ε_{cu} 代入,可得 x'_b/a'_p 的平均值为 2,即

$$x'_b = 2a'_p \tag{4-11}$$

从图 4-5 中的几何关系我们也可得等价关系:

$$\varepsilon'_p > \varepsilon'_{py}, c > c'_b, x > 2a'_p$$
$$\varepsilon'_p = \varepsilon'_{py}, c = c'_b, x = 2a'_p$$
$$\varepsilon'_p < \varepsilon'_{py}, c < c'_b, x < 2a'_p$$

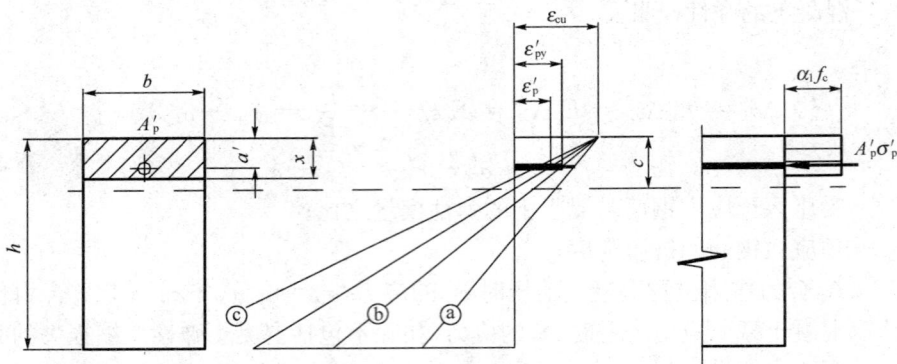

图 4-5 受压区预应力钢筋的应变协调分析
ⓐ$\varepsilon'_p > \varepsilon'_{py}$;ⓑ$\varepsilon'_p = \varepsilon'_{py}$;ⓒ$\varepsilon'_p < \varepsilon'_{py}$

由此可见,若 $x < 2a'_p$,受压区预应力钢筋的应变 $\varepsilon'_p < \varepsilon'_{py}$,即达不到 f'_{py} 相应的应变值,故需进行修正。较精确的计算方法是,按平截面假定和变形协调条件,直接按受压区高度 x 写出受压区预应力钢筋的应变 ε'_p 和应力 σ'_p 的表达式,然后替代原基本方程中的 σ'_p,即

$$\sigma'_p = \varepsilon_{cu} E_p \left(1 - \frac{\beta a'_p}{x}\right) + \sigma'_{p0} \tag{4-12}$$

但实用计算都采取了如下近似方法,以回避计算受压区预应力钢筋的应力。

①考虑受压区预应力钢筋的作用

当 $\sigma'_p > 0$(压应力)时,由于 x 较小可近似令混凝土受压区合力作用点与受压钢筋(预应力和非预应力钢筋)的合力作用点重合,这样基本方程 $\sum M_{ps'} = 0$ 可写成:

$$M_u = f_{sy} A_s (h'_0 - a_s) + f_{py} A_p (h'_0 - a_p) \tag{4-13}$$

当 $\sigma'_p < 0$(拉应力)时,因 x 较小可近似令混凝土受压区合力作用点与非预应力钢筋的合力作用点重合,这样对受压区非预应力钢筋合力作用点的力矩平衡方程可写成

$$M_u = f_{sy} A_s (h - a_s - a'_s) + f_{py} A_p (h - a_p - a'_s) - \sigma'_p A'_p (a'_p - a'_s) \tag{4-14}$$

由上述公式求得截面抗弯承载力或预应力钢筋面积。

②不考虑受压区非预应力钢筋的作用

令 $A'_s = 0$,利用方程重解 x,并得到截面抗弯承载力或预应力钢筋面积。

③比较①和②后取值

对于截面验算的情况,截面抗弯承载力取两者中较大者;对于截面配筋设计的情况,钢筋面积取二者中较小者。

60

五、公式使用方法

上述分析可以看出，预应力混凝土受弯构件正截面抗弯承载力计算的基本方程，与普通钢筋混凝土受弯构件的差别是很小的。同普通钢筋混凝土受弯构件相似，无论配筋设计还是截面承载力验算，其核心问题无非是解两个未知数：对承载力验算问题，即为求 x 和截面承载力 M_u；对钢筋计算问题，则为求 x 和受拉预应力钢筋的面积。方程使用的技巧在于避免解联立方程，即选择合适的方程求解 x。这些内容实际上是与普通钢筋混凝土受弯构件相似，这里不再赘述，仅给出预应力混凝土受弯构件正截面抗弯承载力验算的流程（图 4-6）。

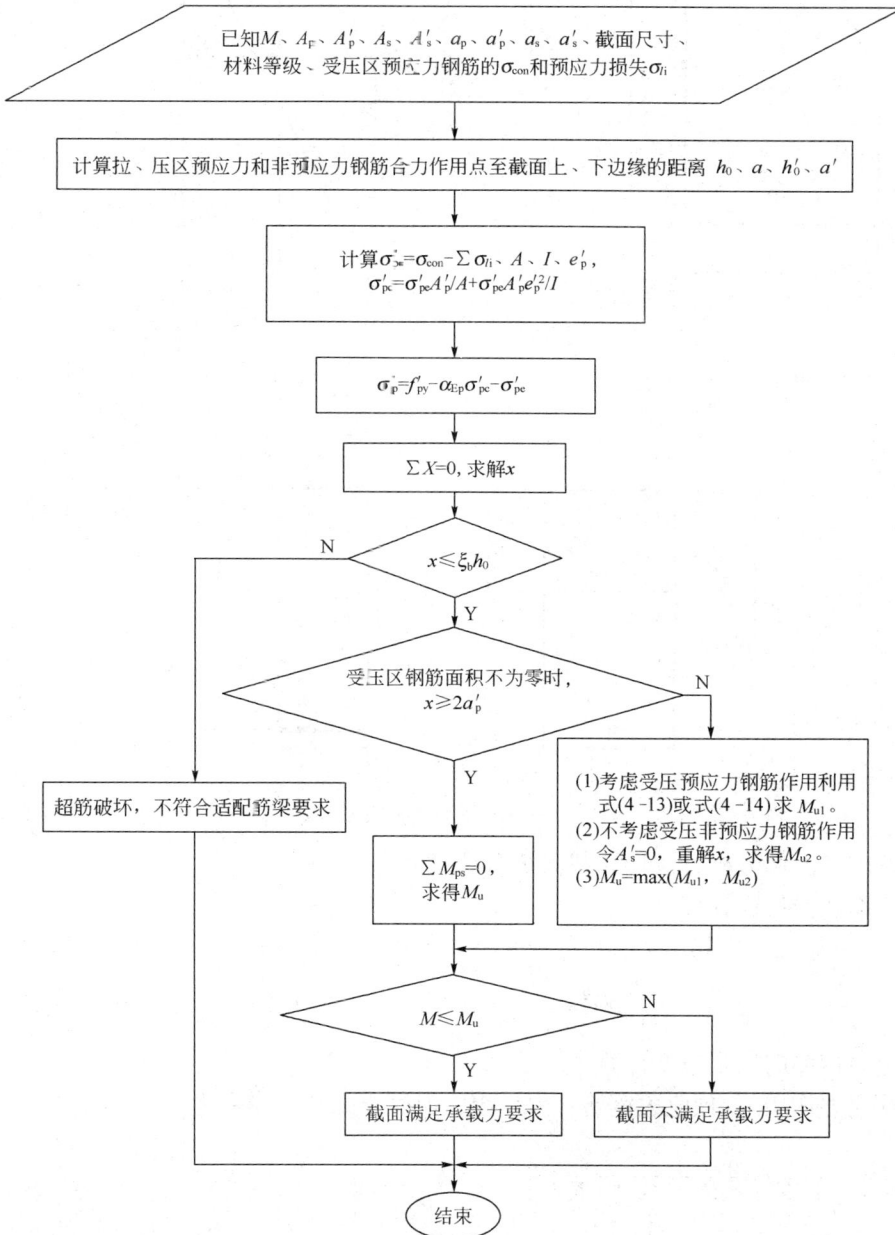

图 4-6　预应力混凝土受弯构件正截面抗弯承载力验算流程

61

例 4-1 一根预应力混凝土受弯构件的截面尺寸如图 4-7 所示。预应力钢筋的面积 $A_p = 1\,098\text{mm}^2$，有效预应力 $\sigma_{pe} = 1\,000\text{MPa}$，预加力偏心距 $e_p = 300\text{mm}$，预应力钢材的应力—应变曲线如图 4-8 所示，其中条件屈服强度 $f_{0.2} = 1\,440\text{MPa}$，弹性模量 $E_p = 1.95 \times 10^5 \text{MPa}$；混凝土立方体（150mm×150mm×150mm）抗压强度 $f_{cu} = 40\text{MPa}$，弹性模量 $E_c = 3.25 \times 10^4 \text{MPa}$；极限荷载下截面应力分布按图 4-9 计算。试采用应变协调分析方法和简化分析方法分别计算正截面抗弯承载力。

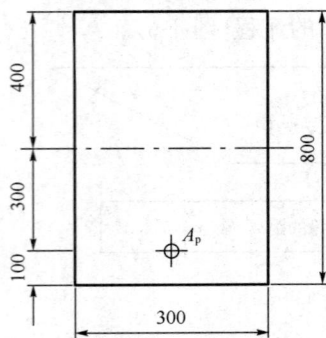

图 4-7 截面尺寸和钢筋布置（尺寸单位：mm）

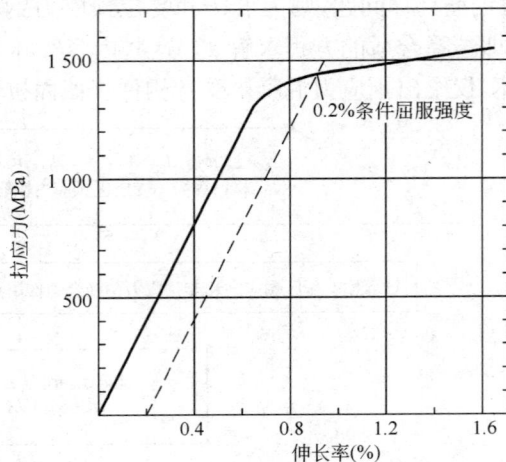

图 4-8 预应力钢材的应力—应变曲线

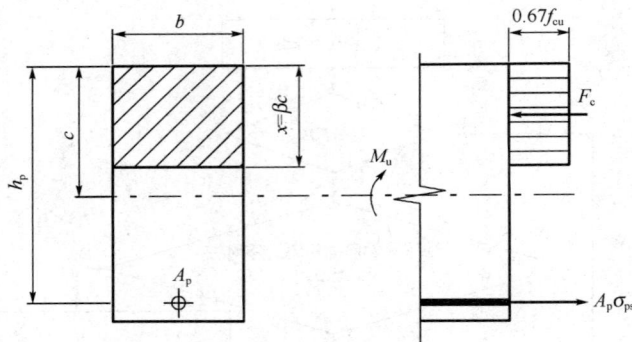

图 4-9 截面应变的变化

解：(1)应变协调分析方法计算截面抗弯承载力

①毛截面几何特征计算

$$A_c = b \times h = 300 \times 800 = 2.4 \times 10^5 \,(\text{mm}^2)$$

$$I_c = \frac{1}{12}bh^3 = \frac{1}{12} \times 300 \times 800^3 = 1.28 \times 10^{10} \,(\text{mm}^4)$$

②预应力钢筋的极限应变计算

有效预应力作用下，预应力钢筋合力作用点混凝土的预压应变为

$$\varepsilon_{ce} = \frac{\sigma_{pe}A_p}{E_c}\left(\frac{1}{A_c} + \frac{e_p^2}{I_c}\right)$$

$$= \frac{1\,000 \times 1\,098}{3.25 \times 10^4} \times \left(\frac{1}{2.4 \times 10^5} + \frac{300^2}{1.28 \times 10^{10}}\right) = 0.000\,378\,8$$

有效预应力作用下预应力钢筋的应变为

$$\varepsilon_{pe} = \frac{\sigma_{pe}}{E_p} = \frac{1\ 000}{1.95 \times 10^5} = 0.005\ 128\ 2$$

当上缘混凝土应变达到极限压应变(取 $\varepsilon_{cu} = 0.003\ 3$)时,预应力钢筋合力作用点的拉应变增量为(图 4-9)

$$\varepsilon_{ct} = \varepsilon_{cu} \cdot \frac{h_p - c}{c} = 0.003\ 3 \times \frac{700 - c}{c}$$

在极限弯矩作用下,预应力钢筋的极限应变(图 4-10)为

$$\varepsilon_{ps} = \varepsilon_{pe} + \varepsilon_{ce} + \varepsilon_{ct}$$

$$= 0.005\ 128\ 2 + 0.000\ 378\ 8 + 0.003\ 3 \times \frac{700 - c}{c}$$

$$= 0.005\ 507 + 0.003\ 3 \times \frac{700 - c}{c}$$

③预应力钢筋极限拉力和受压区混凝土的极限压力计算

由预应力钢筋的极限应变 ε_{ps} 可得对应的极限应力 σ_{ps},从而得极限拉力:

$$F_p = A_p \sigma_{ps}$$

取 $\alpha_1 = 1$、$f_c = 0.67 f_{cu}$,$\beta = 0.8$,则受压区混凝土截面的极限压力为(图 4-10)

$$F_c = 0.67 f_{cu} x b = 0.67 f_{cu} \beta c b$$

$$= 0.67 \times 40 \times 0.8 \times c \times 300 = 5\ 628c$$

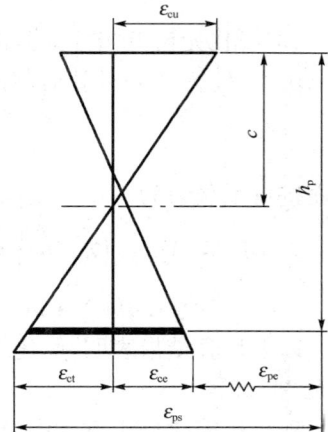

图 4-10 极限荷载作用下的截面
内力和应力

④截面抗弯承载力计算

为了求得预应力钢筋在构件破坏时的极限应力,从而计算截面抗弯承载力,需采用迭代法。

假定混凝土截面受压区高度 $c = 300\text{mm}$,计算预应力钢筋的极限应变:

$$\varepsilon_{ps} = 0.005\ 507 + 0.003\ 3 \times \frac{700 - 300}{300} = 0.009\ 907$$

由 ε_{ps} 查图 4-8 得 $\sigma_{ps} = 1\ 460\text{MPa}$,计算得到预应力钢筋的极限拉力:

$$F_p = A_p \sigma_{ps} = 1\ 098 \times 1\ 460 \times 10^{-3} = 1\ 603.1(\text{kN})$$

计算得到受压区混凝土截面的极限压力:

$$F_c = 5\ 628c = 5\ 628 \times 300 \times 10^{-3} = 1\ 688.4(\text{kN})$$

因 $F_c - F_p = 1\ 688.4\text{kN} - 1\ 603.1\text{kN} = 85.3\text{kN}$,水平力不平衡。可知混凝土截面受压区高度太大,故再设 $c = 250\text{mm}$,同样计算可得到结果:

$$F_p = 1\ 614.1\text{kN},\ F_c = 1\ 407.0\text{kN},\ F_c - F_p = 1\ 407.0\text{kN} - 1\ 614.1\text{kN} = -207.1\text{kN}$$

根据以上两次试算的结果,利用线性插值法估算受压区高度:

$$c = 300 - \frac{85.3}{85.3 + 207.1} \times (300 - 250) = 285.4(\text{mm})$$

于是,

$$\varepsilon_{ps} = 0.010\ 301,\ \sigma_{ps} = 1\ 465\text{MPa},\ F_p = 1\ 608.6\text{kN},\ F_c = 1\ 606.2\text{kN}$$

$$F_p - F_c = 1\ 608.6 - 1\ 606.2 = 2.4(\text{kN})$$

混凝土截面受压区略大,但水平力基本平衡,故最后取 $c = 285.0\text{mm}$ 作为混凝土截面受压区高度。

由以上计算得到的混凝土截面受压区高度,可得简化矩形应力图的高度为

$$x = \beta c = 0.8 \times 285.0 = 228.0 (\text{mm})$$

于是,截面抗弯承载力为

$$M_u = F_p \left(h_p - \frac{1}{2} x \right) = 1\,608.6 \times \left(700 - \frac{1}{2} \times 228.0 \right) \times 10^{-3}$$

$$= 942.6 (\text{kN} \cdot \text{m})$$

(2)简化分析方法计算截面抗弯承载力

由于 $f_{0.2} = 1\,440\text{MPa}$,截面混凝土受压区为

$$x = \frac{A_p f_{0.2}}{0.67 f_{cu} b} = \frac{1\,098 \times 1\,440}{0.67 \times 40 \times 300} = 196.7 (\text{mm})$$

截面抗弯承载力为

$$M_u = A_p f_{0.2} \left(h_p - \frac{1}{2} x \right) = 1\,098 \times 1\,440 \times 10^{-3} \times \left(700 - \frac{1}{2} \times 196.7 \right) \times 10^{-3}$$

$$= 951.3 (\text{kN} \cdot \text{m})$$

以上计算结果表明,简化分析方法求得的截面极限抗弯承载力比应变协调分析方法的结果大约 1.0%。

现校核简化分析方法中的预应力钢筋的极限应力是否已达到 $f_{0.2}$,由

$$\varepsilon_{ps} = 0.005\,507 + 0.003\,3 \times \frac{700 - c}{c} = 0.005\,507 + 0.003\,3 \times \frac{700 - 196.7/0.8}{196.7/0.8}$$

$$= 0.011\,602$$

查图 4-8,可知已超过 $f_{0.2}$ 对应的应变 0.009 0,即预应力钢筋的极限应力已达到 $f_{0.2}$。

例 4-2 已知一根混合配筋的部分预应力混凝土 T 形截面受弯构件,截面尺寸及主要参数见图 4-11 和如下:$b_f' = 1\,100\text{mm}$,$b = 300\text{mm}$,$h = 900\text{mm}$,$h_f' = 160\text{mm}$,$h_p = 750\text{mm}$,$h_s = 800\text{mm}$,$A_p = 2\,940\text{mm}^2$,$f_{py} = 1\,440\text{MPa}$,$A_s = 1\,847\text{mm}^2$,$f_{sy} = 340\text{MPa}$,$\alpha_1 f_c = 26.0\text{MPa}$。试采用简化分析方法计算正截面抗弯承载力。

解:(1)混凝土截面受压区形状判别和高度计算

设 $x = h_f'$,则混凝土受压区的压力、预应力钢筋和非预应力钢筋的拉力分别如下:

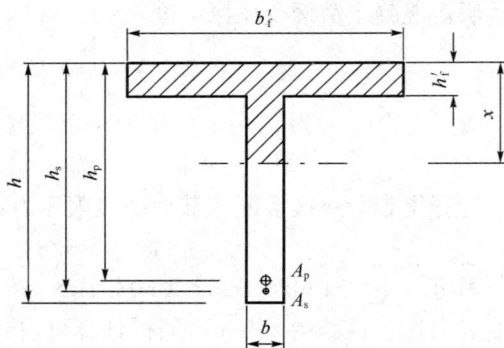

图 4-11 T 形截面布置

$$F_c = \alpha_1 f_c b_f' h_f' = 26 \times 10^{-3} \times 1\,100 \times 160 = 4\,576 (\text{kN})$$

$$F_{ps} = F_p + F_s = A_p f_{py} + A_s f_{sy} = 2\,940 \times 1\,440 \times 10^{-3} + 1\,847 \times 340 \times 10^{-3}$$

$$= 4\,861.58 (\text{kN})$$

$F_c < F_{ps}$,则 $x > h_f'$。

于是,混凝土截面等效受压区高度可按下式计算:

$$F_{ps} = F_c + b(x - h_f')$$

即

64

$$4\,861.58 = 4\,576 + 300 \times (x - 160)$$

由此解得 $x = 160.95\text{mm}$。

（2）正截面抗弯承载力计算

由式（4-8），并考虑到本例中无受压区预应力和非预应力钢筋，可取 $h_0' = h$，故改写成

$$M_u = \alpha_1 f_c S_{c,u} + f_{sy} A_s h_s + f_{py} A_p h_p$$

其中，混凝土截面对上缘的静矩表示为

$$S_{c,u} = (b_f' - b) h_f'^2 / 2 + b x^2 / 2$$

以上公式代入数据分别得到

$$\begin{aligned}
S_{c,u} &= (b_f' - b) h_f'^2 / 2 + b x^2 / 2 \\
&= (1\,100 - 300) \times 160^2 / 2 + 300 \times 160.95^2 / 2 \\
&= 1.412\,6 \times 10^7 (\text{mm}^3) \\
M_u &= \alpha_1 f_c S_{c,u} + f_{sy} A_s h_s + f_{py} A_p h_p \\
&= 26 \times 10^{-3} \times 1.412\,6 \times 10^4 + 340 \times 10^{-3} \times 1\,847 \times 800 \times 10^{-3} + \\
&\quad 1\,440 \times 10^{-3} \times 2\,940 \times 750 \times 10^{-3} \\
&= 4\,044.86 (\text{kN} \cdot \text{m})
\end{aligned}$$

第二节 预应力混凝土受弯构件斜截面承载力计算

如同普通钢筋混凝土受弯构件，预应力混凝土受弯构件也有可能沿斜截面发生破坏。斜裂缝出现前混凝土的应力状态可按弹性理论分析，斜裂缝出现后直至破坏，由于受拉区混凝土已退出工作，受压区混凝土也已塑性发展，斜截面承载力则要通过极限平衡关系分析得到。

预应力混凝土受弯构件的斜截面破坏，有斜截面剪切破坏和斜截面弯曲破坏两种形态，前者通常是纵向钢筋配置较多且锚固可靠，阻碍构件在斜裂缝两侧发生相对转动，受压区混凝土在剪力和压力共同作用下发生剪压破坏；后者一般是纵向钢筋配置不足或锚固不良，钢筋屈服后斜裂缝割开的构件两部分绕斜裂缝上端转动，斜裂缝扩张、受压区减少，致使受压区混凝土被压碎而破坏。

下面分别介绍上述两种破坏形态的承载力计算方法。

一、斜截面抗剪承载力计算

1. 预应力对斜截面抗剪承载能力的影响

国内外大量试验表明，预应力对斜截面抗剪承载力起着有利的作用。预应力混凝土受弯构件相比普通钢筋混凝土受弯构件，不仅斜截面抗裂性能好，并具有较高的抗剪承载力。预应力减小了主拉应力并改变了其作用方向，提高了斜裂缝出现的荷载；若有弯起预应力钢筋则其竖向分力还可部分抵消外荷载剪力；斜裂缝倾角的减少增大了斜裂缝的水平投影长度，从而提高了腹筋的抗剪作用；预应力能阻滞裂缝开展、减小裂缝宽度，减缓斜裂缝沿截面高度方向发展、增大剪压区高度，加大斜裂缝之间骨料的咬合作用，从而提高了斜截面抗剪承载力。

但是，预应力对提高构件斜截面抗剪承载力的作用并不是无限的。从试验结果（图 4-12）看，当换算截面形心处混凝土的预压应力 σ_{pc} 与混凝土轴心抗压强度 f_c 之比达到 0.3~0.4 时，这种有利作用反而有下降的趋势。

试验还表明：影响预应力混凝土受弯构件剪切破坏形态的主要因素，仍主要是剪跨比、腹

部的配筋率;其剪切破坏形态与普通钢筋混凝土受弯构件相似,即属于脆性破坏的斜压破坏、斜拉破坏和属于延性破坏的剪压破坏。这几种破坏形态的受力机理请参阅钢筋混凝土受弯构件,这里不再赘述。

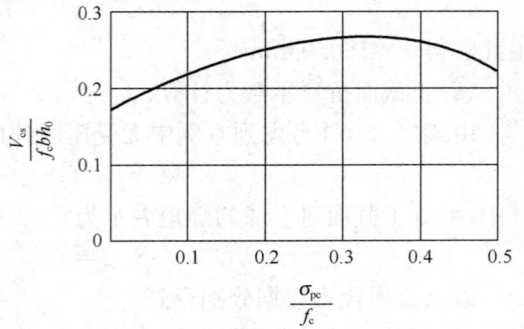

图 4-12　预应力对受弯构件斜截面抗剪承载力的影响

2. 斜截面抗剪承载力计算方法

由于预应力混凝土受弯构件与普通钢筋混凝土受弯构件剪切破坏形式相同,一般预应力混凝土受弯构件斜截面抗剪承载力的计算公式,是在普通钢筋混凝土受弯构件计算公式的基础上,考虑预应力对抗剪能力的提高作用而建立起来的。

就其形式而言,斜截面抗剪承载力计算公式可归类于三种:

形式一　　　　　　　　　　$V_u = k_p V_c + V_{sv} + V_b$

形式二　　　　　　　　　　$V_u = V_c + k_p V_{sv} + V_b$

形式三　　　　　　　　　　$V_u = V_c + V_{sv} + V_b + V_p$

式中:V_c、V_{sv}、V_b——分别为普通钢筋混凝土构件斜截面上混凝土、箍筋和弯起钢筋的抗剪承载力;

k_p——预应力提高抗剪承载力的系数;

V_p——预应力提高的抗剪承载力。

形式三的计算公式又通常表示为

$$V_u = V_{cs} + V_b + V_p \qquad (4\text{-}15)$$

式中:V_{cs}——斜截面上混凝土和箍筋的抗剪承载力;

其余符号意义同前。

以上,第一种形式反映出预应力提高了混凝土的抗剪承载力,但不影响普通钢筋的抗剪能力,国外许多规范采用了这种形式;第二种形式反映预应力提高了箍筋的抗剪承载力,但其在概念上比较模糊;最后一种形式是在不改动普通钢筋混凝土受弯构件抗剪承载力计算公式的基础上,简单添加一项预应力抗剪承载力,国内规范主要采用这种形式。

以下将分别介绍式(4-15)等号右边每一项的计算方法。为了不与普通钢筋混凝土构件有关内容重复,不再进行详细推导。

(1)预应力提高的抗剪承载力

根据配有箍筋的矩形截面预应力混凝土梁的试验结果,取预应力对抗剪承载力提高的低值,得到简化计算公式为

$$V_p = 0.05 N_{p0} \qquad (4\text{-}16)$$

式中:N_{p0}——计算截面混凝土法向预应力为零时,预应力钢筋和非预应力钢筋的合力;当 $N_{p0} > 0.3 f_c A_0$ 时,取 $N_{p0} = 0.3 f_c A_0$,其中 A_0 为计算截面的换算截面面积。

计算时若出现下述情况之一时应取 $V_p = 0$,即不计预应力提供的抗剪作用:

①当 N_{p0} 产生的弯矩与外荷载弯矩同方向时;

②预应力混凝土连续梁及允许出现裂缝的部分预应力混凝土简支梁,由于缺乏试验资料偏安全地忽略预应力的有利作用。

(2)混凝土和箍筋的抗剪承载力

试验研究表明,剪弯截面的平均剪应力与箍筋的配筋率和钢筋屈服强度的乘积成正比。根据简支梁实测数据的变化趋势,同时考虑混凝土强度的影响(采用混凝土抗拉强度),选用两个无量纲综合参数,建立如下混凝土和箍筋抗剪承载力的经验公式:

$$\frac{V_{cs}}{f_t bh_0} = c_1 + c_2 \frac{f_{sv}}{f_t} \frac{A_{sv}}{bs} \tag{4-17}$$

式中:f_t——混凝土的抗拉强度;

b、h_0——分别为构件截面的腹部宽度和有效高度;

c_1、c_2——由试验确定的系数;

f_{sv}——箍筋的抗拉强度;

A_{sv}——配置在同一截面内箍筋各肢的截面面积之和;

s——箍筋间距;

其余符号意义同前。

根据无腹筋梁和不同箍筋配筋率简支梁的试验结果,同时考虑纵向受拉钢筋和截面高度的影响,经分析确定系数 c_1、c_2 后得到构件混凝土和箍筋提供的抗剪承载力:

$$V_{cs} = 0.7 f_t bh_0 + 1.25 f_{sv} \frac{A_{sv}}{s} h_0 \tag{4-18}$$

式中符号意义同前。

对集中荷载作用下的独立梁(包括作用多种荷载且集中荷载对支点截面或节点边缘产生的剪力占总剪力的 75% 以上的情况),式(4-18)改写为

$$V_{cs} = \frac{1.75}{\lambda + 1} f_t bh_0 + f_{sv} \frac{A_{sv}}{s} h_0 \tag{4-19}$$

式中:λ——计算截面的剪跨比,可取 $\lambda = a/h_0$,a 为计算截面至支点或节点边缘的距离,当 $\lambda < 1.5$,取 $\lambda = 1.5$,当 $\lambda \geq 3$,取 $\lambda = 3$;

其余符号意义同前。

(3)弯起钢筋的抗剪承载力

斜截面上弯起钢筋提供的抗剪承载力,考虑其与斜截面相交位置不同的受力差异,取系数 0.8 折减,得到计算公式为

$$V_b = 0.8 f_{sy} A_{sb} \sin\alpha_s + 0.8 f_{py} A_{pb} \sin\alpha_p \tag{4-20}$$

式中:A_{sb}、A_{pb}——分别为与斜截面相交的非预应力弯起钢筋和预应力弯起钢筋的全部截面面积;

α_s、α_p——分别为斜截面上弯起的非预应力钢筋和预应力钢筋的切线与构件轴线夹角;

其余符号意义同前。

(4)公式的限制条件

如同普通钢筋混凝土受弯构件,上述预应力混凝土受弯构件斜截面承载力计算公式仅适用于剪压破坏的情况,公式使用时的上、下限分别为:

①上限值——最小截面尺寸限制条件

当构件的截面尺寸较小而剪力过大时,就可能在其腹部产生很大的主拉应力和主压应力,使其发生斜压破坏(或腹板压碎),或在构件中产生过宽的斜裂缝。试验研究表明,这种情况下构件的抗剪承载力取决于混凝土的抗压强度及构件的截面尺寸,过多的配置腹筋并不能无限提高抗剪承载力。构件截面抗剪承载力上限值可按下式计算:

一般构件（$h_w/b \leqslant 4$）　　　　　　$V_u = 0.25\beta_c f_c b h_0$ 　　　　　　　　　(4-21)

薄腹构件（$h_w/b \geqslant 6$）　　　　　　$V_u = 0.20\beta_c f_c b h_0$ 　　　　　　　　　(4-22)

其他构件（$4 < h_w/b < 6$），按上两式直线插值计算。

式中：h_w——截面腹部的高度，矩形截面时为截面有效高度 h_0，T 形截面时为 h_0 减去翼缘板的厚度，工字形截面时为 h_0 减去上、下翼缘板的厚度；

　　　β_c——混凝土强度影响系数：当混凝土强度等级不超过 C50 时，$\beta_c = 1.0$；当混凝土强度等级为 C80 时，$\beta_c = 0.8$；其间按线性内插法确定；

其余符号意义同前。

上限值是截面最小尺寸的限制条件。若上限值不满足抗剪承载力要求时，则应加大截面尺寸或提高混凝土强度等级。

②下限值——按构造要求配置箍筋条件

试验表明，构件斜裂缝出现后，斜裂缝处原来由混凝土承受的拉力全部由箍筋承担，使箍筋拉应力大增；若箍筋配置量过小，则斜裂缝一旦出现箍筋应力很快达到其屈服强度，而不能有效地抑制斜裂缝的发展，乃至箍筋拉断、构件发生斜拉破坏。

为了避免发生上述情况，构件内箍筋的配置量必须达到一个最小值。因此，当下式计算的抗剪承载力满足要求时，可按构造要求配置箍筋：

$$V_u = V_c + V_p \tag{4-23}$$

其中：

$$V_c = 0.7 f_t b h_0 \tag{4-24}$$

对承受集中荷载为主的独立梁：

$$V_c = \frac{1.75}{\lambda + 1} f_c b h_0 \tag{4-25}$$

式中符号意义同前。

若按上式计算的抗剪承载力不满足时，应按斜截面承载力的要求配置箍筋。

斜截面抗剪承载力应不小于通过斜截面顶端的正截面所需承担的剪力。

(5)混凝土和箍筋抗剪承载力的其他计算公式

以上介绍的斜截面抗剪承载力计算公式主要被我国原建设部颁布的《混凝土结构设计规范》（GB 50010—2002）所采用。在我国原交通部颁布的《公路钢筋混凝土及预应力混凝土桥涵设计规范》（JTG D62—2004）中，斜截面抗剪承载力计算公式中的混凝土和箍筋的抗剪承载力 V_{cs}，虽然也基于试验数据但其形式与以上不同，推导如下。

考虑到斜截面混凝土剪压区高度越大，混凝土的抗剪能力也越大的特点，将影响混凝土剪压区的主要因素集中在剪跨比和纵向钢筋的配筋百分率。根据试验资料分析，混凝土抗剪承载力满足如下关系：

$$V_c = \sqrt{f_{cu}} b h_0 f_1(P, \lambda)$$

式中：f_{cu}——混凝土立方体抗压强度；

　　　f_1——以 P 和 λ 为变量的函数；

　　　P——纵向钢筋的配筋百分率；

其余符号意义同前。

根据试验资料分析得到

$$f_1 = (2 + P) f_2(\lambda)$$

进一步根据无腹筋受弯构件试验资料分析的结果，混凝土的抗剪承载力可表示为

$$V_c = \frac{k_0(2+P)\sqrt{f_{cu}}bh_0}{\lambda}$$

式中：k_0——与公式单位换算和试验数据等有关的常数。

对于与斜裂缝相交的箍筋的抗剪承载力表示为

$$V_{sv} = \psi_{sv}f_{sv}A_{sv}\frac{C}{s}$$

式中：ψ_{sv}——箍筋受力不均匀系数；

C——破坏时斜裂缝的水平投影长度，根据试验资料分析满足关系 $C=0.6\lambda h_0$；

其余符号意义同前。

综合上述混凝土与箍筋的抗剪承载力，总抗剪承载力为

$$V_{cs} = \frac{k_0(2+P)\sqrt{f_{cu}}bh_0}{\lambda} + 0.6\lambda\psi_{sv}f_{sv}A_{sv}\frac{h_0}{s}$$

可见，V_{cs} 为剪跨比 λ 的函数。

为了得到最小的混凝土和箍筋的抗剪承载力，将 V_{cs} 对 λ 求导数并令该导数为零，求解最不利剪跨比。将最不利剪跨比代入 V_{cs} 后，再通过考虑异号弯矩、预应力、构件受压翼缘板等影响，对纵向受拉钢筋的配筋百分率影响折减，以及其他已知参数的代入，最后得到如下公式：

$$V_{cs} = \alpha_1\alpha_2\alpha_3 k_1 bh_0\sqrt{(2+k_2 P)\sqrt{f_{cu}}\rho_{sv}f_{sv}}$$

式中：α_1——异号弯矩的影响系数；

α_2——预应力的影响系数；

α_3——构件受压翼缘的影响系数；

k_1——与单位换算和试验数据等有关的常数；

k_2——斜截面上纵向受拉钢筋配筋百分率的折减系数；

ρ_{sv}——斜截面上箍筋的配筋率；

其余符号意义同前。

3. 斜截面抗剪承载力计算公式的使用

预应力混凝土受弯构件斜截面抗剪承载力的计算方法，可参照钢筋混凝土受弯构件，这里仅列出抗剪钢筋计算的流程（图 4-13）。

二、斜截面抗弯承载力计算

根据斜截面受弯破坏形态，取斜截面左半部分为脱离体（图 4-14），对受压区混凝土合力作用点取矩，由平衡条件 $\sum M_0 = 0$，得

$$M_u = (f_{sy}A_s + f_{py}A_p)Z + \sum f_{sy}A_{sb}Z_{sb} + \sum f_{py}A_{pb}Z_{pb} + \sum f_{sv}A_{sv}Z_{sv} \tag{4-26}$$

式中：A_p、A_{pb}——分别为与斜截面相交的纵向预应力钢筋和弯起预应力钢筋的截面面积；

A_s、A_{sb}、A_{sv}——分别为普通纵向钢筋、弯起钢筋和箍筋的截面面积；

Z——纵向预应力钢筋和非预应力钢筋合力至受压区合力作用点 O 的力臂长度；

Z_{pb}、Z_{sb}、Z_{sv}——分别为弯起预应力钢筋合力、弯起非预应力钢筋合力和箍筋合力点至受压区合力作用点 O 力臂长度；

其他符号意义同前。

以上计算得到的斜截面抗弯承载力应不小于通过斜截面顶端的正截面所需承担的弯矩。

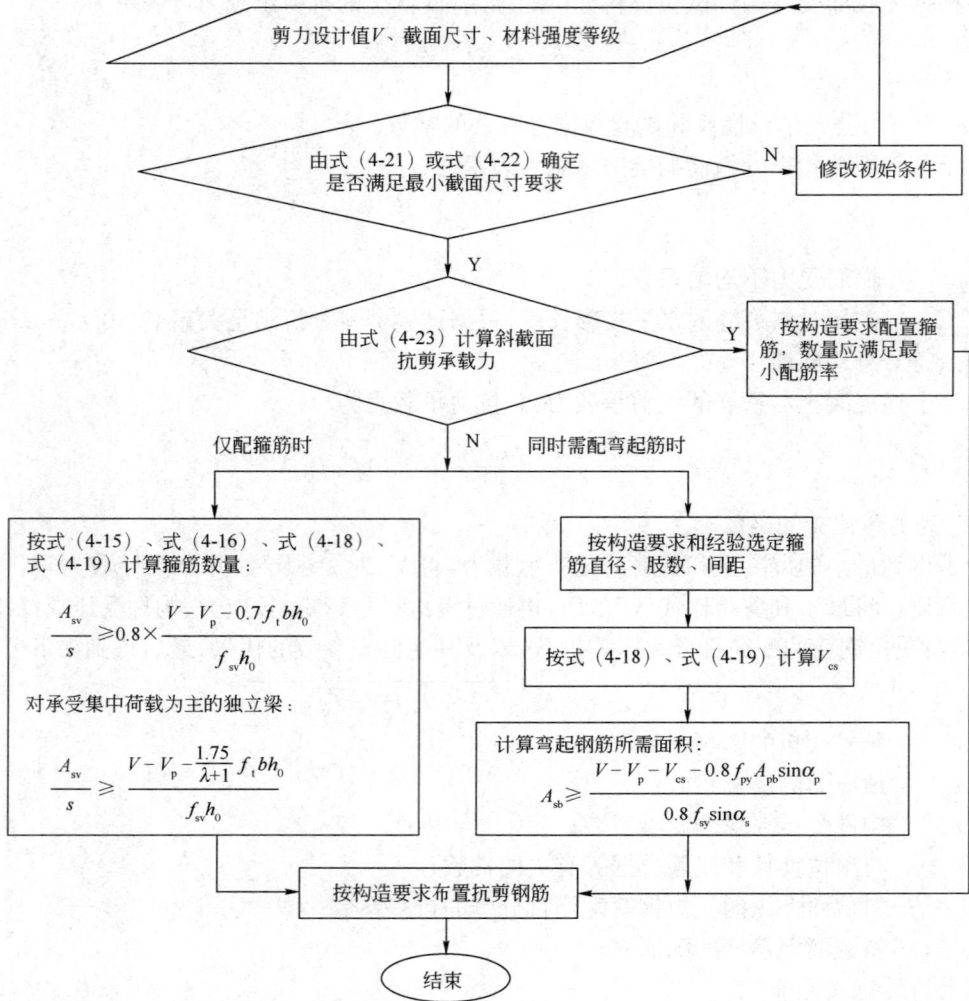

剪力设计值V、截面尺寸、材料强度等级

由式（4-21）或式（4-22）确定
是否满足最小截面尺寸要求 — N → 修改初始条件

Y

由式（4-23）计算斜截面
抗剪承载力 — Y → 按构造要求配置箍筋，数量应满足最小配筋率

N

仅配箍筋时 ｜ 同时需配弯起筋时

按式（4-15）、式（4-16）、式（4-18）、式（4-19）计算箍筋数量：

$$\frac{A_{sv}}{s} \geq 0.8 \times \frac{V - V_p - 0.7 f_t b h_0}{f_{sv} h_0}$$

对承受集中荷载为主的独立梁：

$$\frac{A_{sv}}{s} \geq \frac{V - V_p - \dfrac{1.75}{\lambda+1} f_t b h_0}{f_{sv} h_0}$$

按构造要求和经验选定箍筋直径、肢数、间距

按式（4-18）、式（4-19）计算 V_{cs}

计算弯起钢筋所需面积：

$$A_{sb} \geq \frac{V - V_p - V_{cs} - 0.8 f_{py} A_{pb} \sin\alpha_p}{0.8 f_{sy} \sin\alpha_s}$$

按构造要求布置抗剪钢筋

结束

图 4-13　抗剪钢筋计算流程

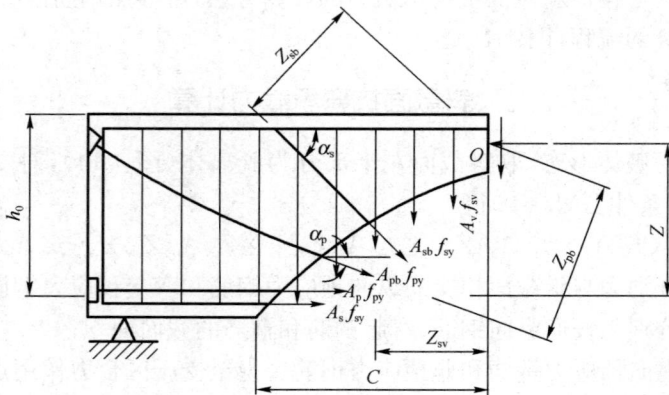

图 4-14　受弯构件斜截面抗弯承载力计算图式

斜截面的水平投影长度,可按斜截面抗剪承载力刚好等于截面所需承担的剪力为条件来确定(可用试算法):

$$V \leqslant V_u = \sum f_{sy} A_{sb} \sin\alpha_s + \sum f_{py} A_{pb} \sin\alpha_p + \sum f_{sv} A_{sv} \qquad (4\text{-}27)$$

式中：V——斜截面受压区末端最大弯矩对应的剪力；

其余符号意义同前。

计算斜截面抗弯承载力时，其最不利斜截面位置应选在预应力钢筋减少处、箍筋间距变化处和构件腹板宽度突变处。预应力混凝土受弯构件的斜截面抗弯承载力同普通钢筋混凝土构件一样，一般采用构造措施予以保证。

同正截面抗弯承载力计算方法一样，本节也只给出了预应力混凝土受弯构件斜截面承载力计算的基本公式。对不同类型、不同使用功能结构的特殊规定和相应特定的系数，未反映在基本方程和公式中，读者可查阅有关资料。

第三节　预应力混凝土偏心受压构件截面承载力计算

我们已知道，预应力混凝土受弯构件截面承载力计算方法与普通钢筋混凝土受弯构件是基本相同的。类似的情况也发生在预应力混凝土偏心受压构件与普通钢筋混凝土偏心受压构件之中。因此，类比普通钢筋混凝土偏心受压构件，就不难掌握预应力混凝土偏心受压构件截面承载力的计算方法。

一、破坏形态与特征

预应力混凝土偏心受压构件与普通钢筋混凝土偏心受压构件一样，随着偏心距变化、配筋率改变，其破坏特征也相应变化。对破坏原因、破坏性质及决定其极限强度的主要因素进行分析，破坏形态一般可归结为两类。

1. 大偏心受压破坏

构件破坏始于远离偏心压力侧受拉钢筋（预应力钢筋和非预应力钢筋）的屈服，以致受压区混凝土边缘的压应变达到极限压应变而告破坏。构件破坏特征为：临近破坏时截面转角较大，有明显预兆，具有塑性破坏性质；其破坏条件为：偏心距较大，而远离偏心压力侧受拉钢筋的配筋率不高；截面承载力主要取决于远离偏心压力侧的受拉钢筋。

2. 小偏心受压破坏

构件破坏是由于受压区混凝土边缘的压应变达到极限值，而远离偏心压力侧的钢筋可能受拉或受压，通常未能屈服。构件破坏特征为：临近破坏时，截面转角不大，无明显预兆，具有脆性破坏性质；其破坏条件为：偏心距较小，或是离远偏心压力侧钢筋的配筋率过高；截面承载力主要取决于受压区混凝土及靠近偏心压力侧的受压钢筋（预应力钢筋和非预应力钢筋）。

二、基　本　假　定

偏心受压构件正截面的受力特性兼有受弯构件的特点，正截面承载力计算方法也与受弯构件相似，计算方法的基本假定条件也与受弯构件一致。这里不再重复这些基本假定条件。预应力混凝土偏心受压构件常用无屈服台阶的预应力钢筋，故在极限承载力简化计算公式中直接采用条件屈服强度作为其抗拉强度。

三、应变协调条件、界限破坏与钢筋应力

大、小偏心受压两种破坏形态具有共同点：破坏时靠近偏心压力侧混凝土边缘的压应变都

达到其极限值,也即混凝土已达到了抗压强度,而要区分这两种破坏形态则应从远离偏心压力侧钢筋的应力是否达到屈服强度来判断。这里,对于无明显屈服台阶的预应力钢筋也近似用条件屈服强度来分析。

我们知道,受弯构件正截面在区分适配筋与超配筋破坏时,是用受拉钢筋是否屈服来划分的,而由平截面假定和应变协调条件得知,这一划分经由等价关系,最终可以用受压区高度或高度系数与界限受压区高度或高度系数之间的关系来表达。从应变协调关系来看,受弯构件正截面与偏心受压构件正截面并无区别,仅是在力素上偏心受压构件多了一个纵向外力而已。所以,我们可把受弯构件的那套等价关系用于判断大小偏心受压构件:

小偏心受压破坏 $\varepsilon_p < \varepsilon_{py}, c > c_b, x > \xi_b h_0, \xi > \xi_b$

界限破坏 $\varepsilon_p = \varepsilon_{py}, c = c_b, x = \xi_b h_0, \xi = \xi_b$

大偏心受压破坏 $\varepsilon_p > \varepsilon_{py}, c < c_b, x < \xi_b h_0, \xi < \xi_b$

式中符号意义同前。

因此,当 $x \leqslant \xi_b h_0$ 时为大偏心受压破坏,远离偏心压力侧预应力钢筋的应力 $\sigma_{py} = f_{py}$,非预应力钢筋的应力 $\sigma_s = f_{sy}$;当 $x > \xi_b h_0$ 时为小偏心受压破坏,远离偏心压力侧预应力钢筋的应力 $\sigma_{py} < f_{py}$,非预应力钢筋的应力 $\sigma_s < f_{sy}$。钢筋应力可在 x 确定以后通过平截面假定和应力变形协调条件得到,如下。

1. 预应力钢筋应力

因为

$$\xi = \frac{x}{h_0} = \frac{\beta c}{h_0} = \frac{\beta \varepsilon_{cu}}{\varepsilon_{p,p0} + \varepsilon_{cu}}$$

其中,

$$\varepsilon_{p,p0} = \varepsilon_p - \varepsilon_{p0}, \varepsilon_{p0} = \frac{\sigma_{p0}}{E_p}$$

所以

$$\sigma_{p,p0} = \varepsilon_{p,p0} E_p = E_p(\varepsilon_p - \varepsilon_{p0}) = \sigma_p - \sigma_{p0} = \varepsilon_{cu} E_p \left(\frac{\beta h_0}{x} - 1\right)$$

或

$$\sigma_p = \varepsilon_{cu} E_p \left(\frac{\beta h_0}{x} - 1\right) + \sigma_{p0} \tag{4-28}$$

式中:$\varepsilon_{p,p0}$——从远离偏心压力侧预应力钢筋合力位置的混凝土消压至构件破坏预应力钢筋的应变增量;

      ε_p——构件破坏时预应力钢筋的总应变;

$\sigma_{p0}、\varepsilon_{p0}$——分别为远离偏心压力侧预应力钢筋合力位置混凝土截面应力为零时预应力钢筋的应力和应变;

其余符号意义同前。

2. 非预应力钢筋应力

$$\sigma_s = \varepsilon_{cu} E_s \left(\frac{\beta h_s}{x} - 1\right) \tag{4-29}$$

式中：E_s——非预应力钢筋的弹性模量；

其余符号意义同前。

上述应力计算公式为双曲线函数关系式（图 4-15），将 σ_p、σ_s 的表达式代入截面承载力计算方程需求解三次方程。

为了从实用角度出发简化这一关系，结合试验分析结果及函数的边界条件，可得如下按线性函数拟合计算的预应力钢筋应力：

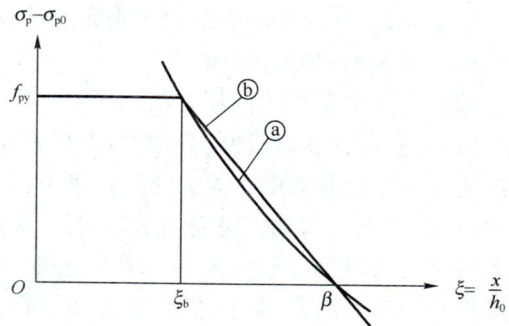

图 4-15　σ_p-ξ 关系曲线的直线拟合
ⓐ双曲线变化的 σ_p；ⓑ直线变化的 σ_p

当 $\xi=\xi_b$ 时　　　　$\sigma_p=f_{py}$，$\sigma_{p,p0}=f_{py}-\sigma_{p0}$
当 $\xi=\beta$ 时　　　　$\sigma_p=\sigma_{p0}$，$\sigma_{p,p0}=0$
故

$$\sigma_{p,p0}=\sigma_p-\sigma_{p0}=\frac{f_{py}-\sigma_{p0}}{\xi_b-\beta}\left(\frac{x}{h_0}-\beta\right)$$

$$\sigma_p=\frac{f_{py}-\sigma_{p0}}{\xi_b-\beta}(\xi-\beta)+\sigma_{p0} \tag{4-30}$$

用线性函数替代原来的双曲线函数时，对常用预应力钢筋的相关性接近于 0.9，故其能保证计算精度。这样一来，在计算正截面承载力时仅需求解二次方程，计算工作量大为减少。

类似地，非预应力钢筋应力也有如下计算式：

$$\sigma_s=\frac{f_{sy}}{\xi_b-\beta}\left(\frac{x}{h_s}-\beta\right) \tag{4-31}$$

式（4-30）、式（4-31）的适用范围为

$$\sigma_{p0}-f'_{py}<\sigma_p<f_{py}，f'_{sy}<\sigma_s<f_{sy}$$

采用上述方法也可建立沿截面不同高度各层钢筋的应力计算公式，如对预应力钢筋：

$$\sigma_{pi}=\varepsilon_{cu}E_p\left(\frac{\beta h_{0i}}{x}-1\right)+\sigma_{p0i} \tag{4-32}$$

或用简化式：

$$\sigma_{pi}=\frac{f_{py}-\sigma_{p0i}}{\xi_b-\beta}\left(\frac{x}{h_{0i}}-\beta\right)+\sigma_{p0i} \tag{4-33}$$

式中：σ_{pi}——第 i 层预应力钢筋的应力；

h_{0i}——第 i 层预应力钢筋合力至混凝土截面受压边缘的距离；

σ_{p0i}——第 i 层预应力钢筋合力位置混凝土截面应力为零时预应力钢筋的应力；

其余符号意义同前。

四、偏心距增大系数

无论是钢筋混凝土还是预应力混凝土偏心受压构件，在偏心压力作用下将产生不可忽略的侧向弯曲，并引起附加弯矩或称为二阶弯矩。对细长构件这种侧向弯曲会降低其承载能力，现行设计规范都采用增大初始偏心距的方法来计及这一影响，即将初始偏心距乘以一个大于 1.0 的偏心距增大系数，作为偏心压力的计算偏心距。

预应力混凝土偏心受压构件由于预应力的存在，使构件的刚度得到提升而起着有利作用，因而偏心距增大系数比钢筋混凝土构件小。但限于现阶段研究情况，预应力混凝土偏心受压构件的偏心距增大系数，仍借助矩形截面钢筋混凝土偏心受压构件的计算方法。

限于篇幅,此仅对偏心距增大系数的计算公式作一般介绍,具体推导过程可参阅钢筋混凝土结构设计原理中的有关内容。

偏心距增大系数的计算方法有两种。

第一种方法以弹性理论为依据,考虑钢筋混凝土材料的弹塑性而对弹性刚度进行修正,建立以刚度为主要参数的计算方法。这种方法缺点是在偏心距增大系数的计算公式中包含轴向压力,在计算极限承载力时需要进行迭代,对配筋率影响的考虑也比较粗略,且当轴向压力接近条件临界力时偏心距增大系数增大过快。预应力混凝土偏心受压构件,不计预应力对构件刚度提高的有利因素,偏安全地采用如下钢筋混凝土偏心受压构件的偏心距增大系数计算公式:

$$\eta = \frac{1}{1 - \dfrac{N l_0^2}{\pi^2 \alpha_e E_c I_c}} \tag{4-34}$$

式中:N——偏心轴向压力;

$\quad E_c$——混凝土的弹性模量;

$\quad I_c$——混凝土截面的抗弯惯性矩;

$\quad l_0$——构件的计算长度;

$\quad \alpha_e$——刚度修正系数。

第二种方法以平截面假定和应变协调分析为依据,建立以曲率为主要参数的计算方法。这种方法与平截面假定协调一致,并能与试验结果吻合较好;缺点是计算公式中仍包含轴向压力,需采用迭代法计算极限承载力。为简化计算一般采用如下近似公式:

$$\eta = 1 + \frac{1}{e_0} \frac{\varphi \varepsilon_{cu} + \varepsilon_y}{h_0} \frac{l_0^2}{\pi^2} \zeta_1 \zeta_2 \tag{4-35}$$

式中:e_0——轴向压力的初始偏心距;

$\quad \varphi$——混凝土徐变系数;

$\quad \varepsilon_{cu}$——截面受压区边缘混凝土的极限压应变;

$\quad \varepsilon_y$——钢筋的屈服应变;

$\quad \zeta_1$——曲率影响的修正系数;

$\quad \zeta_2$——长细比影响的修正系数。

对于预应力混凝土偏心受压构件,将 ε_y 用 $(f_{py} - \sigma_{p0})/E_p$ 来替代,以考虑其对刚度提高的有利因素。代入常用值后可得如下简化公式:

$$\eta = 1 + \frac{1}{1\,400 e_0/h_0} \left(\frac{l_0}{h} \right)^2 \zeta_1 \zeta_2 \tag{4-36}$$

式中符号意义同前,有关修正系数可按设计规范采用。

如同钢筋混凝土偏心受压构件,预应力混凝土偏心受压构件除应验算弯矩作用平面内截面承载力外,还须按轴心受压构件验算垂直弯矩作用平面的截面承载力,通过计入稳定系数以考虑纵向弯曲的影响。

五、正截面承载力计算

同预应力混凝土受弯构件一样,通过力系平衡可以建立预应力混凝土偏心受压构件正截面承载力计算公式。本节给出的方程和公式也是最基本的形式。对不同类型、不同使用功能结构的特殊规定和相应特定的系数,均未反映在基本方程和公式中。

1. 计算图式(图 4-16)

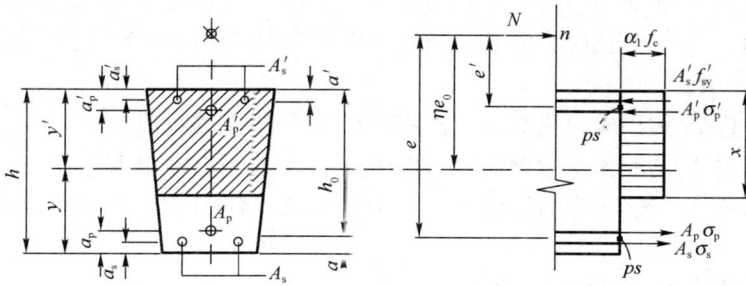

图 4-16　偏心受压构件正截面承载力计算图式

2. 基本公式

参照计算图式,由平衡条件可写出如下方程。

沿偏心压力 N 方向的平衡条件,$\sum X = 0$:

$$N_u = \alpha_1 f_c A_c + \sigma_p' A_p' + f_{sy}' A_s' - \sigma_p A_p - \sigma_s A_s \qquad (4\text{-}37)$$

对远离偏心压力 N 侧预应力和非预应力钢筋合力作用点(ps)取矩的平衡条件,$\sum M_{ps} = 0$:

$$M_u = N_u e = \alpha_1 f_c S_{c,ps} + f_{sy}' A_s'(h_0 - a_s') + \sigma_p' A_p'(h_0 - a_p') \qquad (4\text{-}33)$$

对靠近偏心压力 N 侧预应力和非预应力钢筋合力作用点(ps')取矩的平衡条件,$\sum M_{ps'} = 0$:

$$M_u' = N_u e' = \alpha_1 f_c S_{c,ps'} - \sigma_s A_s(h_0' - a_s) + \sigma_p A_p(h_0' - a_p) \qquad (4\text{-}39)$$

对偏心压力 N 作用点取矩的平衡条件,$\sum M_n = 0$:

$$\alpha_1 f_c S_{cn} = \sigma_p A_p e_p - \sigma_s A_s e_s - \sigma_p' A_p' e_p' - f_{sy}' A_s' e_s' \qquad (4\text{-}40)$$

式中:N_u——截面偏心抗压承载力;

σ_p——远离 N 侧预应力钢筋的应力;

σ_s——远离 N 侧非预应力钢筋的应力;

σ_p'——受压预应力钢筋的计算应力,$\sigma_p' = f_{py}' - \sigma_{p0}'$(见受弯构件有关公式);

A_p、A_s——分别为远离 N 侧预应力钢筋和非预应力钢筋的截面面积;

A_p'、A_s'——分别为靠近 N 侧预应力钢筋和非预应力钢筋的截面面积;

A_c——受压区混凝土的截面面积;

S_{ps}、$S_{ps'}$——分别为受压区混凝土截面对远离与靠近 N 侧钢筋合力作用点的静矩;

S_{cn}——受压区混凝土截面对 N 作用点的静矩;

a_p'、a_s'——分别为靠近 N 侧预应力钢筋合力作用点和非预应力钢筋合力作用点至截面靠近 N 侧边缘的距离;

a_p、a_s——分别为远离 N 侧预应力钢筋合力作用点和非预应力钢筋合力作用点至截面远离 N 侧边缘的距离;

h_0、a——分别为远离 N 侧预应力钢筋和非预应力钢筋合力作用点至截面靠近和远离 N 侧边缘的距离,$h_0 = h - a$;

h_0'、a'——分别为靠近 N 侧预应力钢筋和非预应力钢筋合力点至截面远离和靠近 N 侧边缘的距离,$h_0' = h - a'$;

e_p——远离 N 侧预应力钢筋合力作用点至 N 作用点的距离，$e_p = \eta e_0 + y_x - a_p$；

e_s——远离 N 侧非预应力钢筋合力作用点至 N 作用点的距离，$e_s = \eta e_0 + y_x - a_s$；

e——远离 N 侧非预应力钢筋和预应力钢筋合力作用点至 N 作用点的距离，$e = \eta e_0 + y_x - a$；

e'_p——靠近 N 侧预应力钢筋合力作用点至 N 作用点的距离，$e'_p = \eta e_0 - y_s + a'_p$；

e'_s——靠近 N 侧非预应力钢筋合力作用点至 N 作用点的距离，$e'_s = \eta e_0 - y_s + a'_s$；

e'——靠近 N 侧非预应力钢筋和预应力钢筋合力作用点至 N 作用点的距离，$e' = \eta e_0 - y_s + a'$；

e_0——轴向压力的初始偏心距；

y_x、y_s——分别为混凝土截面形心至截面远离偏心压力侧和靠近偏心压力侧边缘的距离；

其余符号意义同前。

以上公式计算得到的截面偏心抗压承载力 N_u 或相应的抗弯承载力 $M_u = N_u e$，应不小于截面所需承担的偏心压力 N 或相应的弯矩 M。

上述基本公式已将大偏心和小偏心受压情况融合在一起，使用时只要将大、小偏心状态的钢筋应力计算式代入即可。

3. 公式限制条件

(1) 大偏心受压破坏

预应力混凝土偏心受压构件当不满足 $x \geqslant 2a'_p$ 时，可采用同受弯构件一样的处理方法。

当 $x < 2a'_p$ 时精确的计算方法是将

$$\sigma'_p = \varepsilon_{cu} E_p \left(1 - \frac{\beta a'_p}{x} \right) + \sigma'_{p0} \tag{4-41}$$

替代原方程中的 σ'_p。

近似简化的计算方法如下：

① 考虑靠近偏心压力 N 侧钢筋的作用

a. 当 $\sigma'_p > 0$ 时（压应力）

由于 x 较小，可近似令混凝土受压区合力作用点与近偏心压力侧钢筋（预应力和非预应力钢筋）合力作用点重合，这样基本方程 $\sum M_{ps'} = 0$ 可写成

$$M'_u = N_u e' = f_{sy} A_s (h'_0 - a_s) + f_{py} A_p (h'_0 - a_p) \tag{4-42}$$

b. 当 $\sigma'_p < 0$ 时（拉应力）

由于 x 较小，可近似令混凝土受压区合力作用点与近偏心压力侧非预应力钢筋合力作用点重合，这样对非预应力钢筋合力作用点建立的平衡方程 $\sum M_{s'} = 0$ 可写成

$$M'_u = N_u e'_s = f_{sy} A_s (h - a_s - a'_s) + f_{py} A_p (h - a_p - a'_s) - \sigma'_p A'_p (a'_p - a'_s) \tag{4-43}$$

由上述公式可求得截面承载力或预应力钢筋截面面积。

② 不考虑近偏心压力侧非预应力钢筋的作用

令 $A'_s = 0$，重解 x，计算截面承载力或预应力钢筋截面面积。

③ 比较①和②的取值

对于截面验算的情况，截面承载力取二者之中较大者；对于截面配筋计算的情况，钢筋截面面积取二者之中较小者。

(2) 小偏心受压破坏

预应力混凝土小偏心受压构件,若其初始偏心距过小而远离 N 侧的钢筋配置较少时,N 作用的位置可能会在素混凝土截面形心和配筋后的换算截面形心之间,最终使远离 N 侧的混凝土边缘先破坏,这样就改变了原假定靠近 N 侧混凝土边缘先破坏的计算图式(图 4-17)。因此,当偏心压力作用在靠近 N 侧混凝土边缘和远离 N 侧钢筋合力作用点之间时,应按下述方法计算:

①考虑远离偏心压力侧混凝土受压边缘先破坏的可能性

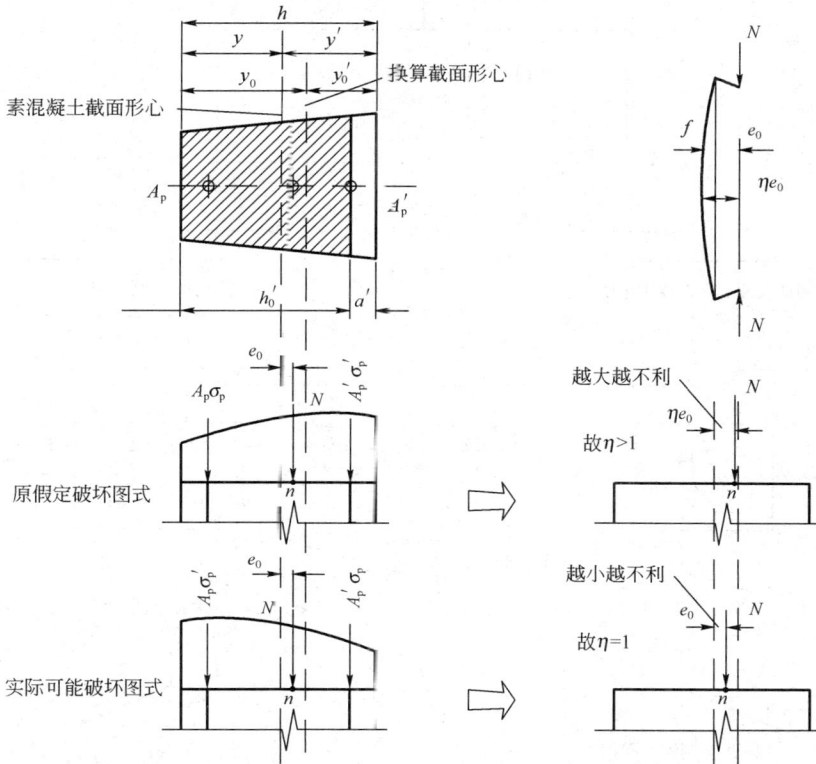

图 4-17 偏心距 e_0 过小远离 N 侧混凝土受压边缘先破坏

由于一般为全截面受压,同时偏心距 ηe_0 越小越不利,故在基本方程 $\sum M_{ps'} = 0$ 中令 $\eta = 1$,$x = h_0'$,$\sigma_s = -f_{sy}'$,$\sigma_{py} = -\sigma_p'$:

$$M_u' = N_u e' = \alpha_1 f_c S_{c,ps'} - f_{sy}' A_s (h_0' - a_s) - \sigma_p' A_p (h_0' - a_p) \tag{4-44}$$

由此公式求得截面承载力或预应力钢筋的截面面积。

②不考虑上述①的可能性求解截面承载力或预应力钢筋的截面面积

③比较①和②结果

对于截面验算的情况,截面承载力取二者之中较小者;对于截面配筋计算的情况,钢筋面积取二者之中较大者。

六、公式使用方法

类似于预应力混凝土受弯构件,很容易得到预应力混凝土偏心受压构件截面承载力验算和配筋计算的方法。这里仅给出预应力混凝土偏心受压构件正截面承载力验算的流程(图 4-18)。

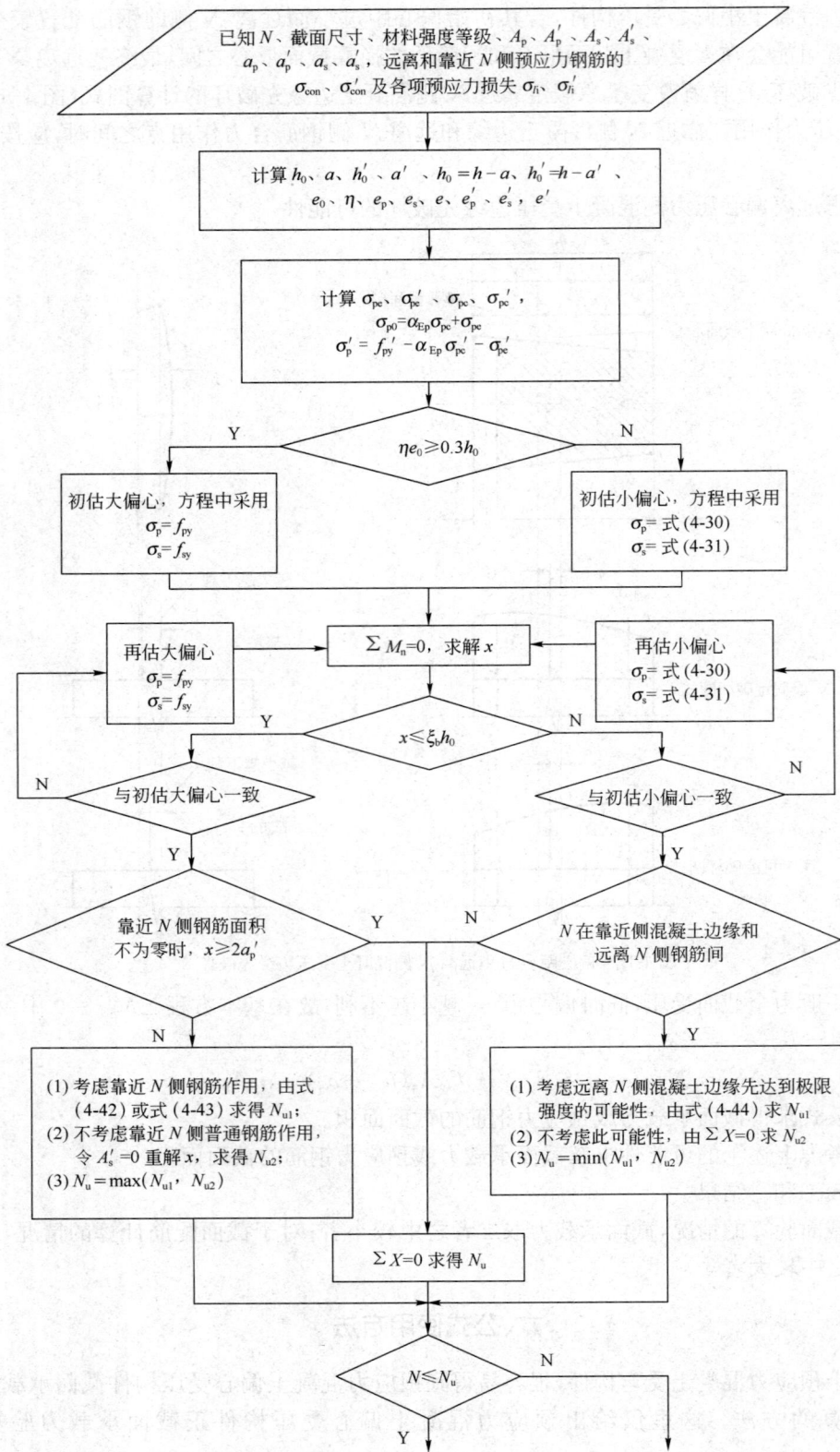

已知 N、截面尺寸、材料强度等级、A_p、A_p'、A_s、A_s'、a_p、a_p'、a_s、a_s'，远离和靠近 N 侧预应力钢筋的 σ_{con}、σ_{con}' 及各项预应力损失 σ_{li}、σ_{li}'

↓

计算 h_0、a、h_0'、a'、$h_0 = h - a$、$h_0' = h - a'$、e_0、η、e_p、e_s、e、e_p'、e_s'、e'

↓

计算 σ_{pe}、σ_{pe}'、σ_{pc}、σ_{pc}'，
$\sigma_{p0} = \alpha_{Ep}\sigma_{pc} + \sigma_{pe}$
$\sigma_p' = f_{py}' - \alpha_{Ep}\sigma_{pc}' - \sigma_{pe}'$

↓

◇ $\eta e_0 \geqslant 0.3h_0$

Y（左）：
初估大偏心，方程中采用
$\sigma_p = f_{py}$
$\sigma_s = f_{sy}$

N（右）：
初估小偏心，方程中采用
$\sigma_p=$ 式 (4-30)
$\sigma_s=$ 式 (4-31)

再估大偏心
$\sigma_p = f_{py}$
$\sigma_s = f_{sy}$

$\sum M_n = 0$，求解 x

再估小偏心
$\sigma_p=$ 式 (4-30)
$\sigma_s=$ 式 (4-31)

◇ $x \leqslant \xi_b h_0$

Y（左）：◇ 与初估大偏心一致

N（右）：◇ 与初估小偏心一致

◇ 靠近 N 侧钢筋面积不为零时，$x \geqslant 2a_p'$

◇ N 在靠近侧混凝土边缘和远离 N 侧钢筋间

（左，N）：
(1) 考虑靠近 N 侧钢筋作用，由式 (4-42) 或式 (4-43) 求得 N_{u1}；
(2) 不考虑靠近 N 侧普通钢筋作用，令 $A_s'=0$ 重解 x，求得 N_{u2}；
(3) $N_u = \max(N_{u1}, N_{u2})$

（右，Y）：
(1) 考虑远离 N 侧混凝土边缘先达到极限强度的可能性，由式 (4-44) 求 N_{u1}
(2) 不考虑此可能性，由 $\sum X=0$ 求 N_{u2}
(3) $N_u = \min(N_{u1}, N_{u2})$

$\sum X=0$ 求得 N_u

↓

◇ $N \leqslant N_u$

Y ↓   N →

图 4-18

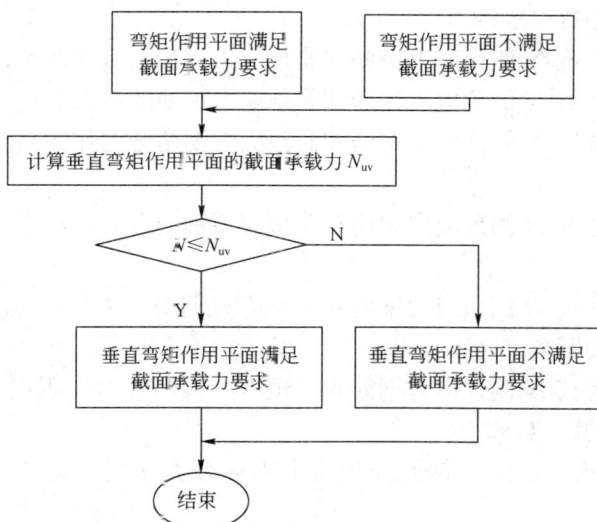

图 4-18　预应力混凝土偏心受压构件正截面承载力验算流程

第四节　预应力混凝土偏心受拉构件截面承载力计算

一、破坏状态及其界限

随着偏心距大小的变化,预应力混凝土偏心受拉构件也有大偏心和小偏心两种破坏形态。小偏心受拉破坏形态的特点是全截面受拉,破坏前截面已全部开裂贯通,拉力完全由钢筋承担;大偏心受拉破坏形态的特点与大偏心受压构件相似,荷载作用下部分截面受拉、部分受压,裂缝出现后延伸发展、受压区面积减小,破坏时受拉钢筋已屈服,继而受压区混凝土达到极限压应变而破坏。

这两类破坏形态可用偏心拉力的作用位置加以判别:当偏心拉力作用在远离偏心拉力侧钢筋和靠近偏心拉力侧钢筋合力作用点之间时,为小偏心受拉破坏;当偏心拉力作用在两侧钢筋合力作用点之间范围以外时,为大偏心受拉破坏。

二、正截面承载力计算

本节下面给出的方程和公式也是最基本的形式。对不同类型、不同使用功能结构的特殊规定,均未反映在基本方程和公式中。

1. 计算图式(图 4-19)

2. 基本公式

(1)不对称配筋

① 小偏心受拉构件

靠近 N 侧钢筋(预应力和非预应力钢筋)合力作用点的力矩平衡条件,$\sum M_{ps}=0$:

$$M_u = N_u e = f_{sy} A'_s (h_0 - a'_s) + f_{py} A'_p (h_0 - a'_p) \tag{4-45}$$

远离 N 侧钢筋(预应力和非预应力钢筋)合力作用点的力矩平衡条件,$\sum M_{ps'}=0$:

$$M'_u = N_u e' = f_{sy} A_s (h'_0 - a_s) + f_{py} A_p (h'_0 - a_p) \tag{4-46}$$

式中：N_u——截面偏心抗拉承载力；

A_p、A_s——分别为靠近 N 侧预应力钢筋和非预应力钢筋的截面面积；

A_p'、A_s'——分别为远离 N 侧预应力钢筋和非预应力钢筋的截面面积；

a_p、a_s——分别为靠近 N 侧预应力钢筋和非预应力钢筋合力作用点至截面靠近 N 侧边缘的距离；

a_p'、a_s'——分别为远离 N 侧预应力钢筋和非预应力钢筋合力作用点至截面远离 N 侧边缘的距离；

h_0、a——分别为靠近 N 侧预应力钢筋和非预应力钢筋合力作用点至截面远离和靠近 N 侧边缘的距离，$h_0 = h - a$；

h_0'、a'——分别为远离 N 侧预应力钢筋和非预应力钢筋合力作用点至截面靠近和远离 N 侧边缘的距离，$h_0' = h - a'$；

e——靠近 N 侧非预应力钢筋和预应力钢筋合力作用点至 N 作用点的距离，$e = y_x - a - e_0$；

e'——远离 N 侧非预应力钢筋和预应力钢筋合力作用点至 N 作用点的距离，$e' = y_s - a' + e_0$；

e_0——偏心拉力初始偏心距；

y_x、y_s——分别为混凝土截面形心至截面靠近和远离 N 侧边缘的距离；

其余符号意义同前。

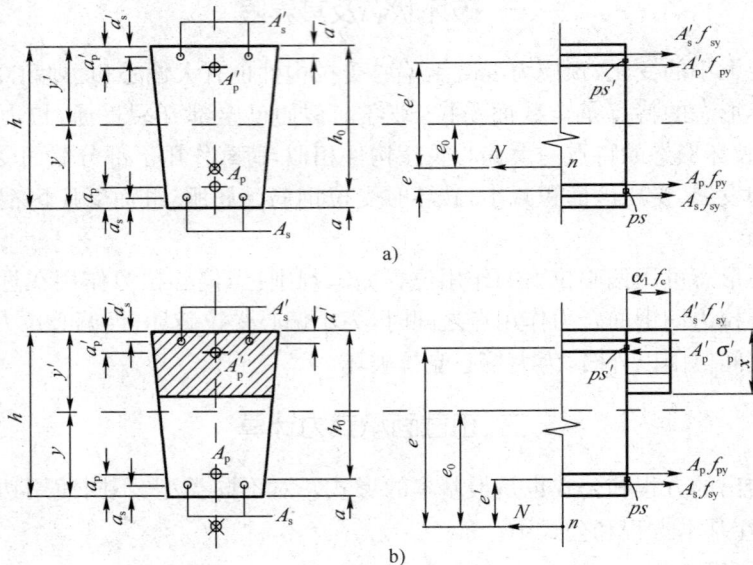

图 4-19　偏心受拉构件正截面承载力计算图式

a)小偏心受拉构件；b)大偏心受拉构件

②大偏心受拉构件

沿偏心拉力 N 方向的平衡条件，$\sum X = 0$：

$$N_u = f_{py}A_p + f_{sy}A_s - \sigma_p'A_p' - f_{sy}'A_s' - \alpha_1 f_c A_c \tag{4-47}$$

靠近 N 侧预应力钢筋和非预应力钢筋合力作用点的力矩平衡条件，$\sum M_{ps} = 0$：

$$M_u = N_u e = \alpha_1 f_c S_{c,ps} + f_{sy}'A_s'(h_0 - a_s') + \sigma_p'A_p'(h_0 - a_p') \tag{4-48}$$

远离 N 侧预应力钢筋和非预应力钢筋合力作用点的力矩平衡条件，$\sum M_{ps'} = 0$：

$$M'_u = N_u e' = \alpha_1 f_c S_{c,ps'} + f_{sy} A_s (h'_0 - a_s) + f_{py} A_p (h'_0 - a_p) \tag{4-49}$$

N 作用点的力矩平衡条件，$\sum M_N = 0$：

$$\alpha_1 f_c A_p S_{cn} = f_{py} A_p e_p + f_{sy} A_s e_s - \sigma'_p A'_p e'_p - f'_{sy} A'_s e'_s \tag{4-50}$$

式中：σ'_p——受压预应力钢筋的计算应力，$\sigma'_p = f'_{py} - \sigma'_{p0}$（见受弯构件有关公式）；

A_c——受压区混凝土的截面面积；

$S_{c,ps}$、$S_{c,ps'}$——分别为受压区混凝土截面对靠近和远离 N 侧钢筋合力作用点的静矩；

S_{cn}——受压区混凝土截面对 N 作用点的静矩；

e_p——靠近 N 侧预应力钢筋合力作用点至 N 作用点的距离，$e_p = e_0 + y_x - a_p$；

e_s——靠近 N 侧非预应力钢筋合力作用点至 N 作用点的距离，$e_s = e_0 + y_x - a_s$；

e——靠近 N 侧非预应力钢筋和预应力钢筋合力作用点至 N 作用点的距离，$e = e_0 + y_x - a$；

e'_p——远离 N 侧预应力钢筋合力作用点至 N 作用点的距离，$e'_p = e_0 - y_s + a'_p$；

e'_s——远离 N 侧非预应力钢筋合力作用点至 N 作用点的距离，$e'_s = e_0 - y_s + a'_s$；

e'——靠近 N 侧非预应力钢筋和预应力钢筋合力作用点至 N 作用点的距离，$e' = e_0 - y_s + a'$；

其余符号意义同前。

以上公式计算得到的截面偏心抗拉承载力 N_u 或相应的抗弯承载力 $M_u = N_u e$，应不小于截面所需承担的偏心拉力 N 或相应的弯矩 M。

（2）对称配筋

不论大偏心和小偏心受拉情况，均近似偏安全地按小偏心受拉构件计算。

3. 公式限制条件（大偏心受拉破坏）

（1）$x \leqslant \xi_b h_0$

此限制条件的含义和不满足时的处理方法同适配筋受弯构件一样。

（2）$x \geqslant 2a'_p$

此限制条件的含义及不满足时的处理方法与大偏心受压构件或受弯构件相同。当 $x < 2a'_p$ 时，近似的简化修正方法如下。

①考虑受压钢筋的作用

a. 当 $\sigma'_p > 0$ 时（压应力）

由于 x 较小，可近似令混凝土受压区合力作用点与受压钢筋（预应力和非预应力钢筋）合力作用点重合，这样基本方程 $\sum M_{ps'} = 0$ 可写成

$$M'_u = N_u e' = f_{sy} A_s (h'_0 - a_s) + f_{py} A_p (h'_0 - a_p) \tag{4-51}$$

b. 当 $\sigma'_p < 0$ 时（拉应力）

由于 x 较小，可近似令混凝土受压区合力作用点与受压非预应力钢筋合力作用点重合，这样对非预应力钢筋合力作用点力矩平衡方程 $\sum M_{ps'} = 0$ 可写成

$$M'_u = N_u e'_s = f_{sy} A_s (h - a_s - a'_s) + f_{py} A_p (h - a_p - a'_s) - \sigma'_p A'_p (a'_p - a'_s) \tag{4-52}$$

由上述公式可求得截面承载力或预应力钢筋的截面面积。

②不考虑受压非预应力钢筋的作用

令 $A'_s = 0$，重解 x，计算截面承载力或预应力钢筋的截面面积。

③比较①和②结果

对于截面验算的情况，截面承载力取二者之中较大者；对于截面配筋计算的情况，钢筋截面面积取二者之中较小者。

公式使用方法可参见钢筋混凝土偏心受拉构件,这里不再赘述。

复习思考与习题

4-1 一个预应力混凝土矩形截面受弯构件,截面尺寸为 $b \times h = 450\text{mm} \times 900\text{mm}$。预应力钢筋的截面面积 $A_p = 1\,400\text{mm}^2$,有效预应力 $\sigma_{pe} = 1\,000\text{MPa}$,预加力偏心距 $e_p = 350\text{mm}$,预应力钢材的应力—应变曲线如图 4-8 所示,其中条件屈服强度 $f_{0.2} = 1\,440\text{MPa}$,弹性模量 $E_p = 1.95 \times 10^5\text{MPa}$;混凝土立方体强度(150mm×150mm×150mm)$f_{cu} = 40\text{MPa}$,弹性模量 $E_c = 3.25 \times 10^4\text{MPa}$。试采用应变协调分析方法和简化分析方法分别计算正截面抗弯承载力。

4-2 已知一个部分预应力混凝土 T 形截面受弯构件,预应力钢材的应力—应变曲线如图 4-8 所示。截面尺寸及主要参数如下:$b'_f = 1\,200\text{mm}$,$b = 350\text{mm}$,$h = 950\text{mm}$,$h'_f = 160\text{mm}$,$\alpha_1 f_c = 40\text{MPa}$;$A_p = 2\,800\text{mm}^2$,$h_p = 850\text{mm}$,$f_{0.2} = 1\,440\text{MPa}$,$\sigma_{pe} = 1\,000\text{MPa}$,$E_p = 1.95 \times 10^5\text{MPa}$,$E_c = 3.25 \times 10^4\text{MPa}$。试采用应变协调分析方法和简化分析方法分别计算正截面抗弯承载力。

4-3 已知一个混合配筋的部分预应力混凝土 T 形截面受弯构件,截面尺寸及主要参数如下:$b'_f = 1\,400\text{mm}$,$b = 350\text{mm}$,$h = 850\text{mm}$,$h'_f = 150\text{mm}$,$f_{cm} = 28.0\text{MPa}$;$A_p = 3\,080\text{mm}^2$,$h_p = 700\text{mm}$,$h_s = 750\text{mm}$,$f_{py} = 1\,440\text{MPa}$,$A_s = 1\,847\text{mm}^2$,$f_{sy} = 340\text{MPa}$。试采用简化分析方法计算正截面抗弯承载力。

4-4 一根后张预应力混凝土偏心受压短柱,截面尺寸为 $b \times h = 250\text{mm} \times 700\text{mm}$,$A_s = 308\text{mm}^2$,$A'_s = 308\text{mm}^2$,$A_p = 980\text{mm}^2$,$a_s = a'_s = 35\text{mm}$,$a_p = 60\text{mm}$,$\alpha_1 f_c = 21.5\text{MPa}$,$f_{py} = 1\,200\text{MPa}$,预应力钢筋孔道直径为 50mm。试求外荷载偏心距为 3\,000mm 时该短柱的正截面抗偏压承载力。

4-5 一根先张预应力混凝土偏心受压短柱,截面尺寸为 $b \times h = 250\text{mm} \times 700\text{mm}$,$A_s = 308\text{mm}^2$,$A'_s = 308\text{mm}^2$,$A_p = 700\text{mm}^2$,$a_s = a'_s = 35\text{mm}$,$a_p = 60\text{mm}$,$\alpha_1 f_c = 21.5\text{MPa}$,$f_{py} = 1\,200\text{MPa}$。试求外荷载偏心距为 3\,000mm 时该短柱的正截面抗偏压承载力。

4-6 一根先张预应力混凝土偏心受压短柱,截面尺寸为 $b \times h = 250\text{mm} \times 700\text{mm}$,$A_s = 157\text{mm}^2$,$A'_s = 308\text{mm}^2$,$A_p = 420\text{mm}^2$,$a_s = a'_s = 35\text{mm}$,$a_p = 60\text{mm}$,$\alpha_1 f_c = 21.5\text{MPa}$,$f_{py} = 1\,200\text{MPa}$。采用长线台座张拉预应力钢筋,蒸汽养护温差 $\Delta t = 25\text{℃}$。试求外荷载偏心距为 200mm 时该短柱的正截面抗偏压承载力。

第五章　预应力混凝土构件截面应力及变形计算

为了使预应力混凝土构件安全、适用及耐久,除确保其截面极限承载力满足要求外,还必须保证其施工和使用阶段的截面应力、使用阶段的变形满足要求。本章应力计算包括构件混凝土截面正应力、主应力和预应力钢筋应力,它们均应控制在相应阶段的限制值之内;对允许开裂的部分预应力混凝土 B 类构件还应限制其裂缝宽度;使用阶段构件变形计算包括短期和长期变形、活荷载变形等。

预应力混凝土构件大体上符合均质连续体的假定,并处于近似的弹性工作阶段,所以可按材料力学公式进行计算。预应力钢筋的预加力将作为一种荷载计算其效应。

下面将取用静定的预应力混凝土构件为研究对象,构件的外部作用主要考虑结构重力和活荷载。超静定预应力混凝土结构计算时尚应考虑赘余力的影响。

根据通常习惯,混凝土应力的符号以压为正,预应力钢筋应力的符号以拉为正。

第一节　预应力混凝土构件截面正应力计算

一、施工阶段正应力计算

预应力混凝土构件,从预应力钢筋张拉、锚固到构件运输吊装,这个过程统称为施工阶段。在施工阶段中有两个重要的子阶段,即预加应力阶段和运输吊装阶段。

1. 预加应力阶段混凝土截面正应力计算

此阶段构件主要承受预加力 N_p 和结构自身重力 g_1 的作用。其受力特点是:预加力 N_p 的量值最大(因预应力损失最小),而外荷载最小(仅有结构自身重力作用)。

(1)预加力 N_p 产生的混凝土截面正应力

先张法构件:

$$\sigma_{pc} = \frac{N_{p0}}{A_0} \mp \frac{N_{p0} e_{p0}}{W_0} \tag{5-1}$$

后张法构件:

$$\sigma_{pc} = \frac{N_p}{A_n} \mp \frac{N_p e_{pn}}{W_n} \tag{5-2}$$

式中:N_{pc}——先张法构件预加应力时,混凝土应力为零时的预加力(扣除相应阶段的预应力损失),$N_{p0} = A_p \sigma_{p0} = A_p(\sigma_{con} - \sigma_{l1} + \sigma_{l4})$,其中,$\sigma_{p0}$ 为放张前的有效预应力,σ_{con} 为预应力钢筋的张拉控制应力,σ_{l1} 为第一阶段预应力损失(包括 σ_{l4} 在内),σ_{l4} 为混凝土弹性压缩引起的预应力损失(因混凝土应力为零时,σ_{l4} 尚未发生,故扣除);

N_p——后张法构件预应力钢筋的预加力(扣除相应阶段的预应力损失),对曲线配筋的后张法构件,

$$N_p = \sigma_p A_p + \sigma'_p A'_p + \sigma_p A_{pb} \cos\alpha_p$$
$$= (\sigma_{con} - \sigma_{l1})(A_p + A_{pb}\cos\alpha_p) + A'_p(\sigma'_{con} - \sigma_{l1})$$

A_p、A'_p——分别为受拉区和受压区预应力钢筋的截面面积;

A_{pb}——弯起预应力钢筋的截面面积;

σ_{con}、σ'_{con}——分别为受拉区和受压区预应力钢筋的锚下张拉控制应力;

σ_p、σ'_p——分别为受拉区和受压区预应力钢筋(扣除相应阶段的预应力损失)的预加应力;

α_p——计算截面处弯起预应力钢筋的切线与构件轴线的夹角;

e_{p0}、e_{pn}——分别为先张法构件预应力钢筋的合力作用点至换算截面形心轴的距离和后张法构件预应力钢筋的合力作用点至净截面形心轴的距离;

A_0、W_0——分别为构件换算截面的面积和截面模量;

A_n、W_n——分别为构件净截面的面积和截面模量。

以上公式对受弯构件、轴心受拉构件和偏心受力构件均适用。例如,轴心受拉构件的简化计算公式如下。

先张法构件:

$$\sigma_{pc} = \frac{N_{p0}}{A_0}$$

后张法构件:

$$\sigma_{pc} = \frac{N_p}{A_n}$$

(2)结构自身重力 g_1 产生的混凝土截面正应力

先张法构件:

$$\sigma_{gc1} = \frac{N_{g1}}{A_0} \pm \frac{M_{g1}}{W_0} \tag{5-3}$$

后张法构件:

$$\sigma_{gc1} = \frac{N_{g1}}{A_n} \pm \frac{M_{g1}}{W_n} \tag{5-4}$$

式中:N_{g1}、M_{g1}——分别为结构自身重力引起的计算轴力和弯矩(轴力以压为正);

其余符号意义同前。

(3)预加应力阶段的混凝土截面正应力

将式(5-1)、式(5-2)分别与式(5-3)、式(5-4)叠加,得到如下预加应力阶段混凝土截面正应力计算公式。

先张法构件:

$$\sigma_c = \frac{N_{p0}}{A_0} \mp \frac{N_{p0}e_{p0}}{W_0} + \frac{N_{g1}}{A_0} \pm \frac{M_{g1}}{W_0} \tag{5-5}$$

后张法构件:

$$\sigma_c = \frac{N_p}{A_n} \mp \frac{N_p e_{pn}}{W_n} + \frac{N_{g1}}{A_n} \pm \frac{M_{g1}}{W_n} \tag{5-6}$$

式中符号意义同前。

以上公式对受弯构件、轴心受拉构件和偏心受力构件均适用。但是,在使用预加应力阶段

应力计算公式时,尚应考虑预加力作用后构件是否拱起、脱模等因素,以真实反映构件受力状态。

2.运输、吊装阶段混凝土截面正应力计算

采用预制拼装施工方法的预应力混凝土构件,须对这一阶段的应力进行计算。此阶段应力计算方法与预加应力阶段相同。但构件在运输和安装过程中将受到动力作用,其结构重力应乘以动力系数。构件提升使其超重,动力系数大于1;构件下降使其失重,动力系数小于1。动力系数的取值,详见有关设计规范的规定。计算时应根据可能出现的最不利情况进行组合。

3.施工阶段混凝土截面正应力的限制

构件施加预应力时应先确定混凝土的实际强度等级,其不宜低于混凝土设计强度等级的75%。过早施加预应力会出现预应力损失和变形过大等问题,对后期结构带来不良影响。

施工阶段混凝土的预加压力最大。混凝土如承受的预压应力过高,则会产生较大的横向拉应变,可能使构件发生纵向裂缝。为了防止这种现象发生,混凝土的预压应力应予限制,具体可参照有关规范。

预加应力时构件预拉区混凝土的拉应力也不能过大,否则混凝土也可能被拉裂。短时间内不能架设的构件,混凝土徐变也将使预拉区混凝土的拉应变增加。因此,为了防止预拉区混凝土出现过大的裂缝,或为确保构件的刚度和抗裂性能,预拉区边缘混凝土的拉应力应予限制,其容许值可见有关规范的规定。

根据设计规范要求,施工阶段只对混凝土截面正应力进行验算。在一般情况下,预应力钢筋中的拉应力呈下降趋势,故通常不进行预应力钢筋应力验算。

二、使用阶段正应力计算

在使用阶段,预应力损失已基本或全部发生,预应力钢筋的预加力最小,但永久作用(结构重力等)和可变作用(活荷载等)将有最不利组合。对于使用阶段不开裂的预应力混凝土构件,考虑其全截面受力,正应力计算方法如下。

1.先张法构件

先张法构件的使用荷载由预应力钢筋和混凝土共同承担,其截面几何特性仍按换算截面计算。混凝土截面的正应力为

$$\sigma_c = \frac{N_{p0}}{A_0} \mp \frac{N_{p0}e_{p0}}{W_0} + \frac{N_{g1}}{A_0} \pm \frac{M_{g1}}{W_0} + \frac{N_{g2}+N_{ll}}{A_0} \pm \frac{M_{g2}+M_{ll}}{W_0} \tag{5-7}$$

预应力钢筋的应力为

$$\sigma_p = \sigma_{pe} - \alpha_{Ep}\frac{N_{g1}+N_{g2}+N_{ll}}{A_0} + \alpha_{Ep}\frac{M_{g1}+M_{g2}+M_{ll}}{I_0}y_{p0} \tag{5-8}$$

式中:σ_{pe} ——使用阶段预应力钢筋的永存预应力,$\sigma_{pe}=\sigma_{con}-\sigma_{lI}-\sigma_{lII}$,其中,$\sigma_{con}$ 为预应力钢筋的张拉控制应力,σ_{lI}、σ_{lII} 分别为第一阶段和第二阶段的预应力损失;

N_{p0} ——使用阶段混凝土应力假定为零时预应力钢筋的预加力(扣除相应的预应力损失),$N_{p0}=A_p(\sigma_{con}-\sigma_{lI}-\sigma_{lII}+\sigma_{l4})$,其中 σ_{l4} 为混凝土弹性压缩引起的预应力损失;

N_{g2}、M_{g2}——结构附加重力引起的计算轴力及弯矩;

N_{ll}、M_{ll} ——使用阶段活荷载等引起的最不利计算轴力及弯矩(轴力以压为正);

α_{Ep} ——预应力钢筋和混凝土的弹性模量之比;

y_{p0} ——预应力钢筋形心到换算截面形心轴的距离;

其余符号意义同前。

2. 后张法构件

在预加应力阶段，后张法构件的预应力孔道未灌浆，预加力和结构自身重力产生的混凝土应力应按净截面计算；当结构附加重力和活荷载等作用于构件时，预应力孔道内已压注水泥浆，且预应力钢筋与混凝土已黏成整体，故应采用换算截面计算应力，最后上述两个阶段的应力叠加在一起。此时，混凝土截面正应力为

$$\sigma_c = \frac{N_p}{A_n} \mp \frac{N_p e_{pn}}{W_n} + \frac{N_{g1}}{A_n} \pm \frac{M_{g1}}{W_n} + \frac{N_{g2} + N_{ll}}{A_0} \pm \frac{M_{g2} + M_{ll}}{W_0} \tag{5-9}$$

预应力钢筋应力为

$$\sigma_p = \sigma_{pe} - \alpha_{Ep} \frac{N_{g2} + N_{ll}}{A_0} + \alpha_{Ep} \frac{M_{g2} + M_{ll}}{I_0} y_{p0} \tag{5-10}$$

式中：σ_{pe}——使用阶段预应力钢筋的永存预应力，$\sigma_{pe} = \sigma_{con} - \sigma_{lI} - \sigma_{lII}$；

N_p——使用阶段预应力钢筋的永存预加力，即

$$N_p = (\sigma_{con} - \sigma_{lI} - \sigma_{lII})(A_p + A_{pb}\cos\alpha_p) + A'_p(\sigma'_{con} - \sigma_{lI} - \sigma_{lII})$$

其余符号意义同前。

在后张法构件中，预应力钢筋的控制应力一般是在预加力和结构自身重力作用下测得的，所以在计算预应力钢筋应力时，不再考虑结构自身重力的影响。但考虑到预加应力时，一些构件并未拱起、脱模，故在计算预应力钢筋应力时视实际情况仍可考虑结构自身重力的影响，即

$$\sigma_p = \sigma_{pe} - \alpha_{Ep} \frac{N_{g1}}{A_n} - \alpha_{Ep} \frac{N_{g2} + N_{ll}}{A_0} + \alpha_{Ep} \frac{M_{g1}}{I_n} y_{pn} + \alpha_{Ep} \frac{M_{g2} + M_{ll}}{I_0} y_{p0} \tag{5-11}$$

式中：y_{pn}——计算的预应力钢筋形心到净截面形心轴的距离；

其余符号意义同前。

以上预应力钢筋应力的计算公式，可根据活荷载等对计算截面应力的不同效应，求得最大和最小的预应力钢筋应力。

应注意的是，上述使用阶段混凝土截面和预应力钢筋应力的计算公式，均在混凝土还未开裂的前提下提出的。因此，这些公式仅适用于混凝土未开裂的构件。对于允许开裂的部分预应力 B 类构件的截面应力计算，将在后面另外讨论。

3. 混凝土截面和预应力钢筋应力的限制

使用阶段混凝土截面和预应力钢筋应力的限制值按有关规范规定采用。

第二节　预应力混凝土构件截面剪应力与主应力计算

在轴力、剪力和弯矩的共同作用下，预应力混凝土构件的主应力可能达到其极限值。因此，设计时必须进行主应力计算并使其满足要求。

一、剪应力计算

当预应力钢筋曲线布置时，构件正截面上就会产生一个竖向分力（称为预剪力），从而可减小荷载引起的剪力。例如，承受均布荷载的简支构件，当采用抛物线形布置的预应力钢筋时，则预应力钢筋的竖向分力有可能等于荷载引起的剪力，构件就不承受剪力。但这对承受活荷载和集中荷载的构件来说就很难做到，只能尽可能利用预应力钢筋弯起达到减小荷载剪力的目的。

在使用阶段，除了预加力（扣除全部预应力损失）和结构自身重力作用外，还有结构附加重

力和活荷载等作用。等高度构件的混凝土剪应力可表示如下。

先张法构件：

$$\tau = \frac{(V_{g1} + V_{g2} + V_{ll})S_0}{bI_0} = \frac{VS_0}{bI_0} \tag{5-12}$$

后张法构件：

$$\tau = \frac{V_{g1}S_n}{bI_n} + \frac{V_{g2}S_0}{bI_0} + \frac{V_{ll}S_0}{bI_0} - \frac{V_pS_n}{bI_n} \tag{5-13}$$

式中：V_{g1} ——结构自身重力引起的剪力；

V_{g2} ——结构附加重力引起的剪力；

V_{ll} ——活荷载等引起的剪力；

V ——使用荷载引起的剪力，$V = V_{g1} + V_{g2} + V_{ll}$；

V_p ——弯起预应力钢筋产生的剪力，$V_p = (\sigma_{con} - \sigma_l)A_{pb}\sin\alpha_p$；

A_{pb} ——弯起预应力钢筋的截面面积；

S_n ——剪应力计算点以上或以下部分混凝土净截面积对净截面形心轴的静矩；

S_0 ——剪应力计算点以上或以下部分换算截面积对换算截面形心轴的静矩；

b ——剪应力计算点处构件截面的宽度；

其余符号意义同前。

二、主应力计算

1. 主应力计算公式

纵向预压应力可使构件主拉应力大为减小，但不管预压应力多大，主拉应力仍不会全部消除；如果在构件的纵向和竖向（简称为双向）均施加预压应力，则可能消除主拉应力甚至出现全压应力状态。构件采用双向预应力后的主拉应力 σ_{tp} 和主压应力 σ_{cp} 可按下式计算：

$$\sigma_{tp} = \frac{\sigma_{cx} + \sigma_{cy}}{2} - \sqrt{\left(\frac{\sigma_{cx} - \sigma_{cy}}{2}\right)^2 + \tau^2} \tag{5-14}$$

$$\sigma_{cp} = \frac{\sigma_{cx} + \sigma_{cy}}{2} + \sqrt{\left(\frac{\sigma_{cx} - \sigma_{cy}}{2}\right)^2 + \tau^2} \tag{5-15}$$

其中：

$$\sigma_{cx} = \sigma_{pc} - \sigma, \sigma_{cy} = \frac{n_{pv}\sigma_{pv}a_{pv}}{bs_{pv}}$$

式中：σ_{cx} ——纵向预加力和使用荷载在主应力计算点引起的混凝土纵向正应力；

σ_{cy} ——竖向预应力钢筋引起的混凝土竖向压应力；

τ ——使用荷载和弯起预应力钢筋在主应力计算点产生的混凝土剪应力；

σ_{pc} ——纵向预加力（扣除全部预应力损失）在应力计算点产生的混凝土截面正应力；

σ ——使用荷载在应力计算点引起的混凝土截面正应力；

n_{pv} ——每个纵向间距内竖向预应力钢筋的根数；

σ_{pv} ——竖向预应力钢筋的有效预应力；

a_{pv} ——单根竖向预应力钢筋的截面面积；

s_{pv} ——竖向预应力钢筋的纵向间距；

其余符号意义同前。

2. 主应力的限制

计算主应力的目的是为了对构件腹部混凝土的抗裂性、耐久性及抗压能力进行验算。因此，设计时应对主应力的量值予以限制，其大小可参见有关规范的规定。

在构件长度方向主应力计算点应选在剪力与弯矩（它们应为同一外荷载引起的）均较大等受力不利区段的截面上，而在截面上应选择形心处和宽度剧烈变化的位置。当主应力量值不符合规范规定时，则应修改截面尺寸。

3. 箍筋数量计算

当混凝土主拉应力 σ_{tp} 超过按一般构造要求设置箍筋的限值（参见有关规范的规定）时，为保证构件不致因出现斜裂缝而导致破坏，采用将混凝土开裂后主拉应力全部转由箍筋承担的假定确定所需的箍筋数量。箍筋材料、截面面积选定后，其间距按下式计算：

$$s_v = \frac{f_{sv} A_{sv}}{\sigma_{tp} b} \tag{5-16}$$

式中：f_{sv}——箍筋的抗拉强度；

$\quad\quad A_{sv}$——在间距 s_v 范围内，箍筋各肢的全部截面面积；

$\quad\quad b$——构件腹部的宽度。

例 5-1 一根直线配筋的后张预应力混凝土受弯构件，其主应力控制截面尺寸和钢筋布置如图 5-1 所示。已知该截面结构自身重力引起的剪力 $V_{g1} = 65.0$kN、结构附加重力+活荷载产生的剪力 $V_{g2} + V_{ll} = 82.0$kN，结构自身重力引起的弯矩 $M_{g1} = 45.0$kN·m，结构附加重力+活荷载产生的弯矩 $M_{g2} + M_{ll} = 59.0$kN·m，扣除全部预应力损失后的有效预加力 $N_p = 430$kN。其他计算参数如下：$A_n = 1.365 \times 10^5$mm^2，$A_0 = 1.396 \times 10^5$mm^2，$I_n = 1.182 \times 10^{10}$mm^4，$I_0 = 1.232 \times 10^{10}$mm^4，$S_n = 1.508 \times 10^7$mm^3，$S_0 = 1.549 \times 10^7$mm^3，$y'_n = 390$mm，$y'_0 = 399$mm。试计算该截面上翼板与肋板交界处的主拉应力。

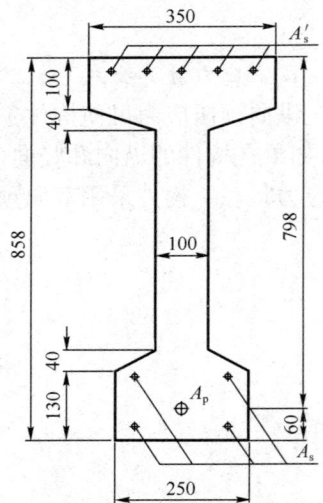

解：（1）上翼板与肋板交界处的剪应力计算

根据式（5-13），考虑到 $V_p = 0$，代入数据得到

$$\tau = \frac{V_{g1} S_n}{b I_n} + \frac{V_{g2} S_0}{b I_0} + \frac{V_{ll} S_0}{b I_0} - \frac{V_p S_n}{b I_n}$$

$$= \frac{65.0 \times 10^3 \times 1.508 \times 10^7}{100 \times 1.182 \times 10^{10}} + \frac{82.0 \times 10^3 \times 1.549 \times 10^7}{100 \times 1.232 \times 10^{10}}$$

$$= 1.86(\text{MPa})$$

（2）上翼板与肋板交界处的纵向正应力计算

参照本章第一节内容，纵向正应力按下式计算：

$$\sigma_{cx} = \frac{N_p}{A_n} - \frac{N_p e_{pn} y'_{n1}}{I_n} + \frac{M_{g1} y'_{n1}}{I_n} + \frac{(M_{g2} + M_{ll}) y'_{01}}{I_0}$$

$$= \frac{430 \times 10^3}{1.365 \times 10^5} - \frac{430 \times 10^3 \times (798 - 390) \times (390 - 140)}{1.182 \times 10^{10}} +$$

图 5-1 构件截面尺寸和钢筋布置
（尺寸单位：mm）

$$\frac{45.0\times10^6\times(390-140)}{1.182\times10^{10}}+\frac{59.0\times10^6\times(399-140)}{1.232\times10^{10}}$$

$$=1.63(\text{MPa})$$

（3）上翼板与肋板交界处的主拉应力计算

按式(5-14)、式(5-15)，考虑到 $\sigma_{cy}=0$，分别代入数据得：

主拉应力为

$$\sigma_{tp}=\frac{\sigma_{cx}+\sigma_{cy}}{2}-\sqrt{\left(\frac{\sigma_{cx}-\sigma_{cy}}{2}\right)^2+\tau^2}$$

$$=\frac{1.63}{2}-\sqrt{\left(\frac{1.63}{2}\right)^2+1.86^2}$$

$$=-1.22(\text{MPa})$$

主压应力为

$$\sigma_{cp}=\frac{\sigma_{cx}+\sigma_{cy}}{2}+\sqrt{\left(\frac{\sigma_{cx}-\sigma_{cy}}{2}\right)^2+\tau^2}$$

$$=\frac{1.63}{2}+\sqrt{\left(\frac{1.63}{2}\right)^2+1.86^2}$$

$$=2.85(\text{MPa})$$

第三节　预应力混凝土构件考虑截面开裂的应力计算

在使用荷载作用下截面开裂的部分预应力混凝土构件（B 类构件），除应满足极限承载力、施工阶段及使用阶段的应力要求外，还需要验算构件的裂缝宽度，对承受频繁重复荷载的构件尚需进行抗疲劳验算。

部分预应力混凝土构件开裂截面的应力计算，不仅与截面几何尺寸和材料性能有关，还与荷载、预加力等因素有关。

一、考虑截面开裂的应力计算方法

部分预应力混凝土构件截面开裂后的应力状态，与钢筋混凝土大偏心受压构件非常相似，计算采用的假定条件也类似：

（1）混凝土视为弹性体，混凝土应变沿截面高度呈线性变化；

（2）截面受拉区全部开裂、受拉区混凝土退出工作，即不计截面受拉区混凝土的作用。

钢筋混凝土大偏心受压构件的内力是偏心压力，如将部分预应力混凝土构件的预加力看作等效的截面内力，再把截面内力变换成等效的偏心压力，则这两种构件的受力就等同起来了。

虽然钢筋混凝土大偏心受压构件与部分预应力混凝土构件存在上述类同，但两者有一个显著的区别：在无任何外部作用时，钢筋混凝土大偏心受压构件截面应力为零，即初始应力为零；而部分预应力混凝土构件即使截面上没有外部作用（荷载效应等），但预加力的作用使截面产生了初始应力。

为了求解部分预应力混凝土构件截面开裂后的应力，可将截面受力分解成如图 5-2 所示的三个阶段。

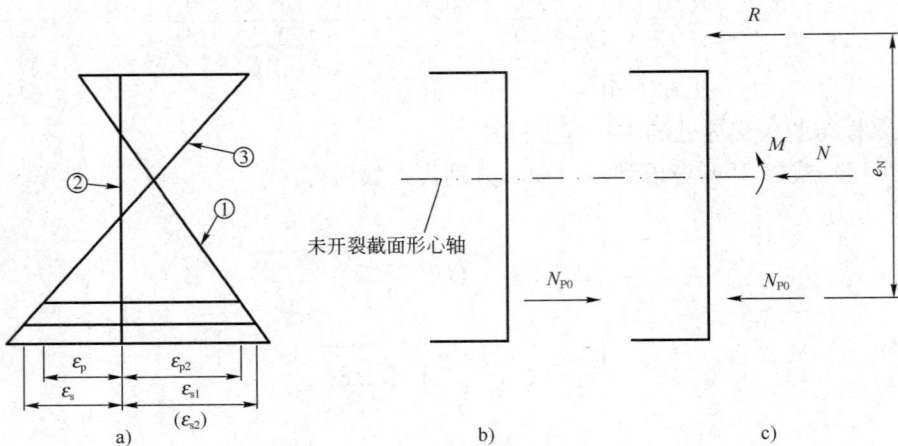

图 5-2 部分预应力混凝土构件开裂截面受力分解

1. 预加力 N_p 作用阶段

构件截面在预加力 N_p 作用下的应变如图 5-2a)中直线①所示。此时,预应力钢筋的应力 σ_{p1} 为无结构自身重力影响的有效预应力 σ_{pe},即得

$$\sigma_{p1} = \sigma_{pe} = \frac{N_p}{A_p} \tag{5-17}$$

式中:N_p—— $N_p = (\sigma_{con} - \sigma_l)A_p$;

σ_l——相应阶段预应力损失的总和;

A_p——预应力钢筋的截面面积。

截面受拉边缘混凝土的预压应力 σ_{c1} 为

$$\sigma_{c1} = \frac{N_p}{A_c}\left(1 + \frac{e_p y_c}{i_c^2}\right) = \varepsilon_{c1} E_c \tag{5-18}$$

非预应力钢筋的预压应力 σ_{s1} 为

$$\sigma_{s1} = \alpha_{Es}\sigma_{c1}\frac{e_s}{y_c} = \varepsilon_{s1} E_s \tag{5-19}$$

式中:A_c——非预应力钢筋与混凝土的换算截面面积,可近似采用混凝土截面面积;

i_c——非预应力钢筋与混凝土的换算截面回转半径,可近似采用混凝土截面回转半径;

e_p、e_s——分别为预应力钢筋和非预应力钢筋合力作用点至构件截面形心轴的距离;

y_c——混凝土截面受拉边缘至截面形心轴的距离;

ε_{c1}——有效预加力 N_p 作用下混凝土截面受拉边缘的压应变;

ε_{s1}——有效预加力 N_p 作用下非预应力钢筋的压应变;

E_c、E_s——分别为混凝土与非预应力钢筋的弹性模量;

α_{Es}——非预应力钢筋和混凝土的弹性模量之比。

2. 虚拟荷载作用阶段

这是一个为计算需要使截面变成"零应力"状态的虚拟荷载阶段。在虚拟荷载作用下,全截面消压,混凝土的应力与应变都为零[图 5-2a)中的直线②]。

预应力钢筋在混凝土消压后,在预应力钢筋合力作用位置混凝土的弹性应变由压应变变为零,预应力钢筋相应增加一个拉应变 ε_{p2},其绝对值等于混凝土的压应变,即

$$\varepsilon_{p2} = \frac{N_{\flat}}{A_c \bar{E}_c}\left(1 + \frac{e_p^2}{i_c^2}\right) \qquad (5\text{-}20)$$

此时,预应力钢筋产生一个拉应力增量:

$$\sigma_{p2} = \varepsilon_{p2}E_p \qquad (5\text{-}21)$$

经过以上两个阶段,预应力钢筋在消压状态下的总拉力为

$$N_{p0} = (\sigma_{p1} + \sigma_{p2})A_p \qquad (5\text{-}22)$$

以上式中符号意义同前。

显然,在消压状态下,混凝土任意纤维处的应力为零,非预应力钢筋中将产生一个拉应变 $\varepsilon_{s2} = -\varepsilon_{s1}$,其应力也将为零。

由上可见,为了达到混凝土截面消压、使其应力(应变)为零,就必须在预应力钢筋的合力作用点施加一个与 N_{p0} 大小相等、方向相反的虚拟力[图 5-2b]。

先张法构件的预应力钢筋与混凝土是黏结在一起的,混凝土的弹性应变在上述两个阶段是相等的,即在第二阶段施加一个虚拟荷载 N_{p0},恢复了第一阶段混凝土的弹性压缩应变,混凝土消压时预应力钢筋的拉力为 $N_{p0} = A_p(\sigma_{con} - \sigma_l + \sigma_{l4})$。

3. 使用荷载作用阶段

以部分预应力混凝土偏心受压构件为例进行分析。此阶段构件截面上应考虑的内力有:

(1)由结构重力和活荷载等产生的截面设计内力 N、M;

(2)撤除第二阶段施加的虚拟力,即在预应力钢筋合力点施加的作用力 N_{p0}[图 5-2c]。

设计内力 N、M 和作用力 N_{p0} 可用一个距离预应力钢筋合力作用点为 e_N 的合力 R 来替代[图 5-2c],即

$$R = N_{p0} + N = A_p(\sigma_{p1} + \sigma_{p2}) + N \qquad (5\text{-}23)$$

$$e_N = \frac{M + Ne_p}{R} \qquad (5\text{-}24)$$

式中符号意义同前。

偏心压力 R 产生的混凝土截面上缘的压应力 σ_{c3}、非预应力钢筋的应力 σ_{s3} 及预应力钢筋的应力增量 σ_{p3},都可以采用钢筋混凝土偏心受压构件的计算方法求解。

将以上三个阶段的应力叠加,即可得到如下部分预应力混凝土构件考虑截面开裂的总应力。

混凝土截面上缘的压应力:

$$\sigma_c = \sigma_{c3} \qquad (5\text{-}25)$$

非预应力钢筋的应力:

$$\sigma_s = \sigma_{s3} \qquad (5\text{-}26)$$

预应力钢筋的应力:

$$\sigma_p = \sigma_{p1} + \sigma_{p2} + \sigma_{p3} \qquad (5\text{-}27)$$

二、大偏心受压构件开裂截面应力计算公式

下面以 T 形截面大偏心受压构件为例,介绍开裂截面应力计算方法。其他截面可由此推广。

1. 求截面受压区高度 x(图 5-3)

对偏心压力 R 作用点取矩,即 $\sum M_R = 0$:

$$\frac{1}{2}\sigma_{c3}xb'_f\left(e_N - h_p + \frac{x}{3}\right) - \frac{1}{2x}\sigma_{c3}(b'_f - b)(x - h'_f)^2\left(e_N - h_p + h'_f + \frac{x - h'_f}{3}\right) -$$

$$A_p\sigma_{p3}e_N - A_s\sigma_{s3}(e_N - h_p + h_s) = 0 \tag{5-28}$$

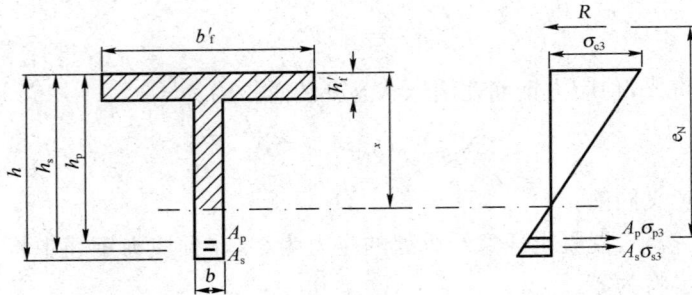

图 5-3 开裂截面应力计算图式

由平截面假定得到

$$\sigma_{s3} = \alpha_{Es}\sigma_{c3}\frac{h_s - x}{x}, \quad \sigma_{p3} = \alpha_{Ep}\sigma_{c3}\frac{h_p - x}{x} \tag{5-29}$$

代入上式,整理后得到

$$Ax^3 + Bx^2 + Cx + D = 0 \tag{5-30}$$

式中:

$$A = b$$

$$B = 3b(e_N - h_p)$$

$$C = 6\left[(b'_f - b)\left(e_N - h_p + \frac{h'_f}{2}\right)h'_f + \alpha_{Ep}A_pe_N + \alpha_{Es}A_s(e_N - h_p + h_s)\right]$$

$$D = -6\left[\frac{1}{2}(b'_f - b)\left(e_N - h_p + \frac{2}{3}h'_f\right)h'^2_f + \alpha_{Ep}A_ph_pe_N + \alpha_{Es}A_sh_s(e_N - h_p + h_s)\right]$$

对于 $x \leqslant h'_f$ 的 T 形截面,取 $b = b'_f$,则有

$$A = b'_f$$

$$B = 3b'_f(e_N - h_p)$$

$$C = 6[\alpha_{Ep}A_pe_N + \alpha_{Es}A_s(e_N - h_p + h_s)]$$

$$D = -6[\alpha_{Ep}A_ph_pe_N + \alpha_{Es}A_sh_s(e_N - h_p + h_s)]$$

2. 截面应力计算

求得截面受压区高度 x 后,根据截面内力的平衡条件,可得如下应力:

$$\sigma_{c3} = \frac{Rx}{S_0} \tag{5-31}$$

$$\sigma_{s3} = \alpha_{Es}\sigma_{c3}\frac{h_s - x}{x} \tag{5-32}$$

$$\sigma_{p3} = \alpha_{Ep}\sigma_{c3}\frac{h_p - x}{x} \tag{5-33}$$

在式(5-31)中,当 $x > h'_f$ 时:

$$S_0 = \frac{1}{2}b'_fx^2 - \frac{1}{2}(b'_f - b)(x - h'_f)^2 - \alpha_{Es}A_s(h_s - x) - \alpha_{Ep}A_p(h_p - x) \tag{5-34}$$

当 $x \leqslant h'_f$ 时：

$$S_0 = \frac{1}{2}b'_f x^2 - \alpha_{Es}A_s(h_s - x) - \alpha_{Ep}A_p(h_p - x) \tag{5-35}$$

式中符号意义如图 5-3 所示。

上述公式适用于部分预应力混凝土偏心受压构件开裂后的应力计算。对于偏心受拉构件可以参照以上方法建立有关公式,限于篇幅此略。

对于轴心受拉构件,开裂后非预应力钢筋的应力 σ_{s3} 和预应力钢筋的应力增量 σ_{p3} 可按下式计算：

$$\sigma_{s3} = \sigma_{p3} = \frac{N - N_{p0}}{A_s + A_p} \tag{5-36}$$

式中：N——使用荷载作用下的轴向拉力。

例 5-2 一根跨径 24.0m 的后张部分预应力混凝土 T 形受弯构件,其截面尺寸及钢筋布置如图 5-4 所示。已知该截面在结构重力＋活荷载作用下的弯矩为 $M = M_g + M_{ll} = 2\,422\text{kN} \cdot \text{m}$,扣除全部预应力损失后的有效预加力 $N_p = 1\,769\text{kN}$。其他计算参数如下：$A_c = 4.646 \times 10^5 \text{mm}^2$,$I_c = 1.216 \times 10^{11} \text{mm}^4$,$y_c = 923\text{mm}$,$A_p = 2.356 \times 10^3 \text{mm}^2$,$A_s = 2.462 \times 10^3 \text{mm}^2$,$\alpha_{Es} = \alpha_{Ep} = 6.06$。试计算使用阶段构件开裂截面的正应力。

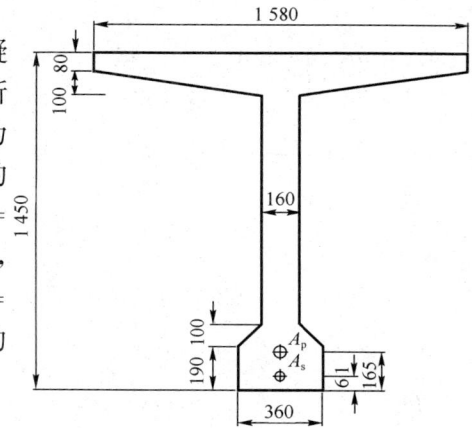

图 5-4 构件截面尺寸和钢筋布置(尺寸单位:mm)

解：(1)截面受力分解计算

①预加力 N_p 作用阶段

按式(5-17),在不计结构自身重力影响情况下预应力钢筋的应力为

$$\sigma_{p1} = \sigma_{pe} = \frac{N_p}{A_p} = \frac{1\,769 \times 10^3}{2.356 \times 10^3} = 750.85 (\text{MPa})$$

截面受拉边缘混凝土相应的预压应力按式(5-18)计算：

$$\sigma_{c1} = \frac{N_p}{A_c}\left(1 + \frac{e_p y_c}{i_c^2}\right) = \frac{1\,769 \times 10^3}{4.646 \times 10^5} \times \left[1 + \frac{4.646 \times 10^5 \times (923 - 165) \times 923}{1.216 \times 10^{11}}\right] = 13.99 (\text{MPa})$$

相应非预应力钢筋的预压应力按式(5-19)计算：

$$\sigma_{s1} = \sigma_{c1}\frac{e_s}{y_c}\alpha_{Es} = 13.99 \times \frac{923 - 61}{923} \times 6.06 = 79.18 (\text{MPa})$$

②虚拟消压荷载作用阶段

在虚拟消压荷载作用下预应力钢筋产生的应力增量,按式(5-20)、式(5-21)计算：

$$\sigma_{p2} = \varepsilon_{p2}E_p = E_p\frac{N_p}{A_c E_c}\left(1 + \frac{e_p^2}{i_c^2}\right) = \alpha_{Ep}\frac{N_p}{A_c}\left(1 + \frac{e_p^2}{i_c^2}\right)$$

$$= 6.06 \times \frac{1\,769 \times 10^3}{4.646 \times 10^5} \times \left[1 + \frac{4.646 \times 10^5 \times (923 - 165)^2}{1.216 \times 10^{11}}\right]$$

$$= 73.73 (\text{MPa})$$

截面消压后预应力钢筋的总拉力按式(5-22)计算：

$$N_{p0} = (\sigma_{p1} + \sigma_{p2})A_p = (750.85 + 73.73) \times 10^{-3} \times 2.356 \times 10^3 = 1\,943 (\text{kN})$$

③使用荷载作用阶段

设计内力 M 和作用力 N_{p0} 两种荷载效应,按式(5-23)、式(5-24)用一个距离预应力钢筋合力作用点为 e_N 的偏心压力 R 来代替,即

$$R = N_{p0} = A_p(\sigma_{p1} + \sigma_{p2}) = 1\ 943(kN)$$

$$e_N = \frac{M}{R} = \frac{2\ 422 \times 10^3}{1\ 943} = 1\ 247(mm)$$

(2)按大偏心受压构件计算截面应力

①求截面受压区高度 x

按照式(5-30)计算各系数:

$$Ax^3 + Bx^2 + Cx + D = 0$$

其中:

$A = b = 160mm$

$B = 3b(e_N - h_p) = 3 \times 160 \times (1\ 247 - 1\ 285) = -18\ 240(mm^2)$

$C = 6\left[(b'_f - b)\left(e_N - h_p + \frac{h'_f}{2}\right)h'_f + \alpha_{Ep}A_p e_N + \alpha_{Es}A_s(e_N - h_p + h_s)\right]$

$\qquad = 6 \times \left[(1\ 580 - 160) \times \left(1\ 247 - 1\ 285 + \frac{130}{2}\right) \times 130 + 6.06 \times 2.356 \times 10^3 \times 1\ 247 +\right.$

$\qquad\qquad \left. 6.06 \times 2.462 \times 10^3 \times (1\ 247 - 1\ 285 + 1\ 389)\right]$

$\qquad = 2.576\ 677 \times 10^8 (mm^3)$

$D = -6\left[\frac{1}{2}(b'_f - b)\left(e_N - h_p + \frac{2}{3}h'_f\right)h'^2_f + \alpha_{Ep}A_p h_p e_N + \alpha_{Es}A_s h_s(e_N - h_p + h_s)\right]$

$\qquad = -6 \times \left[\frac{1}{2} \times (1\ 580 - 160) \times \left(1\ 247 - 1\ 285 + \frac{2 \times 130}{3}\right) \times 130^2 + 6.06 \times 2.356 \times 10^3\right.$

$\qquad\qquad \left. \times 1\ 285 \times 1\ 247 + 6.06 \times 2.462 \times 10^3 \times 1\ 389 \times (1\ 247 - 1\ 285 + 1\ 389)\right]$

$\qquad = -3.087\ 562 \times 10^{11} (mm^4)$

代入式(5-30),经计算得 $x = 855mm$。

②截面应力计算

根据式(5-31)计算截面受压边缘的混凝土应力:

$$\sigma_{c3} = \frac{Rx}{S_0}$$

其中:

$S_0 = \frac{1}{2}b'_f x^2 - \frac{1}{2}(b'_f - b)(x - h'_f)^2 - \alpha_{Es}A_s(h_s - x) - \alpha_{Ep}A_p(h_p - x)$

$\qquad = \frac{1}{2} \times 1\ 580 \times 855^2 - \frac{1}{2} \times (1\ 580 - 160) \times (855 - 130)^2 - 6.06 \times 2.462 \times 10^3 \times (1\ 389 -$

$\qquad\qquad 855) - 6.06 \times 2.356 \times 10^3 \times (1\ 285 - 855)$

$\qquad = 1.902\ 096 \times 10^8 (mm^3)$

代入数据得

$$\sigma_{c3} = \frac{Rx}{S_0} = \frac{1\ 943 \times 10^3 \times 855}{1.902\ 096 \times 10^8} = 8.73(MPa)$$

于是,非预应力钢筋和预应力钢筋的应力分别为

$$\sigma_{s3} = \alpha_{Es}\sigma_{c3}\frac{h_s - x}{x} = 6.06 \times 8.73 \times \frac{1\,389 - 855}{855} = 33.04\,(\text{MPa})$$

$$\sigma_{p3} = \alpha_{Ep}\sigma_{c3}\frac{h_p - x}{x} = 6.06 \times 8.73 \times \frac{1\,285 - 855}{855} = 26.61\,(\text{MPa})$$

(3)使用荷载作用下截面总应力计算

按照式(5-25)、式(5-26)、式(5-27),计算考虑截面开裂的总应力如下。

混凝土截面上缘的压应力:

$$\sigma_c = \sigma_{c3} = 8.73\,(\text{MPa})$$

非预应力钢筋的应力:

$$\sigma_s = \sigma_{s3} = 33.04\,(\text{MPa})$$

预应力钢筋的应力:

$$\sigma_p = \sigma_{p1} + \sigma_{p2} + \sigma_{p3} = 750.85 + 73.73 + 26.61 = 851.19\,(\text{MPa})$$

第四节　预应力混凝土构件变形计算

预应力混凝土构件的截面尺寸通常比普通钢筋混凝土构件小,而且其适用的跨径范围一般也较大。因此,设计中应注意预应力混凝土构件变形的计算,以避免因变形过大而影响使用功能。

预应力混凝土构件的变形由两部分组成:一部分是预加力作用引起的变形,通常也称为反拱度;另一部分是荷载作用产生的变形,通常也称为挠度或位移。一般情况下,上述两部分变形方向相反,可用预加力引起的反拱度来抵消荷载产生的挠度。但是,有时也会因预加力的反拱度估计不准,造成过大反拱而出现不利情况。精确计算预应力混凝土构件的变形是很复杂的。首先,混凝土弹性模量与应力大小有关,并随混凝土龄期变化而变化;其次,混凝土徐变收缩、预应力钢筋松弛,以及预加力等也随时间变化而变化。因此,精确预计预应力混凝土构件的变形必须借助计算机程序。然而,在常规设计中的容许挠度值并不那么精确,因而也就不需要精确的变形值,只要用近似的计算结果就足够了。下面以预应力混凝土受弯构件为例扼要介绍其变形的近似计算方法。

一、短期变形计算

1. 预加力引起的变形

预应力混凝土受弯构件由预加力 N_p 作用引起的变形,可近似采用结构力学方法根据曲率或直接用预加力弯矩图进行计算,考虑预加力短期作用的变形计算公式如下:

$$f_p = \int_0^l \frac{\overline{M}M_p}{B_{s1}}\mathrm{d}x \tag{5-37}$$

其中:

$$B_{s1} = \alpha E_c I_0$$

式中:l——构件的计算跨径;

　　　$\overline{M}$——构件变形计算点的相应变形方向作用单位力产生的弯矩;

　　　M_p——预加力(永存预加力)作用下构件的弯矩;

　　　B_{s1}——荷载短期作用下构件截面的抗弯刚度;

α——荷载短期作用下考虑混凝土塑性影响的截面抗弯刚度的修正系数（一般取0.85～0.95），详见有关规范规定；

E_c——混凝土的弹性模量；

I_0——换算截面的抗弯惯性矩。

2.使用荷载作用下的变形

在使用荷载作用下,预应力混凝土(包括全预应力混凝土与部分预应力混凝土)受弯构件的变形,同样可近似按结构力学的公式进行计算。但这里的问题是:计算中所涉及的构件截面抗弯刚度,将随着荷载的增加而下降,而且变化范围比较大。因此,计算结果的准确程度,主要取决于如何合理地确定构件截面的抗弯刚度。

以预应力混凝土等截面简支梁为例,设其在外荷载作用前没有裂缝,而且预应力钢筋与混凝土黏结良好。当荷载在数小时内从零增加至最大值的过程中,其跨中弯矩和挠度的曲线如图5-5所示。图中与使用荷载下构件变形计算有关的1、2、3点,分别表示受拉区混凝土进入塑性、受拉区混凝土开裂及受拉钢筋进入塑性变形。

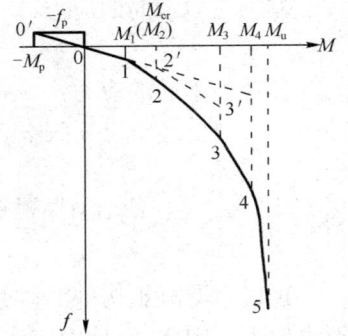

从图5-5跨中弯矩—挠度曲线可见,随着跨中弯矩增加,跨中挠度增加的速度更快。这说明构件截面的抗弯刚度是随着荷载增加而降低的。为方便起见,通常在挠度计算时将上述弯矩—挠度曲线进行如下简化。

图 5-5　预应力混凝土简支梁跨
中弯矩—挠度曲线

将弯矩—挠度曲线近似地以构件截面混凝土受拉区出现裂缝的点2为转折点,并用两条直线(图5-5中的$0'-2'$,和$2'-3'$)替代。同时,假定构件受拉区混凝土开裂前($0'-2'$段)的截面抗弯刚度为B_{s1},其承受的最大弯矩为开裂弯矩M_{cr};假定构件开裂后($2'-3'$段)的截面抗弯刚度为B_{s2},其承受的弯矩为$M-M_{cr}$(其中M为使用荷载引起的弯矩)。上述近似计算方法称为"双直线法"。

对于使用荷载弯矩小于等于开裂弯矩($M \leqslant M_{cr}$)的情况,计算公式如下。

(1)结构重力变形

由结构重力引起的变形可近似用下式计算:

$$f_{g1} + f_{g2} = \int_0^l \frac{(M_{g1} + M_{g2})\overline{M}}{B_{s1}}dx \qquad (5\text{-}38)$$

其中:

$$B_{s1} = \alpha E_c I_0$$

式中: f_{g1}、f_{g2}——分别为结构自身重力和附加重力产生的变形;

M_{g1}、M_{g2}——分别为结构自身重力和附加重力产生的弯矩;

其余符号意义同前。

(2)活荷载变形

活荷载变形的计算方法与结构重力相同,计算公式为

$$f_{ll} = \int_0^l \frac{M_{ll}\overline{M}}{B_{s1}}dx \qquad (5\text{-}39)$$

式中: M_{ll}——活荷载产生的弯矩(不计活荷载冲击影响);

其余符号意义同前。

活荷载产生的变形值是衡量结构和构件刚度的指标,在短期荷载作用下求得的 f_{ll} 最大值,应不超过有关规范规定的容许值。

以上公式适用于 $M \leqslant M_{cr}$ 的情况。

对于使用荷载弯矩大于开裂弯矩($M > M_{cr}$)的情况,可按照"双直线法"计算。首先求出短期使用荷载作用下的总变形 f_M:

$$f_M = \int_0^l \overline{M} \left(\frac{M_{cr}}{B_{s1}} + \frac{M - M_{cr}}{B_{s2}} \right) dx \tag{5-40}$$

$$B_{s2} = E_c I_{cr} \quad 或 \quad B_{s2} = \frac{0.85 E_c I_0}{\kappa_{cr} + (1 - \kappa_{cr})\omega}$$

$$\kappa_{cr} = \frac{M_{cr}}{M}, \omega = \left(1 + \frac{0.21}{\alpha_{Es}\rho} \right)(1 + 0.45\gamma_f) - 0.7$$

式中:B_{s2} —— $M > M_{cr}$ 时短期使用荷载作用下构件截面的抗弯刚度,按有关规范规定取用;

I_{cr} —— 开裂截面的换算截面抗弯惯性矩;

α_{Es} —— 钢筋和混凝土的弹性模量之比;

ρ —— 截面纵向受拉钢筋的配筋率;

γ_f —— 构件受拉翼板的截面面积与腹部有效截面面积之比,$\gamma_f = (b_f - b)h_f/(bh)$,无受拉翼板时,取 $\gamma_f = 0$;

b_f、h_f —— 分别为受拉翼板的宽度和高度;

其余符号意义同前。

构件截面开裂弯矩 M_{cr} 按下式计算:

$$M_{cr} = (\sigma_{pc} + \gamma f_t)W_0 \tag{5-41}$$

式中:σ_{pc} —— 截面抗裂边缘使用荷载作用前的有效预压应力;

γ —— 受拉区混凝土塑性系数,按有关规范规定取值(约1.5);

f_t —— 混凝土的轴心抗拉强度;

W_0 —— 截面抗裂边缘的换算截面模量。

于是,可以求得 $M > M_{cr}$ 情况下的活荷载(不计冲击影响)变形为:

$$f_{ll} = f_M - (f_{g1} + f_{g2}) \tag{5-42}$$

求得的 f_{ll} 不得超过有关规范规定的容许值。

3. 短期荷载作用下的总变形

$$f_s = f_p + f_M \tag{5-43}$$

式中:f_p —— 预加力 N_p 引起的变形,按式(5-37)计算;

f_M —— 由结构自身重力弯矩 M_{g1}、结构附加重力弯矩 M_{g2} 与活荷载(不计冲击影响)弯矩 M_{ll} 共同产生的变形,当 $M > M_{cr}$ 时式(5-40)计算,当 $M_s < M_{cr}$ 时按式(5-38)和式(5-39)计算。

例 5-3 一根跨径 24. m 的后张预应力混凝土 T 形简支梁,跨中截面尺寸如图 5-4。已知在结构重力作用下跨中截面的弯矩为 $M_g = M_{g1} + M_{g2} = 1\,400$kN·m,跨中挠曲变形最大时的活荷载弯矩为 $M_{ll} = 980$kN·m。其他计算参数如下:$\alpha = 0.85, \gamma = 1.56, \alpha_{Ep} = 6.06, I_c = 1.315 \times 10^{11}$mm^4,$W_0 = 1.471 \times 10^8$mm^3,$A_p = 2.356 \times 10^3$mm^2,$A_s = 2.462 \times 10^3$mm^2,$\sigma_{pc} = 12.05$MPa,$f_t = 2.60$MPa,$E_c = 3.3 \times 10^4$MPa。试计算跨中截面的活荷载挠度。

解:(1)恒载+活荷载挠度计算

采用式(5-40)计算:

$$f_{\mathrm{M}} = \int_0^l \overline{M}\Big(\frac{M_{\mathrm{cr}}}{B_{s1}} + \frac{M - M_{\mathrm{cr}}}{B_{s2}}\Big)\mathrm{d}x$$

其中:

$$M_{\mathrm{cr}} = (\sigma_{\mathrm{pc}} + \gamma f_{\mathrm{t}})W_0$$

$$B_{s1} = \alpha E_c I_0, B_{s2} = \frac{0.85 E_c I_0}{\kappa_{\mathrm{cr}} + (1 - \kappa_{\mathrm{cr}})\omega}$$

$$\kappa_{\mathrm{cr}} = \frac{M_{\mathrm{cr}}}{M}, \omega = \Big(1 + \frac{0.21}{\alpha_{\mathrm{Es}}\rho}\Big)(1 + 0.45\gamma_{\mathrm{f}}) - 0.7$$

简支梁在使用荷载作用下的弯矩可近似等效为由均布荷载所产生,故式(5-40)简化为

$$f_{\mathrm{M}} = \frac{5l^2}{48 E_c I_0}\left[\frac{M_{\mathrm{cr}}}{\alpha} + \frac{M - M_{\mathrm{cr}}}{\dfrac{0.85}{\kappa_{\mathrm{cr}} + (1 - \kappa_{\mathrm{cr}})\omega}}\right]$$

其中:

$$\begin{aligned}
M_{\mathrm{cr}} &= (\sigma_{\mathrm{pc}} + \gamma f_{\mathrm{t}})W_0 = (12.05 + 1.56 \times 2.60) \times 10^{-3} \times 1.471 \times 10^5 \\
&= 2\,369 (\mathrm{kN \cdot m})
\end{aligned}$$

$$M = M_{\mathrm{g}} + M_{ll} = 1\,400 + 980 = 2\,380 (\mathrm{kN \cdot m})$$

$$\kappa_{\mathrm{cr}} = \frac{M_{\mathrm{cr}}}{M} = \frac{2\,369}{2\,380} = 0.995\,4$$

$$\rho = \frac{A_{\mathrm{s}} + A_{\mathrm{p}}}{bh_0} = \frac{(2.356 + 2.462) \times 10^3}{160 \times 1\,309} = 0.023$$

$$\gamma_{\mathrm{f}} = 0$$

$$\begin{aligned}
\omega &= \Big(1 + \frac{0.21}{\alpha_{\mathrm{Es}}\rho}\Big)(1 + 0.45\gamma_{\mathrm{f}}) - 0.7 \\
&= \Big(1 + \frac{0.21}{6.06 \times 0.023}\Big) \times (1 + 0.45 \times 0) - 0.7 = 1.807
\end{aligned}$$

代入数据后得

$$f_{\mathrm{M}} = \frac{5 \times 24\,500^2}{48 \times 3.3 \times 10^4 \times 1.315 \times 10^{11}}\left[\frac{2\,369}{0.85} + \frac{2\,380 - 2\,369}{\dfrac{0.85}{0.995\,4 + (1 - 0.995\,4) \times 1.807}}\right] \times 10^6$$

$$= 40.3 (\mathrm{mm})$$

(2)结构重力挠度计算

按式(5-38)并简化为下式计算:

$$\begin{aligned}
f_{\mathrm{g}} &= \frac{5}{48} \times \frac{M_{\mathrm{g}}l^2}{\alpha E_c I_0} = \frac{5}{48} \times \frac{1\,400 \times 10^6 \times 24\,500^2}{0.85 \times 3.3 \times 10^4 \times 1.315 \times 10^{11}} \\
&= 23.7 (\mathrm{mm})
\end{aligned}$$

(3)活荷载挠度计算

由式(5-42)得

$$f_{ll} = f_{\mathrm{M}} - f_{\mathrm{g}} = 40.3 - 23.7 = 16.6 (\mathrm{mm})$$

二、长期变形计算

由于预加力、结构自身重力及附加重力是持续作用的,而按式(5-37)、式(5-38)计算的只是由这些荷载引起的初始弹性变形。在长期持续荷载作用下,混凝土徐变将使变形增大。考虑混凝土徐变对预加力、结构自身重力及附加重力变形的影响后,长期变形的计算公式为

$$f_l(t) = (f_p + f_{g1})[1 + \varphi(t, t_1)] + f_{g2}[1 + \varphi(t, t_2)] \qquad (5-44)$$

式中:$\varphi(t, t_1)$——以预加力和结构自身重力作用时刻 t_1 为加载龄期的混凝土徐变系数;

$\varphi(t, t_2)$——以结构附加重力作用时刻 t_2 为加载龄期的混凝土徐变系数;

其余符号意义同前。

式(5-44)中考虑预加力和结构自身重力同时起作用,即预加力作用后构件已拱起、脱模。长期最终变形可取 $t = \infty$ 的徐变系数计算求得。

在全部使用荷载作用下构件的长期总变形为

$$f_l(t) = (f_p + f_{g1})[1 + \varphi(t, t_1)] + f_{g2}[1 + \varphi(t, t_2)] + f_{ll} \qquad (5-45)$$

式中符号意义同前。

三、预拱度的设置

在预应力混凝土构件中,预加力引起的变形通常能克服结构重力产生的变形,或尚有少许余量,故一般不需要设置预拱度。但若构件在结构重力和预加力共同作用下仍有较大弯矩时,则将因此产生较大变形。在这种情况下可考虑设置适当的预拱度,并考虑长期荷载作用下逐渐增大的徐变。预拱度的设置详见有关规范的规定。

复习思考与习题

5-1 已知一根跨径为8m的预应力混凝土矩形截面简支梁,截面尺寸为 $b \times h = 300\text{mm} \times 600\text{mm}$,有效预加力 1080kN,要求在施加预应力时简支梁跨中截面上缘混凝土不受拉。试求在考虑和不考虑结构自身重力影响的两种情况下,预应力钢筋的最大偏心距。

5-2 已知一根跨径为6m的预应力混凝土矩形截面简支梁,截面尺寸为 $b \times h = 160\text{mm} \times 300\text{mm}$,承受均布荷载(包括结构自身重力)6kN/m,梁内配置偏心距为100mm的直线预应力钢筋,预加力 $N_p = 270\text{kN}$。试求跨中和四分点处简支梁的压力线位置,并计算均布荷载和预加力共同作用下上述两个截面的应力。

5-3 按例5-1的已知条件,试计算该截面下翼板与肋板交界处和换算截面形心轴处的主应力。

5-4 例5-2已知条件中的有效预加力改为 $N_p = 1950\text{kN}$,另再加结构重力+活荷载作用下的轴向拉力 $N = N_g + N_l = -303\text{kN} \cdot \text{m}$。试计算截面下翼板与肋板交界处和换算截面形心轴处的主拉应力,计算使用阶段截面的正应力。

5-5 已知一根跨径为8m的预应力混凝土矩形截面简支梁,截面尺寸为 $b \times h = 160\text{mm} \times 300\text{mm}$。抛物线形的预应力钢筋在跨中截面离梁底75mm、两端距梁顶125mm,初始预加力为 250kN;混凝土重度为 25kN/m^3,弹性模量 $E_c = 3.20 \times 10^4 \text{MPa}$,均布结构附加重力为 2kN/m。试求简支梁在预加力、结构自身重力及附加重力作用下跨中的瞬时挠度,以及两年

后跨中的长期挠度(假定预应力损失为 20%,徐变系数为 2)。

5-6　例 5-2 已知条件中,使跨中挠曲变形最大的活荷载弯矩改为 $M_{ll} = 950\text{kN} \cdot \text{m}$。试计算跨中截面的活荷载挠度。

5-7　一根跨径 26m 的后张预应力混凝土 T 形简支梁,跨中截面尺寸如图 5-4。已知在结构重力作用下跨中截面的弯矩 $M_g = M_{g1} + M_{g2} = 1\,645\text{kN} \cdot \text{m}$,使跨中挠曲变形最大的活荷载弯矩 $M_{ll} = 1\,060\text{kN} \cdot \text{m}$。其他计算参数如下:$\alpha = 0.85, \gamma = 1.56, \alpha_{Ep} = 6.06, I_0 = 1.315 \times 10^{11}\text{mm}^4, W_0 = 1.471 \times 10^8\text{mm}^3, A_p = 2.356 \times 10^3\text{mm}^2, A_s = 2.462 \times 10^3\text{mm}^2, \sigma_{pc} = 10.0\text{MPa}, f_t = 2.60\text{MPa}, E_c = 3.3 \times 10^4\text{MPa}$。试计算该梁跨中截面的活荷载挠度。

第六章 预应力混凝土构件的裂缝、疲劳及锚固区计算

第一节 部分预应力混凝土构件裂缝宽度计算

如何控制裂缝宽度并使之不超过规定的限值,是部分预应力混凝土 B 类构件设计的一项主要内容。为了对裂缝问题进行深入研究,国内外进行了大量试验和理论工作,提出了多种裂缝分析理论和包含不同参数的裂缝宽度计算公式。裂缝计算公式的多样性说明,尽管对裂缝问题有了相当的研究,但裂缝宽度的计算理论、裂缝的影响因素,以及裂缝宽度的定性和定量关系,至今尚未取得一致的意见。

目前,部分预应力混凝土构件的裂缝通常采用两种方法进行控制:一是直接计算裂缝宽度并加以限制,另一种是通过名义拉应力来控制裂缝宽度。

一、裂缝宽度计算方法

裂缝宽度具有很大的随机性和离散性,采用"最大裂缝宽度"为计算或验算对象是不妥当的。合理的方法不是确保最大裂缝宽度不超过限值,而是借助数理统计方法计算超过某个宽度裂缝出现的概率,根据要求的概率和裂缝宽度的变异系数 C_v 形成所谓的"特征裂缝宽度"。通过对"特征裂缝宽度"的控制,以确保构件的裂缝小于某个宽度达到确定的概率。

特征裂缝宽度 w_k 与平均裂缝宽度 w_m 有如下关系:

$$w_k = (1+kC_v)w_m = \alpha w_m \tag{6-1}$$

式中:C_v——裂缝宽度的变异系数;

$\quad\quad k$——与分布类型和特征裂缝宽度概率有关的系数;

$\quad\quad \alpha$——考虑裂缝宽度分散性的扩大系数,即 $\alpha = 1+kC_v$。

计算分析表明,无论按对数正态分布还是按皮尔逊 III 型曲线分布,在取裂缝小于某个宽度的概率为 95% 时求得的扩大系数 α 值都非常接近。

根据国内外裂缝计算理论和试验研究的成果,通过对裂缝宽度影响因素的分析,取受拉钢筋的混凝土保护层厚度 c、受拉钢筋的等效直径 d_{eq}、受拉钢筋的有效配筋率 ρ_{te}、受拉钢筋的应力 σ_s 及受拉钢筋的粘结特征等,作为决定平均裂缝宽度的主要参数。在国内百余根轴向受拉构件和受弯构件裂缝宽度试验资料统计分析的基础上,得到下列部分预应力混凝土构件的平均裂缝宽度公式:

$$w_m = k_l \frac{\sigma_s}{E_s}\left(1.9c + 0.08\frac{d_{eq}}{\rho_{te}}\right) \tag{6-2}$$

式中:k_l——取决于构件内力状态的系数;

$\quad\quad$其余符号意义同前。

公式(6-2)括号中的第一项 $1.9c$ 主要反映了保护层对裂缝宽度的影响,由于实测裂缝宽度通常以构件侧面受拉主钢筋的形心为准,故此保护层厚度也指侧保护层的厚度;第二项 $0.08d_{eq}/\rho_{te}$ 反映钢筋与混凝土相对滑移对裂缝宽度的影响。在多数情况下,第一项所占的比例较大。在以构件裂缝平均宽度小于计算值的概率为 95% 的条件下,考虑裂缝宽度长期增长效应、构件内力状态及钢筋应变不均匀的影响,则特征裂缝宽度可表示为

$$w_k = \alpha_{cr} \psi \frac{\sigma_s}{E_s} \left(1.9c + 0.08 \frac{d_{eq}}{\rho_{te}} \right) \tag{6-3}$$

$$\psi = 1.1 - 0.65 \frac{f_t}{\rho_{te}\sigma_s}$$

式中: α_{cr} ——构件受力特征系数,受弯和偏心受压构件, $\alpha_{cr} = 1.7$,轴心受拉构件, $\alpha_{cr} = 2.2$;

ψ ——裂缝间受拉钢筋应变不均匀系数,当 $\psi < 0.2$ 时,取 $\psi = 0.2$,当 $\psi > 1$ 时,取 $\psi = 1$,对直接承受重复荷载的构件,取 $\psi = 1$;

c ——受拉主钢筋侧面的净保护层厚度;

d_{eq} ——受拉钢筋的等效直径,对采用不同直径的钢筋时, $d_{eq} = 4(A_s + A_p)/u$,其中, A_s 、A_p 分别为非预应力钢筋和预应力钢筋截面面积的总和,u 为所有钢筋周长的总和;

ρ_{te} ——受拉主钢筋的有效配筋率, $\rho_{te} = (A_s + A_p)/A_{te} \geqslant 0.01$,其中, A_{te} 为有效受拉混凝土的截面面积,对轴心受拉构件取构件的截面面积,对受弯和偏心受力构件,取 $A_{te} = 0.5bh + (b_f - b)h_f$,此处 b 、h 为构件腹部的宽度和截面高度,b_f 、h_f 为受拉翼板的宽度和厚度;

σ_s ——按荷载效应组合计算的受拉主钢筋的等效应力;

其余符号意义同前。

(1)轴心受拉构件

$$\sigma_s = \frac{N - N_{p0}}{A_p + A_s} \tag{6-4a}$$

(2)受弯构件

$$\sigma_s = \frac{M \pm M_2 - N_{p0}(z - e_p)}{z(A_p + A_s)} \tag{6-4b}$$

式中: N 、M ——分别为按荷载效应组合计算的轴向力和弯矩;

N_{p0} 、e_p ——分别为混凝土截面预应力等于零时全部预应力钢筋和非预应力钢筋的合力及其至受拉区预应力钢筋和非预应力钢筋合力作用点的距离;

M_2 ——超静定结构的次弯矩;

z ——受拉区预应力钢筋和非预应力钢筋合力作用点至截面受压区合力作用点的距离(可按有关规范简化公式计算)。

特征裂缝宽度的限值,是由构件所处的环境条件及使用钢筋的品质等确定,具体数值参见有关规范。

例 6-1 一根预应力混凝土受弯构件的截面尺寸及布置如图 6-1 所示。已知控制截面短期作用效应弯矩 $M_s = 570.0 \text{kN·m}$,长期作用效应弯矩 $M_l = 380.0 \text{kN·m}$,扣除全部预应力损失后构件截面下缘混凝土的有效预压应力 $\sigma_{pc} = 8.10 \text{MPa}$,受拉区混凝土塑性系数 $\gamma = 1.20$ 。其他计算参数如下: $f_t = 2.55 \text{MPa}$,$E_s = 2.0 \times 10^5 \text{MPa}$,$\sigma_s = 152.0 \text{MPa}$,$A_p = 5.60 \times 10^2 \text{mm}^2$,$A_s = 3.14 \times 10^2 \text{mm}^2$,$W_0 = 5.10 \times 10^{-2} \text{mm}^3$ 。试计算使用阶段短期荷载作用下构件

下缘混凝土的裂缝宽度,并校核长期荷载下的应力状况。

解:(1)截面开裂弯矩计算

根据式(5-41):

$$M_{cr} = (\sigma_{pc} + \gamma f_t)W_0$$

代入数据后得

$$M_{cr} = (8.10 + 1.20 \times 2.55) \times 10^{-3} \times 5.10 \times 10^4$$

$$= 569.16(kN \cdot m) < M_s = 570.0(kN \cdot m)$$

需进行裂缝宽度计算。

(2)短期荷载裂缝宽度计算

按照式(6-3)计算:

$$w_k = \alpha_{cr} \psi \frac{\sigma_s}{E_s}\left(1.9c + 0.08\frac{d_{eq}}{\rho_e}\right)$$

$$\psi = 1.1 - 0.65\frac{f_t}{\rho_{te}\sigma_s}$$

其中:受弯构件时 $\alpha_{cr} = 1.7$。

参照图6-1,构件腹部宽度 b 取80mm,受拉翼板厚度取

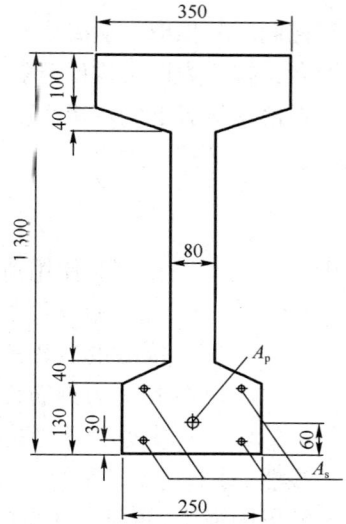

图6-1 构件截面尺寸和钢筋布置(尺寸单位:mm)

平均值150mm,算得 $A_{te} = 0.5 \times 80 \times 1300 + 150 \times (250 - 80) = 7.75 \times 10^4 (mm^2)$,则受拉主钢筋的有效配筋率为

$$\rho_{te} = \frac{A_s + A_p}{A_{te}} = \frac{(3.14 + 5.60) \times 10^2}{7.75 \times 10^4} = 0.011\,28$$

$$\psi = 1.1 - 0.65\frac{f_t}{\rho_{te}\sigma_s} = 1.1 - 0.65 \times \frac{2.55}{0.011\,28 \times 152.0} = 0.133\,3 < 0.2$$

ψ 取0.2。

纵向主筋侧面的净保护层厚度: $c = 25mm$。

不同直径钢筋的换算直径:

$$d_{eq} = \frac{4(A_s + A_p)}{u} = \frac{4 \times (5.60 + 3.14) \times 10^2}{4 \times \pi \times (10 + 15)} = 11.1(mm)$$

于是,短期荷载裂缝宽度为

$$w_k = \alpha_{cr} \psi \frac{\sigma_s}{E_s}\left(1.9c + 0.08\frac{d_{eq}}{\rho_{te}}\right)$$

$$= 1.7 \times 0.2 \times \frac{152.0}{2.0 \times 10^5} \times \left(1.9 \times 25 + 0.08 \times \frac{11.1}{0.011\,28}\right)$$

$$= 0.033(mm)$$

(3)长期荷载下应力状况校核

构件截面下缘消压弯矩为

$$M_0 = \sigma_{pc}W_0 = 8.10 \times 10^{-3} \times 5.10 \times 10^4 = 413.1(kN \cdot m)$$

而

$$M_l = 380.0kN \cdot m < M_0 = 413.1kN \cdot m$$

可见,构件截面下缘未消压,故能满足预应力混凝土B类构件在长期作用效应下不消压的要求。

二、名义拉应力计算方法

控制部分预应力混凝土构件裂缝的另一种方法,是限制其受拉边缘混凝土的名义拉应力。所谓名义拉应力即按构件开裂前的混凝土截面计算得到的拉应力。

在使用荷载下的弯矩 M、轴力 N 和有效预加力 N_{pe} 的共同作用下,构件截面受拉区边缘混凝土的名义拉应力为

$$\sigma_{ct} = \frac{N}{A} + \frac{M}{W} - \left(\frac{N_{pe}}{A} + \frac{N_{pe} e_p}{W} \right) \tag{6-5}$$

式中:M、N——分别为使用荷载产生的计算弯矩和轴力;

$\quad N_{pe}$——扣除相应阶段应力损失后的有效预加力(对于先张法构件应为混凝土应力为零时的有效预加力);

$\quad e_p$——预应力钢筋合力点至构件截面形心轴的距离;

$\quad A$、W——分别为不考虑开裂和钢筋影响的混凝土截面面积和对受拉边缘的截面模量。

显然,对于允许开裂的部分预应力混凝土 B 类构件,根据式(6-5)算得的 σ_{ct} 必将超过混凝土抗拉极限强度,亦即构件受拉区混凝土早已开裂,故称其为名义拉应力。根据试验资料的分析,对于不同配筋情况、不同混凝土强度等级的部分预应力混凝土构件,可以算出在一定裂缝宽度时所对应的名义拉应力,因而可以定出其相应的容许名义拉应力。详见有关规范。

第二节 部分预应力混凝土构件疲劳验算

在正常使用荷载作用下允许开裂的部分预应力混凝土 B 类构件,混凝土开裂使钢筋应力大幅度增加,相应也将引起较大幅度的应力变化。因此,对经常承受反复荷载的部分预应力混凝土 B 类构件,抗疲劳安全性是一个必须重视的问题。

一、部分预应力混凝土构件正截面疲劳验算

预应力混凝土构件的疲劳破坏往往是由于预应力钢筋疲劳破坏而引起的。预应力钢筋的疲劳寿命与它周围混凝土的粘结情况有密切关系。当粘结情况良好时,即使钢筋应力很高,只要混凝土未开裂或只产生肉眼不可见裂缝,钢筋的应力变化幅度是较小的,一般不致发生疲劳破坏;但当粘结情况不良或混凝土已产生肉眼可见裂缝时,在裂缝附近混凝土与钢筋的粘结将遭破坏,而构件疲劳寿命则主要与钢筋的应力变化幅度有关。构件预应力度小时裂缝出现后的宽度就较大,对钢筋与混凝土粘结性能的破坏也较大,因而抗疲劳能力下降也较大。

部分预应力混凝土构件正截面的抗疲劳能力,是通过应力或应力变化幅度的限制加以保证的。试验表明,部分预应力混凝土构件即使在截面开裂后仍可按平面假定进行应力计算。因此,可参照第五章给出的有关公式计算构件截面应力。

1. 钢筋疲劳验算

国内外的实验资料表明,影响钢筋疲劳寿命(荷载重复次数)的主要因素是应力变化幅度,其次是最小应力。部分预应力混凝土构件的预应力和非预应力钢筋的应力变化幅度可按如下方法验算。

构件截面受拉区预应力钢筋的应力变化幅度应满足如下条件:

$$\Delta \sigma_p^f = \sigma_{p,\max}^f - \sigma_{p,\min}^f \leqslant \Delta f_{py}^f \tag{6-6}$$

式中：　$\Delta\sigma_p^f$ ——由疲劳验算荷载引起的预应力钢筋的应力变化幅度；

$\sigma_{p,max}^f$、$\sigma_{p,min}^f$ ——按弹性理论（平截面假定、受压区混凝土应力图形为三角形、受拉区混凝土不参加工作、混凝土弹性模量取疲劳变形模量）、疲劳验算荷载算得的预应力钢筋最大与最小应力；

Δf_{py}^f ——预应力钢筋应力变化幅度限值，其应由试验确定，当缺乏试验数据时参照有关规范取用。

构件截面受拉区非预应力钢筋的应力变化幅度应满足如下条件：

$$\Delta\sigma_s^f = \sigma_{s,max}^f - \sigma_{s,min}^f \leqslant \Delta f_{sy}^f \qquad (6-7)$$

式中：　$\Delta\sigma_s^f$ ——由疲劳验算荷载引起的预应力钢筋的应力变化幅度；

$\sigma_{s,max}^f$、$\sigma_{s,min}^f$ ——分别为按弹性理论、疲劳验算荷载算得的非预应力钢筋最大与最小应力；

Δf_{sy}^f ——非预应力钢筋应力变化幅度限值，其应由试验确定，当缺乏试验数据时参照有关规范取用。

2. 混凝土疲劳验算

研究成果表明，混凝土没有一个用重复荷载次数表示的疲劳寿命，重复荷载次数与混凝土最大应力的关系更为密切，而不是应力变化幅度和最小应力。构件截面受拉或受压边缘混凝土的应力可按下式验算：

$$\sigma_{cc,max}^f \leqslant f_c^f \qquad (6-8)$$

$$\sigma_{ct,max}^f \leqslant f_t^f \qquad (6-9)$$

式中：$\sigma_{cc,max}^f$、$\sigma_{ct,max}^f$ ——分别为按弹性理论、疲劳验算荷载算得的截面受拉或受压边缘混凝土的最大压应力与最大拉应力；

f_c^f、f_t^f ——分别为混凝土轴心抗压和抗拉疲劳强度，其应由试验确定，当缺乏试验数据时参照有关规范取用。

二、部分预应力混凝土构件斜截面疲劳验算

部分预应力混凝土构件的斜截面疲劳是一个很复杂的问题。研究表明，在正常配箍的情况下，斜截面疲劳破坏总是在斜裂缝出现后某一肢箍筋发生疲劳断裂而引起的。因此，构件斜截面的疲劳验算主要是控制斜截面混凝土的主拉应力。

部分预应力混凝土构件的斜截面主拉应力可参照第五章给出的有关公式计算。

$$\sigma_{tp}^f \leqslant f_t^f \qquad (6-10)$$

式中：σ_{tp}^f ——按弹性理论、疲劳验算荷载算得的斜截面混凝土的主拉应力；

其余符号意义同前。

总的说来，部分预应力混凝土构件只要预应力度选择得当，一般不致发生疲劳破坏。但是，疲劳问题毕竟是应当给予重视的课题，而且还有待进行更深入的研究。

第三节　预应力钢筋锚固区计算

一、先张法预应力钢筋的传递长度和锚固长度

先张法预应力钢筋的两端不设置永久锚具，通过其与混凝土之间的黏结作用实现永久锚固。预应力钢筋放张传力后，由端部的零应力往里逐渐增加为 σ_{pe} 的一段长度 l_{tr}，称为预应力

钢筋应力的传递长度(图 6-2)。若外荷载不断增加直至预应力钢筋的应力达到抗拉强度 f_{py}，从端部零应力向内变化为 f_{py} 的一段长度 l_a，称为预应力钢筋的锚固长度(图 6-2)。

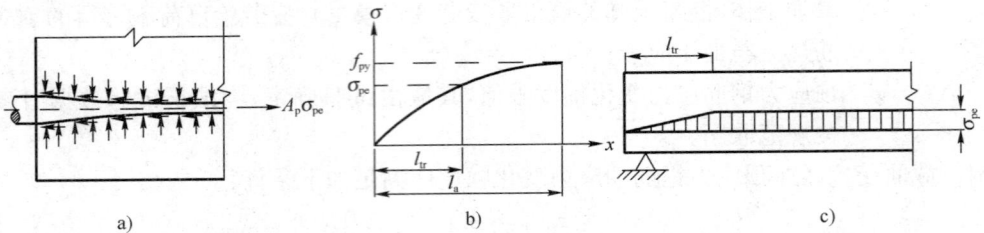

图 6-2　预应力钢筋的传递长度和锚固长度

预应力钢筋传力过程中黏结应力的分布是不均匀的。由于预应力钢筋的弹性回缩，其端部与混凝土的黏结作用会有一些破坏而发生少量内缩滑动。但预应力钢筋的内缩及应力减小又使其直径微量增大，且越近端部越大而形成锚楔作用；同时，由于预应力钢筋周围混凝土限制其直径增大而将产生径向压力，由此产生较大的摩阻力。因此，预应力钢筋传力过程中的受力是很复杂的。为了计算方便，可以采用试验方法确定各种预应力钢筋的传递长度和锚固长度，同时假定在传递长度和锚固长度内预应力钢筋的应力按直线分别从零变化到 σ_{pe} 和 f_{py}。传递长度和锚固长度的计算起点与预应力钢筋放张的方式有关，详见有关规范。

在先张法预应力混凝土构件的锚固段截面应力计算时，应考虑预应力钢筋在传递长度内预应力的变化；而在锚固段的截面承载力计算时，则应考虑锚固长度内预应力钢筋抗拉强度的变化。

二、后张法预应力钢筋锚下局部承压计算

在构件端部和其他布置锚具的地方，预加压力将通过锚具及其下面积不大的垫板传递给混凝土。因此，锚具下面的混凝土将承受很大的局部应力，需对其进行局部承压承载力和抗裂性计算。

1.锚固段受力特点

在局部压力 N_p 的作用下[图 6-3a)]，构件端部承压面 AA' 的应力分布非常集中，随着向构件内部方向逐渐远离承压面，截面应力将逐步扩散直至最后均匀分布到整个截面(如 BB' 截面)。自截面 AA' 到开始均匀受力的 BB' 截面的这一区段，一般称为过渡段或锚固段。试验和理论研究表明，锚固段的长度约等于构件的高度 h。因此，常把等于 h 的这一锚固段称为端块。图 6-3b)表示锚固段的应力传递轨迹，可见其不仅存在不均匀的纵向应力，而且也存在剪应力和横向应力。

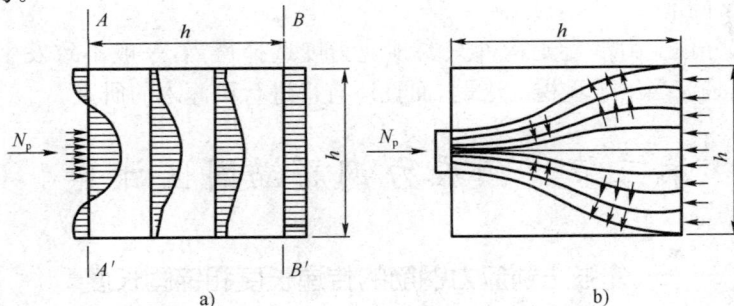

图 6-3　预应力钢筋锚下应力分布
a)锚固段的压应力分布；b)锚固段的应力传递轨迹

2. 局部承压计算理论

所谓局部承压,是指构件受力表面仅有部分面积承受压力的受力状态。试验表明,混凝土局部承压强度比其抗压强度标准值大得多。关于局部承压问题,以往大多以"套箍强化"理论来解释局部承压板下混凝土承压强度提高这一特性,并以此建立相应的计算模型。根据这一理论,当局部承压应力超过某一限值后,局部承压区混凝土内部就会出现微裂缝;随着承压应力的增加,混凝土的微裂缝将急剧开展并不断产生侧向扩胀变形。但是,承压区周围的混凝土却限制这种侧向变形,起着套箍约束作用而使承压区混凝土强度提高,故称其为"套箍强化"理论。然而,试验研究发现,采用这一理论来说明局部承压的多种破坏形态时却存在一些矛盾,例如,按照"套箍强化"理论,作为"套箍"的外围混凝土一旦开裂,其对核心混凝土的套箍作用也随之消失,承压区理应立即丧失承载能力,但试验结果表明其却不会立即破坏;又如,在条形荷载局部承压(承压面积的宽度与试件承压表面宽度相等)的情况下,外围混凝土并不形成一个封闭的"套箍",但局部承压强度却仍有明显提高,"套箍强化"理论也不能给出合理的解释。

根据对局部承压混凝土开裂和破坏机理的进一步研究,国内外提出了以"剪切破坏机理"为依据的局部承压计算理论。试验研究表明,在局部压力 N 的作用下,承压区混凝土可以假想为一个带有多根"拉杆"的拱[图 6-4a)]。紧靠承压板下的混凝土,纵向承受着局部压力 N,横向承受拱顶内的压力 T,离承压板较远的部位则假想由"拉杆"承受 N 引起的横向拉力 T。当 N 增加到使假想"拉杆"的拉力 T 达到其抗拉强度时,则局部承压区混凝土产生局部纵向裂缝[图 6-4b)],此时的荷载称为局部承压混凝土开裂荷载 N_{cr}。当荷载继续增加时,裂缝将进一步延伸,拱顶部位将发生内力重分布,"拉杆"的合力到拱顶压力中心的距离 $k_1 h$ 继续加大,从而使 T/N 的比值下降;随着承压板下混凝土所受到的横向压应力逐步降低,最终形成剪切破坏的楔形体[图 6-4c)]。

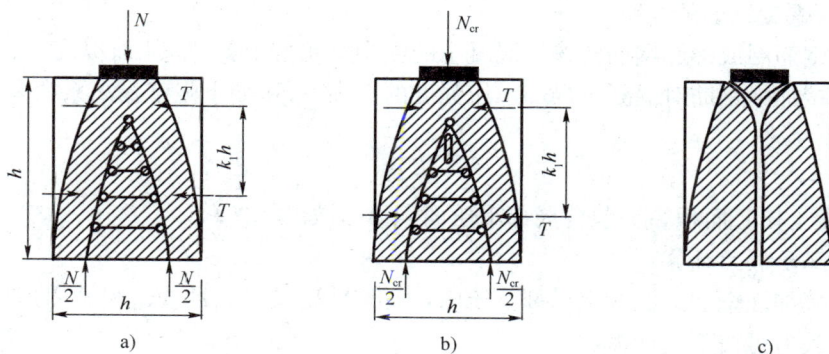

图 6-4 局部承压破坏机理示意

上述楔形体的形成过程和破坏机理都能在试验中得到证实。总之,在不同的受力阶段局部承压混凝土存在着两种类型的劈裂力:第一种是拱作用引起的横向劈裂拉力,它的作用位置在拱的拉杆部位(端块的中下部位),该拉力自加载开始直至最终破坏始终存在;第二种劈裂力产生于楔形体形成时,它仅在接近破坏时才出现,作用部位在楔形体高度的范围内。显然,这两类力的作用位置、时间和形成原因是各不相同的。

3. 局部承压强度提高系数

(1)混凝土局部承压强度提高系数

试验研究表明,混凝土局部承压强度高于其抗压强度。根据理论推导,局部承压混凝土强度的提高,可用如下强度提高系数来反映:

$$\beta_l = \sqrt{\frac{A_b}{A_l}} \tag{6-11}$$

式中：A_b——局部承压计算面积（与其在构件端面的位置有关，可按有关规范取用）；

A_l——局部承压面积（考虑钢垫板按 45°刚性角扩大的面积）。

（2）配置间接加强钢筋的混凝土局部承压强度提高系数

预应力钢筋的锚固区都配有一定数量的间接加强钢筋，这些钢筋对提高混凝土局部承压强度和抗裂性都具有明显的作用。间接加强钢筋通常采用两种配置方式，即空间钢筋网和空间螺旋钢筋。为了反映间接加强钢筋配置的数量，采用体积配筋率 ρ_v 来描述。

配置空间钢筋网时：

$$\rho_v = \frac{n_1 A_{s1} l_1 + n_2 A_{s2} l_2}{A_{cor} s} \tag{6-12}$$

式中：l_1、l_2——空间钢筋网在承压面投影的两个边长；

n_1、A_{s1}——分别为单层钢筋网沿 l_1 方向钢筋的根数和单根钢筋的截面面积；

n_2、A_{s2}——分别为单层钢筋网沿 l_2 方向钢筋的根数和单根钢筋的截面面积；

A_{cor}——空间钢筋网在承压面投影边缘所围的混凝土核心面积；

s——垂直于压力方向空间钢筋网层之间的距离。

配置空间螺旋钢筋时：

$$\rho_v = \frac{4 A_{ss1}}{d_{cor} s} \tag{6-13}$$

式中：A_{ss1}——螺旋钢筋（单根）的截面面积；

d_{cor}——螺旋钢筋内侧所围混凝土核心的直径；

s——螺旋钢筋的螺距。

配置空间钢筋网或螺旋钢筋使核心混凝土的侧向变形受到约束，从而提高了核心混凝土抗压强度。间接加强钢筋对混凝土局部承压强度的提高，可用如下强度提高系数来反映：

$$\beta_{cor} = \sqrt{\frac{A_{cor}}{A_l}} \tag{6-14}$$

式中，混凝土核心面积 A_{cor} 包含局部承压面积 A_l，故 $\beta_{cor} \geqslant 1$。

4. 局部承压承载力计算

对配置间接加强钢筋的混凝土局部承压区，当符合 $A_{cor} \geqslant A_l$ 且 A_{cor} 和 A_l 的形心重合时，其局部承压承载力可按下式计算：

$$F_u = 0.9(\eta_s \beta_l f_c + k \rho_v \beta_{cor} f_{sy}) A_{ln} \tag{6-15}$$

式中：η_s——混凝土强度的修正系数，按有关规范取值；

β_l——混凝土局部承压强度的提高系数；

f_c——混凝土的轴心抗压设计强度；

k——间接加强钢筋作用的影响系数（$k=1.7\sim2.0$，按有关规范规定取值）；

ρ_v——间接加强钢筋的体积配筋率；

β_{cor}——间接加强钢筋对混凝土局部承压强度的提高系数；

f_{sy}——间接加强钢筋的抗拉强度；

A_{ln}——混凝土局部承压净面积，后张预应力构件应扣除预应力孔道面积，详见有关规范的规定。

计算得到的局部承压承载力应不小于局部承压面上所需承担的压力。

5.局部承压抗裂性计算

对配置间接加强钢筋的混凝土局部承压区,其局部承压抗裂承载力可按下式计算:

$$F_{cr} = \lambda \eta_s \beta_l f_c A_{ln} \tag{6-16}$$

式中:λ——系数($\lambda = 1.3 \sim 1.35$,详见有关规范);

其余符号意义同前。

为了防止局部承压区出现沿压力作用方向的裂缝,计算得到的局部承压抗裂承载力应不小于局部承压面上所需承担的压力,若不满足这一条件应加大局部承压区的截面尺寸。

例6-2 一根预应力混凝土拉杆端部预应力钢筋锚固区的构造如图6-5所示。已知混凝土的抗压强度 $f_c = 20.5\text{MPa}$,锚下空间网状加强钢筋的抗拉强度 $f_{sy} = 210\text{MPa}$,混凝土强度的修正系数 $\eta_s = 1.0$,间接加强钢筋作用的影响系数 $k = 2.0$,$\lambda = 1.3$。试进行锚固区局部承压计算。

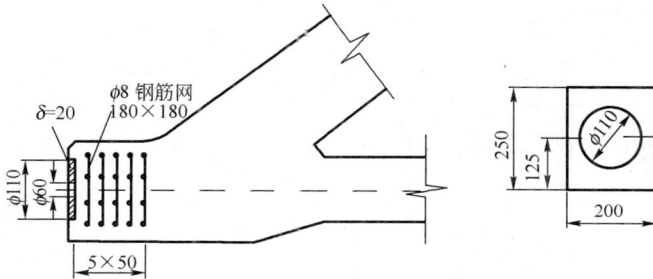

图 6-5 端部预应力钢筋锚固区构造布置(尺寸单位:mm)

解: (1)局部承压承载力计算

根据式(6-15),锚下局部承压承载力为

$$F_u = 0.9(\eta_s \beta_l f_c + k\rho_v \beta_{cor} f_{sy})A_{ln}$$

其中:

$$\beta_l = \sqrt{\frac{A_b}{A_l}}, \beta_{cor} = \sqrt{\frac{A_{cor}}{A_l}}, \rho_v = \frac{n_1 A_{s1} l_1 + n_2 A_{s2} l_2}{A_{cor} s}$$

式中各参数计算如下:

局部承压计算面积 A_b,此简化取构件端部的面积,$A_b = 200 \times 250 = 50\ 000(\text{mm}^2)$;

空间钢筋网范围内的混凝土核心面积 $A_{cor} = 180 \times 180 = 32\ 400(\text{mm}^2)$;

局部承压面积 A_l 以锚板外径经锚垫板按45°角扩散后的面积计算,混凝土局部承压净面积 A_{ln} 扣除锚垫板开孔的影响:

$$A_l = \frac{\pi}{4} \times (110 + 40)^2 = 17\ 671(\text{mm}^2)$$

$$A_{ln} = \frac{\pi}{4} \times [(110 - 40)^2 - 60^2] = 14\ 844(\text{mm}^2)$$

$$\beta_l = \sqrt{\frac{A_b}{A_l}} = \sqrt{\frac{50\ 000}{17\ 671}} = 1.682$$

$$\beta_{cor} = \sqrt{\frac{A_{cor}}{A_l}} = \sqrt{\frac{32\ 400}{17\ 671}} = 1.354$$

空间钢筋网的体积配筋率代入数据得

$$\rho_v = \frac{n_1 A_{s1} l_1 + n_2 A_{s2} l_2}{A_{cor} s} = \frac{2 \times 4 \times \frac{\pi \times 8^2}{4} \times 180}{32\,400 \times 50} = 0.044\,7$$

将以上数据代入式(6-15)，锚下局部承压承载力为

$$\begin{aligned}
F_u &= 0.9(\eta_s \beta_l f_c + k \rho_v \beta_{cor} f_{sy}) A_{ln} \\
&= 0.9 \times (1.0 \times 1.682 \times 20.5 + 2 \times 0.044\,7 \times 1.354 \times 210) \times 14\,844 \times 10^{-3} \\
&= 800.25(kN)
\end{aligned}$$

此局部承压承载力应不小于局部承压面上所需承担的压力。

（2）局部承压抗裂性计算

根据式(6-16)，局部承压抗裂承载力为

$$F_{cr} = \lambda \eta_s \beta_l f_c A_{ln}$$

代入数据得

$$\begin{aligned}
F_{cr} &= \lambda \eta_s \beta_l f_c A_{ln} \\
&= 1.3 \times 1.0 \times 1.682 \times 20.5 \times 14\,844 \times 10^{-3} \\
&= 665.39(kN)
\end{aligned}$$

此局部承压抗裂承载力应不小于局部承压面上所需承担的压力，若不满足这一条件应加大局部承压区的截面尺寸。

复习思考与习题

一根预应力混凝土受弯构件的截面尺寸及布置参照图 6-1 所示。已知控制截面短期作用效应弯矩 $M_s = 580.0 kN \cdot m$，长期作用效应弯矩 $M_l = 400.0 kN \cdot m$，扣除全部预应力损失后构件截面下缘混凝土的有效预压应力 $\sigma_{pc} = 8.0 MPa$，受拉区混凝土塑性系数 $\gamma = 1.20$。其他计算参数如下：$f_t = 2.60 MPa$，$E_s = 2.0 \times 10^5 MPa$，$\sigma_s = 152.0 MPa$，$A_p = 5.60 \times 10^2 mm^2$，$A_s = 3.14 \times 10^2 mm^2$，$W_0 = 5.10 \times 10^{-2} mm^3$。试计算使用阶段短期荷载作用下构件下缘混凝土的裂缝宽度，并校核长期荷载下的应力状况。

第七章　预应力混凝土结构设计方法

前面的章节中主要介绍了预应力混凝土构件的截面承载力和应力及其变形等计算问题。这些都是在已知截面尺寸和已配置钢筋的构件上进行的计算,属于计算或验算问题。本章将主要介绍预应力混凝土结构的设计方法,包括构件截面设计、预应力钢筋面积估算及其布置,以及构造要求等内容。

第一节　预应力混凝土结构设计的基本思路

一、设计的基本要求

预应力混凝土结构的设计应满足以下要求:

(1)结构应有足够的承载力,以使其在承载能力极限状态时具有一定的安全储备。

(2)在施工阶段结构的受力应满足要求;在正常使用条件下结构的受力(混凝土的正截面和斜截面应力、预应力钢筋的应力)和变形都不应超过限值,如果允许混凝土出现裂缝,则裂缝宽度也应在容许的范围内。

(3)结构应耐久适用。选择合适的材料和构造措施,满足使用环境条件下设计基准期内的使用性能和安全性能要求。

(4)设计应经济合理。不仅要考虑材料上的耗费,还要考虑到施工成本;不仅要考虑建造成本,而且应考虑其在预计使用年限内的维护费用。

二、设计的关键问题

达到上述结构设计要求的主要影响因素,是构件截面的选择、预应力钢筋面积的确定及其布置,其中尤为重要的是构件截面的选择。截面的选择意味着构件外形的确定,也将决定预应力钢筋的面积及其布置,而构件的其他设计要求都可以通过局部设计来实现。

构件的截面尺寸和预应力钢筋的面积及其布置是相互关联的。截面尺寸越大抵抗外荷载所需的预应力钢筋数量越少,但截面加大将导致结构自身重力增大,因而也增加了抵抗自身重力所需预应力钢筋的数量。构件截面的形状决定了预应力钢筋布置的位置。因为预应力钢筋是沿构件长度方向布置的,预应力钢筋对截面中性轴的偏心距离同预应力钢筋的面积成反比关系,在其他条件相同时偏心距离越大所需钢筋的面积越少。

构件的截面尺寸和预应力钢筋的数量及位置之间的密切联系导致了设计的复杂性。理论上讲,在满足结构基本设计要求的前提下可有多种方案。但在设计实践中考虑到实施的可行性,只能对有限的方案进行比选,这项工作需要设计者具备丰富的知识和设计经验。因此,设计者通常在参考已有资料的基础上,依据自身知识和经验拟订方案,进行构件截面选择和预应力钢筋配置,并通过多次试算比选最终完成设计。

三、设计的基本步骤

不同的结构尽管形式不同,但其设计理念基本相似。根据结构形式和受力特点,划分出不同的受力单体或构件,分析各构件的使用要求并确定其设计原则,然后进行构件设计,最后通过构件的组装与联系完成整体结构的设计。

以受弯构件的设计为例,构件的跨度、材料(钢筋与混凝土)、作用或荷载、支承条件(约束条件)、施工方法(预制或现浇)等,一般都在方案拟订时已基本确定。首先,针对上述各项条件和要求,选用合理的截面形状、尺寸并进行配筋(预应力与非预应力钢筋);然后,进行承载能力和正常使用状态各项计算或验算,如不能满足规范或设计条件要求则进行修改;最后经过优化使设计达到安全可靠、耐久适用、经济合理及外形美观的目标。设计步骤大体如下:

(1)根据结构的使用要求,参照已有的设计例子和有关资料,选择构件截面形式并初步拟定截面尺寸;

(2)根据结构可能承受的作用及荷载进行最不利组合,计算构件控制截面的内力设计值;

(3)分别根据构件控制截面在承载能力极限状态和正常使用极限状态的内力设计值,估算所需预应力钢筋的面积或数量,并按受力和构造要求进行合理的布置;

(4)计算构件截面几何特征;

(5)计算预应力损失、锚下张拉力、有效预加力;

(6)计算并验算构件正截面承载力和斜截面承载力;

(7)计算并验算构件施工阶段截面应力、使用阶段截面应力和抗裂性;

(8)计算并验算结构或构件变形(挠度和反拱度);

(9)计算并验算构件端部局部承压或锚固区的承载力。

对于连续梁等超静定结构,预加力将引起二次弯矩并对构件截面内力产生影响,可能导致预应力钢筋面积估算偏差,故通常需要多次试算调整预应力钢筋的面积和位置。

第二节　预应力混凝土结构计算的几个基本概念

一、预应力作用的等效荷载法

所谓预应力作用的等效荷载法,是将预应力钢筋及其锚具与构件脱离,把它们对构件的作用替换为等效荷载,再把该等效荷载如同外荷载一样施加到构件上。等效荷载法的概念是 R. B. B. Moorman 于 20 世纪 50 年代初提出的。等效荷载由两部分组成:其一是预应力锚具作用在锚固点的等效作用力,一般称其为结点等效荷载,表示为一组集中荷载;其二是由预应力钢筋线形改变在构件上产生的集中和分布等效作用力,一般称其为线形等效荷载或等效荷载,表示为一组分布荷载。

在预加力作用下,预应力钢筋和混凝土构件组成了一个受力自平衡的体系,或者说预应力钢筋在预加力和等效荷载的反力作用下处于自平衡状态。

1. 曲线预应力钢筋的等效荷载

预应力混凝土构件常采用曲线布置的预应力钢筋,曲线线形一般为圆弧线或二次抛物线。图 7-1 所示简支梁,配置了二次抛物线形的预应力钢筋,跨中矢高(垂度)为 f,预应力钢筋的线形方程可表示为:

$$y_{\mathrm{p}}(x) = \frac{4f}{L^2}x^2 - \frac{4f - e_B + e_A}{L}x + e_A \tag{7-1}$$

式中符号意义见图 7-1。

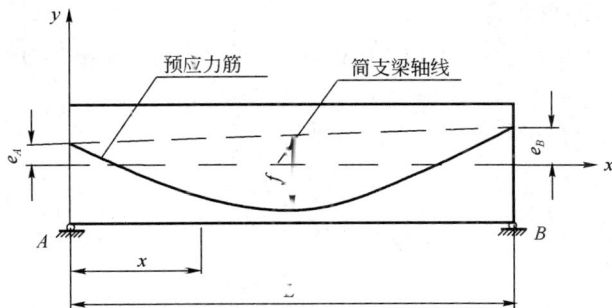

图 7-1 二次抛物线形布置的预应力钢筋

由材料力学可知,弯矩和分布荷载(设向下为正)有如下关系:

$$q(x) = -\frac{\mathrm{d}^2 M}{\mathrm{d}x^2} \tag{7-2}$$

显然,预加力的作用可等效为外荷载:

$$q_e(x) = -\frac{\mathrm{d}^2 M_{\mathrm{p}}}{\mathrm{d}x^2} = -\frac{\mathrm{d}^2}{\mathrm{d}x^2}\big[N_{\mathrm{p}}(x)y_{\mathrm{p}}(x) + ax + b\big] = -\frac{\mathrm{d}^2}{\mathrm{d}x^2}\big[N_{\mathrm{p}}(x)y_{\mathrm{p}}(x)\big] \tag{7-3}$$

式中：M_{p} ——预加力引起的截面弯矩；

N_{p} ——预加力；

a、b ——弯矩 M_{p} 的待定常数；

其余符号意义同前或见图 7-1。

当沿预应力钢筋的预加力 N_{P} 沿其长度为定值时,则将式(7-1)代入式(7-3)即可得

$$q_e(x) = -N_{\mathrm{p}}\frac{\mathrm{d}^2}{\mathrm{d}x^2}\left(\frac{4f}{L^2}x^2 - \frac{4f - e_B + e_A}{L}x + e_A\right) = -\frac{8N_{\mathrm{p}}f}{L^2} \tag{7-4}$$

式中,右边的负号表示钢筋向上弯起时等效线荷载的方向也向上,反之亦然。

2. 折线预应力钢筋的等效荷载

当预应力钢筋为折线形布置时(图 7-2),预应力钢筋在 AC 和 BC 两段为直线变化。在折点 C 以左段预加力引起的弯矩 M_L 为

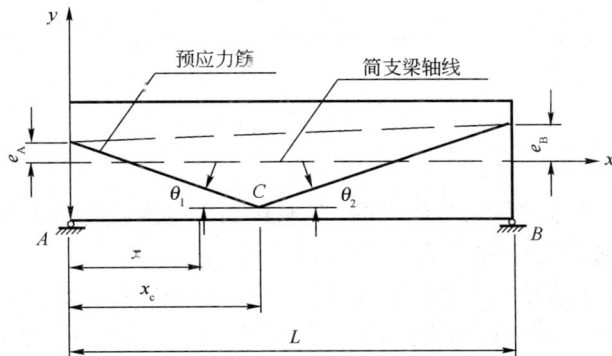

图 7-2 折线形布置的预应力钢筋

113

$$M_{\mathrm{L}} = N_{\mathrm{p}}\cos\theta_1 (e_{\mathrm{A}} - x\tan\theta_1) + ax + b \tag{7-5}$$

折点 C 以右段预加力引起的弯矩 M_{R} 为

$$M_{\mathrm{R}} = N_{\mathrm{p}}\cos\theta_2 [e_{\mathrm{B}} - (L-x)\tan\theta_2] + ax + b \tag{7-6}$$

式中：a、b——M_{L} 和 M_{R} 的待定常数。

由材料力学可知，在折点 C 处的集中等效荷载（向下为正）与剪力的关系为

$$P = [V_{\mathrm{L}}]_{x=x_c} - [V_{\mathrm{R}}]_{x=x_c} \tag{7-7}$$

式中：V_{L}、V_{R}——分别为在折点 C 左、右侧的剪力。

因

$$V_{\mathrm{L}} = \frac{\mathrm{d}M_{\mathrm{L}}}{\mathrm{d}x} = -N_{\mathrm{p}}\cos\theta_1\tan\theta_1 + a = -N_{\mathrm{p}}\sin\theta_1 + a$$

$$V_{\mathrm{R}} = \frac{\mathrm{d}M_{\mathrm{R}}}{\mathrm{d}x} = N_{\mathrm{p}}\cos\theta_2\tan\theta_2 + a = N_{\mathrm{p}}\sin\theta_2 + a$$

则等效集中荷载：

$$P = -N_{\mathrm{p}}(\sin\theta_2 + \sin\theta_1) \tag{7-8}$$

式中，等号右边的负号表示钢筋向上弯折时等效集中荷载的方向也是向上的。

3. 结点等效荷载分析

结点等效荷载计算起来比较直观，参见图 7-3 得到

$$X_i = N_{\mathrm{p}i}\cos\alpha_{\mathrm{p}i} \tag{7-9}$$

$$Y_i = -N_{\mathrm{p}i}\sin\alpha_{\mathrm{p}i} \tag{7-10}$$

$$M_i = X_i y_{\mathrm{p}i} = -N_{\mathrm{p}i} y_{\mathrm{p}i}\cos\alpha_{\mathrm{p}i} \tag{7-11}$$

式中：$N_{\mathrm{p}i}$、$y_{\mathrm{p}i}$、$\alpha_{\mathrm{p}i}$——分别为第 i 个锚固点处预应力钢筋的有效预加力、预应力钢筋曲线在局部坐标系下的 y 坐标和该点处预应力钢筋曲线切线与构件轴线（x 轴方向）的夹角。

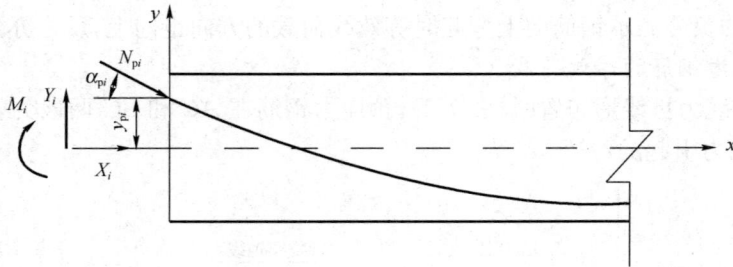

图 7-3　锚固点处的结点等效荷载

4. 等效荷载的适用范围

预应力等效荷载是基于弹性材料假设的，在承载能力极限状态等效荷载是不成立的。所以，等效荷载的概念只能用于结构正常使用阶段的计算中。

由于假设有效预加力沿预应力钢筋全长不变，故求出的等效荷载是近似的。对于曲线多波或多折预应力钢筋，由于有效预应力沿预应力钢筋长度有较大变化，如果仍采用上述假设求出等效荷载并计算构件内力，则结果会与实际情况差别较大。因此，在必要的情况下，需要根据等效荷载的基本原理，计算有效预加力沿预应力钢筋长度变化的等效荷载。

例 7-1　一根预应力混凝土简支梁的尺寸和预应力钢筋的布置如图 7-4 所示。假定为常数的有效预加力 $N_p = 1\,200 \mathrm{kN}$。试计算预加力的等效荷载并计算简支梁的相应内力。

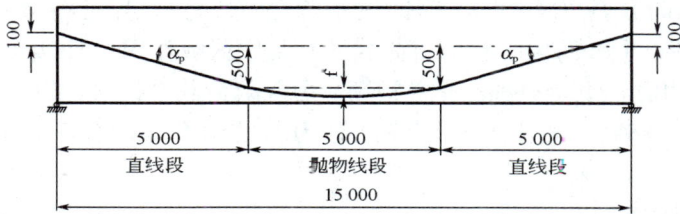

图 7-4　预应力混凝土简支梁尺寸和预应力钢筋布置(尺寸单位:mm)

解:(1)预加力等效荷载计算

①基本几何参数计算

直线段预应力钢筋与简支梁轴线的夹角为

$$\alpha_p = \arctan \frac{500+100}{5\,000} = 0.119\,43(\mathrm{rad})$$

抛物线段预应力钢筋的矢高为

$$f = \frac{1}{2} \times \frac{5\,000}{2} \times \frac{500+100}{5\,000} = 150(\mathrm{mm})$$

②等效荷载计算

采用右手坐标系,参照式(7-9)~式(7-11),梁左端锚固点的结点等效荷载为

$$X_L = N_p \cos\alpha_p = 1\,200 \times \cos 0.119\,43 = 1\,191.45(\mathrm{kN})$$

$$Y_L = -N_p \sin\alpha_p = -1\,200 \times \sin 0.119\,43 = -142.98(\mathrm{kN})$$

$$M_L = -X_L y_p = -1\,191.45 \times 100 \times 10^{-3} = -119.145(\mathrm{kN \cdot m})$$

梁右端锚固点的结点等效集中荷载为

$$X_R = 1\,191.45\mathrm{kN}$$

$$Y_R = -142.98\mathrm{kN}$$

$$M_R = 119.145\mathrm{kN \cdot m}$$

跨中抛物线段等效均布荷载按式(7-4)计算得到

$$q = -\frac{8N_p f}{L^2} = -\frac{8 \times 1\,200 \times 150 \times 10^{-3}}{5\,000^2 \times 10^{-6}} = -57.6(\mathrm{kN/m})$$

负号表示荷载的方向向上。

(2)等效荷载引起的内力计算

以上等效荷载引起的内力如图 7-5 所示。

从图可见,跨中抛物线段的线形等效荷载和锚固点的结点等效荷载并不平衡,且跨中轴力、弯矩值也有偏差。这种误差的原因在于式(7-4)是一个近似公式。

二、预应力混凝土结构设计的荷载平衡法

荷载平衡法是林同炎先生于 1963 年提出的,该方法为预应力混凝土连续梁、板、壳体及框架等结构的设计提供了很大便利。

如前所述,预应力的作用可用等效荷载来替代,而等效荷载也可根据外荷载的作用方式进行设计。如简支梁受到的外荷载为均布荷载 q,其产生的弯矩图形为二次抛物线,则预应力钢筋的线形可取为抛物线[图 7-6a)],预应力的等效荷载与外荷载的作用方向相反,可使结构的

115

一部分以至全部外荷载被预应力钢筋的反向等效荷载 q_b 所抵消（平衡）。在此，称等效荷载 q_b 为平衡荷载。一旦平衡荷载 q_b 确定后，即可推求所需的预加力 N_p 和曲线矢高 f。当外荷载为集中荷载时，相应的预应力钢筋应为折线形布置，其弯折点应在集中荷载作用的位置[图 7-6b)]。如果在同一跨内既有均布荷载又有集中荷载作用，则该梁预应力钢筋的线形可采用曲线与折线相组合。当外荷载全部被预应力等效荷载平衡时，梁承受到的竖向荷载就变为零；该梁如同一根轴心受压构件，只有轴心压力 N_p 的作用而没有弯矩，也没有竖向挠度。

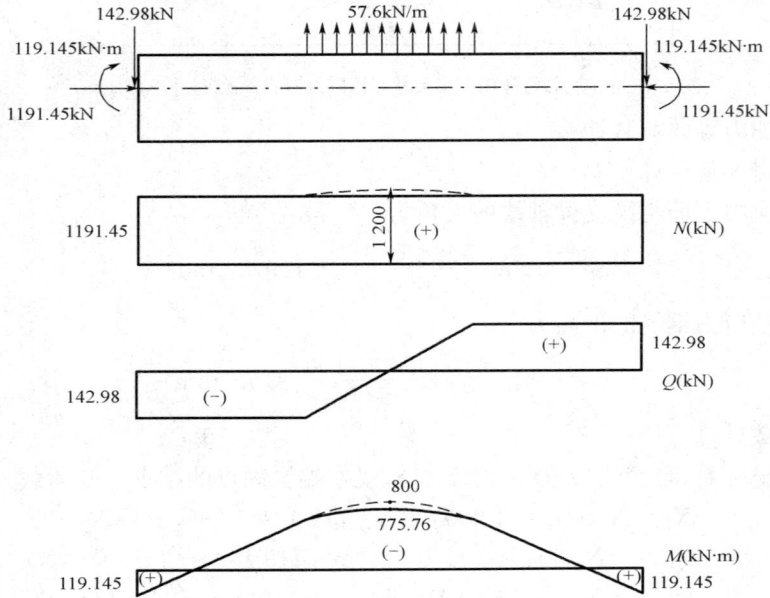

图 7-5　等效荷载引起的内力

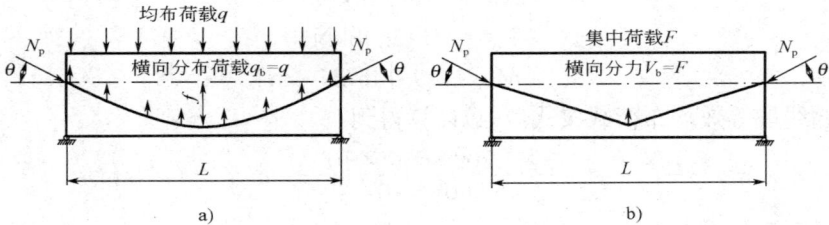

图 7-6　荷载平衡法原理示意
a)均布荷载情况；b)集中荷载情况

1. 荷载平衡分析

荷载平衡分析的基本原理可用图 7-7 所示承受均布荷载的简支梁加以说明。在荷载平衡状态下，该梁在预加力 N_p 和与外荷载相同的平衡荷载 q_b 作用下处于平直状态，没有反拱和挠度，截面只承受一个均布的压应力 N_p/A[图 7-7a)]。如果梁承受的荷载超过 q_b，荷载差额 q_{nb} 产生的弯矩 M_{nb} 引起的截面应力可用材料力学公式 $M_{nb}y/I$ 求得[图 7-7b)]，该应力与 N_p/A 叠加后即可得到最终截面应力[图 7-7c)]。上述分析说明，在达到平衡状态后，预应力梁的分析方法就和非预应力梁一样。

应当注意，为了达到荷载平衡，简支梁两端预应力钢筋的合力必须通过其截面形心，即偏心距应为零，否则端部弯矩将干扰梁的平衡而仍使其处于受弯状态。

116

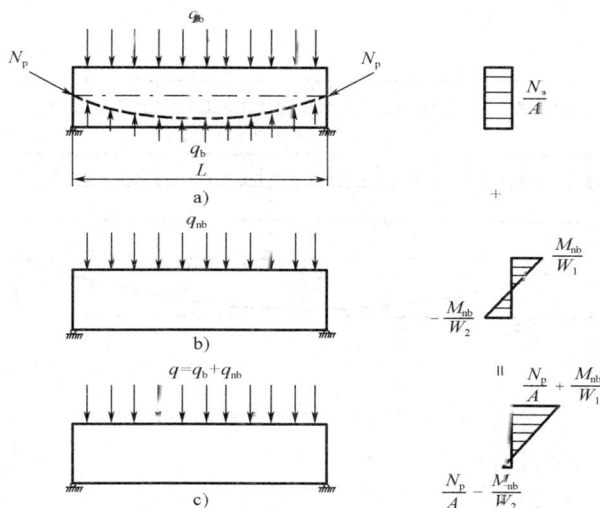

图 7-7 简支梁在平衡荷载和不平衡荷载作用下的载面应力

a)荷载平衡状态；b)荷载不平衡状态；c)＝a)－b)

2.平衡荷载的选择及局限

国内外工程设计经验表明,预应力平衡掉全部结构重力是合适的。当考虑用预应力平衡活荷载时,取用的活荷载应当是实际值,而不是规范规定的设计值。如果规定的活荷载设计值比实际值高很多,就只需要平衡掉其一小部分甚至完全不考虑平衡。反之,活荷载的准永久部分是持久作用的,应当考虑由预应力来平衡。

当结构承受的活荷载与全部外荷载相比较大时,除结构重力外也是需要再平衡掉一部分活荷载的。林同炎教授建议平衡荷载取全部结构重力再加一半活荷载。当活荷载全部移去时,可按活荷载的一半向上作用进行设计;当活荷载全部作用于结构时,则按活荷载的另一半向下作用进行设计。

平衡荷载取值还应考虑对弹性应力限值、裂缝控制、结构反拱和挠度控制,以及极限承载力等条件的要求,这些都是应当满足的。

需指出的是,荷载平衡法是用于初步确定预应力钢筋线形和预加力的有效方法,但由于受到结构构造设计要求的制约,它也有一些不足之处:连续梁采用荷载平衡法得到的预应力钢筋线形在中间支座处将有尖角,这是与实际预应力钢筋布置情况不符的;荷载平衡法不能直接考虑预应力钢筋锚固点偏心引起的弯矩,即在预应力钢筋的锚固点不能有偏心;荷载平衡法不能考虑沿预应力钢筋预加力变化的影响。当然,其他初步设计时采用的方法也存在相似的局限性。

例 7-2 一根简支梁的预应力钢筋布置如图 7-8 所示。已知均布结构重力集度为 $q_g = q_{g1} + q_{g2} = 16.0 \text{kN/m}$,等效活荷载集度 $q_{ll} = 12.0 \text{kN/m}$。试按 $q = q_g + 0.5 q_{ll}$ 采用荷载平衡法确定有效预加力 N_p,并计算简支梁的压力线位置。

解:(1)荷载平衡法确定有效预加力

根据已知条件

$$q = q_g + 0.5 q_{ll} = 16.0 + 0.5 \times 12.0 = 22.0 (\text{kN/m})$$

将此作为预应力钢筋的线形等效荷载,代入式(7-4)得到

$$q_b = q = -\frac{8N_p f}{L^2} = -\frac{8 \times N_p \times 800 \times 10^{-3}}{18\,000^2 \times 10^{-6}} = -22.0 (\text{kN/m})$$

求得有效预加力 $N_p=1\,113.75kN$。

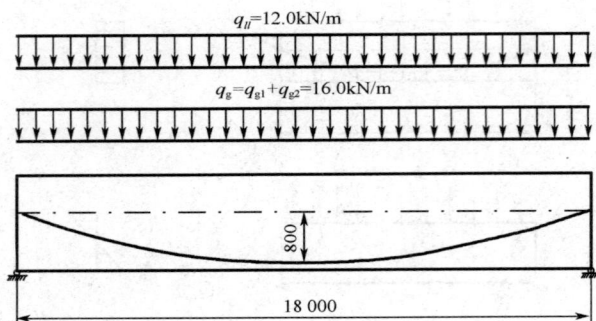

图 7-8　简支梁预应力钢筋布置示意图(尺寸单位:mm)

(2)简支梁压力线位置计算

①结构重力和预加力作用下

结构重力和预加力等效均布荷载为

$$q_g+q_b=16.0-22.0=-6.0(kN/m)$$

简支梁跨中相应弯矩为

$$M_1(l/2)=M_{l/2,1}=\frac{(q_g+q_b)l^2}{8}=-\frac{6.0\times18\,000^2\times10^{-6}}{8}=-243.0(kN\cdot m)$$

假定梁的轴力为常数,即 $N_1=N_p=1\,113.75(kN)$,则跨中截面压力线的位置为

$$y_{l/2,1}=\frac{M_1(l/2)}{N_1}=-\frac{243.0}{1\,113.75}=-0.218\,18(mm)$$

因 $M_{l/2,1}(x)$ 沿梁长方向按二次抛物线变化,故压力线也为二次抛物线,矢高即为 $y_{l/2,1}$。

②结构重力、预加力和活荷载作用下

结构重力和预加力等效均布荷载:$q_g+q_b+q_{ll}=16.0-22.0+12.0=6.0(kN/m)$。

简支梁跨中相应弯矩:$M_{l/2,2}=243.0(kN\cdot m)$。

跨中截面压力线的位置:$y_{l/2,2}=0.218\,18(mm)$。

同样,压力线也为二次抛物线,矢高为 $y_{l/2,2}$。

三、预应力引起的主内力和次内力

1. 预应力引起的主内力

预应力在静定或超静定结构的静定基本结构上产生的内力称为主内力。预应力引起的主内力可以直接由构件截面受力平衡条件求得。

如图 7-9a)所示,$y_p=y_p(x)$ 为局部坐标系中预应力钢筋的线形方程,对于等截面构件其大小即为偏心矩。如图 7-9b)所示,在坐标 x 处,预应力钢筋的预加力 N_p 和作用在构件截面上的主轴力 N_1、主剪力 V_1 和主弯矩 M_1,形成了一个自平衡力系,可以得到如下主内力的表达式:

$$N_1=N_1(x)=N_p\cos\alpha_p \tag{7-12a}$$

$$V_1=V_1(x)=N_p\sin\alpha_p \tag{7-13a}$$

$$M_1=M_1(x)=N_p y_p\cos\alpha_p \tag{7-14a}$$

118

式中:符号意义同前或如图 7-9 所示。

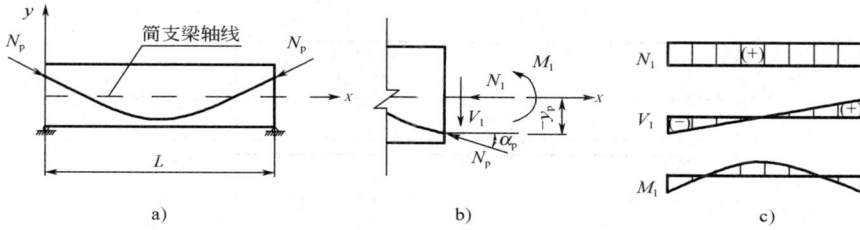

图 7-9　预应力引起的主内力分析
a)预应力混凝土简支梁;b)截面受力分析;c)主内力图

一般情况下,预应力钢筋线形比较平缓,即 α_p 比较小,则 $\sin\alpha_p \approx \alpha_p$、$\cos\alpha_p \approx 1$,因此主内力可以近似表达为

$$N_1 = N_1(x) = N_p \tag{7-12b}$$

$$V_1 = V_1(x) = N_p\alpha_p \tag{7-13b}$$

$$M_1 = M_1(x) = N_p y_p \tag{7-14b}$$

当构件为变截面时,截面形心线一般为曲线或折线。若取 $y_p = y_p(x)$ 为预应力钢筋线形相对于截面形心轴的曲线方程,则同样也可由截面受力平衡求得主内力。

2.预应力产生的次内力和总内力

首先讨论一下图 7-10 所示的预应力混凝土简支梁,其在预应力作用下的内力即为主内力。施加预应力后梁将产生变形,当预应力钢筋位于轴线以下时梁将上拱,由于简支梁没有多余约束,变形是自由的、支座反力也为零。

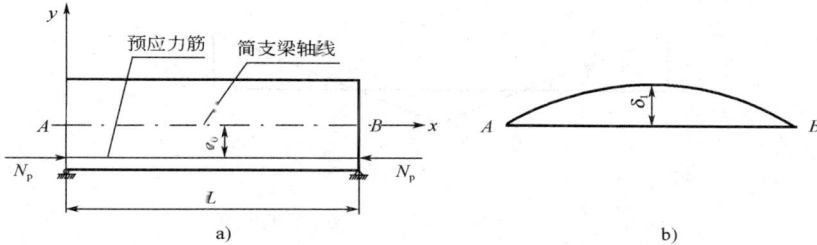

图 7-10　预应力混凝土简支梁及预应力引起的变形
a)预应力混凝土简支梁;b)简支梁可自由变形

再取图 7-11a)所示的一根直线配筋的两跨预应力混凝土连续梁,说明其次弯矩产生的机理。首先,将连续梁中支座处的约束释放并对其施加预应力,此时梁内将产生主弯矩[图 7-11e)]并发生图示的反拱[图 7-11b)];然后,在中支点处施加强迫力 R_c,使中支点处梁的位移变为零并约束之[图 7-11c)],这时连续梁内产生的弯矩增量即为次弯矩[图 7-11f)],而强迫力 R_c 就是中支座的次反力[图 7-11d)]。可见,在超静定结构中,施加预应力后产生的相对预应力主内力的内力增量即为次内力。

其他结构及其他次内力的计算原理同上,此不赘述。

显然,总内力就是主内力和次内力之和,亦即预应力产生的内力。由预应力产生的轴力、剪力及弯矩,也称为预轴力、预剪力及预弯矩。

若超静定结构在预应力作用下不产生次内力,则布置在构件中的预应力钢筋(束)称为吻合束(索)。此时,预应力引起的压力线和预应力钢筋(束)合力作用线重合。

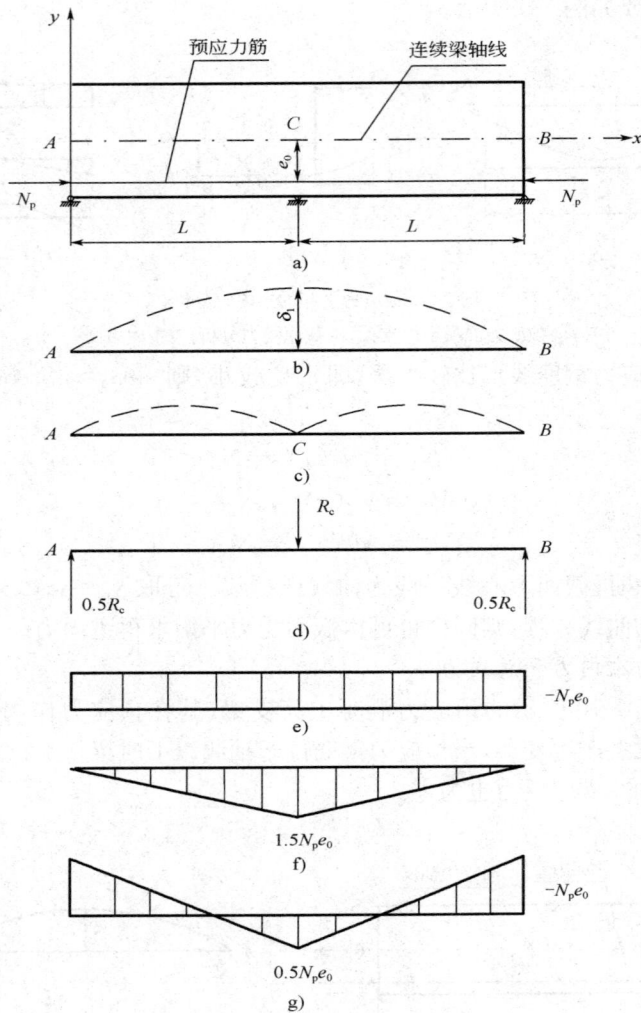

图 7-11　连续梁预应力次弯矩产生的机理

a)预应力混凝土连续梁;b)无支座 C 时梁在预应力作用下的变形;c)连续梁在预应力作用下的实际变形;d)由预应力引起的中支座 C 处的次反力;e)主弯矩图;f)次弯矩图;g)总弯矩

第三节　预应力混凝土构件的设计方法

一、构件截面设计

当结构总体方案确定后,设计者的主要任务是合理地选取、拟定构件的截面形式和截面尺寸。合理的截面形式和尺寸不仅能保证结构具有良好的工作性能,而且对结构的经济性也具有重要的作用。

预应力混凝土构件抵抗外荷载弯矩的机理与钢筋混凝土构件不同。钢筋混凝土构件主要依靠变化钢筋的合力(或变化混凝土的合力)与固定的内力偶臂来抵抗外荷载弯矩;而预应力混凝土构件,则依靠基本不变的预加力 N_p(或混凝土的合力)与随荷载弯矩变化而变化的内力偶臂来抵抗外荷载弯矩。因此,对预应力混凝土受弯构件来说,在预加力 N_p 相同的条件下,其内力偶臂所能变化的范围越大,其能抵抗荷载弯矩的能力也就越大,或抗弯效率就越高。

1. 按照经验选取截面形式和拟定截面尺寸

在实际工程设计中,人们根据多年实践经验及理论研究成果,同时考虑设计、使用及施工等多种因素,已经形成了一些常用的截面形式及其基本尺寸可供设计参考。下面以预应力混凝土受弯构件为例,介绍一些常用截面形式及其基本尺寸。

(1)预应力混凝土实心板[图7-12a)]

预应力混凝土实心板主要用于房屋结构中的楼板或其他结构的薄板部分,适合采用现浇施工方法、后张预应力工艺。实心板的厚度较小、适用的跨径也较小,其跨高比一般取为40～45,连续板的最大跨径约为10m。

(2)预应力混凝土带肋板[图7-12b)]

预应力混凝土带肋板主要用于房屋结构中的楼板等部分,适合采用现浇施工方法、后张预应力工艺。根据板的高度和跨径要求,肋的宽度、分布密度可形成多种构造形式。当跨径和板厚较小时可采用窄肋密布构造,跨高比一般取为30～35,连续板的最大跨径约为15m;当跨径较大时可采用间距较大的宽肋构造,跨高比一般取为20～25,连续板的最大跨径约为20m。

(3)预应力混凝土空心板梁[图7-12c)]

预应力混凝土空心板梁主要用于桥梁结构,适合采用预制施工方法。这种板梁的芯孔可采用圆形、圆端形或椭圆形等形式。跨径较小时一般采用直线预应力钢筋、先张预应力工艺,跨径较大时采用曲线预应力钢筋、后张预应力工艺。空心板梁的跨高比一般取为18～23,用作简支梁的最大跨径约为25m。

(4)预应力混凝土T形梁[图7-12d)]

预应力混凝土T形梁主要用于桥梁结构,适合采用预制施工方法、后张预应力工艺。在梁中间段的下部为布置预应力钢筋和承受预压力的需要,常将肋板加厚成"马蹄"形;而在梁端部锚固区段为满足锚具布置和局部承压的要求,常将其构造成与"马蹄"同宽。T形梁的跨高比一般取为15～20,用作简支梁的最大跨径约为45m。

(5)预应力混凝土箱形梁[图7-12e)]

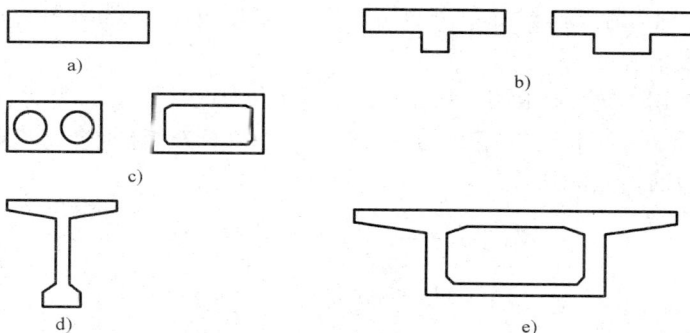

图7-12　预应力混凝土受弯构件典型的截面形式

预应力混凝土箱形梁主要用于桥梁结构,适合采用预制或现浇施工方法、后张预应力工艺。箱形截面抗扭刚度大,板壁一般较薄,材料利用合理,结构自身重力较小,承载能力和跨越能力均较大。等截面箱形梁的跨高比一般取为20～25,用作简支梁的最大跨径约为60m。

2. 根据主要受力阶段混凝土容许应力和抗裂要求拟定截面尺寸

现以承担正弯矩的预应力混凝土受弯构件为例介绍预应力钢筋截面积估算的方法。

根据在预加应力阶段和使用阶段构件混凝土截面上、下缘应力限制条件和抗裂要求,建立基本方程式。以全预应力混凝土受弯构件为例,可以建立如下基本方程(在此,构件的外部作用仅考虑结构重力和活荷载,不计后张预应力孔道削弱截面的影响,并设压应力为正,拉应力为负):

(1)预加应力阶段应力限制条件

$$\sigma_{cu} = \frac{N_p}{A_c}\left(1 - \frac{e_p y_u}{i_c^2}\right) + \frac{M_{g1} y_u}{I_c} \geqslant [\sigma_{ct}] \qquad (7\text{-}15)$$

$$\sigma_{cb} = \frac{N_p}{A_c}\left(1 + \frac{e_p y_b}{i_c^2}\right) - \frac{M_{g1} y_b}{I_c} \leqslant [\sigma_{cc}] \qquad (7\text{-}16)$$

(2)使用阶段应力限制条件

$$\sigma_{cu} = \frac{\alpha N_p}{A_c}\left(1 - \frac{e_p y_u}{i_c^2}\right) + \frac{M_{g1} + M_{g2} + M_{ll}}{I_c} y_u \leqslant [\sigma_c] \qquad (7\text{-}17)$$

(3)使用阶段抗裂要求

$$\chi \frac{\alpha N_p}{A_c}\left(1 + \frac{e_p y_b}{i_c^2}\right) - \frac{M_s}{I_c} y_b \geqslant 0 \qquad (7\text{-}18)$$

式中: N_p——传力锚固时预应力钢筋有效预加力的合力;

A_c、I_c——分别为混凝土截面的面积和惯性矩;

i_c——混凝土截面的回转半径,$i_c^2 = I_c/A_c$;

e_p——预应力钢筋的合力作用点至截面形心轴的距离;

y_u、y_b——分别为混凝土截面上、下边缘至截面形心轴的距离;

M_{g1}——结构自身重力 g_1 在计算截面处产生的弯矩;

M_{g2}、M_{ll}——分别为传力锚固后结构附加重力 g_2 和活荷载在计算截面产生的弯矩;

M_s——结构重力 g_1、g_2 和活荷载短期效应组合产生的弯矩(详见有关规范);

α——全部预应力损失发生后预应力钢筋的永存预加力与其传力锚固时的有效预加力之比值,初估预应力钢筋面积时可近似取 $\alpha = 0.8$;

χ——系数(详见有关规范);

$[\sigma_{ct}]$、$[\sigma_{cc}]$——分别为施工阶段混凝土的容许拉应力(拉应力为负)和容许压应力(压应力为正);

$[\sigma_c]$——使用阶段混凝土的容许压应力(压应力为正)。

现将式(7-15)和式(7-17)运算组合、式(7-16)与式(7-18)运算组合,分别得到如下混凝土截面上、下缘抗弯截面模量的估算值:

$$W_u \geqslant \frac{M_{g2} + M_{ll} + (1-\alpha)M_{g1}}{[\sigma_c] - \alpha[\sigma_{ct}]} \qquad (7\text{-}19)$$

$$W_b \geqslant \frac{M_s - \chi\alpha M_{g1}}{\chi\alpha[\sigma_{cc}]} \qquad (7\text{-}20)$$

式中符号意义同前。

根据以上按预加应力阶段和使用阶段混凝土容许应力估算的抗弯截面模量,可以对经验尺寸进行初步校核。

截面的抗弯效率是衡量截面尺寸合理性的一个重要指标。在一般情况下,截面抗弯效率可用参数 $\eta_b = (K_u + K_b)/h$(K_u、K_b 分别为截面上、下核心距,h 为截面高度)来表示,并将 η_b 称为抗弯效率指标,其值越大表示截面抗弯效率越高。实际上,η_b 反映了截面沿高度分布的合理性,故它与截面形式有关。例如,矩形截面的 η_b 值为 $1/3$,空心板一般为 $0.4\sim0.55$,T 形截面亦可达到 0.5 左右。若 T 形梁的 $\eta_b<0.45$ 时,一般截面比较笨重;而当 $\eta_b>0.55$ 时,则截面过分单薄,应注意检查薄腹板、薄翼缘的稳定性。因此,在预应力混凝土构件截面设计时,应在满足受力与施工要求的前提下选取合理的截面形式。

二、预应力钢筋面积估算

预应力钢筋的面积可由承载能力极限状态时的极限承载力、施工和使用阶段的应力等方面的要求来估算。本节主要介绍承担正弯矩的受弯构件预应力钢筋面积估算的基本思想,该思路可以拓展到其他受力情况的构件。

1. 按承载能力极限状态估算

现以矩形截面受弯构件为例,构件达到抗弯极限状态时,受压区混凝土应力达到相应的抗压强度,受拉区钢筋达到抗拉强度。在初步估算预应力钢筋面积时,可参照如下步骤。

如图 7-13 所示,设 b、h_0 为已知,不考虑 A_s 和 A_s' 的影响,则由沿轴向力方向的平衡条件,有 $\Sigma X=0$:

$$A_p f_{py} = \alpha_1 f_c b x \qquad (7\text{-}21)$$

图 7-13　矩形截面预应力混凝土受弯构件截面抗弯承载力计算图式

由受拉区预应力合力作用点力矩的平衡条件,有 $\Sigma M_p=0$:

$$M = \alpha_1 f_c b x \left(h_0 - \frac{x}{2} \right) \qquad (7\text{-}22)$$

从式(7-22)解得

$$x = h_0 - \sqrt{h_0^2 - \frac{2M}{\alpha_1 f_c b}} \qquad (7\text{-}23)$$

式中：M——对应构件达到抗弯极限状态的截面弯矩组合值。

将式(7-23)代入式(7-21)可得

$$A_p f_{py} = \alpha_1 f_c b \left(h_0 - \sqrt{h_0^2 - \frac{2M}{\alpha_1 f_c b}} \right)$$

或

$$A_p = b \frac{\alpha_1 f_c}{f_{py}} \left(h_0 - \sqrt{h_0^2 - \frac{2M}{\alpha_1 f_c b}} \right) \qquad (7\text{-}24)$$

式中符号意义同前。

对需要承受正、负弯矩的截面,可近似按正、负弯矩分别估算相应的预应力钢筋面积,然后再进行调整、优化。

2. 按施工阶段和使用阶段混凝土截面上、下缘容许应力和抗裂要求估算

经过简单变换,由式(7-15)~式(7-18)可得如下不等式(也称为麦尼尔不等式)。

预加应力阶段:

$$\frac{1}{N_p} \geqslant \frac{\dfrac{e_p y_u}{i_c^2} - 1}{A_c \left(\dfrac{M_{g1} y_u}{I_c} - [\sigma_{ct}] \right)} \qquad (7\text{-}25)$$

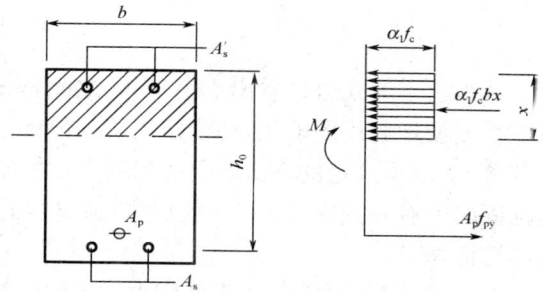

$$\frac{1}{N_p} \geqslant \frac{1 + \dfrac{e_p y_b}{i_c^2}}{A_c\left(\dfrac{M_{g1} y_b}{I_c} + [\sigma_{cc}]\right)} \tag{7-26}$$

使用阶段：

$$\frac{1}{N_p} \geqslant \frac{\alpha\left(1 - \dfrac{e_p y_u}{i_c^2}\right)}{A_c\left([\sigma_c] - \dfrac{M_{g1} + M_{g2} + M_{ll}}{I_c} y_u\right)} \tag{7-27}$$

$$\frac{1}{N_p} \leqslant \frac{\chi\alpha\left(1 + \dfrac{e_p y_b}{i_c^2}\right)}{A_c \dfrac{M_s}{I_c} y_b} \tag{7-28}$$

从以上不等式可以看出 $1/N_p$ 与 e_p 之间是线性关系。因而，当混凝土截面尺寸选定后，就可以很方便地利用图解法，初步定出符合设计条件的 N_p 与 e_p 可供选用的范围（图 7-14 中的阴影部分）。根据选定的 N_p，确定适当的张拉控制应力 σ_{con}，扣除第一阶段的预应力损失，求得传力锚固时的有效预应力 σ_{pe}（一般后张法构件约为 σ_{con} 的 0.8 倍），就可以估算出所需预应力钢筋的总面积 A_p。

A_p 确定之后，可按每一束预应力钢筋的面积 A_{p1} 算出所需的钢束数 n_1：

$$n_1 = A_p/A_{p1} \tag{7-29}$$

例 7-3　一根预应力混凝土 T 形简支梁初拟的跨中截面尺寸如图 7-15 所示。已知：$M_{g1} = 2\,530\text{kN} \cdot \text{m}$，$M_{g2} = 1\,150\text{kN} \cdot \text{m}$，$M_{ll} = 1\,800\text{kN} \cdot \text{m}$，$M_s = 4\,940\text{kN} \cdot \text{m}$，$M = 7\,000\text{kN} \cdot \text{m}$，$A_c = 7.902 \times 10^5 \text{mm}^2$，$I_c = 4.157 \times 10^{11}\text{mm}^4$，$y_u = 774.7\text{mm}$，$y_b = 1\,225.3\text{mm}$，$\chi = 0.85$，$\alpha_1 f_c = 28.25\text{MPa}$，$f_{py} = 1\,280\text{MPa}$，$f_{pk} = 1\,600\text{MPa}$，$[\sigma_{cc}] = 21.0\text{MPa}$，$[\sigma_{ct}] = -1.68\text{MPa}$，$[\sigma_c] = 17.5\text{MPa}$。试为该截面估算预应力钢筋面积。

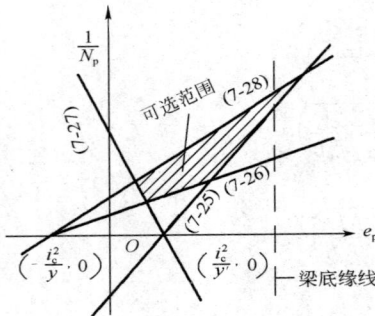

图 7-14　预应力钢筋合力及其位置的可选范围

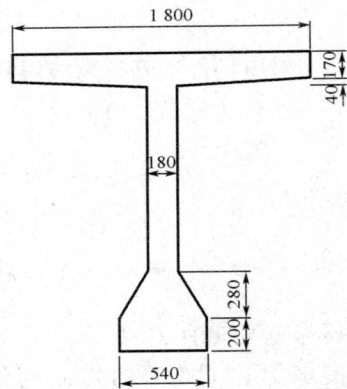

图 7-15　预应力混凝土 T 形简支梁的跨中截面尺寸
（尺寸单位：mm）

解：(1)抗弯截面模量校核

根据式(7-19)和式(7-20)，混凝土截面上、下缘抗弯截面模量需满足如下条件：

$$W_u \geqslant \frac{M_{g2} + M_{ll} + (1 - \alpha)M_{g1}}{[\sigma_c] - \alpha[\sigma_{ct}]}$$

$$W_b \geqslant \frac{M_s - \chi\alpha M_{g1}}{\chi\alpha[\sigma_{cc}]}$$

初拟截面的上、下缘抗弯截面模量分别为

$$W_u = \frac{I_c}{y_u} = \frac{4.157 \times 10^{11}}{774.7} = 5.366 \times 10^8 (\text{mm}^3)$$

$$W_b = \frac{I_c}{y_b} = \frac{4.157 \times 10^{11}}{1\,225.3} = 3.393 \times 10^8 (\text{mm}^3)$$

取 $\alpha = 0.8$，按式(7-19)和式(7-20)右边计算得

$$\frac{M_{g2} + M_{ll} + (1-\alpha)M_{g1}}{[\sigma_c] - \alpha[\sigma_{ct}]} = \frac{1\,150 \times 10^6 + 1\,800 \times 10^6 + (1-0.8) \times 2\,530 \times 10^6}{17.5 + 0.8 \times 1.68}$$

$$= 1.834 \times 10^8 (\text{mm}^3) < W_u = 5.366 \times 10^8 (\text{mm}^3)$$

$$\frac{M_s - \chi\alpha M_{g1}}{\chi\alpha[\sigma_{cc}]} = \frac{4\,940 \times 10^6 - 0.85 \times 0.8 \times 2\,530 \times 10^6}{0.85 \times 0.8 \times 21.0}$$

$$= 2.25 \times 10^8 (\text{mm}^3) < W_b = 3.393 \times 10^8 (\text{mm}^3)$$

满足要求，且较富裕。

(2)按承载能力极限状态估算预应力钢筋面积

考虑到承载能力极限状态时截面受压区高度较低，故近似取式(7-24)计算：

$$A_p = b\frac{\alpha_1 f_c}{f_{py}}\left(h_0 - \sqrt{h_0^2 - \frac{2M}{\alpha_1 f_c b}}\right)$$

此初估 $h_0 = 0.9h = 0.9 \times 2\,000 = 1\,800(\text{mm})$，则预应力钢筋的面积为

$$A_p = 1\,800 \times \frac{28.25}{1\,280} \times \left(1\,800 - \sqrt{1\,800^2 - \frac{2 \times 7\,000 \times 10^6}{28.25 \times 1\,800}}\right)$$

$$= 3\,105.6(\text{mm}^2)$$

(3)按施工阶段和使用阶段估算预应力钢筋面积

采用式(7-25)～式(7-28)进行如下运算：

$$\frac{1}{N_p} \geqslant \frac{\dfrac{e_p y_u}{i_c^2} - 1}{A_c\left(\dfrac{M_{g1} y_u}{I_c} - [\sigma_{ct}]\right)}$$

$$\frac{1}{N_p} \geqslant \frac{e_p \times 774.7/(4.157 \times 10^{11}/7.902 \times 10^5) - 1}{7.902 \times 10^5 \times (2\,530 \times 10^3 \times 774.7/4.157 \times 10^{11} + 1.68 \times 10^{-3})}$$

化简得

$$\frac{1}{N_p} \times 10^4 \geqslant 2.514\,1 \times 10^{-3} e_p - 1.978\,9 \tag{7-30}$$

$$\frac{1}{N_p} \geqslant \frac{1 + \dfrac{e_p y_b}{i_c^2}}{A_c\left(\dfrac{M_{g1} y_b}{I_c} + [\sigma_{cc}]\right)}$$

$$\frac{1}{N_p} \geqslant \frac{1 + e_p \times 1\,225.3/[4.157 \times 10^{11}/(7.902 \times 10^5)]}{7.902 \times 10^5 \times [2\,530 \times 10^3 \times 1\,225.3/(4.157 \times 10^{11}) + 21.0 \times 10^{-3}]}$$

化简得

$$\frac{1}{N_p} \times 10^4 \geqslant 1.035\,8 \times 10^{-3} e_p + 0.444\,7 \tag{7-31}$$

$$\frac{1}{N_p} \geqslant \frac{\alpha\left(1 - \dfrac{e_p y_u}{i_c^2}\right)}{A_c\left([\sigma_c] - \dfrac{M_{g1} + M_{g2} + M_{ll}}{I_c} y_u\right)}$$

$$\frac{1}{N_p} \geqslant \frac{0.8 \times \{1 - e_p \times 774.7/[4.157 \times 10^{11}/(7.902 \times 10^5)]\}}{7.902 \times 10^5 \times [17.5 \times 10^{-3} - (2\,530 + 1\,150 + 1\,800) \times 10^3 \times 774.7/(4.157 \times 10^{11})]}$$

化简得

$$\frac{1}{N_p} \times 10^4 \geqslant 1.389\,2 - 2.045\,8 \times 10^{-3} e_p \qquad (7\text{-}32)$$

$$\frac{1}{N_p} \leqslant \frac{\chi \alpha \left(1 + \dfrac{e_p y_b}{i_c^2}\right)}{A_c \dfrac{M_s}{I_c} y_b}$$

$$\frac{1}{N_p} \leqslant \frac{0.85 \times 0.8 \times \{1 + e_p \times 1\,225.3/[4.157 \times 10^{11}/(7.902 \times 10^5)]\}}{7.902 \times 10^5 \times 4\,940 \times 10^3 \times 1\,225.3/(4.157 \times 10^{11})}$$

化简得

$$\frac{1}{N_p} \times 10^4 \leqslant 1.376\,5 \times 10^{-3} e_p + 0.591\,0 \qquad (7\text{-}33)$$

将式(7-30)~式(7-33)绘于图 7-16,得到 N_p 与 e_p 可供选用的范围。现初选预加力作用点距离梁底 200mm,则 $e_p = 1\,225.3 - 200 = 1028.3$(mm)。根据图 7-16,$1/N_p$ 现按式(7-31)和式(7-33)的中值确定:

$$\frac{1}{N_p} \times 10^4 = \frac{1}{2} \times [(1.035\,8 + 1.376\,5) \times 10^{-3} \times 1\,225.3 + 0.444\,7 + 0.591\,0]$$
$$= 1.995\,7$$

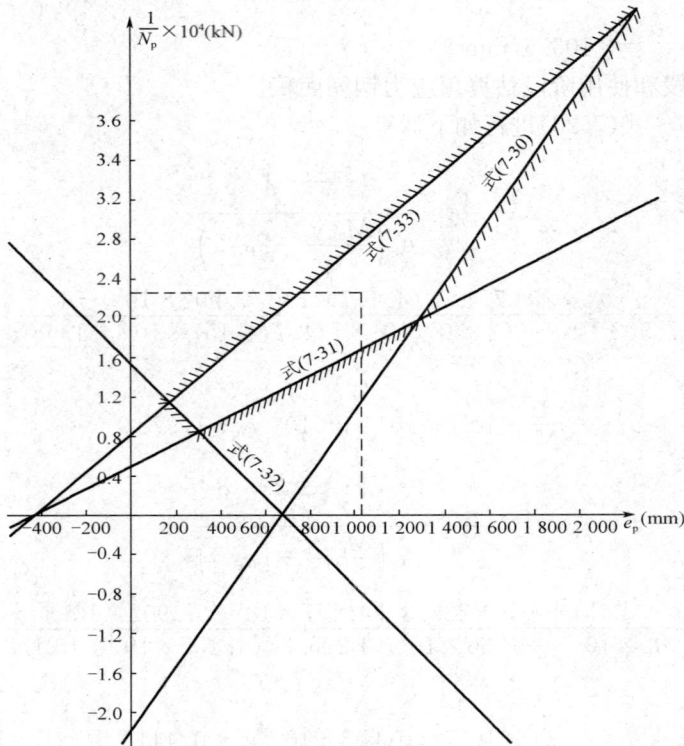

图 7-16　N_p 与 e_p 的可选范围

从而得传力锚固时的预加力 $N_p = 5\,010.8$kN。

考虑传力锚固时的有效预应力近似为张拉控制应力的 0.8 倍,而取张拉控制应力 $\sigma_{con} =$

126

$$0.75f_{pk}, 于是,$$

$$N_p = 5\ 010.8\text{kN} = 0.8 \times 0.75 f_{pk} A_p = 0.8 \times 0.75 \times 1\ 600 \times 10^{-3} A_p$$

即

$$A_p = 5\ 219.6(\text{mm}^2)$$

根据以上按承载能力极限状态、施工阶段和使用阶段应力与抗裂要求估算的预应力钢筋面积，最后取预应力钢筋面积 $A_p = 5\ 219.6\text{m}^2$ 作为该简支梁下一步设计的初定值。

三、预应力钢筋布置的界限

对于预应力混凝土简支梁，在弯矩最大的跨中截面应尽可能使预应力钢筋的合力降低（尽量增大偏心距 e_p），使之产生较大的预应力负弯矩 $N_p e_p$ 来平衡荷载产生的正弯矩。而对于荷载弯矩较小的其他截面，如 N_p 近似不变则应相应地减小偏心距 e_p，以免因过大的预应力负弯矩而使构件上缘混凝土出现超限的拉应力。

为了不使构件上、下缘混凝土出现超限的拉应力，可以按照最小荷载（结构自身重力 g_1）作用下和最不利荷载（结构自身重力 g_1、结构附加重力 g_2 和活荷载）作用下的两种情况，分别确定 N_p 在各截面上偏心矩的限值。由此可以绘出如图 7-17 所示的两条 e_p 的限值线 E_1 和 E_2。只要 N_p 合力作用位置（近似为预应力钢筋的截面形心）落在由 E_1 及 E_2 所围成的区域内，就能保证构件在最小荷载和最不利荷载作用下，其上、下缘混凝土均不会出现超限的拉应力。因此，我们把由 E_1 和 E_2 两条曲线所围成的、布置预应力钢筋（钢束）的界限，称为束界（或索界）。

根据上述原则，可以容易地按下列方法绘制预应力混凝土等截面简支梁的束界。

下面近似地略去孔道削弱和灌浆后粘结力的影响，截面几何特性仍按素混凝土材料计算，并设压应力为正，拉应力为负。

在预加应力阶段，保证截面上缘混凝土应力不超出容许拉应力的条件为

$$\sigma_{cu} = \frac{N_p}{A_c} - \frac{N_p e_{p1}}{W_{cu}} + \frac{M_{g1}}{W_{cu}} \geqslant [\sigma_{ct}] \quad (7\text{-}34)$$

由此求得

$$e_{p1} \leqslant E_1 = K_b + \frac{M_{g1} - W_{cu}[\sigma_{ct}]}{N_p} \quad (7\text{-}35)$$

式中：e_{p1}——预应力钢筋合力的偏心距，在混凝土截面形心轴以下为正，反之为负；

K_b——混凝土截面的下核心距，$K_b = W_{cu}/A_c$；

其余符号意义同前。

同理，在使用荷载作用下，按照保证截面下缘混凝土应力不超出容许拉应力的条件，同样可以求得预应力钢筋合力的偏心距 e_{p2} 为：

$$e_{p2} \geqslant E_2 = \frac{M_{g1} + M_{g2} + M_p + W_{cb}[\sigma_t]}{\alpha N_p} - K_u \quad (7\text{-}36)$$

式中：K_u——混凝土截面的上核心距，$K_u = W_{cb}/A_c$；

其余符号意义同前。

从以上公式可以看出，e_{p1}、e_{p2} 分别具有与弯矩（$M_{g1} + M_{g2} + M_{ll}$）相似的变化规律，都可视为沿跨长变化的抛物线，其限值 E_1、E_2 如图 7-17 所示。曲线 E_1 和 E_2 分别称为束界的下限和上限，曲线 E_1、E_2 之间的区域就是钢筋可配置的范围。由此可见，预应力钢筋合力位置所应遵循的条件为：

$$\frac{M_{g1}+M_{g2}+M_{ll}+W_{cb}[\sigma_t]}{\alpha N_p}-K_u \leqslant e_p \leqslant K_b + \frac{M_{g1}-W_{cu}[\sigma_{ct}]}{N_p} \qquad (7\text{-}37)$$

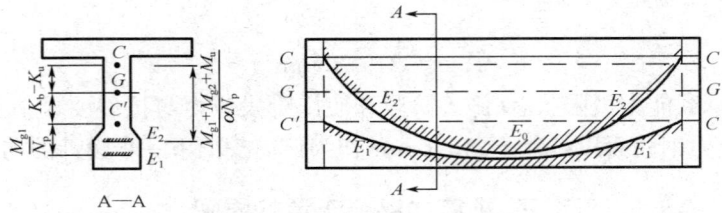

图 7-17　预应力混凝土简支梁的束界

只要预应力钢筋合力的偏心距 e_p 满足式(7-37)的要求,就可以保证构件在预加应力阶段和使用阶段,截面上、下缘混凝土应力都不会超出容许拉应力。可见,采用束界检验预应力钢筋配置是否得当,是一个简便而直观的方法。

四、先张预应力钢筋布置

先张预应力混凝土构件一般都采用直线预应力钢筋,其材料种类有螺纹钢筋、钢丝和钢绞线。直线预应力钢筋在构件全长范围内对截面中性轴的偏心距相同,且预加力也基本相同,对沿长度弯矩变化的构件将会产生不利的影响。例如,简支梁的跨中弯矩最大,支点处弯矩为0,为抵抗跨中弯矩配置的预应力钢筋,必将导致简支梁靠近支点的某个范围内上缘出现过大的拉应力。为了克服上述问题,设计时一般从梁端部到四分点之间将预应力钢筋和混凝土分批隔离。例如,可通过在预应力钢筋表面套塑料管或牛皮纸等,将预应力钢筋和混凝土在某一长度内隔离。但是,确定隔离长度时应考虑预应力钢筋的锚固长度。

另外,由于先张预应力混凝土构件是依靠混凝土和预应力钢筋之间的握裹力锚固预应力钢筋的,因此,预应力钢筋之间的间距、预应力钢筋至混凝土表层的距离都有严格的限制。详见有关规范规定。

五、后张预应力钢筋布置

1.预应力钢筋布置的基本原则

对于后张预应力混凝土构件,由于施加预应力有一定自由度,预应力钢筋沿构件长方向的线形可以更合理地选取;根据弯矩图将预应力钢筋按曲线形布置,也有利于提高构件的抗剪承载力。还有,也可采用配置较短长度预应力钢筋的方法解决局部内力峰值区域的受力问题。预应力钢筋的合力线应位于束界内,但有时由于预应力二次弯矩的影响,导致束界随预应力钢筋的配置而变化,此时通常只能通过试算反复调整预应力钢筋的位置。特别是中小跨径超静定结构,预应力二次弯矩较大,必然增加反复调整次数,一般可借助计算机辅助计算。对腹部较薄的肋板式截面的构件,应考虑到曲线钢筋弯起所需的空间,锚固端尚应考虑锚垫板布置的空间。另外,预应力钢筋横向布置受到限制时可考虑将其平弯,也可采用加大钢束的面积、减少预应力钢筋根数的方法。

2.构件抗剪对预应力钢筋线形的要求

预应力钢筋的弯起能够较大提高构件的抗剪能力。理论上讲,最佳的总预剪力应为

$$N_p \sin\alpha_p = -\left(V_g + \frac{V_{ll}}{2}\right) \qquad (7\text{-}38)$$

这是因为当仅有结构重力作用时,截面的总剪力为

$$V=V_g-\left(V_g+\frac{V_u}{2}\right)=-\frac{V_u}{2} \tag{7-39}$$

当结构重力和活荷载共同作用时,截面的总剪力为

$$V=V_g+V_u-\left(V_g+\frac{V_u}{2}\right)=\frac{V_u}{2} \tag{7-40}$$

式中符号意义同前。

这样,在有活荷载或无活荷载作用时,截面上分别只产生大小相等、方向相反的最小剪力,即 $V_u/2$。但是对于结构重力剪力较大(跨径较大)的构件,按上述确定的弯起角度 α_p 明显过大,不仅造成过大的孔道摩阻预应力损失,而且在构造上也很难满足要求,故一般只能按抵消一部分结构重力剪力来设计。

对于简支梁,预应力钢筋逐步弯起所产生的预剪力,不仅对抵消支点附近较大的荷载剪力带来好处,而且预应力钢筋弯起后锚固点分散,对改善锚固区局部承压条件以及布置张拉千斤顶也极为有利。为了避免过大的孔道摩阻预应力损失,预应力钢筋弯起角度一般不宜大于 $20°$,弯出梁顶面锚固的预应力钢筋的角度则通常在 $25°\sim30°$ 之间。预应力钢筋的起弯点,一般在距支点 $L/4\sim L/3$ 之间。预应力钢筋的线形可采用圆弧线、抛物线和悬链线。在矢跨比较小的情况下,这三种曲线的坐标值相差不大,可以任选一种。选择悬链线施工比较方便,但悬链线起弯较缓;从满足起弯角度的要求来看,圆弧线较好且施工放样也较方便。目前,设计中一般都采用圆弧线。

3.结构构造对预应力钢筋线形的要求

结构构造对预应力钢筋的线形有直接影响。对体内预应力混凝土构件来说,预应力钢筋的走向与结构构造需要相互协调,以保证预应力钢筋全部位于混凝土体内。例如,预应力混凝土简支 T 形梁,梁底"马蹄"内的预应力钢筋在靠近支点附近需要向上弯起,但梁跨中附近肋板的厚度较小,如截面外形不变则将出现预应力钢筋外露梁体,显然不满足设计要求。因此,T 形梁的"马蹄"应随预应力钢筋的弯起逐步升高,最终再将肋板宽度变为和"马蹄"一样,使预应力钢筋全部包在梁体内。对体外预应力混凝土构件,由于只设置有限个转向构造,因而要求预应力钢筋线形为折线形,而不能采用圆弧线形。

六、锚固区及其他构造要求

1.预应力锚固区的构造要求

预应力混凝土构件在端部锚固区将受到很大的局部压力,截面应力分布是不均匀的,这一区域的混凝土处于三向应力状态,为了保证局部承压混凝土的强度,应在构造上采取相应的措施。

(1)先张预应力混凝土构件的锚固区

采用单根预应力钢筋的先张预应力混凝土构件,预应力钢筋的端部应设置螺旋筋;采用多根预应力钢筋的先张预应力混凝土构件,预应力钢筋的端部应设置多层钢筋网。

(2)后张预应力混凝土构件的锚固区

后张预应力混凝土构件锚固区的尺寸,应由锚具布置尺寸和张拉设备操作空间,以及局部承压要求来决定的。必要时应加大锚固区的尺寸。

根据前面章节的分析,预应力的作用将在锚固区内产生附加横向拉力。因此,必须在锚固

区内设置用以抵抗横向拉力的加强钢筋,一般由螺旋钢筋、封闭箍筋或两者组成,使其间接加强锚固区混凝土,承受横向拉力和提高局部承压强度。

在工程实践中,为了增大局部承压面积及减少锚下混凝土的局部应力,一般采用刚性锚垫板(增加垫板厚度)及整体铁铸式锚垫板。

2.其他构造要求

为了确保混凝土浇筑质量、预应力钢筋防腐耐久性,以及使预应力钢筋与混凝土建立可靠的粘结,预应力孔道之间的距离、孔道壁到构件表面的距离等都应有严格的规定,详见有关规范。

凡需设置预拱度的构件,预留孔道应随构件同时起拱,以确保预应力钢筋在截面内相对位置的正确。

复习思考与习题

7-1 已知一跨径为 l 的预应力混凝土简支梁,在短期均布荷载 q_s 作用下跨中的挠度为 f_s。试用平衡荷载法求解预应力钢筋的布置及 N_p 的计算式,并进行适用条件分析。

7-2 已知一根预应力混凝土矩形截面受弯构件的截面尺寸为 $b \times h = 250\text{mm} \times 500\text{mm}$,控制截面承受的弯矩为 $M_g + M_{ll} = 75\text{kN} \cdot \text{m}$,要求在使用阶段该截面上、下缘的应力分别为 $\sigma_{cu} = 12\text{MPa}$、$\sigma_{cb} = 1\text{MPa}$。试求预加力(不计预应力损失)及其偏心距。

7-3 一根预应力混凝土矩形截面简支梁,截面尺寸为 $b \times h = 200\text{mm} \times 320\text{mm}$。预加应力阶段时,构件截面上缘混凝土应力为零;在外荷载弯矩 $M_g + M_{ll} = 64\text{kN} \cdot \text{m}$ 作用下,构件下缘混凝土应力为零。试求预应力钢筋的位置和估算预加力 N_p。

7-4 例 7-3 中取 $M_{g2} = 1\,200\text{kN} \cdot \text{m}$、$M_{ll} = 2\,000\text{kN} \cdot \text{m}$、$M_s = 5\,130\text{kN} \cdot \text{m}$ 及 $M = 7\,300\text{kN} \cdot \text{m}$,其余条件不变。试为该截面估算预应力钢筋面积。

7-5 若例 7-3 简支梁的跨径为 32m,结构重力、活荷载等弯矩均假定按二次抛物线变化,其他已知条件不变。试求预应力钢筋布置的界限(束界)。

第八章 无粘结预应力混凝土结构设计

第一节 概　　述

一、无粘结预应力混凝土的发展概况

早在20世纪初期就有人提出在钢筋混凝土构件中采用无粘结预应力钢筋的设想,即允许预应力钢筋与其周围混凝土发生相对纵向滑移。20世纪20年代德国的 R. Farbe取得了无粘结预应力的专利。到了20世纪30年代,由粗钢筋经镀锌或涂层保护制作的无粘结预应力钢筋曾用于圆筒形储罐,施工时采用螺纹旋转方式施加预应力;法国的 E. Freyssinet 在预应力混凝土结构的早期实践中,也曾试用涂以沥青并缠绕纸带的无粘结预应力钢筋,但在当时没有受到重视。1934年,德国的 Dischinger 提出用钢筋做拉杆的体外无粘结预应力混凝土梁,并提出了事后补拉以弥补应力损失的方法。1937年德国用这种方法建成了奥厄桥(该桥跨径布置为25.2m+69.0m+25.2m),采用 SA52 钢的粗钢筋作为预应力钢筋。由于当时结构材料的质量低劣和锚固方法不可靠,以及人们对预应力认识的局限,无粘结预应力技术未能推广使用。一直到20世纪50年代初期,美国将无粘结预应力钢筋用到建筑结构中。随着大跨度平板结构的发展,无粘结预应力钢筋开始在美国得到较大推广应用。最初的无粘结预应力钢筋为直径6.5mm、强度1600MPa级的应力消除钢丝,经涂油脂后用纸带缠绕包裹而成,采用墩头锚具。20世纪60年代早期,采用单根钢绞线缠绕纸带制成的无粘结预应力钢筋开始替代由钢丝制作的无粘结预应力钢筋;20世纪60年代中期,出现了内涂油脂外包塑料护套的钢绞线无粘结预应力钢筋。大约到1970年,塑料护套的制作工艺得到了重大改进,采用热挤塑料工艺制作的无粘结预应力钢筋取得了成功,并于1972年获得了美国专利。以后这种无粘结预应力钢筋在结构工程中得到了大量应用。

由于无粘结预应力结构性能良好,施工方便,经济合理,最近20多年来已为许多国家所采用,国外的 ACI、BS 8110 及 DIN 4227 等结构设计规范对无粘结预应力混凝土的设计都做了具体规定。根据美国后张预应力混凝土委员会的统计,无粘结预应力混凝土自20世纪50年代初开始少量应用以来,现已有1亿 m² 以上的房屋建筑采用。从1965年至1989年,美国共约耗用100万 t 后张预应力钢筋(不含缠丝制造管道和储罐所用的钢材),其中无粘结预应力钢筋占73万 t,其应用情况见表8-1。

无粘结预应力混凝土在加拿大、英国、瑞士、德国、澳大利亚、日本、泰国、新加坡等国家的房屋建筑中也有很多应用。近20年来,后张无粘结预应力技术在我国发展迅速,并正在获得越来越多的应用。

项 目	有粘结及无粘结预应力钢筋(t)	无粘结预应力钢筋(t)
工业与民用建筑	550 000	532 000
桥梁	205 000	10 000
地面板	126 000	120 000
核工程	46 000	41 000
土工	40 000	20 000
其他	13 000	7 000
合计	980 000	730 000

我国于 20 世纪 60 年代后期,在房屋建筑中首先采用了冷拉钢筋涂以沥青的无粘结预应力钢筋。20 世纪 70 年代初上海、北京、云南等地的有关机构,先后对无粘结预应力钢筋的基本性能进行了研究。这期间,中国建筑科学研究院、北京市建筑工程研究院等单位开始采用高强钢丝或钢绞线制作无粘结预应力钢筋,并研究了后张无粘结预应力混凝土结构的性能及无粘结预应力钢筋的制作和张拉工艺。1980 年北京市建筑工程研究院研制成功热挤塑料的无粘结预应力钢筋生产线和相应的锚固系统,1984 年出版的《部分预应力混凝土结构设计建议》介绍了无粘结预应力混凝土结构的设计理论和方法,这些工作为大规模推广无粘结预应力技术创造了条件。目前,我国已建成的无粘结预应力钢筋生产线,可提供 $\phi12$、$\phi15$ 高强钢绞线以及 $7\phi5$ 高强钢丝三种规格。用于无粘结预应力钢筋的锚固体系已日趋成熟。可以预见,随着研究的深入和工程实践的增多,无粘结预应力混凝土将会在建筑结构中得到越来越广泛的应用。

二、无粘结预应力混凝土的概念与特点

无粘结预应力混凝土指的是采用无粘结预应力钢筋(经涂防锈油脂,用聚乙烯材料包裹制成的专用预应力钢筋)的预应力混凝土。无粘结预应力钢筋与混凝土不直接接触,处于无粘结状态。在外荷载作用下,无粘结预应力钢筋与混凝土横向、竖向存在变形协调关系,但在纵向可相对周围混凝土发生滑移。无粘结部分预应力是继有粘结预应力和部分预应力之后一种新的预应力形式。

大量实践与研究表明,无粘结预应力混凝土及其结构有如下优点:

(1)结构自身重力小。无粘结预应力钢筋不需要在混凝土内预留孔道,可以减小构件的尺寸、减轻自身重力,有利于减小支承结构的荷载和降低造价。

(2)施工简便、速度快。无粘结预应力钢筋的施工方法与非预应力钢筋相似,按设计要求铺设在模板内,然后浇筑混凝土,待混凝土达到一定强度后进行张拉、锚固;其大大简化了后张预应力混凝土的施工工艺,加快了施工进度。同时,它特别适用于构造复杂、曲线布筋的构件和运输不便、施工场地狭小的建筑工地。

(3)抗腐蚀能力强。涂有防腐油脂和外包塑料护套的无粘结预应力钢筋,具有双重防腐能力。它可以避免一般后张预应力构件因压浆不密实而可能发生预应力钢筋锈蚀、断丝的危险。

(4)使用性能良好。在使用荷载作用下,无粘结预应力混凝土构件容易做到应力状态满足

要求、变形和裂缝得到控制。采用无粘结预应力钢筋和非预应力钢筋混合配筋的方法,可使构件在满足极限承载力要求的同时,避免出现较大的集中裂缝,得到与有粘结部分预应力混凝土构件相似的力学性能。

(5)防火性能满足要求。现浇无粘结预应力混凝土平板的防火和火灾试验表明,只要具有适当的保护层厚度和板厚,其防火性能是可靠的。一些国际标准与规范对板的最小厚度与最小保护层厚度都做了规定。

(6)抗震性能好。试验和实践表明,在地震荷载作用下,无粘结预应力混凝土结构承受大幅度位移时,无粘结预应力钢筋一般始终处于受拉状态,不像有粘结预应力钢筋可能出现由受拉转为受压的情况。无粘结预应力钢筋的应力变化幅度较小,可将局部变形传递到钢筋全长,使钢筋应力保持在弹性阶段;同时构件中配置的非预应力受力钢筋,使能量消散能力得到保证并保持良好的变形恢复性能。

(7)应用广泛。无粘结预应力混凝土适用于多层和高层建筑中的单向板、双向连续平板和密肋板,以及井字梁、悬臂梁、框架梁和扁梁等。无粘结预应力混凝土也适用于桥梁结构中的简支板(梁)、连续梁等构件,也可用于旧桥加固工程中。

三、无粘结预应力混凝土的材料与锚固体系

1.无粘结预应力混凝土的材料

同一般预应力混凝土一样,无粘结预应力混凝土应采用高强度混凝土,而且要与构件所采用的高强度预应力钢筋的等级相匹配。只有这样才能充分发挥高强度预应力钢筋的抗拉性能,从而有效减小构件截面尺寸、减小构件自身重力。因此,无粘结预应力混凝土强度等级,对于板式结构不应低于C30,对于梁及其他特殊构件不宜低于C40。

无粘结预应力钢筋系采用专用防腐涂层和外护套的预应力钢筋(图8-1),其质量直接影响到无粘结预应力构件的安全。因此,无粘结预应力钢筋的质量应符合有关规范的规定。

无粘结预应力钢筋可由单根或多根高强钢丝、钢绞线或高强粗钢筋组成,钢材主要的力学和机械性能必须满足预应力钢筋用材所需的基本要求,参见第二章所示的国家标准。无黏结预应力钢筋用钢绞线和高强钢丝不应有死弯,如有死弯必须切断。无粘结预应力钢筋中的每根钢丝应是通长的,可保留生产工艺拉拔前的焊接头。

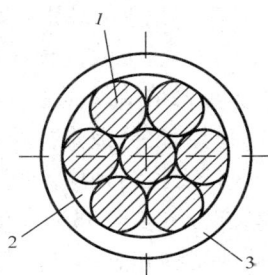

图 8-1 无粘结预应力钢筋
1-钢绞线或钢丝;2-防腐涂层;
3-外护套

无粘结预应力钢筋的防腐涂层是预应力钢筋防锈的重要措施,同时在张拉预应力钢筋时也起着润滑作用。因此,该材料应在 $-20\sim+70℃$ 范围内,不流淌、无裂缝、不变脆,并具有一定的韧性;使用期内化学稳定性好;对周围的材料(如混凝土、钢材和外包材料)无侵蚀作用;不透水、不吸湿、防水性好;防腐蚀性能好;润滑性能好,摩阻力小。这种防锈、润滑的涂层材料,一般可取用沥青、建筑油脂、蜡、环氧树脂等材料,现在最常用的材料为建筑油脂。

无粘结预应力钢筋涂层外的护套是预应力钢筋防腐蚀的第二道防线,同时它还具有保护防腐涂料的作用,所以护套材料应采用高密度聚乙烯或聚丙烯而不得采用聚氯乙烯。护套材料应满足以下要求:

(1)在 $-20\sim+70℃$ 范围内,低温不脆化,高温化学性能好;

（2）必须具有足够的韧性、抗破损性；

（3）对周围的材料（混凝土、钢材）无侵蚀作用；

（4）防水性好。

无粘结预应力钢筋的护套，曾采用过多种材料，诸如用纸或塑料布缠包，用塑料管以及采用热挤成型塑料护套等。国内外工程实践表明，高密度聚乙烯热挤成型的塑料护套是满足上述防腐要求最理想的材料。

2. 无粘结预应力混凝土的锚固体统

无粘结预应力混凝土的锚固系统是无粘结预应力成套技术的重要组成部分。无粘结预应力混凝土结构的合理性，依赖于预应力的准确性和永久性，锚固系统的作用正是保证这些要求得到具体实现。

无粘结预应力混凝土的锚固系统同体内有粘结预应力混凝土基本相似，完善的锚固系统通常包括锚具、夹具、连接器及锚下支承系统等。无粘结预应力钢筋的锚具是锚固系统中的关键件和基础件；夹具和连接器实质上是锚固系统中不同用途派生出来的装置；而锚下支承系统则是保证混凝土受力的增强系统。

为在无粘结预应力混凝土结构设计中正确使用无粘结预应力钢筋的锚具、夹具和连接器，保证无粘结预应力构件锚固性能，锚具应符合如下具体性能的要求。

（1）无粘结预应力钢筋锚具组装件静载试验测定的锚具效率系数 η_a 和达到实测极限拉力时预应力钢筋的总应变 ε_{apu} 应同时符合下列要求：

$$\eta_a \geqslant 0.95 \tag{8-1}$$

$$\varepsilon_{apu} \geqslant 2.0\% \tag{8-2}$$

（2）无粘结预应力钢筋锚具组装件，应具有经受应力上限 σ_{max} 为预应力钢材强度标准值的 65%、应力幅度 80MPa、200 万次重复荷载试验的抗疲劳性能。在抗震结构中锚具组装件应能经受应力上、下限为预应力钢材强度标准值的 80% 与 40%、50 次低周期荷载的试验。

（3）无粘结预应力钢筋锚具组装件达到实测极限拉力时，所有零件均不得出现裂缝或破坏；除能满足分级张拉及补张拉的要求外，尚应具有放松预应力钢筋的性能。

（4）无粘结预应力钢筋夹具组装件的静载锚固能力，用夹具的效率系数 η_g 确定，该效率系数应符合 $\eta_g \geqslant 0.95$。当预应力钢筋夹具组装件达到实际极限拉力时，全部零件不应出现肉眼可见的裂缝和破坏，应有良好的自锚性能和放松性能，并能多次重复使用。

（5）用于后张法的预应力钢筋连接器的受力条件与锚具相同，故对其锚固性能的要求同锚具一致。

上述要求均符合我国和美国有关技术规程对无粘结预应力钢筋的锚具和连接器的技术要求。

无粘结预应力钢筋不仅对锚具组装件的要求较高，而且锚具也必须具有防腐蚀和防火措施；锚具最好用混凝土封闭或涂以环氧树脂水泥浆，以防止潮气入侵或涂层受到损伤。

提高无粘结预应力钢筋锚固性能的另一可行、有效的方法是采用局部灌浆。具体做法如下：根据粘结力要求，清除无粘结预应力钢筋两端一定长度范围内的护套和涂层；将无粘结预应力钢筋穿入预置管中，管道上设有压浆孔和排气孔，在锚固完毕后随即灌浆，使预应力钢筋端部与混凝土建立粘结力。

下面将以无粘结预应力混凝土受弯构件为主要对象，分别介绍计算理论和设计方法等内容。

第二节　无粘结预应力混凝土受弯构件的受力性能

一、无粘结预应力混凝土受弯构件的受力性能

无粘结预应力混凝土受弯构件的受力性能不同于有粘结预应力混凝土受弯构件。不附加有粘结非预应力钢筋的无粘结预应力混凝土受弯构件，即纯无粘结预应力混凝土受弯构件，在最大弯矩区段内只会出现一条或几条裂缝，其中一条主裂缝一经产生即迅速展开，并在其上部发展呈叉形。图 8-2a)所示为纯无粘结预应力受弯构件裂缝展开的情况。随着裂缝的迅速展开，截面中性轴上升，混凝土压应变很快增大，挠度较快增长，但预应力钢筋的应变增加较慢，最后构件发生类似带系杆坦拱的破坏模式。

然而，有粘结后张预应力混凝土受弯构件，任一截面预应力钢筋的变形与其周围混凝土是协调的。有粘结预应力钢筋的最大应力出现在最大弯矩截面。有粘结预应力混凝土受弯构件的裂缝分布较均匀、间距较小，裂缝和挠度增加较慢，如图 8-2b)所示。试验表明，与相同配筋的无粘结预应力混凝土受弯构件相比，在相同荷载作用下有粘结预应力受弯构件开裂后的挠度较小，且极限承载力比相应无粘结预应力混凝土受弯构件高出10%～30%。

无粘结预应力混凝土受弯构件极限承载力较低的原因在于：无粘结预应力钢筋和混凝土发生纵向相对滑动，无粘结预应力钢筋的应变沿全长基本均匀分布，构件最大弯矩截面无粘结预应力钢筋的拉应变小于有粘结预应力钢筋；构件破坏时，最大弯矩截面处无粘结预应力钢筋的极限应力也小于有粘结预应力钢筋的极限应力。所以，无粘结预应力混凝土受弯构件的极限承载力低于有粘结预应力混凝土受弯构件。

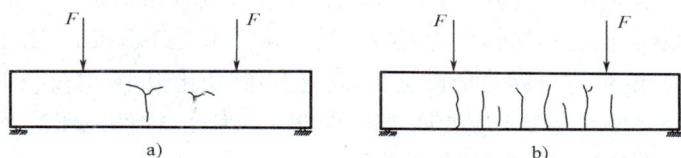

图 8-2　荷载作用下预应力混凝土受弯构件裂缝分布
a)无粘结预应力混凝土受弯构件；b)有粘结预应力混凝土受弯构件

二、混合配筋的无粘结部分预应力混凝土受弯构件的性能

纯无粘结预应力混凝土受弯构件具有裂缝少而宽、裂缝和挠度发展快及脆性破坏等不利特性，大大影响了其在实践工程中推广应用。

混合配筋的无粘结部分预应力混凝土受弯构件与纯无粘结预应力混凝土受弯构件的性能并不相同。近年来的有关研究表明，混合配筋可以有效地克服纯无粘结预应力混凝土受弯构件的不利特性。配置一定数量有粘结非预应力钢筋的无粘结部分预应力混凝土受弯构件，对改善构件的使用性能非常有利。

当非预应力钢筋的配筋率达到 0.3%，且非预应力钢筋的极限拉力不低于预应力和非预应力钢筋拉力之和的 25% 时，无粘结部分预应力混凝土受弯构件的受力性能将与有粘结预应力混凝土受弯构件基本类似，荷载—挠度曲线也呈现不开裂弹性、开裂弹性和塑性三个阶段，如图 8-3 所示；破坏特征是有粘结非预应力钢筋先屈服，然后裂缝迅速向上伸展，混

凝土受压区越来越少,最后受压区混凝土被压碎而导致构件破坏。

国内外一些试验表明:在相同条件下,无粘结部分预应力混凝土受弯构件的工作性能、极限承载力及延性,可能达到和有粘结部分预应力混凝土受弯构件相同或者更好的状态。

在无粘结部分预应力混凝土受弯构件中,无粘结预应力钢筋的极限应力与非预应力钢筋的配置量有关。试验表明,配置一定数量的非预应力钢筋,有利于提高无粘结预应力钢筋的极限应力、改善构件的延性。但当非预应力钢筋的配置量过大时,将导致无粘结预应力钢筋的极限应力下降。

本教材下面的内容将主要针对无粘结部分预应力混凝土受弯构件。

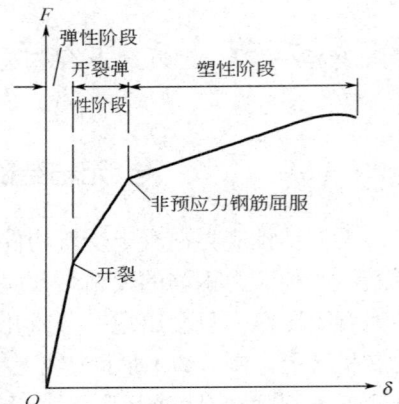

图 8-3　无粘结部分预应力混凝土受弯构件
荷载—挠度曲线

三、无粘结预应力钢筋的极限应力

计算无粘结预应力混凝土受弯构件的极限承载力,关键是先要确定构件在达到极限承载力时无粘结预应力钢筋的极限应力。无粘结预应力钢筋应力随荷载变化的规律不同于有粘结预应力钢筋。由图 8-4 可见,无粘结预应力钢筋的应力增量总是小于有粘结预应力钢筋,随着荷载增大这个差距越来越大,当构件达到极限荷载时,无粘结预应力钢筋的极限应力都不可能超过钢筋的条件屈服强度 $f_{0.2}$。原因如前所述:有粘结预应力混凝土受弯构件承受外荷载时,任一截面处预应力钢筋的应变都与其周围混凝土相协调,故有粘结预应力钢筋的最大应力发生在构件最大弯矩截面;而无粘结预应力混凝土受弯构件承受外荷载后,由于无粘结预应力钢筋纵向可以相对滑动,沿预应力钢筋全长应变(或应力)的变化很小,由荷载引起的应变增量近似等于沿预应力钢筋全长的混凝土应变增量的平均值。因此,构件破坏时无粘结预应力钢筋的极限应变和极限应力都将低于有粘结预应力钢筋。

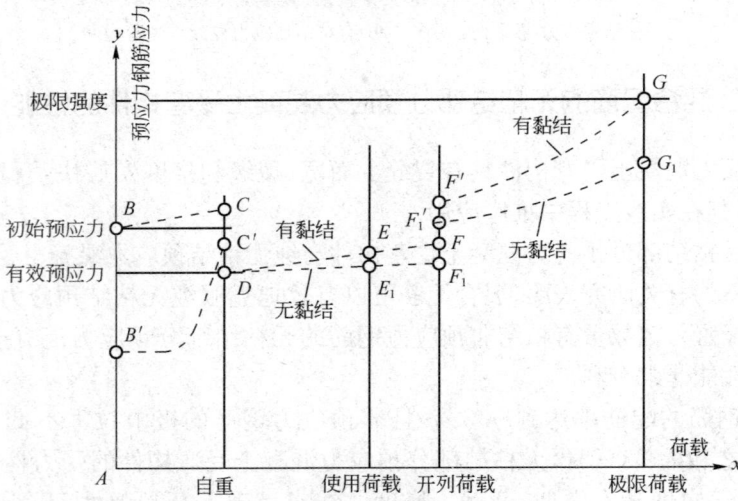

图 8-4　荷载—预应力钢筋应力变化曲线

无粘结预应力钢筋极限应力可以通过迭代计算法求得,但计算工作量大且需要多次迭代才能得到满意的结果。由于影响无粘结预应力钢筋极限应力的因素较多,如无粘结预应力钢筋的有效预应力、无粘结预应力钢筋与非预应力钢筋的配筋率、构件的高跨比和截面形式、加载方式和支承条件、无粘结预应力钢筋的材料性能、混凝土的强度等级等。为此,国内外学者进行了大量试验和理论研究工作,通过对试验和理论研究成果分析,回归总结了一些实用计算公式。下面介绍几种代表性的公式。

1. 英国 CP 110 规范

CP 110 规范采用的计算方法较为简单,其主要考虑了跨高比和预应力钢筋配筋率的影响。该规范规定,当无粘结预应力混凝土受弯构件发生弯曲破坏时,无粘结预应力钢筋的极限应力 σ_{pu} 可按表 8-2 采用。可见,利用表中的系数及已知的无粘结预应力钢筋的有效预应力 σ_{pe},即可求得钢筋的极限应力 σ_{pu}。

无粘结预应力钢筋的极限应力与有效应力之比 σ_{pu}/σ_{pe} 表 8-2

ρ_p	l/h_p			ρ_p	l/h_p		
	30	20	10		30	20	10
0.025	1.23	1.34	1.45	1.15	1.14	1.20	1.36
0.05	1.21	1.32	1.45	0.20	1.11	1.16	1.27
0.10	1.18	1.26	1.45	—	—	—	—

注:$\rho_p = \sigma_{pe}A_p/(bhf_{cu})$ 为无粘结预应力钢筋的配筋指标,其中 A_p 为无粘结预应力钢筋的截面面积,b、h 为构件截面的宽度和高度;f_{cu} 为混凝土立方体抗压强度;l/h_p 为构件的跨径与预应力钢筋形心至受压边缘的高度之比。

2. 美国 ACI 318M-02 规范

根据试验结果,对跨高比 l/h_p 小于或大于 35 受弯构件中无粘结预应力钢筋的极限应力 σ_{pu} 分别采用如下计算公式。

(1)当 $l/h_p \leqslant 35$ 时

$$\sigma_{pu} = \sigma_{pe} + 70 + \frac{f'_c}{100\rho_p} \quad (\text{MPa}) \tag{8-3}$$

限制条件为

$$\sigma_{pu} \leqslant f_{py} \quad \text{及} \quad \sigma_{pu} \leqslant \sigma_{pe} + 420 \quad (\text{MPa})$$

(2)当 $l/h_p > 35$ 时

$$\sigma_{pu} = \sigma_{pe} + 70 + \frac{f'_c}{300\rho_p} \quad (\text{MPa}) \tag{8-4}$$

限制条件为

$$\sigma_{pu} \leqslant f_{py} \quad \text{及} \quad \sigma_{pu} \leqslant \sigma_{pe} + 200 \quad (\text{MPa})$$

式中:f'_c——混凝土的圆柱体抗压强度;

ρ_p——无粘结预应力钢筋的配筋率,$\rho_p = A_p/(bh_p)$;

其余符号意义同前。

3. 我国《无粘结预应力混凝土结构技术规程》(JGJ 92—2004)

对采用钢绞线无粘结预应力钢筋的受弯构件进行正截面抗弯承载力计算时,无粘结预应力钢筋极限应力的设计值 σ_{pu} 按下列公式计算:

$$\sigma_{pu} = \sigma_{pe} + \Delta\sigma_p \tag{8-5}$$

$$\Delta\sigma_p = (240 - 335\xi_0)\left(0.45 + 5.5\frac{h}{l_0}\right) \tag{8-6}$$

$$\xi_0 = \frac{\sigma_{pe}A_p + f_{sy}A_s}{f_c b h_p} \tag{8-7}$$

此时,极限应力的设计值 σ_{pu} 限制条件为

$$\sigma_{pe} \leqslant \sigma_{pu} \leqslant f_{py} \tag{8-8}$$

式中：$\Delta\sigma_p$——无粘结预应力钢筋极限应力增量的设计值(MPa)；

　　　 ξ_0——综合配筋指标,不宜大于 0.4；

　　　 h——构件截面高度；

　　　 l_0——构件计算跨径；

　　　 f_{sy}——非预应力钢筋的抗拉强度；

　　　 A_s——受拉区非预应力钢筋的截面面积；

　　　 f_c——混凝土轴心抗压强度；

　　　 b——构件受压截面(翼缘)的计算宽度；

　　　 h_p——无粘结预应力钢筋合力作用点至截面受压边缘的距离；

其余符号意义同前。

对翼缘位于受压侧且受压区高度大于翼缘板厚度的 T 形和 I 形等截面,综合配筋指标 ξ_0 按下式计算：

$$\xi_0 = \frac{\sigma_{pe}A_p + f_{sy}A_s - f_c(b'_f - b)h'_f}{f_c b h_p} \tag{8-9}$$

式中：b——肋部(腹板)的宽度；

　　　 h'_f——T 形和 I 形截面受压区的翼缘厚度；

　　　 b'_f——T 形和 I 形截面受压区翼缘的计算宽度,应按现行国家标准《混凝土结构设计规范》(GB 50010—2002)的有关规定执行。

第三节　无粘结预应力混凝土受弯构件计算

无粘结预应力混凝土受弯构件计算内容主要包括:截面承载力、截面应力,以及构件挠度、裂缝及疲劳等。由于无粘结预应力混凝土受弯构件的计算相对较复杂,对某些仍处于研究阶段的内容将不进行详细介绍。

一、无粘结预应力混凝土受弯构件截面承载力计算

1. 正截面抗弯承载力计算

无粘结预应力混凝土受弯构件正截面抗弯承载力计算与有粘结预应力混凝土受弯构件的区别,在于无粘结预应力钢筋的构件截面不符合平面应变协调假定条件。然而,根据本章前面介绍的无粘结预应力混凝土受弯构件的受力性能,我们不难参照有粘结预应力混凝土受弯构件正截面抗弯承载力计算方法,利用构件破坏时非预应力钢筋和构件截面仍满足应变协调的基本点,按照破坏截面静力平衡条件建立无粘结预应力混凝土受弯构件正截面抗弯承载力计算方法。

因此,以构件弯曲破坏截面极限受力状态为计算图式建立平衡方程,参照第四章有粘结预应力混凝土受弯构件正截面抗弯承载力计算的基本公式(4-6)～公式(4-8)、基本公式的限制条件及其他有关公式(4-9)～公式(4-12),将其中的 f_{py} 改为无粘结预应力钢筋的极限应力 σ_{pu},

即可得到无粘结预应力混凝土受弯构件正截面抗弯承载力计算公式。限于篇幅,此不再列出这些公式。

2. 斜截面承载能力计算

(1)斜截面抗剪承载力计算

无粘结预应力混凝土受弯构件斜截面抗剪承载力计算仍是一个待进一步研究的问题。到目前为止,在无粘结预应力混凝土受弯构件设计中,一般仍参照有粘结预应力混凝土受弯构件的计算方法。然而,由于无粘结预应力钢筋与周围混凝土不粘结,在构件受到外荷载发生变形时,无粘结预应力钢筋可以相对混凝土滑移,其必然削弱预应力钢筋对混凝土的"销栓"作用,结果必将减小构件的抗剪承载力。因此,完全采用有粘结预应力混凝土构件的设计方法,进行无粘结预应力混凝土构件抗剪承载力计算显然是不合理的。国外规范有采用抗剪承载力折减系数的方法修正无粘结预应力钢筋的影响;我国重庆交通大学在国家自然科学基金的资助下,开展了"后张无粘结部分预应力混凝土梁斜截面设计原理"的研究,提出斜截面抗剪承载力计算公式。有关这方面的内容可按本教材的参考文献查阅,此不赘述。

(2)斜截面抗弯承载力计算

根据无粘结预应力混凝土受弯构件斜截面弯曲破坏形态,可以采用与有粘结预应力混凝土受弯构件相似的计算图式,取斜截面左半部分为脱离体(参见图 4-14),由平衡条件建立起与式(4-26)及式(4-27)相似的计算公式。相比有粘结预应力混凝土受弯构件,预应力钢筋的抗拉强度由 f_{py} 改为无粘结预应力钢筋的极限应力 σ_{pu},限于篇幅,此不再列出这些公式。

二、无粘结预应力混凝土受弯构件应力计算

无粘结预应力混凝土受弯构件的试验结果表明:构件的受力同样经历预加应力阶段、消压阶段、开裂阶段及破坏阶段。无粘结预应力混凝土受弯构件从施加预应力到混凝土开裂均处于弹性受力阶段,无粘结预应力钢筋的应力增量和有粘结非预应力钢筋的应力均较小。无粘结预应力混凝土 A 类受弯构件处于上述受力阶段。随着混凝土开裂,构件刚度减小、挠度加大,无粘结预应力钢筋的应力增大,有粘结非预应力钢筋的应力突增。无粘结预应力混凝土 B 类受弯构件处于上述受力阶段。

下面以无粘结部分预应力混凝土受弯构件为例,介绍各受力阶段应力计算方法。

1. 预加应力阶段应力计算

在预加应力阶段,无粘结预应力混凝土受弯构件主要受到预加力和结构自身重力的作用。该阶段混凝土全截面参加工作,无粘结预应力钢筋因与混凝土不粘结,混凝土计算截面应扣除无粘结预应力钢筋孔道部分,混凝土与非预应力钢筋组成换算截面(若非预应力钢筋的作用需计入)。有关截面正应力计算公式,可参考式(5-2)、式(5-4)及式(5-6)建立起来,在此不再列出有关公式。

2. 使用阶段应力计算

(1)无粘结部分预应力混凝土 A 类构件

无粘结部分预应力混凝土 A 类构件,因其处于开裂前的弹性受力阶段,截面几何特征和预加应力阶段相同。

(a)无粘结预应力钢筋应力计算

使用阶段无粘结预应力钢筋的应力,可表示为如下形式:

$$\sigma_p = \sigma_{pe} + \Delta\sigma_p \tag{8-10}$$

式中：σ_{pe}——无粘结预应力钢筋的有效预应力；

$\quad\quad\Delta\sigma_p$——使用荷载作用下无粘结预应力钢筋的应力增量。

虽然无粘结预应力钢筋与混凝土截面不符合平面应变协调关系，但是无粘结预应力钢筋的应变增量在其全长近似相等，此应变值等于构件在使用阶段荷载作用下沿预应力钢筋全长的混凝土应变增量的平均值。因此，无粘结预应力钢筋的应力增量 $\Delta\sigma_p$ 可以近似表示为

$$\Delta\sigma_p = E_p\Delta\varepsilon_p = E_p\frac{\Delta l_c}{l_p} \tag{8-11}$$

式中：l_p——无粘结预应力钢筋的长度；

$\quad\quad\Delta\varepsilon_p$——使用荷载作用下无粘结预应力钢筋的应变增量；

$\quad\quad\Delta l_c$——使用荷载作用下沿预应力钢筋全长的混凝土变形增量，其可近似按下式计算，

$$\Delta l_c = \frac{1}{E_c}\int_0^{l_p}\frac{M_x e_p}{I_{0n} + \alpha_{Ep}A_p e_p^2}\mathrm{d}x \tag{8-12}$$

其中　M_x——使用荷载引起的构件截面弯矩，应考虑构件拱起、脱模对弯矩的影响，

$\quad\quad e_p$——无粘结预应力钢筋截面形心至换算截面（混凝土与非预应力钢筋）形心的距离，

$\quad\quad I_{0n}$——扣除无粘结预应力钢筋孔道部分的换算截面（混凝土与非预应力钢筋）的抗弯惯性矩；

其余符号意义同前。

（b）混凝土和非预应力钢筋应力计算

在求出无粘结预应力钢筋应力增量之后，无粘结预应力钢筋的拉力为

$$N_p = A_p\sigma_p = A_p(\sigma_{pe} + \Delta\sigma_p) \tag{8-13}$$

使用阶段混凝土和非预应力钢筋的应力，由式（8-13）表示的无粘结预应力钢筋的拉力和使用荷载共同产生，计算公式可参照有粘结预应力构件应力计算公式（5-9），根据无粘结混凝土截面几何特征建立起来，在此不再列出。

（2）无粘结部分预应力混凝土 B 类构件

在使用阶段结构重力状态下，无粘结部分预应力混凝土 B 类构件的正截面是不消压的，应力计算公式同 A 类构件一样。在使用荷载作用下构件截面将开裂，正应力计算公式可参考本教材的第五章第三节建立起来，其中无粘结预应力钢筋的应力增量可参照式（8-11）、式（8-12）进行计算，其中式（8-12）中构件的换算截面抗弯惯性矩，近似用如下有效抗弯惯性矩代之：

$$I_e = I_{cr} + (I_{ucr} - I_{cr})\frac{M_{cr} - M_g}{M_{max} - M_g} \leqslant I_{ucr} \tag{8-14}$$

式中：I_{cr}——构件截面开裂时的换算截面抗弯惯性矩；

$\quad\quad I_{ucr}$——构件截面未开裂的换算截面抗弯惯性矩，按式（8-12）要求计算；

$\quad\quad M_{cr}$——构件截面开裂弯矩，参照式（5-41）计算，计入无粘结预应力钢筋应力增量的影响；

$\quad\quad M_g$——构件截面结构重力弯矩；

$\quad\quad M_{max}$——使用阶段构件截面最大弯矩。

应力计算公式不再列出。

3.使用阶段剪应力和主应力计算

无粘结预应力混凝土受弯构件的使用阶段剪应力和主应力计算公式，同样可根据构件截面几何特征和无粘结预应力钢筋的拉力，参照有粘结预应力混凝土构件的计算公式（5-13）～公式（5-15）建立起来，此不赘述。

例 8-1　一根跨径 18.0m 直线配筋的无粘结预应力混凝土简支梁,跨中截面尺寸及钢筋布置如图 8-5 所示。已知跨中截面 $M_{g1}=595\text{kN}\cdot\text{m}$、$M_{g2}+M_{ll}=280+900=1\,180(\text{kN}\cdot\text{m})$.其中活荷载弯矩由跨中集中荷载所产生;扣除全部预应力损失后的有效预应力 $\sigma_{pe}=1\,150\text{MPa}$.其他计算参数如下:$\alpha_1=1.0$,$f_c=28.25\text{MPa}$,$f_{sy}=310\text{MPa}$,$E_p=1.95\times10^5\text{MPa}$,$\alpha_{Ep}=5.57$,$c_{Es}=5.71$,$A_{0n}=5.650\times10^5\text{mm}^2$,$I_{0n}=6.130\times10^{10}\text{mm}^4$,$y'_{0n}=418\text{mm}$,$y_{0n}=482\text{mm}$,$A_p=3\,360\text{mm}^2$,$A_s=3\,460\text{mm}^2$,$e_p=369\text{mm}$,$e_s=447\text{mm}$. 试计算简支梁正截面抗弯承载力和使用阶段混凝土和钢筋的应力。

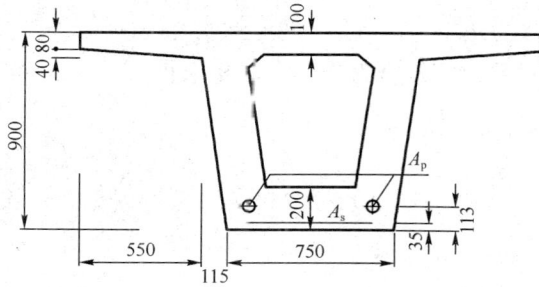

图 8-5　简支梁跨中截面尺寸及钢筋布置(尺寸单位:mm)

解:(1)正截面抗弯承载力计算

①无粘结预应力钢筋极限应力计算

由式(8-7)计算跨中截面综合配筋指标:

$$\xi_0=\frac{A_p\sigma_{pe}+A_sf_{sy}}{f_cbh_p}=\frac{3\,360\times1\,150+3\,460\times310}{28.25\times590.9\times787}=0.375\,8$$

按式(8-5)和式(8-6):

$$\sigma_{pu}=\sigma_{pe}+\Delta\sigma_p$$

$$\Delta\sigma_p=(240-335\xi_0)\left(0.45+5.5\frac{h}{l_0}\right)$$

代入数据计算得到

$$\Delta\sigma_p=(240-335\times0.375\,8)\left(0.45+5.5\times\frac{900}{18\,000}\right)=82.73(\text{MPa})$$

$$\sigma_{pu}=1\,150+82.73=1\,232.73(\text{MPa})$$

②受压区形状判别

受拉钢筋合力:

$$F_{ps}=\sigma_{pu}A_p+f_{sy}A_s$$
$$=1\,232.73\times10^{-3}\times3\,360+310\times10^{-3}\times3\,460$$
$$=5\,214.57(\text{kN})$$

翼缘板的压力:

$$F_c=f_{cm}b'_fh'_f$$
$$=28.25\times10^{-3}\times2\,080\times100$$
$$=5\,876.0(\text{kN})$$

$F_{ps}<F_c$,故受压区在翼缘板范围内。

③正截面抗弯承载力

141

受拉钢筋合力位置：

$$a = \frac{\sigma_{pu}A_p a_p + f_{sy}A_s a_s}{\sigma_{pu}A_p + f_{sy}A_s}$$

$$= \frac{1\ 232.73 \times 3\ 360 \times 113 + 310 \times 3\ 460 \times 35}{5\ 214.57 \times 10^3}$$

$$= 97.0(\text{mm})$$

亦即 $h_0 = 900 - 97.0 = 803.0(\text{mm})$。

受压区高度：

$$x = \frac{\sigma_{pu}A_p + f_{sy}A_s}{\alpha_1 f_c b'_f} = \frac{5\ 214.57 \times 10^3}{1.0 \times 28.25 \times 2\ 080} = 88.7(\text{mm})$$

正截面抗弯承载力可对受拉钢筋合力作用点取矩求得

$$M_u = \alpha_1 f_c b'_f x\left(h_0 - \frac{x}{2}\right)$$

$$= 1.0 \times 28.25 \times 10^{-3} \times 2\ 080 \times 88.7 \times \left(803 - \frac{88.7}{2}\right) \times 10^{-3}$$

$$= 3\ 954.09(\text{kN} \cdot \text{m})$$

（2）使用阶段混凝土和钢筋应力计算

①无粘结预应力钢筋应力增量

由式(8-11)：

$$\Delta\sigma_p = E_p \Delta\varepsilon_p = E_p \frac{\Delta l_c}{l_p}$$

其中：

$$\Delta l_c = \frac{1}{E_c}\int_0^{l_p} \frac{M_x e_p}{I_{0n} + \alpha_{Ep}A_p e_p^2}dx = \frac{e_p}{I_{0n} + \alpha_{Ep}A_p e_p^2}\frac{1}{E_c}\int_0^{l_p}(M_{g2} + M_{ll})dx$$

$$= \frac{1}{E_c}\frac{369}{6.130 \times 10^{10} + 5.57 \times 3\ 360 \times 369^2} \times \left(\frac{2}{3} \times 280 + \frac{1}{2} \times 900\right) \times 18\ 000 \times 10^6$$

$$= 6.200 \times 10^4 \frac{1}{E_c}$$

算得

$$\Delta\sigma_p = E_p \frac{\Delta l_c}{l_p} = 5.57 \times \frac{6.200 \times 10^4}{18\ 000} = 19.19(\text{MPa})$$

以上计算中取 $l_p \approx l = 18\ 000\text{mm}$。

②混凝土和钢筋应力

预应力钢筋的应力为

$$\sigma_p = \sigma_{pe} + \Delta\sigma_p = 1\ 150 + 19.19 = 1\ 169.19(\text{MPa})$$

预应力钢筋的拉力为

$$N_p = A_p\sigma_p = 3\ 360 \times 1\ 169.19 = 3\ 928.49(\text{kN})$$

混凝土截面上缘应力为

$$\sigma_{cu} = \frac{N_p}{A_{0n}} - \frac{N_p e_p y'_{0n}}{I_{0n}} + \frac{(M_{g1} + M_{g2} + M_{ll})y'_{0n}}{I_{0n}}$$

$$= \frac{3\ 928.49 \times 10^3}{5.650 \times 10^5} - \frac{3\ 928.49 \times 10^3 \times 369 \times 418}{6.130 \times 10^{10}} + \frac{(595 + 1\ 180) \times 10^6 \times 418}{6.130 \times 10^{10}}$$

$$= 9.17(\text{MPa})$$

混凝土截面下缘应力为

$$\sigma_{cu} = \frac{N_p}{A_{0n}} + \frac{N_p e_p y_{0n}}{I_{0n}} - \frac{(M_{g1} + M_{g2} + M_{ll}) y_{0n}}{I_{0n}}$$

$$= \frac{3\,928.49 \times 10^3}{5.650 \times 10^5} + \frac{3\,928.49 \times 10^3 \times 369 \times 482}{6.130 \times 10^{10}} - \frac{(595 + 1\,180) \times 10^6 \times 482}{6.130 \times 10^{10}}$$

$$= 4.39 \text{(MPa)}$$

非预应力钢筋的应力为

$$\sigma_s = \alpha_{Es} \left[-\frac{N_p}{A_{0n}} - \frac{N_p e_p e_s}{I_{0n}} + \frac{(M_{g1} + M_{g2} + M_{ll}) e_s}{I_{0n}} \right]$$

$$= 5.71 \times \left[-\frac{3\,928.49 \times 10^3}{5.650 \times 10^5} - \frac{3\,928.49 \times 10^3 \times 369 \times 447}{6.130 \times 10^{10}} + \frac{(595 + 1\,180) \times 10^6 \times 447}{6.130 \times 10^{10}} \right]$$

$$= -26.15 \text{(MPa)}$$

三、无粘结预应力混凝土受弯构件变形、裂缝及疲劳计算

1. 无粘结预应力混凝土受弯构件变形计算

配置一定数量非预应力钢筋的无粘结预应力混凝土受弯构件,其开裂后的基本特性与钢筋混凝土受弯构件相似。由于无粘结预应力钢筋改善了构件刚度,构件变形的计算方法同有粘结预应力混凝土受弯构件相似;但因无粘结预应力钢筋和混凝土不粘结,构件刚度有所下降,故计算时应考虑刚度的影响因素。

试验表明,影响无粘结预应力混凝土受弯构件短期刚度的主要因素,包括无粘结预应力钢筋的配筋指标 β_p 和综合配筋指标 ξ_0,即

$$\beta_p = \frac{A_p \sigma_{pe}}{f_c b h_p}, \ \xi_0 = \frac{\sigma_{pe} A_p + f_y A_s}{f_c b h_p}$$

综合配筋指标 ξ_0 对刚度的影响较大,当 ξ_0 取值增大,刚度变化趋小,M_{cr}/M 对刚度的影响减弱。因此,构件开裂刚度相关的主要因素中应包含上述指标的影响。

限于目前无粘结预应力混凝土受弯构件的研究状况,在一般设计计算时无粘结预应力混凝土受弯构件的变形可参照式(5-37)~式(5-45)进行。根据构件截面几何特征及所在计算阶段构件是否开裂对抗弯惯性矩做相应调整,同时计入无粘结预应力钢筋应力增量的影响。但是,对使用荷载弯矩大于开裂弯矩($M > M_{cr}$)的情况,构件截面的短期抗弯刚度 B_{s2} 计算公式中的 ω 改变如下:

$$\omega = \left(1.5 + 0.8\lambda + \frac{0.21}{\alpha_{Es}\rho} \right) (1 + 0.45\gamma_f) \tag{8-15}$$

式中:λ——无粘结预应力钢筋配筋指标与综合配筋指标之比,取为

$$\lambda = \frac{\sigma_{pe} A_p}{\sigma_{pe} A_p + f_{sy} A_s}$$

其余符号意义同前。

2. 无粘结预应力混凝土受弯构件裂缝计算

为了研究无粘结预应力混凝土受弯构件的裂缝性能、建立裂缝宽度计算方法,中国建筑科学研究院等单位对大量试验梁进行了分析。根据无粘结预应力钢筋的应变增量在其全长近似相等,而此应变增量等于沿预应力钢筋线形混凝土应变增量的平均值,把无粘结预应力钢筋截

面面积 A_p 折算为等效的有粘结预应力钢筋截面面积 K_pA_p，则无粘结预应力混凝土受弯构件裂缝计算公式的形式就与式(6-3)一样，其中受拉主钢筋的等效应力 σ_s 按如下公式计算：

$$\sigma_s = \frac{M \pm M_2 - 0.75M_{cr}}{0.87h_0(K_pA_p + A_s)} \tag{8-16}$$

式中：K_p——无粘结预应力钢筋截面面积折算为等效有粘结预应力截面钢筋面积的系数，$K_p = 0.3$；

其余符号意义同前。

无粘结预应力混凝土受弯构件裂缝宽度的其他计算方法，可根据参考文献查阅，此不赘述。

3. 无粘结预应力混凝土受弯构件疲劳验算

无粘结部分预应力混凝土受弯构件开裂后钢筋应力将有较大幅度增大，同时在使用荷载作用下钢筋应力的变化幅度也较大。但从构件试验结果来看，应力变化幅度一般小于材料的疲劳强度限值。试验表明：在重复荷载作用下，无粘结预应力钢筋的应力增量在早期有一定的增加，但在荷载作用过程中应力脉冲较小；非预应力钢筋的应力脉冲初期增加迅速，然后随着荷载重复次数的增加应力脉冲增加缓慢，但在 200 万次重复荷载后仍有不断增加的趋势；构件截面受压区混凝土压应力初期增长明显，随后逐渐趋于平缓。

同有粘结部分预应力混凝土受弯构件一样，无粘结部分预应力混凝土受弯构件疲劳验算，也以弹性理论和对混凝土构件的基本假定为基础，主要考虑混凝土开裂和重复荷载对无粘结预应力钢筋、受拉非预应力钢筋和受拉混凝土的影响。疲劳验算主要内容是无粘结预应力钢筋和受拉的非预应力钢筋应力，混凝土的主拉应力和箍筋的应力。

无粘结预应力混凝土受弯构件的疲劳验算，采用和有粘结部分预应力混凝土受弯构件一样的方法，可参见本书第六章的有关内容。有关细节此不展开，验算公式和应力限制值可查阅有关规范。

无粘结部分预应力混凝土受弯构件抗剪疲劳等问题，也是抗疲劳设计时不应忽略的问题，限于篇幅在此也不再展开，有关内容可查阅本教材参考文献。

第四节 无粘结预应力混凝土受弯构件设计

一、无粘结预应力混凝土结构形式

无粘结预应力混凝土广泛用于楼盖、屋盖、墙体等工程的板式结构中。从实用效果、施工方便和经济性等方面考虑，预应力混凝土板中的预应力钢筋最好采用无粘结预应力钢筋。这是因为板通常采用连续多跨构造、预应力钢筋需要多波曲线布置以满足受力要求，若采用有粘结预应力钢筋，则孔道摩擦引起的预应力损失很大，而且大量预留孔道的压浆难以保证其密实，反而使预应力钢筋更容易受到腐蚀。尽管在加拿大、美国的夏威夷、中国香港及东南亚地区平板结构中有成功采用有粘结预应力钢筋的实践，但其并不能在世界大多数工程中得到更大推广。

相对钢筋混凝土板，无粘结预应力混凝土板具有良好的结构性能，其优点主要有：改善了正常使用状态下的受力性能；降低了板厚度和结构层高；便于预应力钢筋铺设施工；降低了工程造价；结构整体性能和抗震性能良好，等等。

下面简要介绍无粘结预应力混凝土板的几种基本结构形式、主要特点及各自适用的经济跨度。

(1) 平板

平板主要优点是具有平整的底面,支模简单、施工方便。相对其他类型板,平板厚度最薄,管道设备布置方便,如图 8-6 所示。平板的厚度一般由其冲切强度所控制,其不宜用于直接抵抗水平风载及地震的作用。无粘结预应力混凝土平板的跨高比为 40~45,最大跨度为 10m。

(2) 带托板的平板

带托板的平板如图 8-7 所示。带托板的平板结构与上述平板结构的优点相似。由于在柱边增加了板厚,提高了结构刚度和抗冲切能力,并减少了配筋。相比上述平板,带托板平板的经济跨度和最大跨度均有所增加,无粘结预应力混凝土带托板平板的跨高比为 45~50,最大跨度为 12m。

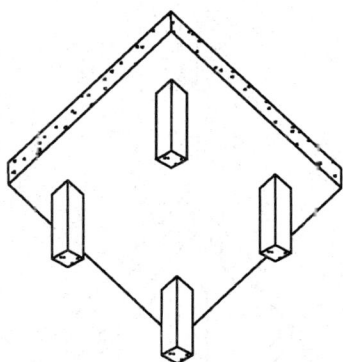

图 8-6 平板

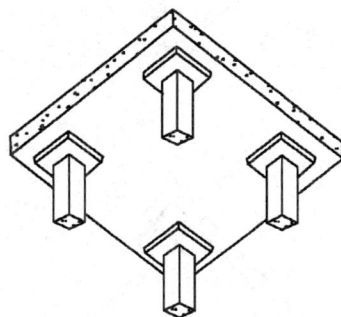

图 8-7 带托板的平板

(3) 密肋板

密肋板如图 8-8 所示。密肋板适用于双向大柱网结构体系,由于较大减少了混凝土及钢筋的用量,从而具有减少结构重量、节省材料的优点。但密肋板支模较复杂,钢筋布置也较麻烦。但如采用重复使用的标准模板或模壳,将有利于减少施工费用、方便支模。密肋板楼盖的刚度较大,允许高跨比也较大。无粘结预应力混凝土密肋板的跨高比为 30~35,最大跨度为 15m。

(4) 次梁—板结构

次梁—板结构如图 8-9 所示。次梁—板结构施工比密肋板简单,通常次梁与次梁之间的板厚由防火要求控制,2h 耐火期板的最小板厚为 120mm、跨度一般为 4m 左右。无粘结预应力混凝土次梁—板的跨高比为 25~30,最大跨度为 15m。

(5) 梁—板结构

梁—板结构如图 8-10 所示。梁—板结构由梁与梁之间的板组成,梁高较大、刚度更大。梁与柱一起形成水平刚度很大的结构。这种梁—板结构的支模复杂,也不利于设备布置。根据板的边长尺寸,板可分为单向板或双向板。板中一般采用无粘结预应力钢筋,梁中常采用有粘结预应力钢筋。无粘结预应力混凝土梁—板结构中板与梁的经济跨高比分别为:单向板 40~45;双向板 45~50;梁 15~18。最大跨度为 18m。

(6) 扁梁—板结构

扁梁—板结构如图 8-11 所示。扁梁通常指梁宽大于梁高的宽梁。扁梁可以减小结构高度,具有与一般梁相似的跨越能力。扁梁—板结构有利于模板及支承布置,简化了配筋,也有利于梁下管道设备的通过。扁梁—板结构中的扁梁一般与柱同轴,但也有在轴线之间布置扁梁。扁梁—板结构的经济跨度与扁梁的宽度有关。无粘结预应力混凝土扁梁—板结构的经济跨高比为 20~25,最大跨度通常取为 20m。

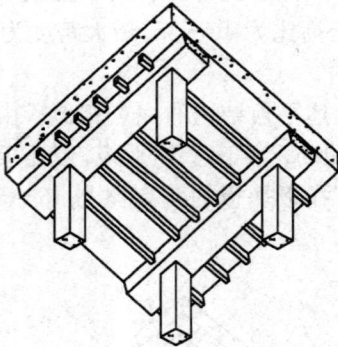

图 8-8　密肋板

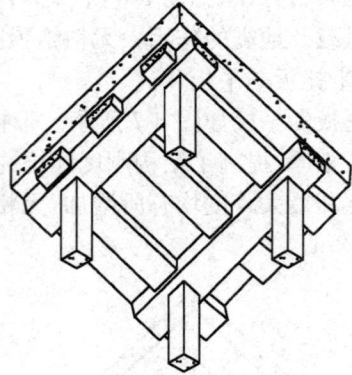

图 8-9　次梁—板结构

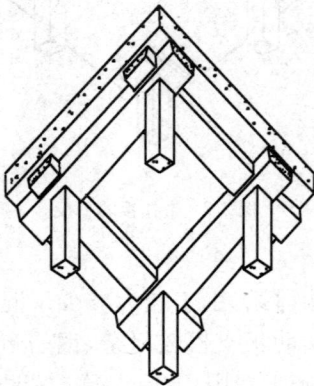

图 8-10　梁—板结构

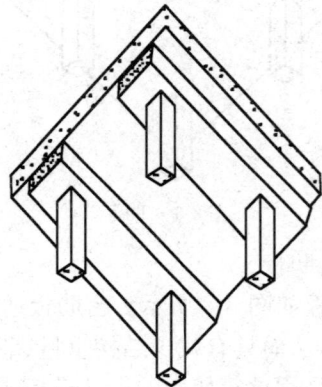

图 8-11　扁梁—板结构

以上介绍的无粘结预应力混凝土板的结构形式主要用于建筑结构。在桥梁工程中,极少采用体内无粘结预应力混凝土结构,在此不再介绍。

二、无粘结预应力混凝土受弯构件截面尺寸拟定

同有粘结预应力混凝土受弯构件一样,无粘结预应力混凝土受弯构件截面尺寸拟定通常采用如下步骤。

首先,根据设计、使用及施工等工程实践经验,将一些常用的截面形式和基本尺寸作为截面初选的参考依据。上述板和梁板的截面形式、常用跨高比及适用的最大跨径,都可为设计时取用的最初尺寸。

其次,根据预加应力阶段和使用阶段混凝土应力的限制值估算抗弯截面模量,对初选截面尺寸进行初步校核。

最后,根据初选的截面尺寸校核其抗弯效率指标 $\eta_b = (K_u + K_b)/h$,一般要求其在 0.45~

0.50 以上,但若 $\eta_b > 0.55$,则截面过分单薄。故应在满足各方面要求的前提下选取合理的截面形式。

三、无粘结预应力钢筋、非预应力钢筋截面面积估算

估算无粘结部分预应力混凝土受弯构件所需的无粘结预应力钢筋、非预应力钢筋的截面面积,可采用第七章有粘结预应力混凝土受弯构件相似的方法。从满足截面承载力、施工和使用阶段受力要求出发,同时考虑构造、经济及施工的合理性和可行性。下面以矩形截面构件为例说明有关内容。

1. **按承载能力极限状态估算钢筋的截面面积**

在本教材的第一章中已讲到,美国的内曼(A. E. Naaman)教授,将在极限状态下由预应力钢筋提供的抵抗弯矩与由预应力和非预应力钢筋共同提供的抵抗弯矩之比,称为预应力比率,即

$$PPR = \frac{(M_u)_p}{(M_u)_{p+s}}$$

式中符号意义同前。

根据无粘结预应力混凝土受弯构件抗弯承载力的计算方法,上式可表示成如下的形式:

$$PPR = \frac{A_p \sigma_{pu}\left(h_p - \dfrac{x}{2}\right)}{A_p \sigma_{pu}\left(h_F - \dfrac{x}{2}\right) + A_s f_{sy}\left(h_s - \dfrac{x}{2}\right)} \tag{8-17}$$

式中符号意义同前。

如果 $h_p = h_s$,则式(8-17)可简化为

$$\lambda_p = \frac{A_p \sigma_{pu}}{A_p \sigma_{pu} + A_s f_{sy}} \tag{8-18}$$

按承载能力极限状态估算钢筋面积的步骤如下。

(1)根据截面平衡条件建立基本方程式

$\sum X = 0$:

$$\alpha_1 f_c bx = A_p \sigma_{pu} + A_s f_{sy} \tag{8-19}$$

$\sum M = 0$:

$$M = \alpha_1 f_c bx \left(h_0 - \frac{x}{2}\right) \tag{8-20}$$

从式(8-20)解得

$$x = h_0 - \sqrt{h_0^2 - \frac{2M}{\alpha_1 f_c b}} \tag{8-21}$$

再由式(8-17)和式(8-19)得

$$A_p = PPR \frac{\alpha_1 f_c bx}{\sigma_{pu}} \tag{8-22}$$

$$A_s = \frac{A_p \sigma_{pu}}{f_{sy}}\left(\frac{1}{PPR} - 1\right) \tag{8-23}$$

式中:σ_{pu}——无粘结预应力钢筋的极限应力,一般可按 $\sigma_{pu} = \alpha \sigma_{con}$($\alpha = 0.8 \sim 0.9$)估算;

其余符号意义同前。

(2)选取预应力比率(度)PPR,由式(8-22)估算出预应力钢筋的截面面积,再由式(8-23)算出非预应力钢筋的截面面积。

(3)根据无粘结部分预应力混凝土受弯构件的构造要求,校核预应力钢筋占钢筋总抗力的比例,使非预应力钢筋满足如下最小配筋率要求:

$$\frac{A_s f_{sy} h_s}{A_p \sigma_{pu} h_p + A_s f_{sy} h_s} \geqslant 0.25 \qquad (8-24)$$

及

$$A_s \geqslant 0.003bh \qquad (8-25)$$

取以上两式计算值的较大者。若不满足要求则对A_s作相应调整。

2. 按施工和使用阶段构件上下缘混凝土应力限制值估算钢筋的截面面积

(1)对控制截面建立类似第七章给出的不等式(7-25)~式(7-28)。此不列出有关公式。

(2)在可行的范围内得到预加力N_p,按控制张拉应力σ_{con}、估计的永存预加力与传力锚固时的有效预加力之比值α,估算出预应力钢筋的截面面积A_p;再由式(8-24)和式(8-25)算出非预应力钢筋的截面面积A_s。

(3)从构件整体受力要求出发,采用和有粘结预应力混凝土受弯构件一样的方法,确定N_p在构件各截面偏心矩的限值,即形成预应力钢筋(束)的束界。

四、无粘结预应力混凝土受弯构件一般构造要求

由于无粘结预应力混凝土受弯构件构造、用途等方面的多样性,此仅对构件的一般构造要求进行介绍。构件详细的构造要求,可按有关规范规定执行。

1. 钢筋布置的构造要求

(1)无粘结预应力钢筋可采用低松弛高强度钢绞线制成的无粘结预应力钢筋;非预应力钢筋宜采用HRB335级、HRB400级热轧带肋钢筋。

(2)非预应力钢筋应布置在构件受拉区的外层,且采用细而密的布置方式。特殊需要的非预应力钢筋的直径也不应超出20mm。

(3)无粘结预应力钢筋定位钢筋的间距不应大于1.0m,在曲线段应加密设置。

(4)在大转折曲线段,无粘结预应力钢筋应尽量避免或减少成束布置,以防预应力钢筋横向压力损伤其PE护套。

2. 构件配筋率的构造要求

(1)为了保证构件破坏时预应力钢筋的强度充分发挥,有利于提高延性、防止脆性破坏,构件受压区高度应符合有关规范的规定,不得采用超筋设计。同时,为保证构件从开裂至破坏具有一定的安全储备,构件配筋率也不应取得过低。

(2)应在构件混凝土截面受拉区配置一定数量的非预应力钢筋,以控制和分散混凝土裂缝、改善延性,非预应力钢筋的最小配筋指标一般应同时满足式(8-24)和式(8-25)的要求。

3. 预应力钢筋锚固区的构造要求

无粘结预应力钢筋锚固区的构造要求基本与有粘结预应力钢筋相同,但其锚具的耐久性更为重要,故封锚混凝土应采用钢筋混凝土构造,混凝土强度等级与构件相同,封锚混凝土内按受力钢筋要求配筋。

复习思考与习题

8-1 简述无粘结预应力混凝土构件中,无粘结预应力钢筋的构造、受力特点,在使用阶段和承载能力极限状态预应力钢筋应力计算的常用方法。

8-2 一根先张法部分预应力混凝土简支梁,截面尺寸为 $b \times h = 300\text{mm} \times 600\text{mm}$,梁长为 8.5m,计算跨径为 8.0m;跨中截面的结构自身重力和附加重力弯矩分别为 $M_{g1} = 36\text{kN} \cdot \text{m}$、$M_{g2} = 34\text{kN} \cdot \text{m}$,活荷载弯矩为 $M_{ll} = 144\text{kN} \cdot \text{m}$;采用 $\phi^S 15.2$ 热挤 PE 无粘结预应力钢绞线,$f_{py} = 1\,320\text{MPa}$,$\sigma_{con} = 1\,395\text{MPa}$,扣除预应力损失后的有效预应力 $\sigma_{pe} = 1\,120\text{MPa}$,$\alpha_1 = 1.0$,$f_c = 28.0\text{MPa}$。试设计所需的预应力钢筋和普通钢筋,验算截面强度和使用阶段应力。

第九章　体外预应力混凝土结构设计

第一节　引　言

体外预应力混凝土结构的预应力钢筋(钢束)布置在混凝土构件体外,这是其与体内预应力混凝土结构最基本的区别。图 9-1 为体外预应力混凝土结构的立体构造示意。

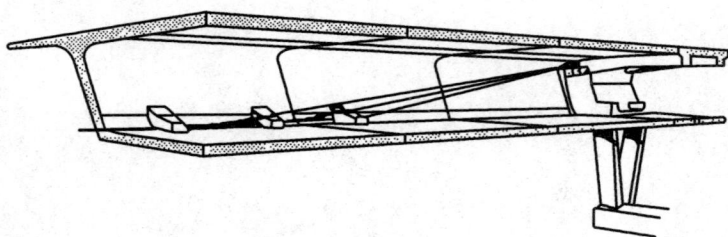

图 9-1　体外预应力混凝土结构的立体构造示意

一、体外预应力混凝土结构的发展简史

体外预应力混凝土结构的应用先于体内预应力混凝土结构,而体外预应力混凝土结构的典型代表则是桥梁结构。在 1934 年,德国工程师 Franz Dischinger 获取了向结构施加体外预应力的专利,他选择体外预应力的主要原因是当时没有可靠的理论去计算由于混凝土的徐变、收缩等体积变化引起的预应力损失,所以把预应力钢筋布置在体外以保留能够再次张拉的可能性。在 1936~1937 年,位于德国 Saxony 的世界上第一座预应力混凝土桥梁 Aue 桥建成,其跨径布置为 25.20m+69.00m+23.40m,这座桥在 1962 年和 1983 年的两次维修及对预应力钢筋重新张拉后使用至今。

随着体内预应力混凝土结构的出现和发展,各国工程师们最初普遍认为体内预应力混凝土结构的优势更大,其在极限状态下具有更高的承载力和更好的延性、具有更大的预加力偏心距和预应力钢筋的极限应力,以及钢筋具有更好的抵抗环境腐蚀能力。虽然各国工程师在以后建造了许多体外预应力混凝土桥梁,但由于体外预应力钢筋(钢束)的防腐问题未能得到很好解决,所以这些尝试许多都没有取得成功。正由于体外预应力混凝土结构的应用情况给了人们不好的印象,所以除了 1960~1970 年间在比利时建造了一些体外预应力混凝土公路桥梁外,在整个 20 世纪 60 和 70 年代建造的体外预应力混凝土桥梁的数量很少。体外预应力钢筋(钢束)的腐蚀问题成为制约体外预应力混凝土结构发展的关键因素。

体外预应力混凝土结构得以再发展的原因主要有四个:一是在加固和维修原有体内预应力混凝土结构和钢筋混凝土结构中得到了经验;二是斜拉桥的复兴促进了体外预应力钢束防腐技术发展;三是伴随节段施工技术的发展促进了体外预应力技术应用;四是对体内预应力钢筋的防腐能力重新有了认识。尤其是 20 世纪 70 年代以来,节段施工法成为桥梁施工技术的主流,使桥梁的设计、施工和管理成为相互紧密关联的因素,桥梁的经济性不再仅仅由其本身所耗费的材料指标所决定,在施工速度、施工费用、对施工质量的把握以及将来的管理和维护方面,在许多条件下体外预应力具有体内预应力难以相比的优势。近 20 年来,原本认为孔道压浆后体内后张预应力钢筋不会腐蚀的观念正日益受到挑战:预应力孔道内(特别是曲线段内)浆体无法完全压密而存在空洞和积水问题;密集布置的预应力孔道导致混凝土浇筑和振捣困难,也易导致混凝土出现松散或空洞现象。这些问题使工程师们对体内后张预应力混凝土结构的施工质量难以把握,而在混凝土体内的预应力钢筋根本无法进行有效检测和更换。许多更换下来旧梁的检查结果和事故调查结果都证实了上述问题。

二、现代体外预应力混凝土结构的发展

下面以桥梁结构为例,简要介绍现代体外预应力混凝土结构的发展概况。

1. 第一座现代体外预应力混凝土桥梁——Long Key 桥

现代体外预应力混凝土桥梁的发展始于 20 世纪 70 年代后期。1979 年法国人 Jean Muller 在美国佛罗里达州 Long Key 桥的设计时,采用了结合体外预应力技术的节段预制拼装结构。该桥的标准跨径为 36m,共有 101 跨,每跨包括 6 个 5.5m 标准节段和约 3m 的墩顶段;各跨均由预制节段拼装而成,采用在支架上逐跨拼装预制节段的施工方法。

Long Key 桥的体外预应力钢束采用标准强度为 270K(1836 MPa)的高强度、低松弛钢绞线,钢束采用高密度聚乙烯(HDPE,high density polyethylene)套管,墩顶及跨内钢束转向构造中采用预埋镀锌钢管,两种管道用氯丁橡胶套管连接,体外预应力钢束张拉后在 HDPE 管内灌注水泥浆防腐。为加快施工速度及最大程度上发挥体外预应力混凝土结构的优势,该桥不设体内预应力钢束并在主梁预制节段之间采用复合剪力键(multiple shear key)和干接缝(dry joint)。由于省却了体内预应力钢束的穿孔和节段接缝涂抹环氧树脂的工序,每跨拼装完成后即进行预应力钢束张拉,大大加快了施工速度。

2. 体外预应力混凝土桥梁的类型

Long Key 桥的设计建造至今已有 30 年,体外预应力桥梁的类型主要反映在两个方面。

首先,以 Long Key 桥为代表的预制节段逐跨拼装施工桥梁,是广泛使用的体外预应力桥梁结构形式,其突出的优势在于标准化的设计施工和快捷的施工速度。由于体外预应力钢束可以采用与体内预应力相同的普通钢绞线和锚具,与体内预应力钢束一样通过压注水泥浆防腐,故体外预应力钢束的成本较低。这种结构类型的桥梁跨径一般为 30～60m,最大约 70m,通常在通航要求不高的多跨长桥、长大桥梁的引桥以及人口密集和交通组织困难的城市高架路和轻轨干线中使用。

其次,用粗大的体外预应力钢束部分或全部替代了原先配置在梁腹内的体内预应力钢束,简化了梁腹的构造、减小了其厚度。如在悬臂施工和顶推施工的桥梁中,可采用体内和体外混合配置预应力钢束的方式。当梁腹板内不配置预应力钢束时,可以把传统的混凝土箱梁的腹板改成钢桁架或钢腹板。图 9-2 为采用三角形截面和波纹钢腹板的法国 Maupre 桥。

三、体外预应力混凝土结构在我国的运用

我国自 20 世纪 50 年代以来,预应力混凝土技术发展迅速,特别是近十余年来的改革开放以后,我国预应力混凝土桥梁的发展业已成熟,各建设、设计和施工单位均具有较高的技术水平和丰富的实践经验。但是,在体外预应力混凝土结构在世界各国广泛运用和不断创新的今

天,我国桥梁结构中体外预应力的应用是屈指可数的。1990年通车的福州洪塘大桥的引桥采用了与 Long Key 桥相类似的体外预应力体系。

图 9-2　采用三角形截面和波纹钢腹板的法国 Maupre 桥

近年来,体外预应力结构的价值被我国结构工作者所认识,研究工作在多方面得到进展,研究成果也被用于桥梁和建筑结构的加固和新结构的建设中。上海沪闵高架桥、苏通长江大桥引桥及上海长江大桥引桥等工程中均采用了体外预应力结构。

第二节　体外预应力混凝土系统的组成及构件类型

一、体外预应力混凝土系统的基本组成

体外预应力混凝土系统的基本组成部分包括:体外预应力索、体外预应力钢束的锚固系统、体外预应力钢束的转向装置,以及相应的防腐系统,见图 9-3 所示。

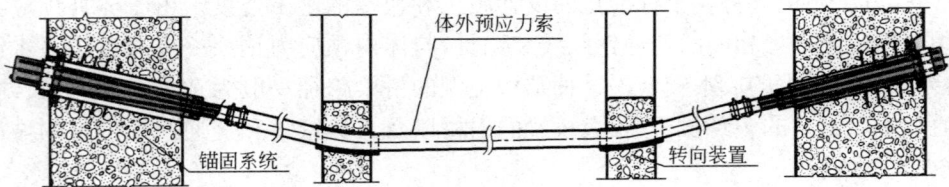

图 9-3　体外预应力混凝土系统的基本组成

由图可见,体外预应力钢束仅在锚固系统和转向装置处可能与混凝土构件有粘结。

1. 体外预应力索

体外预应力索由体外预应力钢束、护套和灌注材料组成。

体外预应力钢束通常由多根钢绞线形成,即为钢绞线束,可采用普通钢绞线、镀锌钢绞线、环氧涂层钢绞线,以及外包高密度聚乙烯(HDPE)的无粘结钢绞线。

体外预应力钢束的护套主要起防护与防腐作用,通常采用 HDPE 管,在锚固段和转向装置的弯曲段部分采用钢(也有采用 HDPE)管。

体外预应力钢束护套内的灌注材料分为刚性灌注材料和非刚性灌注材料。刚性灌注材料通常为水泥浆,非刚性灌注材料主要是指油脂和石蜡。灌注水泥浆是最简单的,也是最常用的材料,它适用与构件离散粘结或完全无粘结的体外预应力系统。油脂和石蜡通常用在钢束可更换的体外预应力系统中或钢束锚固段的钢管内,以使钢束与构件无粘结。

图 9-4、图 9-5 分别为两种典型的体外预应力索。

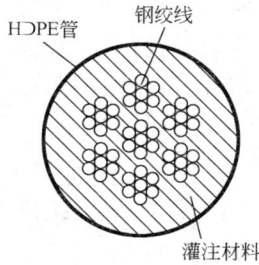

图 9-4　普通钢绞线外包 HDPE 防护的体外预应力索　　图 9-5　无粘结钢绞线外包 HDPE 防护的体外预应力索

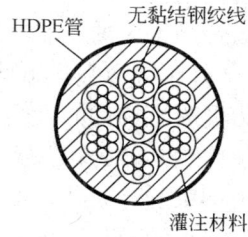

体外预应力钢束、护套及灌注材料的选用主要基于以下方面:

(1)环境条件和钢索的暴露程度

国外文献中通常把周围环境与构件的关系分为四类:

①适度:构件通常处于干燥的情况;

②中等:构件通常处于潮湿的环境中;

③严重:构件长期处于湿润或干湿交变的环境中;

④腐蚀性:构件处于严重腐蚀性的恶劣环境中。

图 9-4 中显示的体外预应力索一般可用于前三类的环境,而第四类环境则一般采用图 9-5 所示的防腐能力较强的体外预应力索。

(2)钢束拉力调整和钢束的更换

钢束拉力调整和钢束的更换通常是指体外预应力钢束的多次张拉以及在施工期或成桥后的拆卸和更换。显然,这就要求钢束与构件之间必须是无粘结的。不管护套和灌注材料如何选择,采用无粘结钢绞线束就能满足多次张拉的要求。如在锚固段和转向装置处采用双层套管,不管采用哪种钢束都能满足拆卸和更换的要求;但当体外预应力钢束在锚固段及转向装置处采用单层套管时,则只能采用无粘结的非刚性灌注材料,才可以进行钢束拆卸和更换。

(3)钢束张拉时的摩擦力

体外预应力钢束与护套之间的摩擦会引起预应力损失,但主要发生在钢束的弯曲段,摩擦大小与套管局部偏差对摩阻的影响系数 k 和钢束与套管壁的摩擦系数 μ 有关。由于体外预应力钢束弯曲段的总长度很小,k 的影响通常可不考虑。

2.体外预应力钢束的锚固系统

对应体外预应力钢束是否可以更换,锚固系统相应地分为两种类型。即:若钢束不更换则可采用不换钢束型锚具,这种锚具一般用于钢束与混凝土构件离散粘结(钢束在转向装置处和在锚固端处与构件粘结)的构造。可换钢束型锚具可将混凝土构件与锚具之间相互隔离,以便钢束可以卸下。

可换体外预应力钢束的锚具又分为钢束无法放松和可以放松两类。前者,钢束张拉后不预留能够再次张拉的长度,钢束是无法放松的,使用这类锚具的钢束既可以是普通的钢绞线,也可以是无粘结钢绞线。使用普通钢绞线时,在护套中灌注非刚性灌注材料(油脂或石蜡);使用无粘结钢绞线时,护套中一般灌注水泥浆。但是,无论采用何种钢束,锚具内腔均使用防腐材料填密而不使用水泥浆,以满足钢束可更换的要求。后者,最大的特点是钢束张拉锚固,需在锚具后预留一定长度的钢束,以满足钢束放松的需要。该类锚具可以用于顶推施工中的临时体外预应力钢束或其他构件中的永久钢束。显然,使用这种锚具的体外预应力钢束只能是无粘结钢束。

钢束可以更换的体外预应力混凝土构件对锚具的依赖性很大,锚具组件本身必须提供比一般体内预应力锚高得多的可靠性和安全性。一旦锚具组件出现问题,其导致的后果便是灾难性的。所以,体外预应力锚具组件及其与钢束的适配性均需要进行严格的静、动载试验,以保证体外预应力混凝土构件的安全、可靠。

3. 体外预应力钢束的转向装置

体外预应力钢束的转向装置不仅起着钢束转向的作用,而且也是钢束除锚固点外与混凝土构件连接的构造。转向装置由混凝土转向构造和钢束转向器组成。

图 9-6~图 9-9 是体外预应力混凝土构件中常见的转向构造。

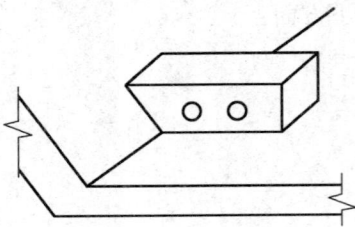

图 9-6 块状式转向构造

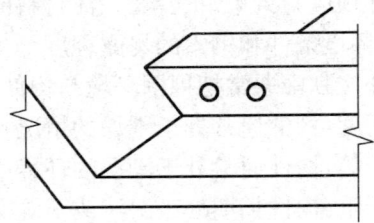

图 9-7 底横肋式转向构造

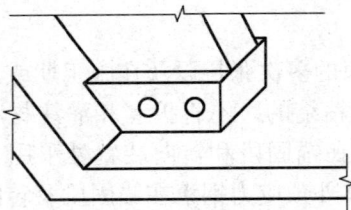

图 9-8 竖肋式转向构造

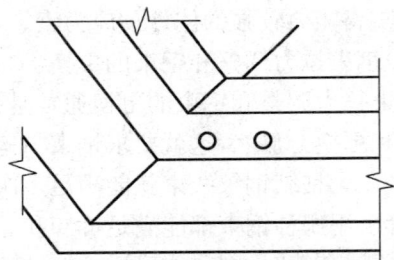

图 9-9 竖横肋式转向构造

图 9-6 为最简单的块式转向构造(简称转向块),主要承受钢束的竖向转向力,它适用于竖向转向力较小情况;图 9-7 为能够承受钢束较大横向转向力的转向构造,常用于斜、弯的体外预应力构件中,也用作非转向钢束的定位构造;图 9-8 为能够承受钢束较大竖向转向力的转向构造,竖肋把钢束的转向力传至箱梁的腹板和上承托;图 9-9 为能够承受较大竖、横向转向力的转向构造,竖、横肋把钢束的转向力传至箱梁腹板和底板。

体外预应力钢束转向器埋置在转向构造中,其直接与钢束接触并承受钢束的转向力。最简单的转向器是钢管,可用于护套内灌注水泥浆、钢束不更换的情况。但是,若采用双层钢管作为转向器,其就能满足更换钢束的条件,即使护套内灌注了水泥浆。最新的一种成品转向器称为分散式转向器,它能够让钢绞线逐根更换,适合采用普通钢绞线束、护套内灌注非刚性的灌注材料(油脂或石蜡)或无粘结钢绞线束、护套内不灌注的情况。具体内容详见有关产品目录。

154

4.体外预应力钢束的防腐系统

体外预应力钢束的防腐系统主要指以下几个方面。

(1)钢束自身防腐

采用成品无粘结钢绞线是钢束最有效的自身防腐手段之一,环氧涂层无粘结钢绞线具有更好的防腐性能。每根无粘结钢绞线均有单独的HDPE护套并内充油脂,本身具有良好的防护和防腐性能,无粘结钢绞线束甚至可以不用护套而单独使用,较多地用于体外预应力加固的工程中。

(2)护套与灌注材料

采用普通钢绞线束时,护套与灌注材料是至关重要的,而HDPE护套加水泥浆是最经济的。由于钢束在混凝土梁体外,且几何外形比较简单,故灌注条件比体内预应力钢筋好得多,水泥浆就能比较可靠地充实全部护套。这种防腐措施已被证明是可靠的,也是使用最广泛的一种防腐措施。

在HDPE护套内灌注油脂或石蜡同样也是可靠的防腐手段,转向构造处采用单层转向钢管、钢束采用普通钢绞线,可以更换钢束的体外预应力系统就可采用这种防腐方法,但护套内全部灌注油脂或石蜡造价较高。

在转向构造处采用双层转向钢管的体外预应力系统,一般采用无粘结钢绞线束及灌注水泥浆,这里的水泥浆起隔离作用。这种防腐方法有三道措施:一是无粘结钢绞线本身,二是外层的HDPE护套,三是护套内的水泥浆。

(3)锚固区段

不管采用何种灌注材料,锚具内腔或喇叭管和引导管内均需要进行灌注,其中防腐效果最好的灌注材料是油脂。

另外,可以方便地对体外预应力钢束进行检测,且在有些情况下可以更换钢束,充分保证了预应力系统的防腐能力,这也正是体外预应力混凝土结构的优势之一。

二、体外预应力混凝土构件的类型

体外预应力混凝土构件按其施工方法(连接构造)分为下列几种:采用现场整体浇筑施工或整体预制施工的构件(现浇整体式构件或预制整体式构件,简称整体式构件);采用预制节段拼装施工或现场节段浇筑施工的构件(预制节段式构件或现浇节段式构件,简称节段式构件)。

体外预应力混凝土构件按其预应力方式分为两类:体内外混合预应力构件,即部分采用体内预应力、部分采用体外预应力的构件;全体外预应力构件,即全部采用体外预应力的构件。

预制节段式体外预应力混凝土构件的节段连接缝分为三类:胶接缝,接缝接合面涂以环氧树脂胶;干接缝,接缝接合面直接密贴;湿接缝,接缝采用现浇混凝土接合。

第三节　体外预应力混凝土受弯构件的力学性能

一、体外预应力混凝土受弯构件的力学性能

在本章前两节的内容中,较详细阐述了体外预应力混凝土构件的基本构造。从施工成型方法来看,体外预应力混凝土构件有整体式和节段式两类。其中,预制节段式体外预应力混凝土构件的力学性能较为特殊。

1. 体外预应力混凝土受弯构件的基本受力特点

整体式体外预应力混凝土受弯构件与无粘结预应力混凝土受弯构件在受力方面是很相似的,两者的差别完全是由其构造不同引起的。相比无粘结预应力混凝土受弯构件,体外预应力混凝土受弯构件中的预应力钢束是折线形的,钢束直线段与混凝土构件相互分离。在构件受力变形后,钢束直线段与混凝土构件将发生相对位移,且钢束与构件的相对位移同转向装置设置有关(图9-10),这与体内无粘结预应力混凝土受弯构件完全不同。

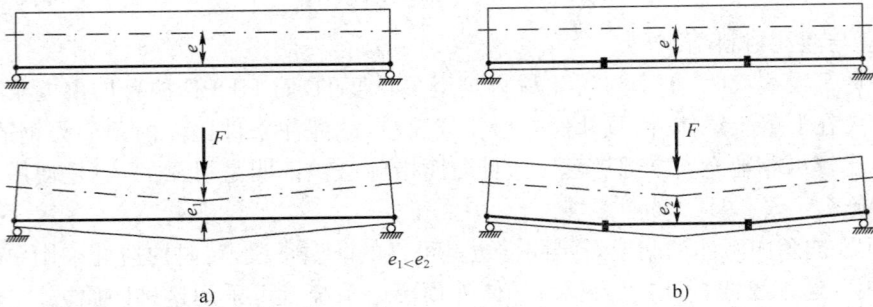

$e_1 < e_2$

a)   b)

图9-10　体外预应力钢束与构件的相对位移

a)无转向装置;b)有转向装置

体内无粘结预应力钢筋布置在构件内部,虽然沿预应力钢筋方向的应变与周围混凝土的应变不协调,但预应力钢筋在构件截面上的相对位置是固定不变的,与构件变形毫无关系。而体外预应力钢束仅在锚固区与转向构造处有约束,这些部位钢束在构件截面上的位置是不变的,其他区段钢束在截面上的相对位置将随构件变形而变化。由于这个原因,体外预应力钢束对截面的偏心距会随着构件弯曲而减小,由此构件的预应力效应将发生变化,通常称这种现象为体外预应力二次效应,或简称二次效应。在正常使用阶段,由于体外预应力混凝土受弯构件处于小变形受力状态,体外预应力钢束与构件之间的相对位移很小,故一般没有必要考虑体外预应力二次效应。然而,当荷载超出正常使用情况或加载至极限受力阶段,若体外预应力钢束直线段中间无定位措施时,体外预应力二次效应将明显反映出来。试验研究和理论分析表明,体外预应力二次效应削弱了体外预应力钢束的抗弯作用,使构件抗弯承载力下降最大可达到约10%。

由于体外预应力钢束的直线段与混凝土构件变形不协调,每个直线段内钢束的应力都相同,不随相应区段混凝土构件的截面内力变化而变化;且当钢束与转向器无粘结(非单层转向钢管和水泥灌注)时,钢束将可能依据摩阻的大小在转向器的两侧来回移动,从而使段间钢束的应力差减小。因此,当构件达到极限受力状态时,体外预应力钢束的极限应力与无粘结预应力钢筋一样,将达不到体内有粘结预应力钢筋的应力水平。

2. 整体式体外预应力混凝土受弯构件的受力性能

整体式体外预应力混凝土受弯构件的力学性能与体内无粘结预应力混凝土受弯构件基本相同,其从施加预应力、开始加载到消压、开裂直至最后破坏的机理也是相似的。适当配置体内有粘结钢筋,对改善整体式体外预应力混凝土受弯构件的极限承载力有相当大的作用。对于体内配筋率很低的受弯构件,加载开裂时仅出现一条或很少几条裂缝,发生在最大弯矩附近;随着荷载增加,裂缝的宽度和高度都迅速发展,但其数量几乎不再增加,荷载增加不多构件就发生脆性破坏,梁体的塑性变形几乎全部集中在裂缝断面。如果配制一定数量的体内有粘结钢筋,就可以显著增加裂缝数量、分散裂缝分布,使构件整体塑性变形较充分发挥。构件受拉区裂缝总宽度的增加,体外预应力钢束的累积应变也相应增加,从而在构件破坏时钢束达到了较大的极限应力,构件的极限承载力也相应提高。

整体式体外预应力混凝土受弯构件,通常采用体内有粘结预应力钢筋和体外预应力钢束混合配置的方法,有粘结预应力钢筋对构件的力学性能有非常有利的影响。当然,不配置体内有粘结预应力钢筋也是允许的,且在某种程度上看其体外预应力系统的可靠性更能得到保证,但这种构件中非预应力钢筋的配置量必须达到一定的要求。

二、节段式体外预应力混凝土受弯构件的力学性能

1. 正常使用极限状态

预制节段式全体外预应力混凝土受弯构件,由于节段之间没有体内预应力和非预应力钢筋通过接缝,开裂时裂缝往往集中在接缝截面,若节段间采用干接缝时这种现象更为明显。因此,若设计者不注意这个问题,在难以预见的不利情况发生时,如超载、强迫变位或其他一些不利因素作用时,接缝就会开展较宽。由于全体外预应力钢束不可能对裂缝开展进行有效控制,故这种构件往往以增加预应力的方法来阻止裂缝发生。

显然,预制节段式受弯构件的设计思想是主要考虑全预应力的,即在正常使用极限状态下,最不利受力位置的接缝截面仍有一定的压应力储备,接缝不开裂。因此,在此状态下构件基本为弹性受力,变形很小,其力学性能与体内预应力混凝土受弯构件基本相同。

2. 承载能力极限状态

由于非预应力钢筋在接缝截面断开,预制节段式体外预应力混凝土受弯构件的力学性能,将很大程度受到接缝的影响。随着荷载增加,构件首先在不利受力位置的接缝截面开裂;之后,构件的变形主要为接缝截面展开、相对转动所引起,接缝截面受压区混凝土的压应力较高,节段的自身变形较小;接近承载能力极限状态时,接缝截面受压区混凝土的压应变首先达到其极限值,混凝土压碎,构件随即失去承载能力。由于构件的变形能力未充分发挥,故其极限变形一般小于对应的整体式受弯构件,同时体外预应力钢束的极限应力也小于整体式构件。因此,节段式体外预应力混凝土受弯构件在极限状态下的力学性能,既不同于传统的体内预应力混凝土受弯构件,也不同于整体施工的体外预应力混凝土受弯构件。

3. 影响节段式体外预应力混凝土受弯构件受力性能的主要因素

节段接缝和体内、体外预应力比例,是影响节段式体外预应力混凝土受弯构件受力性能的两个主要因素。

（1）节段接缝的影响

在正常使用阶段,节段接缝对体外预应力混凝土受弯构件的影响是很小的,一般都可忽略。但若构件超载或逐步加载进入弯曲极限受力阶段,由于非预应力钢筋在接缝截面断开,节段式构件的裂缝将在接缝位置集中开展,导致接缝截面受压区混凝土的压应变集中发展,构件整体变形发展不充分,体外预应力钢束的极限应力较小,极限承载力低于整体式构件。试验表明,节段式构件的抗弯承载力低于整体式构件,而全体外预应力节段式构件的抗弯承载力则更低。还有,当受到剪弯作用时,节段式构件剪切破坏的裂缝并不是唯一的斜裂缝,而较大可能发生沿接缝截面的正裂缝,剪切破坏模式与整体式构件有较大区别;节段式构件的受力过程分为破坏裂缝出现前、后两个阶段,而整体式构件的受力过程分为弯曲裂缝出现前、弯曲裂缝出现后非预应力纵向钢筋未屈服及屈服后三个阶段,接缝也同样较大削弱了构件承载力。另外,节段式构件发生剪切破坏时的变形大于整体式构件,这与发生弯曲破坏的正好情况相反。

（2）体内、体外预应力比例的影响

影响体外预应力混凝土受弯构件抗弯承载能力极限状态的另一重要因素是体内、体外预应力比例。体内外混合预应力能使节段式构件的弯曲受力性能得到改善，破坏时构件整体变形增大，体外预应力钢束的极限应力增大，构件延性和抗弯承载力提高。配置一定数量体内预应力筋的整体式构件，还能改善其受力性能并使抗弯承载力提高。同样，当受到剪弯作用时，体内外混合预应力能使节段式构件的剪切裂缝宽度减小，裂缝两侧构件的相对刚体转动减小，裂缝间骨料的相互作用加强，构件抗剪承载力明显提高。

限于篇幅，与整体式体外预应力混凝土受弯构件相同的其他影响因素在此不再介绍。

第四节　体外预应力混凝土受弯构件计算

一、正截面抗弯承载力计算

试验结果表明：体外预应力混凝土受弯构件达到抗弯极限承载力时，截面受压区混凝土都达到极限压应变而破坏；整体式构件截面受拉区体内非预应力钢筋和预应力钢筋的应力、节段式构件接缝截面受拉区体内预应力钢筋的应力均已大于屈服强度或条件屈服强度，并在经历较大塑性应变后应力已接近极限强度；体外预应力钢束的应力水平均较低，部分未达到条件屈服强度，部分虽大于条件屈服强度但塑性应变并未充分发展。

从体外预应力混凝土构件截面的弯曲破坏形态、混凝土和体内配筋的应变与应力分布规律来判别，与一般体内预应力混凝土构件很相似，受压区混凝土的应力及其分布、体内配筋的应力均可按简化分析方法取值。但是，体外预应力钢束的极限应力及体外预应力二次效应不能由截面应变协调关系获得，故其成为建立简化计算方法必须解决的问题。

试验和理论研究结果表明，体外预应力钢束的极限应力和体外预应力二次效应，与构件的连接构造、预应力方式、跨高比等因素有关。为了便于计算，采用体外预应力钢束合力作用点至截面受压边缘的极限距离反映其与初始值的不同，从而计入体外预应力二次效应。通过系列试验和理论计算结果的分析，可以建立体外预应力钢束的极限应力和其合力作用点至截面受压边缘的极限距离计算公式。

参照体内预应力混凝土受弯构件正截面抗弯承载力计算方法，可以得到如下计算图式（图 9-11）和基本公式。

1. 计算图式

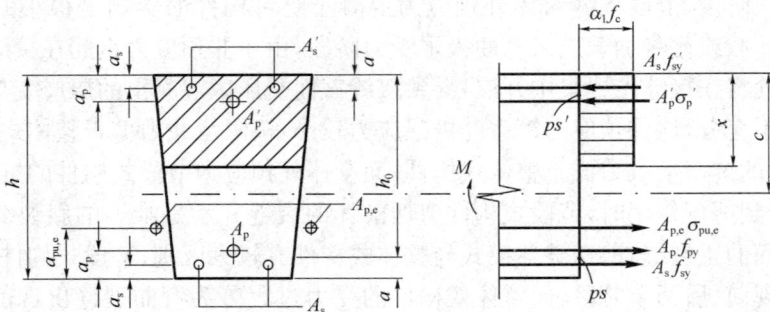

图 9-11　正截面抗弯承载力计算图式

2. 基本公式

参照计算图式,由平衡条件可写出如下方程。

沿轴向力方向的平衡条件,$\sum X = 0$:

$$\sigma_{pu,e} A_{p,e} + f_{py} A_p + f_{sy} A_s = \alpha_1 f_c A_c + f'_{sy} A'_s + \sigma'_p A'_p \qquad (9-1)$$

对受拉区钢筋(束)合力作用点(ps)力矩的平衡条件,$\sum M_{ps} = 0$:

$$M_u = \alpha_1 f_c S_{c,ps} + f'_{sy} A'_s (h_0 - a'_s) + \sigma'_p A'_p (h_0 - a'_p) \qquad (9-2)$$

对受压区钢筋合力作用点(ps')力矩的平衡条件,$\sum M_{ps'} = 0$:

$$M_u = \alpha_1 f_c S_{c,ps'} + f_{sy} A_s (h'_0 - a_s) + f_{py} A_p (h'_0 - a_p) + \sigma_{pu,e} A_{p,e} (h'_0 - a_{pu,e}) \qquad (9-3)$$

图中和式中:　　$\sigma_{pu,e}$——体外预应力钢束的极限应力,取值详见有关设计规范或指南;

　　　　　　　　f_{py}——体内预应力钢筋的抗拉强度;

　　　　　　　　f_{sy}——非预应力钢筋的抗拉强度;

　　　　　　　　α_1——混凝土强度修正系数,详见本教材第四章;

　　　　　　　　f_c——混凝土轴心抗压强度;

　　　　　　　　f'_{sy}——非预应力钢筋的抗压强度;

　　　　　　　　σ'_p——受压预应力钢筋的计算应力,详见本教材第四章;

　　$A_{p,e}$、A_p、A_s——分别为体外预应力钢束、受拉区体内预应力钢筋和非预应力钢筋的截面面积;

　　　　A'_p、A'_s——分别为受压区预应力钢筋和非预应力钢筋的截面面积;

　　　　　　　　A_c——受压区混凝土的截面面积;

　　$S_{c,ps}$、$S_{c,ps'}$——分别为受压区混凝土截面对受拉区体内和体外钢筋(钢束)合力作用点和受压区钢筋合力作用点的静矩;

　　　　a'_p、a'_s——分别为受压区预应力钢筋合力点和非预应力钢筋合力点至截面受压边缘的距离;

　　　　a_p、a_s——分别为受拉区体内预应力钢筋合力点和非预应力钢筋合力点至截面受拉边缘的距离;

　　　　h_0、a——分别为体外预应力钢束、受拉区体内预应力钢筋和非预应力钢筋合力点至截面受压边缘和受拉边缘的距离,$h_0 = h - a$;

　　　　h'_0、a'——分别为受压区预应力钢筋和非预应力钢筋合力点至截面受拉边缘和受压边缘距离,$h'_0 = h - a'$;

　　　　　　$a_{pu,e}$——体外预应力钢束合力点至截面受拉边缘的极限距离,$a_{pu,e} = h - h_{pu,e}$,其中 $h_{pu,e}$ 为体外预应力钢束合力作用点至截面受压边缘的极限距离,取值详见有关设计规范或指南;

　　　　　　　　M_u——正截面抗弯承载力。

以上公式的使用方法参见第四章有关内容。

体外预应力混凝土受弯构件正截面抗弯承载力的计算还有一种方法,其将连接构造(整体、胶接缝、干接缝)、预应力方式或预应力钢筋(钢束)种类(全体外预应力、体内外混合预应力,或全无粘结、部分无粘结)的影响通过一个折减系数计入,而不将其影响在体外预应力钢束极限应力中反映出来,同时二次效应一般也不考虑。因此,正截面抗弯承载力按下式计算:

$$M_u = \phi_b M_n \qquad (9-4)$$

式中:ϕ_b——考虑构件连接构造和预应力方式影响的抗弯承载力折减系数,取值详见有关设计规范或指南；

M_n——未考虑构件连接构造和预应力方式的正截面抗弯承载力，计算公式同上相似。

二、斜截面抗剪承载力计算

试验研究结果表明，体外预应力混凝土受弯构件发生斜截面破坏时，斜裂缝范围内的箍筋全部或绝大部分屈服并发生较充分的塑性应变，底部非预应力钢筋接近或部分达到屈服，体内预应力钢筋达到条件屈服强度并发挥了一定的塑性应变；体外预应力钢束的极限应力较小，基本达不到条件屈服强度。

体外预应力混凝土受弯构件的抗剪承载力，主要由混凝土、箍筋及弯起预应力钢筋（钢束）三者贡献，而体内纵向钢筋、纵向预应力对混凝土抗剪承载力的发挥起着重要作用。从试验参数分析可知，在混凝土强度等级基本一致的情况下，连接构造、剪跨比、配箍率、体内外预应力配筋比、纵向预应力，是影响抗剪承载力的主要因素，其他因素的影响则相对次要。这些主要因素对抗剪承载力的影响，由直接影响和间接影响两部分组成。其中，连接构造、剪跨比、配箍率是直接影响构件受力性能和抗剪承载力的；体内外预应力配筋比、纵向预应力，主要对混凝土抗剪承载力、裂缝发生与发展、构件变形、斜裂缝水平长度变化，以及对体外预应力钢束极限应力和二次效应产生间接影响。可见，部分影响因素可以直接计算明确得到，但部分影响因素，只能通过试验结果分析或结构非线性有限元分析得到。

由上可知，进行体外预应力混凝土梁抗剪承载能力简化计算，应先对一些非明确计算可得的因素，根据试验和理论计算结果分析找出其变化规律，并结合直接因素的综合考核，最终提出简化计算方法。

1. 计算图式
2. 基本公式

体外预应力混凝土梁斜截面抗剪承载力计算应符合下列规定：

$$V_u = V_c + \psi_v \frac{C}{s_v} f_{sv} A_{sv} + \psi_b f_{py} \sum A_{pb} \sin\theta_i + \sigma_{pu,e} \sum A_{pb,e} \sin\theta_e \qquad (9\text{-}5)$$

式中：V_u——斜截面抗剪承载力；

　　　V_c——混凝土的抗剪承载力；

　　　ψ_v——斜裂缝范围内箍筋应力不均匀系数，一般可取 0.8；

　　　C——斜裂缝的水平投影长度；

　　　s_v——斜裂缝范围内的箍筋间距；

　　　f_{sv}——箍筋的抗拉强度；

　　　A_{sv}——斜裂缝范围内一个间距内箍筋各肢的总截面面积；

　　　ψ_b——斜裂缝范围内体内弯起预应力钢筋应力不均匀系数，一般可取 0.8；

　　　f_{py}——体内预应力钢筋的抗拉强度；

　　　A_{pb}——斜裂缝范围内体内弯起预应力钢筋的截面面积；

　　　θ_i、θ_e——分别为体内和体外弯起预应力钢筋（钢束）与构件轴线的夹角；

　　　$\sigma_{pu,e}$——斜裂缝范围内体外弯起预应力钢束的极限应力；

　　　$A_{pb,e}$——斜裂缝范围内体外弯起预应力钢束的截面面积；

其余符号意义参见图 9-12。

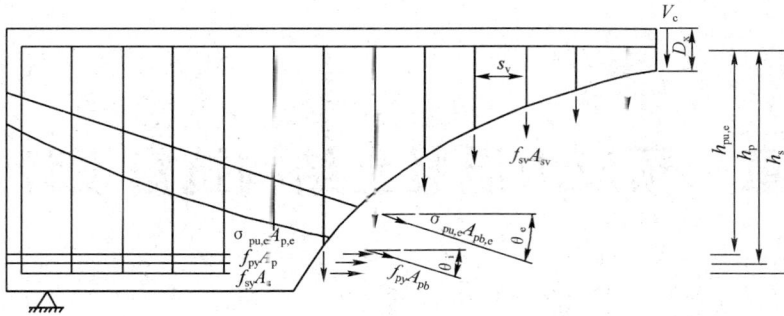

图 9-12　斜截面抗剪承载力计算图式

公式(9-5)中的混凝土的抗剪承载力 V_c，根据主要影响因素采用试验结果回归分析找出其变化规律，计算公式见有关规范或指南；斜裂缝的水平投影长度 C，一般可采用同体内预应力混凝土构件一样的方法计算，但对节段式构件该计算值应与节段长度比较后取较小值，因为破坏斜裂缝不可能穿过接缝；斜裂缝范围内体外弯起预应力钢束的极限应力 $\sigma_{pu,e}$，可偏保守地采用钢束的永存预应力。

体外预应力混凝土受弯构件斜截面抗剪承载力的计算也有另一种方法，其将连接构造(整体、胶接缝、干接缝)、预应力方式或预应力钢筋(钢束)种类(全体外预应力、体内外混合预应力，或无粘结、部分无粘结)的影响通过一个折减系数计入，而不将其影响在混凝土的抗剪承载力中反映出来。因此，斜截面抗剪承载力按下式计算：

$$V_u = \phi_s V_n \qquad (9-6)$$

式中：ϕ_s——考虑构件连接构造和预应力方式影响的抗剪承载力折减系数，取值详见有关设计规范或指南；

　　　V_n——未考虑构件连接构造和预应力方式的斜截面抗剪承载力，其除要计入体外预应力钢束的抗剪承载力，计算公式与体内预应力构件一致。

应该指出，式(9-1)~式(9-6)是体外预应力混凝土受弯构件截面承载力计算的基本公式。我国有关预应力混凝土设计规范，对不同类型和使用功能的结构，在材料强度取值、构件受力类型、结构重要性考虑等方面都给出了相应规定。因本教材主要介绍基本设计原理，故不再细化，读者可去查阅有关资料。

三、其 他 计 算

试验结果表明，体外预应力二次效应、节段式构件的接缝对正常使用阶段构件变形和截面应力的影响等都可以忽略。因此，只要考虑体外预应力钢束的构造特点，体外预应力混凝土受弯构件在预加应力阶段和正常使用阶段的计算与体内预应力混凝土受弯构件相似。具体内容可见有关文献，在此不赘述。

复习思考与习题

9-1　简述体外预应力混凝土结构和无粘结预应力混凝土结构的区别。

9-2　简述体外预应力混凝土结构的组成及构造特点。

第十章　预应力混凝土结构抗震设计方法

第一节　概　　述

一、地震震害简述

随着社会经济的发展,城市人口越来越多,目前全世界的半数人口集中在不到 0.7% 的陆地面积上。世界上多次破坏性地震都集中在城市或人口密集的地区,如 1906 年美国旧金山大地震(M8.3)、1923 年日本关东大地震(M8.2)、1960 年智利南部大地震(M8.5)、1964 年美国阿拉斯加大地震(M8.4)、1968 年日本十胜冲大地震(M8.0)、1976 年中国唐山大地震(M7.8)、1989 年美国洛马·普里埃塔地震(M7.0)、1994 年美国诺斯雷奇地震(M6.7)、1995 年日本神户大地震(M7.2)及 2008 年中国汶川大地震(M8.0)等。这些城市或地区在地震中均遭到毁灭性的破坏,经济损失严重。地震震害不仅是因其巨大能量的释放造成大量地面构筑物和各种设施的破坏与倒塌,而且随着城市现代化与经济高度发展,次生灾害造成的交通及其他设施的毁坏也越来越严重。统计数据表明,1960 年以来大地震所造成的经济损失每十年几乎翻一番,个别震害的经济损失更加巨大(如 1995 年 1 月日本神户地震,总损失为 1 000 亿美元)。

我国是世界上的多地震国家之一,全国大多数地区都处于地震区。我国地震活动带大致可划分为六个地震活动区:①台湾及其附近海域;②喜马拉雅山脉地震活动区;③南北地震带;④天山地震活动区;⑤华北地震活动区;⑥东南沿海地震活动区。近 40 年来,我国大陆发生的近 10 次大地震均具有强度大、频度高、震源浅的特点。从地质构造上看,都是断裂带剧烈活动的地区。近十年来,我国地震活动较为频繁,因此,工程结构的抗震设计就显得更为重要。

二、大地震中的预应力混凝土结构

近年来,世界上发生了多次大地震。虽然在这些大地震中,预应力混凝土结构的数量相对较少,但对分析、评价预应力混凝土结构的抗震性能具有重要的意义。下面对几次大地震中预应力混凝土结构(包括预制预应力混凝土结构)的抗震性能作一综合评价。

1. 前南斯拉夫斯科普里(Skopje)地震(1963 年)

前南斯拉夫斯科普里是地震多发区,历史上每 500 年左右就可能发生一次灾难性的地震。1963 年 7 月斯科普里地震为里氏 6.2 级的浅震,震中在斯科普里附近。由于斯科普里建在几百英尺的冲积层之上,冲积层在地震前饱和液化,又因为震源浅,因此斯科普里受到极大破坏,砌体结构、木结构和钢筋混凝土结构等都发生严重破坏或倒塌。但在强震区的单层工业厂房,由于广泛采用了预制预应力混凝土构件,例如预应力混凝土吊车梁和屋面板中都采用高强预应力钢丝束,预应力混凝土构件没有一根受损破坏。

2. 阿拉斯加(Alaska)地震(1964 年)

美国阿拉斯加地震为里氏 8.4 级,震中位于安克雷奇(Anchorage)以东 120km,在 13 万

km²范围内的建筑物、港口、公路、铁路、水工构筑物等都受到严重震害。在这次地震中，有27栋建筑物采用预应力混凝土构件，其中21栋没有受到破坏或仅仅是非结构构件产生局部破坏。一栋名为四季大楼的六层升板结构，采用了无粘结预应力混凝土技术，在地震中倒塌。这件事在1965年第三届世界地震工程会议上引起了激烈的争论。根据参与调查分析的大多数专家的意见，四季大楼倒塌的主要原因，不在于在混凝土楼板施加了预应力，而是由于作为抗侧力结构的钢筋混凝土筒体强度不足，筒体与基础连接不牢固，导致结构侧移过大而倒塌。

3. 罗马尼亚布加勒斯特(Bucharest)地震(1977年)

地震震级为里氏7.2级，震中位于布加勒斯特以北约160km的弗朗恰(Vrancea)山区，震源深度约100km，属中深源地震。这次地震波及面广，位于平原地区的布加勒斯特地震烈度达8~9度，旧建筑破坏较普遍，但震中区破坏程度并不严重。布加勒斯特有30万幢新住宅是战后建造，其中7万幢为预制预应力混凝土结构，大量的预制预应力混凝土建筑经受实际地震作用。这些预制预应力混凝土建筑大多采用剪力墙体系来抵抗水平力，预制构件以预制预应力混凝土楼板为主，其他还有预制预应力混凝土梁、预制预应力混凝土墙板等。预制预应力建筑在地震中所受的破坏最轻。值得注意的是，这些预制预应力混凝土建筑物的自振周期为0.6~0.7s，而地震周期为1.5s。

4. 日本神户(Kobe)地震(1995年)

日本神户地震是日本有记录的最强地震之一，震级达里氏7.2级，震中距神户东北约20km，震源深度约14km左右。地震不仅对按旧设计规范设计的建筑物造成严重破坏，而且对按现行设计规范设计的现代建筑物也造成了一定的破坏。神户地区预应力混凝土结构数量相对较少，但抗震性能表现相当好。由于日本规范禁止抗震结构使用无粘结预应力技术，因此，没有无粘结预应力混凝土结构在此次地震中经受考验。在地震区有163幢建筑采用预应力混凝土结构，其中11幢为预制预应力混凝土结构，89幢为现浇预应力混凝土结构，49幢的非结构部分采用预制预应力混凝土构件，14幢的非结构部分采用现浇预应力构件。总共只有5幢遭受破坏的建筑使用了预制预应力构件，占全部163幢的3%。

5. 预应力混凝土结构的震害评价及分析

预应力混凝土结构在历次强烈地震作用下抗震性能普遍较好。主要原因在于预应力混凝土结构建造时间一般较晚，在设计施工中吸收了现代抗震理论的最新成果，因此能有效抵抗地震作用。这一点在1995年日本神户地震中表现非常突出。

预应力混凝土结构体型一般较规则，平面对称，预制预应力混凝土构件质量易保证，预制预应力混凝土构件强度较高，并且节点多数采用钢筋焊接或现浇钢筋混凝土加强，整体性能好，这些对预应力结构抗震很有利。另外，部分国家在预应力混凝土结构抗震设计中，将地震荷载适当加大，以提高预应力混凝土结构的设计抗震能力，这也是导致预应力混凝土结构抗震性能表现突出的一个重要原因。

对地震作用下的预应力混凝土结构进行调查分析，发现其抗震性能与普通钢筋混凝土结构比较一致，预应力对结构整体抗震性能的影响并不显著。

第二节　预应力混凝土结构抗震性能

预应力混凝土技术的大力发展是从二次世界大战后开始的，从20世纪50年代起，预应力混凝土结构开始兴建。经过 40 年来的推广,特别是 20 世纪 80 代以来,预应力混凝土技术在世界范围内得到了非常广泛的应用和发展。

由于预应力混凝土结构自身的特殊性,其抗震性能受到广泛重视,也有过不少争论,有关预应力混凝土结构的抗震理论、试验研究和工程应用一直是结构工程领域的研究热点。20 世纪 70 年代以来,特别是近十几年来,国内外对预应力混凝土结构抗震性能进行了较深入、系统的研究,也获得了一些重要的研究成果。下面主要对近年来国内外房屋建筑中预应力混凝土结构抗震方面的研究成果进行综述。

一、预应力混凝土结构的弯矩—曲率滞回曲线

由于预应力钢筋在初始弹性拉伸变形后具有较大的变形恢复能力,预应力混凝土结构的能量耗散能力(滞回环所围的面积)比相应的钢筋混凝土结构低,而结构的能量耗散能力与结构的地震反应、抗震性能等有着直接的对应关系。因此,预应力混凝土结构是否具有良好的抗震性能以及是否具有足够的能量耗散能力就成了人们普遍关心的内容。

混凝土结构的弯矩—曲率滞回曲线是综合衡量结构抗震性能的最重要指标。图 10-1 是预应力混凝土结构、钢筋混凝土结构和部分预应力混凝土结构在低周反复荷载下的弯矩—曲率滞回环。研究表明,在地震作用下预应力混凝土结构的最大位移是具有相同设计强度、黏滞阻尼及初始刚度的钢筋混凝土结构的 1.0~1.3 倍。因此,在地震区应用预应力混凝土结构,需要对结构的地震反应、配筋构造做专门研究、分析,以使其具有良好的抗震性能和足够的能量耗散能力。

试验研究表明,如果在预应力混凝土结构中配置纵向非预应力钢筋,可以使结构的弯矩—曲率滞回环变"胖",从而减少地震位移反应并提供能量耗散能力,纵向非预应力钢筋的设置可起到受压钢筋的作用以改善其延性,图 10-1c)是典型的部分预应力混凝土结构的弯矩—曲率滞回曲线。有关文献对具有相同极限承载力的三种混凝土结构节点的受力性能所进行的比较列于表 10-1。由表可见,部分预应力混凝土综合了预应力混凝土和钢筋混凝土两者的优点。因此,采用部分预应力混凝土将会带来良好的结构性能和经济效益。

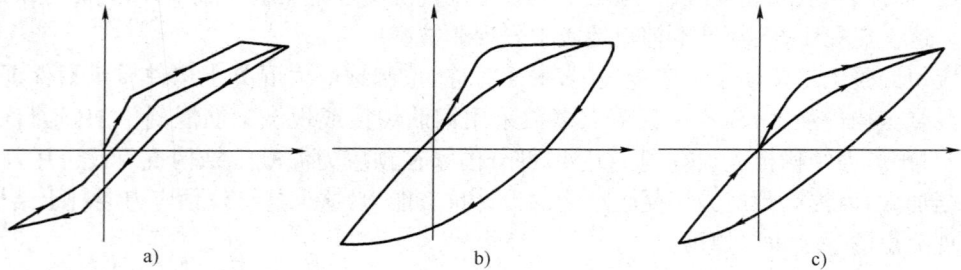

图 10-1　混凝土结构的弯矩—曲率滞回曲线
a)预应力混凝土结构;b)钢筋混凝土结构;c)部分预应力混凝土结构

此外,由于预应力混凝土梁板柱尺寸较小、自重较轻、刚度较低,因而周期也较长。所以,对于同一幢建筑,采用预应力混凝土结构的总地震力不一定比钢筋混凝土结构大。基于设计安全考虑,新西兰规范将预应力混凝土结构的设计地震荷载提高 20%。

164

三种混凝土结构节点的受力性能比较　　表 10-1

性能指标	预应力混凝土结构	部分预应力混凝土结构	钢筋混凝土结构
强度衰减	少	中	大
刚度衰减	少	中	大
能量吸收能力	稍小	中	稍大
能量耗散能力	小	中	大
阻尼	小	中	大
延性	稍小	中	稍大
延性要求	大	中	小
地震反应	大	中	小
节点核心区性能	好	次之	较差
弹性恢复能力	大	中	小

二、预应力混凝土结构抗震研究现状

对于地震作用下预应力混凝土结构的特性,国内外学者已做了大量试验,并对众多遭受震害的预应力混凝土结构进行了分析。20 世纪 70 年代以来,特别是最近 20 余年来,国内外对预应力混凝土结构抗震性能进行了较为深入、系统的研究。1986 年同济大学的苏小卒、朱伯龙,进行了有粘结和无粘结预应力混凝土框架结构动力试验研究。研究表明:与普通混凝土框架相比,预应力混凝土框架具有较高的自振频率和较低的阻尼。东南大学的吕志涛和同济大学的薛伟辰,进行了低周反复荷载下中等预应力度无粘结预应力混凝土门架和排架结构试验研究和非线性全过程分析。研究表明,只要设计合理、构造措施得当,无论在结构的破坏形态、破坏机制,还是延性、耗能能力及刚度退化等方面,无粘结预应力混凝土门架和排架结构均表现出了与普通钢筋混凝土门架和排架结构十分相识的性态。2000年,同济大学的薛伟辰、程斌、李杰对预应力高性能混凝土梁和框架结构的抗震性能进行了试验研究与理论分析,得出一系列重要结论。近年来,我国对预应力混凝土梁、柱、节点以及框架整体抗震性能的研究也取得了大量的成果,2005 年,薛伟辰以上海旗忠网球中心看台结构中的预应力混凝土空间节点为原型,通过预应力混凝土空间节点的低周反复荷载试验,对其破坏形态、破坏机理、恢复力模型、延性、耗能能力、刚度退化及变形恢复力等进行了深入研究。

第三节　预应力混凝土结构抗震设计方法

国际上工程结构抗震理论是从 20 世纪 50 年代开始发展的。50 年来,大量工程结构在实际地震作用下的性能表现、地震记录数据等,对现代建筑抗震设计理论的发展起到了重要作用。它既对现有抗震理论进行了检验,又促进了工程结构抗震理论的发展与完善。

目前已有少数国家或组织如新西兰、国际预应力混凝土协会(FIP)等,提出了预应力混凝土结构抗震设计方法和建议,并将其列入相应的设计规范。我国也在 1996 年提出了《预应力混凝土结构抗震设计技术规范》(讨论稿)。

下面主要介绍房屋建筑中预应力混凝土结构的抗震设计方法。

一、国外预应力混凝土结构抗震设计方法

1. 新西兰设计规范

20世纪70年代,新西兰就已将预应力混凝土结构抗震研究成果列入抗震设计规范中,并提出了"抗地震荷载的延性预应力混凝土框架的设计与细节处理建议条款和说明",主要的规定或要求有:

(1)全预应力混凝土框架结构的设计地震荷载应比普通混凝土框架增加20%,对于部分预应力混凝土框架,增加的地震荷载可以在0~20%之间用插入法选用。

(2)高于二层的预应力混凝土框架,应具有通过在梁中形成塑性铰而以弯曲形式耗散地震能量的能力,对于二层以上的框架柱,不应在同一楼层柱上、下端同时出现塑性铰。

(3)框架梁端塑性铰区应满足配筋要求:$A_p f_{ps}/(bd f'_c) \leqslant 0.2$,或当截面上不同位置配筋时应满足:$x \leqslant 0.2h$。当对梁受压区混凝土提供足够约束时,这个要求可适当放宽,但必须满足 $x \leqslant 0.3h$。框架梁端塑性铰区的箍筋除了满足抗剪要求外,还必须提供对混凝土足够的约束。

(4)梁柱节点设计时,后张预应力钢筋的锚固端不得放在节点核心区内,在通过节点核心区的柱子纵向钢筋周围应设置横向钢筋来加强约束。

2. FIP设计建议

国际预应力混凝土协会(FIP)于1977年提出了"预应力混凝土结构抗震设计建议"。在这个建议中,详细叙述了抗震结构形式的选择、特征地震荷载确定的标准和地震分析的方法。在采用极限状态抗震设计时,宜考虑中等地震荷载的使用极限状态、强烈地震荷载的极端极限状态,有时还应考虑最大可信地震荷载的意外极端极限状态。在建议中还比较详细叙述了抗震设计的要点。

(1)为了确保塑性铰位置合适及塑性铰具有足够的转动能力,应考虑影响延性的下列因素:①限制受拉钢筋的含量,或满足 $x \leqslant 0.25h$,当采用能够保证足够延性的其他措施时,可适当放宽要求;②在弯矩变号位置,要求延性最大,钢筋应设置在靠近两侧的最外纤维处,而不是集中在中和轴附近,以增加构件的延性;③临界截面应当配有约束箍筋,尤其是该截面有较大的弯矩和剪力作用时;④轴向受压荷载会大大减小预应力混凝土构件的延性;⑤截面设计弯矩至少等于开裂弯矩的1.3倍。

(2)在计算设计剪力时,应考虑材料的可能超强。考虑超强后的弯矩可取按材料特征强度计算的抗弯能力的1.15倍。

(3)柱子的设计原则是,应具有比其他构件更强的安全储备,柱子同样必须满足延性的要求。在柱子抗剪设计时,应将柱子的端部区视为塑性铰区。

(4)梁柱节点设计时,节点的强度应不小于其所连接构件的强度,并应在整个节点核心区范围内,沿柱的纵筋周围配置箍筋。

二、我国《预应力混凝土结构抗震设计规程》(JGJ 140—2004)

我国《预应力混凝土结构抗震设计规程》(JGJ 140—2004)提出的预应力混凝土结构抗震设计的要点如下。

1. 预应力混凝土结构抗震强度验算

(1)在进行预应力混凝土结构抗震设计中,房屋最大高度不应超过表10-2所规定的限值。对平面和竖向均不规则的结构或建造于 IV 类场地的结构或跨度较大的结构,适用的最大高度应适当降低。

适用的房屋最大高度(单位:m) 表 10-2

结构类型	地震烈度		
	6	7	8
框架	60	55	45
框架—抗震墙	130	120	100
部分框支抗震墙	120	100	80
框架—核心筒	150	130	100
板柱—抗震墙	40	35	30
板柱—框架结构	22	18	—

注:①房屋高度指室外地面到主要屋面板顶面的高度(不考虑局部突出屋顶部分);
　　②框架—核心筒结构指周边稀柱框架与核心筒组成的结构;
　　③部分框支抗震墙结构指首层或底部丙层框支抗震墙结构;
　　④板柱—框架结构指由预应力板柱结构与框架组成的结构;
　　⑤乙类建筑可按本地区抗震设防烈度确定适用的最大高度;
　　⑥超过表内高度的房屋,应进行专门研究和论证,采取有效的加强措施。

(2)预应力混凝土结构构件的抗震设计,应根据设防烈度、结构类型和房屋高度采用不同的抗震等级,并应符合相应的计算和构造措施要求。丙类建筑的抗震等级应按本地区的设防烈度由表 10-3 确定。抗震设防类别为甲、乙、丁类的建筑,应按现行国家标准《建筑抗震设计规范》(GB 50011—2001)的规定调整设防烈度后,再按表 10-3 确定抗震等级。

现浇预应力混凝土结构构件的抗震等级 表 10-3

结构类型		设防烈度					
		6		7		8	
框架结构	高度(m)	≤30	>30	≤30	>30	≤30	>30
	框架	四	三	三	二	二	一
	剧场、体育馆等大跨度公共建筑中的框架	三		二		一	
框架—抗震墙结构	高度(m)	≤60	>60	≤60	>60	≤60	>60
	框架	四	三	三	二	二	一
部分框支抗震墙结构	高度(m)	≤80	>80	≤80	>80	≤80	>80
	框支层框架	二	二	二	二	一	/
框架—核心筒框架	框架	三		二		一	
板柱—抗震墙结构	板柱的柱及周边框架	三		二		一	

注:①接近或等于高度分界时,应结合房屋不规则程度及场地、地基条件确定抗震等级;
　　②抗震墙等非预应力构件的抗震等级应按钢筋混凝土结构的规定执行。

(3)在框架—核心筒结构的周边框架柱间可采用预应力混凝土框架梁。后张预应力框架结构、门架、转换层大梁等宜采用有粘结预应力钢筋。当框架梁采用无粘结预应力钢筋时,应符合以下要求:

在地震作用效应和重力荷载效应组合下,当符合下列两款之一时,无粘结预应力钢筋可在二、三级框架梁中应用;当符合第①款时,无粘结预应力钢筋可在悬臂梁中应用:

①框架梁端部截面及悬臂梁根部截面由非预应力钢筋承担的弯矩设计值,不应少于组合弯矩设计值的 65%,或仅用于满足构件的挠度和裂缝要求;

②设有抗震墙或筒体,且在基本振型地震作用下,框架承担的地震倾覆力矩小于总地震倾

覆力矩的 35%。

注:符合第①款要求采用无粘结预应力钢筋的二、三级框架结构,可仍按现行国家标准《建筑抗震设计规范》(GB 50011—2001)中对钢筋混凝土框架的要求进行抗震设计;符合第②款要求的二、三级无粘结预应力混凝土框架应按该规范第 4 章的要求进行抗震设计。

2. 预应力混凝土结构抗震变形验算

(1)预应力混凝土框架(包括填充墙框架)、预应力混凝土平板、预应力混凝土平板—抗震墙和预应力混凝土框架—抗震墙结构(包括框支层)宜进行低于本地区设防烈度的多遇地震作用下结构的抗震变形验算,其层间弹性位移应符合下式要求:

$$\Delta U_e \leqslant [\theta_e] H \tag{10-1}$$

式中:ΔU_e——多遇地震作用标准值产生的层间弹性位移,计算时各作用分项系数应采用1.0,构件可取弹性刚度。

$[\theta_e]$——层间弹性位移角限值,可按表 10-4 采用;

H——层高。

层间弹性位移角限值   表 10-4

结 构 类 型	$[\theta_e]$
钢筋混凝土框架	1/550
钢筋混凝土框架—抗震墙、板柱—抗震墙、框架—核心筒	1/800
钢筋混凝土抗震墙、筒中筒	1/1 000
钢筋混凝土框支层	1/1 000

(2)下列结构宜进行高于本地区设防烈度预估的罕遇地震作用下薄弱层(部位)的抗震变形验算:①8 度 III、IV 类场地和 9 度时,高大的单层大跨度结构的横向门架、排架结构;②7～9 度时楼层屈服强度系数小于 0.5 的框架结构;③甲类建筑中的预应力混凝土结构。

(3)结构在罕遇地震作用下薄弱层(部位)弹塑性变形计算,可采用下列方法:

不超过 12 层且层刚度无突变的预应力混凝土框架结构、填充墙框架结构以及不超过 6 层的平板结构及单层大跨度门架、排架结构可采用第(4)条的简化计算法。

超过 12 层的预应力混凝土框架结构、超过 6 层的预应力混凝土平板柱结构及它们的填充墙结构和甲类建筑,可采用时程分析法等方法。

(4)结构薄弱层(部位)层间弹塑性位移的简化计算,宜符合下列要求:

结构薄弱层(部位)的位置可按下列情况确定:①楼层屈服强度系数沿高度分布均匀的结构,可取底层;②楼层屈服强度系数沿高度分布不均匀的结构,可取该系数最小的楼层(部位)和相对较小的楼层,一般不超过 2～3 处;③单层厂房和空旷房屋,可取上柱。

层间弹塑性位移可按下列公式计算:

$$\Delta U_p = \eta_p \Delta U_e \tag{10-2a}$$

或

$$\Delta U_p = u \Delta U_y = \frac{\eta_p}{\xi_y} \Delta U_y \tag{10-2b}$$

式中:ΔU_p——层间弹塑性位移;

ΔU_e——罕遇地震下按弹性分析的层间位移;

η_p——弹塑性位移增大系数,当薄弱层(部位)的屈服强度系数 ξ_y 不小于相邻层(部位)该系数平均值的 0.8 时,可按表 10-5 采用,当不大于该平均值的 0.5 时,可按表内相应数值的 1.5 倍采用. 其他情况可采用内插法取值；

u——楼层延性系数；

ΔU_y——层间屈服位移；

ξ_y——楼层屈服强度系数。

弹塑性位移增大系数 η_p 表 10-5

结 构 类 型	总层数 n 或部位	ξ_y			
		0.5	0.4	0.3	0.2
多层均匀框架结构	2～4	1.30	1.40	1.60	2.10
	5～7	1.50	1.65	1.80	2.40
	8～12	1.80	2.00	2.20	2.80
单层厂房	上柱	1.30	1.60	2.00	2.60

（5）结构薄弱层（部位）层间弹塑性位移应符合下式要求：

$$\Delta U_p \leqslant [\theta_p] H \tag{10-3}$$

式中：$[\theta_p]$——层间弹塑性位移角限值，见表 10-6 所示；

$\quad\quad H$——薄弱层的层高或单层厂房上柱高度。

层间弹塑性位移角 表 10-6

结 构 类 型	$[\theta_p]$
单层钢筋混凝土柱排架	1/30
钢筋混凝土柱框架	1/50
底部框架砖房中的框架—抗震墙	1/100
钢筋混凝土框架—抗震墙、板柱—抗震墙、框架—核心筒	1/100
钢筋混凝土抗震墙、筒中筒	1/120

3. 预应力混凝土框架节点抗震设计

（1）框架节点核心区受剪的水平截面应符合下列条件：

$$V_j \leqslant \frac{1}{\gamma_{RE}}(0.30\beta_c \eta_j f_c b_j h_j) \tag{10-4}$$

式中：V_j——梁柱节点核心区的组合剪力设计值；

$\quad\quad \beta_c$——混凝土强度影响系数；

$\quad\quad \eta_j$——正交梁的约束影响系数，楼板为现浇，梁柱中线重合，四侧各梁截面宽度不小于该侧柱截面宽度的 1/2，且正交方向梁高度不小于框架梁高度的 3/4，可采用 1.5，其他情况均采用 1.0；

$\quad\quad b_j$——节点核心区的截面有效验算宽度，应按《建筑抗震设计规范》(GB 50011—2001) 有关规定取值；

$\quad\quad h_j$——节点核心区的截面高度，可采用验算方向的柱截面高度；

$\quad\quad \gamma_{RE}$——承载力抗震调整系数，可采用 0.85。

（2）对正交方向有梁约束的预应力框架中间节点，当预应力钢筋从一个方向或两个方向穿过节点核心区，设置在梁截面高度中部 1/3 范围内时，预应力框架节点核心区的受剪承载力，应按下列公式计算：

$$V_j \leqslant \frac{1}{\gamma_{RE}}\left[1.1\eta_j f_t b_j h_j + 0.05\eta_j N \frac{b_j}{b_c} + f_{yv}\frac{A_{svj}}{s}(h_{b0}-a'_s) + 0.4N_{pe}\right] \tag{10-5}$$

式中：b_c——验算方向的柱截面宽度；

　　　　N——对应于考虑地震作用组合剪力设计值的上柱组合轴向压力较小值，其取值不应大于柱的截面面积和混凝土轴心抗压强度设计值的乘积的 50%，当 N 为拉力时，取 $N=0$，且不计预应力钢筋预加力的有利作用；

　　　f_{yv}——箍筋的抗拉强度设计值；

　　　　f_t——混凝土轴心抗拉强度设计值；

　　A_{svj}——核心区有效验算宽度范围内同一截面验算方向箍筋的总截面面积；

　　　　s——箍筋间距；

　　　h_{b0}——梁的截面有效高度，当节点两侧梁高不相同时，取其平均值；

　　　N_{pe}——作用在节点核心区预应力钢筋的总有效预加力；

　　　a'_s——梁受压钢筋合力点至受压边缘的距离。

第四节　预应力混凝土结构抗震构造措施

一、框　架　梁

(1)预应力混凝土框架的截面尺寸，宜符合下列要求：

①截面的宽度不宜小于 250mm；

②截面的高宽比不宜大于 4；

③梁高宜在梁计算跨度(1/12～1/22)范围内选取，净跨与截面高度之比不宜小于 4。

(2)预应力混凝土框架梁端，考虑受压钢筋的截面受压区高度应符合下列要求：

一级抗震等级：

$$x \leqslant 0.25h_0 \tag{10-6}$$

二、三级抗震等级：

$$x \leqslant 0.35h_0 \tag{10-7}$$

且受拉纵向钢筋按非预应力钢筋抗拉强度设计值换算的配筋率不应大于 2.5%（HRB400 级钢筋）或 3.0%（HRB335 级钢筋）。

(3)在预应力混凝土框架梁中，应采用预应力钢筋和非预应力钢筋混凝土配筋的方式，框架结构梁端截面计算的预应力强度比 λ 宜符合下列要求：

一级抗震等级：

$$\lambda \leqslant 0.60$$

二、三级抗震等级：

$$\lambda \leqslant 0.75$$

其中：

$$\lambda = \frac{f_{py}A_p h_p}{f_{py}A_p h_p + f_{sy}A_s h_s} \tag{10-8}$$

式中：A_p、A_s——分别为受拉区预应力钢筋、非预应力钢筋的截面面积；

　　　　h_p——纵向受拉预应力钢筋合力点至梁截面受压边缘的有效距离；

　　　　h_s——纵向受拉非预应力钢筋合力点至梁截面受压边缘的有效距离；

　　　f_{py}——无粘结预应力钢筋的应力设计值 σ_{pu}；

f_{sy}——非预应力钢筋的抗拉强度设计值。

对框架—抗震墙或框架—核心筒结构中的后张有粘结预应力混凝土框架,其 λ 限值对一级抗震等级和二、三级抗震等级可分别增大 0.1 和 0.05。

(4)预应力混凝土框架梁端截面的底面和顶面纵向非预应力钢筋钢筋截面面积 A'_s 和 A_s 的比值,除按计算要求确定外,尚应符合下列要求:

一级抗震等级:

$$\frac{A'_s}{A_s} \geq \frac{0.5}{1-\lambda} \tag{10-9}$$

二、三级抗震等级:

$$\frac{A'_s}{A_s} \geq \frac{0.3}{1-\lambda} \tag{10-10}$$

且梁底面纵向非预应力钢筋配筋率不应小于 0.2%。

二、框架柱

(1)预应力混凝土框架柱的剪跨比宜大于 2。

(2)在地震作用组合下,当采用对称配筋的框架柱中全部纵向受力普通钢筋配筋率大于5%时,可采用预应力混凝土柱,其纵向受力钢筋的配置,可采用非对称配置的预应力钢筋的配筋方式,即在截面受拉较大的一侧采用预应力钢筋和非预应力钢筋的混合配筋,另一侧仅配置非预应力钢筋。

(3)考虑地震作用组合的预应力混凝土框架柱,按式(10-11)计算的轴压比宜符合表 10-7 的规定。

$$\lambda_{Np} = \frac{N + 1.2N_{pe}}{f_c A} \tag{10-11}$$

式中:λ_{Np}——预应力混凝土柱的轴压比;

N——柱考虑地震作用组合的轴向压力设计值;

N_{pe}——作用于框架柱预应力钢筋的总有效预加力设计值;

A——柱截面面积;

f_c——混凝土轴心抗压强度设计值。

预应力混凝土框架柱轴压比限值 表 10-7

结 构 类 型	抗 震 等 级		
	一级	二级	三级
框架结构、板柱—框架结构	0.6	0.7	0.8
框架—抗震墙结构、框架—核心筒结构、板柱—抗震墙结构	0.75	0.85	0.95

注:①当混凝土强度等级为 C65~C70 时,轴压比限值宜按表中数值减小 0.05;
　　②沿柱全高采用井字复合箍,且箍筋间距不大于 100mm、肢距不大于 200mm、直径不小于 12mm,或沿柱全高采用复合螺旋箍,且螺距不大于 100mm、肢距不大于 200mm、直径不小于 12mm,或沿柱全高采用连续复合矩形螺旋箍,且螺距不大于 80mm、肢距不大于 200mm、直径不小于 10mm 时,轴压比限值均可按表 10-7 中数值增加 0.10;采用上述三种箍筋时,均应按所增大的轴压比确定其箍筋配筋特征值 λ。

(4)预应力混凝土框架柱纵向非预应力钢筋的最小配筋率应符合《混凝土结构设计规范》(GB 50010—2002)有关规定;柱中全部纵向受力钢筋换算配筋率 ρ 不应大于 5%;预应力钢筋面积应按非预应力钢筋抗拉强度设计值换算为非预应力钢筋面积计算;纵向预应力钢筋不宜少于两束,其孔道之间的净间距不宜小于 100mm。

第十一章 预应力混凝土梁计算示例

第一节 预应力混凝土简支 T 形梁计算示例

预应力混凝土简支 T 形梁计算示例选自桥梁结构。以预制装配式预应力混凝土简支 T 形梁桥上部结构设计为背景,主要介绍结构横截面、主梁截面尺寸、预应力钢束、主梁截面应力和截面承载力,以及主梁变形等设计与计算。

一、设计资料与结构布置

1. 设计资料

(1)桥梁跨径及桥面宽度

标准跨径:40m(墩中心距离)。

主梁全长:39.96m。

计算跨径:39.00m。

桥面宽度:净—14m+2×1.75m=17.5m。

(2)设计荷载

公路—Ⅱ级,人群荷载 3.0kN/m²;每侧行人栏杆、防撞栏的重力分别为 1.52kN/m 和4.99kN/m。

结构重要性系数 γ_0=1.0。

(3)材料及工艺

混凝土:主梁用 C50,栏杆及桥面铺装用 C30。

预应力钢束采用 ϕ^s15.2 钢绞线,每束 6 根钢绞线,OVM 型锚具。采用内径 70mm、外径 77mm 的波纹预埋管形成预应力钢束孔道。

普通钢筋直径大于和等于 10mm 的采用 HRB335 钢筋;直径小于 10mm 的均用 R235 钢筋。

T 形梁采用后张法预应力工艺张拉预应力。

(4)设计依据

《公路桥涵设计通用规范》(JTG D60—2004);

《公路钢筋混凝土及预应力混凝土桥涵设计规范》(JTG D62—2004)。

(5)设计计算基本数据

根据《公路桥涵设计通用规范》(JTG D60—2004)和《公路钢筋混凝土及预应力混凝土桥涵设计规范》(JTG D62—2004),设计计算基本数据见表 11-1。

名　称	项　目			符　号	单　位	数　据
混凝土		立方体强度		$f_{cu.k}$	MPa	50
		弹性模量		E_c	MPa	$3.45×10^4$
		轴心抗压强度标准值		f_{ck}	MPa	32.4
		轴心抗拉强度标准值		f_{tk}	MPa	2.65
		轴心抗压强度设计值		f_{cd}	MPa	22.4
		轴心抗拉强度设计值		f_{td}	MPa	1.83
	短暂状态	容许压应力		$0.7f'_{ck}$	MPa	20.72
		容许拉应力		$0.7f'_{tk}$	MPa	1.757
	持久状态	作用标准值组合：				
		容许压应力		$0.5f_{ck}$	MPa	16.2
		容许主压应力		$0.6f_{ck}$	MPa	19.44
		短期效应组合：				
		容许拉应力		$\sigma_{st}-0.85\sigma_{pc}$	MPa	0
		容许主拉应力		$0.6f_{tk}$	MPa	1.59
$\phi^s15.2$ 钢绞线		强度标准值		f_{pk}	MPa	1 860
		弹性模量		E_p	MPa	$1.95×10^5$
		抗拉强度设计值		f_{pd}	MPa	1 260
		最大控制应力 σ_{con}		$0.75f_{pk}$	MPa	1 395
		持久状态应力 作用标准值组合		$0.65f_{pk}$	MPa	1 209
重度		钢筋混凝土		γ_1	kN/m^3	25.0
		沥青混凝土		γ_2	kN/m^3	23.0
		钢绞线		γ_3	kN/m^3	78.5
钢束与混凝土的弹性模量比				α_{Ep}	无量纲	5.65

注：考虑混凝土强度达到 C45 时开始张拉预应力钢束。f'_{ck} 和 f'_{tk} 分别表示钢束张拉时混凝土的抗压、抗拉强度标准值，则 $f'_{ck}=29.6$MPa，$f'_{tk}=2.51$MPa。

2. 结构横截面布置

（1）主梁间距与主梁根数

主梁间距通常应随梁高与跨径的增大而加宽较为经济，同时加宽翼板对提高主梁截面效率指标也很有效。本示例主梁翼板宽度取为 2 500mm，由于宽度较大，为便于桥梁施工和满足整体受力性能要求，翼板部分采用现浇混凝土的施工方式。因此，主梁的工作截面有两种情况：预加应力、运输、吊装阶段的预制截面（宽度为 $b_i=1$ 600mm）和使用阶段的预制加现浇的组合截面（$b_i=2$ 500mm）。

根据桥面宽度净—14m＋2×1.75m＝17.5m 选用七根 T 形梁，结构横截面布置和主要尺寸如图 11-1 所示。

（2）主梁跨中截面尺寸拟定

①主梁高度

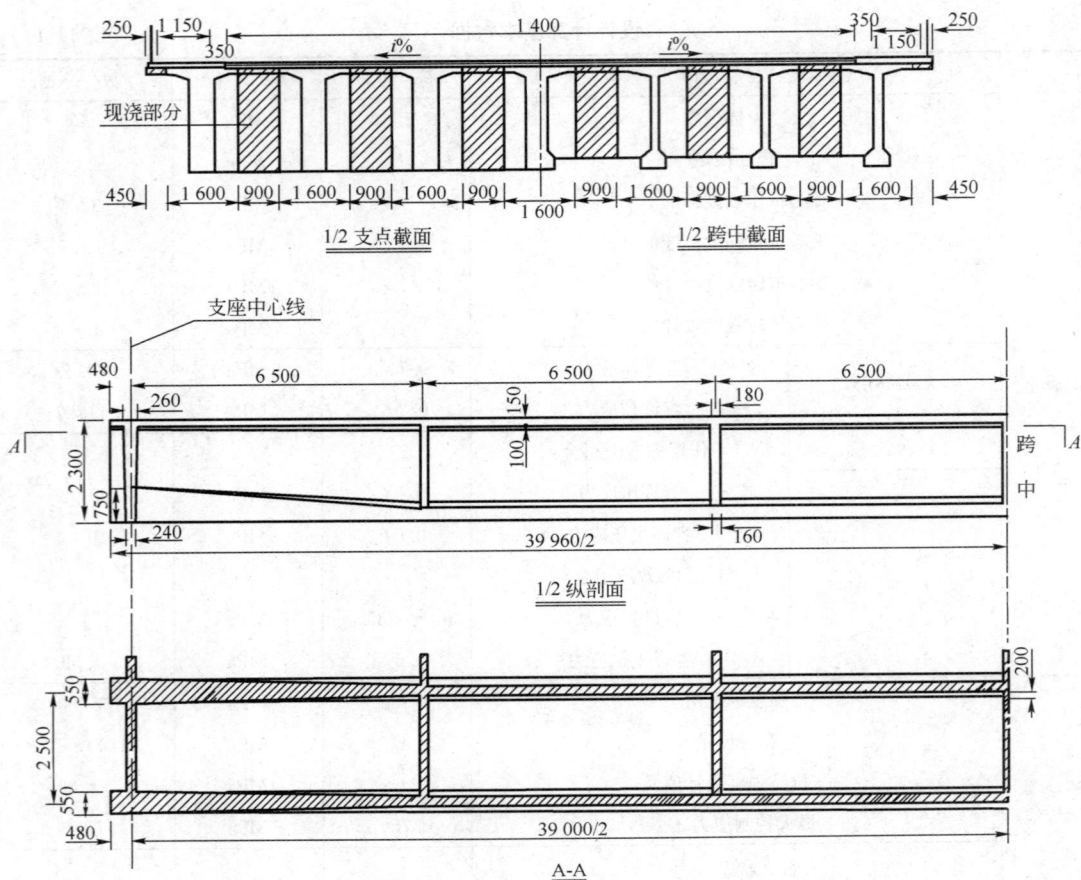

图 11-1 结构横截面布置和主要尺寸(尺寸单位:mm)

预应力混凝土简支梁桥的主梁高度与其跨径之比通常在 1/15~1/25,当建筑高度不受限制时,增大梁高往往是较经济的方案。因为增大梁高可以节省预应力钢束的用量,同时梁高加大一般只是肋板加高,混凝土用量增加不多。此取主梁高度为 2 300mm,高跨比 1/17。

②主梁截面细部尺寸

T 形梁翼板的厚度主要取决于承受桥面车轮局部荷载的要求,同时还要考虑能否满足主梁受弯时翼板受压要求。在此 T 形梁翼板的最小厚度取用 150mm,翼板根部加厚到 250mm,以提高翼板承担桥面荷载的能力。

预应力混凝土梁肋板内的主拉应力较小,T 形梁肋板的厚度一般由布置预应力钢束预埋管的构造要求决定,同时考虑到肋板的稳定要求,厚度不小于其高度的 1/15。本示例中 T 形梁肋板的厚度取 200mm。

T 形梁"马蹄"的尺寸基本由预应力钢束布置的需要所决定。设计实践表明,"马蹄"的面积约占截面总面积的 10%~20%。考虑到需要配置较多的钢束,本示例将预应力钢束分三层布置,一层最多设三束。根据《公路钢筋混凝土及预应力混凝土桥涵设计规范》(JTG D62—2004)9.1.1 条和 9.4.9 条对钢束预埋管设置的构造要求,初拟"马蹄"宽度为 550mm、高度 250mm,"马蹄"与肋板交接处呈三角形过渡,高度 150mm,以利混凝土浇筑和减小局部应力集中。

174

按照以上拟定的外形尺寸,主梁跨中截面尺寸如图 11-2 所示。

3. 横截面沿梁长的变化

主梁沿梁长采用等高,翼板的厚度也不变。但是,在梁端部由于预应力钢束锚固集中力较大和布置锚具要求,需将肋板加厚到与"马蹄"同宽,同时为配合预应力钢束弯起,"马蹄"高度也需逐渐加大。从主梁的六分点附近向支点方向开始将"马蹄"的高度逐渐加大,在"马蹄"高度加大的同时肋板也同时加宽,如图 11-1 所示。

4. 横隔梁的设置

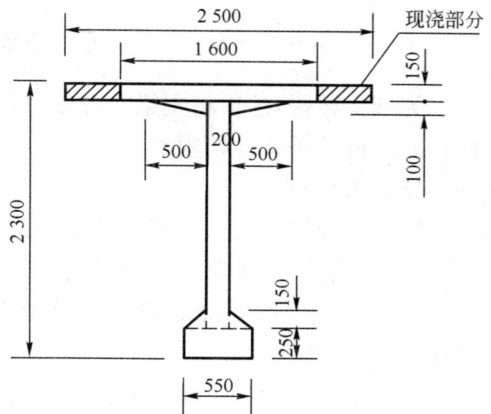

图 11-2 主梁跨中截面尺寸(尺寸单位:mm)

试验结果表明,当荷载作用位置有横隔梁时,各主梁的受力将比较均匀,否则受荷载直接作用主梁的受力将很大。为了使对设计控制的各梁跨中弯矩更均匀,应在跨中设置一道横隔梁;当跨度较大时应设置多道的横隔梁。本示例在桥跨中和三分点、六分点、支点处设置七道横隔梁,间距为 6.5m。端横隔梁的高度与主梁相同,顶部厚度为 260mm,底部为 240mm;其他横隔梁高度均为 2 050mm,顶部厚度为 180mm,底部为 160mm。详见图 11-1 所示。

5. 截面几何特征计算

为方便后面计算取用,先计算出主梁跨中截面的几何特征。在此,将跨中截面划分成五个规则图形的小块后进行计算,见表 11-2。

主梁跨中截面几何特征计算

表 11-2

分块名称	分块截面面积 A_i (mm²)	分块截面形心至上缘距离 y_i (mm)	分块截面对上缘静矩 $S_i = A_i y_i$ (×10³ mm³)	分块截面的自身惯矩 I_i (×10⁴ mm⁴)	$d_i = y_u - y_i$ (mm)	分块截面对截面形心的惯矩 $I_x = A_i d_i^2$ (×10⁴ mm⁴)	$I = I_i - I_x$ (×10⁴ mm⁴)
	(1)	(2)	(3)=(1)×(2)	(4)	(5)	(6)=(1)×(5)²	(7)=(4)+(3)
预制梁加现浇翼板毛截面							
翼板	375 000	75	28 125	70 312.5	757.9	21 540 465	21 610 773
三角承托	50 000	183.33	9 166.5	2 777.778	649.57	2 109 706	2 112 481
肋板	380 000	1 100	418 000	11 431 667	−267.1	2 711 012	14 142 678
下三角	26 250	2 000	52 500	3 281.25	−1 167.1	3 575 571	3 578 853
马蹄	137 500	2 175	299 062.5	71 614.58	−1 342.1	24 766 946	24 838 560
Σ	968 750		806 854			ΣI=66 283 353	
预制梁毛截面							
翼板	240 000	75	18 000	45 000	880.6	18 610 953	18 655 953
三角承托	50 000	183.33	9 166.5	2 777.778	772.3	2 982 005	2 984 783
肋板	380 000	1 100	418 000	11 431 667	−144.4	792 352	12 224 018
下三角	26 250	2 000	52 500	3 281.25	−1 044.4	2 863 275	2 866 556
马蹄	137 500	2 175	299 062.5	71 614.58	−1 219.4	20 445 375	20 516 990
Σ	833 750		796 729			ΣI=57 248 299	

注:预制梁加现浇翼板毛截面形心至上缘距离 $y_u = \dfrac{\Sigma S_i}{\Sigma A_i} = \dfrac{806\ 854\ 000}{968\ 750} = 832.9$(mm);

预制梁毛截面形心至上缘距离 $y_u = \dfrac{\Sigma S_i}{\Sigma A_i} = \dfrac{796\ 729\ 000}{833\ 750} = 955.6$(mm)。

175

二、主梁作用效应计算结果

为减少篇幅,这里将主梁在各受力状况、状态及阶段作用效应的计算结果列表如下,详细计算方法可见桥梁设计规范。

1. 永久作用效应

按主梁分阶段受力的实际情况,无预加力作用时的永久作用分为如下两种情况:

(1)一期重力:预制主梁(包括横隔梁预制部分)的重力,$g_1 = 25.30$ kN/m。

(2)二期重力:现浇混凝土翼板部分、现浇横隔梁部分、桥面铺装、人行道及栏杆的重力,$g_2 = 12.30$ kN/m。

以上永久作用产生在边梁主要截面的弯矩和剪力见表11-3。

边梁永久作用效应 表11-3

作用效应		跨 中	四 分 点	支 点
一期重力	弯矩(kN·m)	4 810.16	3 607.62	0
	剪力(kN)	0	246.68	493.35
二期重力	弯矩(kN·m)	2 338.54	1 753.90	0
	剪力(kN)	0	119.93	239.85
Σ	弯矩(kN·m)	7 148.70	5 361.52	0
	剪力(kN)	0	366.61	733.20

2. 可变作用效应

车辆荷载按公路—II级计算,冲击系数按《公路桥涵设计通用规范》(JTG D60—2004)计算得到 $\mu = 0.186$,人群荷载按设计资料取 3.0 kN/m²。

可变作用下边梁受力最不利。边梁跨中截面承受活载的横向分布系数按修正的刚性横梁法计算,支点截面的横向分布系数按杠杆法计算。计算方法详见《桥梁工程》教材的有关内容。

3. 主梁作用效应组合

按照《公路桥涵设计通用规范》(JTG D60—2004)第 4.1.6～4.1.8 条的规定,对可能同时出现的作用效应选择了三种最不利组合:短期效应组合、标准效应组合和承载能力极限状态基本组合,见表11-4。

作用效应组合 表11-4

序 号	作 用 类 别	跨中截面		四分点截面		支点截面
		M_{max}	V_{max}	M_{max}	V_{max}	V_{max}
		kN·m	kN	kN·m	kN	kN
①	永久作用:一期重力	4 810.16	0.00	3 607.62	246.68	493.35
②	永久作用:二期重力	2 338.54	0.00	1 753.90	119.93	239.85
③	总永久作用=①+②	7 148.70	0.00	5 361.52	366.61	733.20
④	可变作用:汽车荷载(公路—II级)	2 339.45	111.33	1 750.17	185.05	233.59
⑤	可变作用:汽车冲击力	435.14	20.71	325.53	34.42	43.45
⑥	可变作用:人群荷载	324.59	8.32	247.71	18.18	39.41

序　号	作　用　类　别	跨中截面		四分点截面		支点截面
		M_{max}	V_{max}	M_{max}	V_{max}	V_{max}
		kN・m	kN	kN・m	kN	kN
⑦	标准值效应组合＝③＋④＋⑤＋⑥	10 247.88	140.36	7 684.93	604.26	1 049.65
⑧	短期效应组合＝③＋0.7×④＋⑥	9 110.91	86.25	6 834.35	514.33	936.12
⑨	基本组合＝1.2×③＋1.4×[④＋⑤]＋1.12×⑥	12 826.41	194.17	9 617.24	767.55	1 311.84

三、预应力钢束估算及布置

1. 跨中截面预应力钢束估算

根据《公路钢筋混凝土及预应力混凝土桥涵设计规范》(JTG D62—2004)规定,预应力混凝土梁应满足施工阶段、使用阶段的受力要求,以及极限承载力要求。以下对主梁跨中截面按上述要求和参照式(7-15)~式(7-18)估算预应力钢束。

(1)按施工阶段应力、使用阶段应力(抗裂)要求估算钢束数量

主梁在预加应力阶段(小毛截面)和正常使用阶段(大毛截面)应满足的应力条件(压应力取正值,拉应力取负值):

上缘应力:

$$\frac{N_{p0}}{A_{c1}} - \frac{N_{p0}e_{p1}y_{u1}}{I_{c1}} + \frac{M_{g1}y_{u1}}{I_{c1}} \geqslant [\sigma_{ct}]_1$$

$$\frac{\alpha N_{p0}}{A_{c2}} - \frac{\alpha N_{p0}e_{p2}y_{u2}}{I_{c2}} + \frac{M_{k}y_{u2}}{I_{c2}} \leqslant [\sigma_{c}]_2$$

下缘应力:

$$\frac{N_{p0}}{A_{c1}} + \frac{N_{p0}e_{p1}y_{b1}}{I_{c1}} - \frac{M_{g1}y_{b1}}{I_{c1}} \leqslant [\sigma_{cc}]_1$$

$$\frac{M_{s}y_{b2}}{I_{c2}} - 0.85\left(\frac{\alpha N_{p0}}{A_{c2}} + \frac{\alpha N_{p0}e_{p2}y_{b2}}{I_{c2}}\right) \leqslant 0$$

式中:N_{p0}——传力锚固时预应力钢束的有效预加力的合力;

α——全部预应力损失发生后预应力钢束的永存预加力与传力锚固时的有效预加力之比值,简支梁一般可取0.85;

e_{p1}、e_{p2}——分别为预应力钢束的合力作用点至预制梁毛截面和预制梁加现浇翼板毛截面形心轴的距离;

A_{c1}、A_{c2}——分别为预制梁毛截面和预制梁加现浇翼板毛截面的面积;

I_{c1}、I_{c2}——分别为预制梁毛截面和预制梁加现浇翼板毛截面的抗弯惯性矩;

y_{u1}、y_{u2}——分别为预制梁毛截面和预制梁加现浇翼板毛截面的上缘至相应截面形心轴的距离;

y_{b1}、y_{b2}——分别为预制梁毛截面和预制梁加现浇翼板毛截面的下缘至相应截面形心轴的距离;

M_{g1}——按一期重力计算的弯矩;

M_k——按作用标准值组合计算的弯矩;

M_s——按作用短期效应组合计算的弯矩;

$[\sigma_{ct}]_1$——预加应力阶段混凝土截面的容许法向拉应力;

$[\sigma_{cc}]_1$——预加应力阶段混凝土截面的容许法向压应力;

$[\sigma_c]_2$——使用阶段混凝土截面的容许法向压应力。

上述公式运算后写成如下传力锚固时张拉力的倒数 $1/N_{p0}$ 和偏心距 e_{p1}、e_{p2} 的线性函数:

$$\frac{1}{N_{p0}} \geqslant \frac{\dfrac{e_{p1}y_{u1}}{r_1^2}-1}{A_{c1}\left(\dfrac{M_{g1}y_{u1}}{I_{c1}}-[\sigma_{ct}]_1\right)} \tag{11-1}$$

$$\frac{1}{N_{p0}} \leqslant \frac{\alpha\left(\dfrac{e_{p2}y_{u2}}{r_2^2}-1\right)}{A_{c2}\left(\dfrac{M_k y_{u2}}{I_{c2}}-[\sigma_c]_2\right)} \tag{11-2}$$

$$\frac{1}{N_{p0}} \geqslant \frac{\dfrac{e_{p1}y_{b1}}{r_1^2}+1}{A_{c1}\left(\dfrac{M_{g1}y_{b1}}{I_{c1}}+[\sigma_{cc}]_1\right)} \tag{11-3}$$

$$\frac{1}{N_{p0}} \leqslant \frac{0.85\alpha\left(\dfrac{e_{p2}y_{b2}}{r_2^2}+1\right)}{A_{c2}\cdot\dfrac{M_s y_{b2}}{I_{c2}}} \tag{11-4}$$

式中,$r_1^2=I_{c1}/A_{c1}$,$r_2^2=I_{c2}/A_{c2}$,r_1、r_2 分别为预制梁毛截面和预制梁加现浇翼板毛截面的回转半径。

将已知数据代入式(11-1)～式(11-4),分别得到下列各式:

$$\frac{1}{N_{p0}} \geqslant \frac{\dfrac{0.9556\times e_{p1}}{0.57248299}-1}{0.83375}{0.83375\times\left(\dfrac{4810.16\times0.9556}{0.57248299}+1.757\times10^3\right)}$$

$$\frac{1}{N_{p0}} \leqslant \frac{0.85\times\left[\dfrac{\dfrac{0.8329\times e_{p2}}{0.66283353}-1}{0.96875}\right]}{0.96875\times\left(\dfrac{10247.88\times0.8329}{0.66283353}-16.2\times10^3\right)}$$

$$\frac{1}{N_{p0}} \geqslant \frac{\dfrac{1.3444\times e_{p1}}{0.57248299}+1}{0.83375}{0.83375\times\left(\dfrac{4810.16\times1.3444}{0.57248299}+20.72\times10^3\right)}$$

$$\frac{1}{N_{p0}} \leqslant \frac{0.85\times0.85\times\left[\dfrac{\dfrac{1.4671\times e_{p2}}{0.66283353}+1}{0.96875}\right]}{0.96875\times\dfrac{9110.91\times1.4671}{0.66283353}}$$

经化简,以上四式可分别写成

$$\frac{1}{N_{p0}} \times 10^4 \geq 1.706 e_{p1} - 1.226$$

$$\frac{1}{N_{p0}} \times 10^4 \leq -3.214 e_{p2} + 2.641$$

$$\frac{1}{N_{p0}} \times 10^4 \geq 0.733 e_{p1} + 0.375$$

$$\frac{1}{N_{p0}} \times 10^4 \leq 0.793 e_{p2} + 0.370$$

将以上四式绘成图 11-3。因主梁在施工阶段和使用荷载阶段采用了两个不同的截面,形心位置是不一样的,所以应该按照各自的坐标体系绘图。为减少钢材用量应尽可能加大 e_p,但同时也应满足钢束保护层的尺寸要求。现取钢束合力离梁底 0.15m,即 $e_{p1} = 1.194$m,由图 11-3 可查得

$$\frac{1}{N_{p0}} \times 10^4 = 1.415$$

预应力钢束拟用 $\phi^{\rm S}15.2$ 钢绞线束,单根钢绞线的截面面积为 $139\rm{mm}^2$,6 根钢绞线组成一束。钢束的张拉控制应力取 $\sigma_{con} = 1\,395\rm{MPa}$,传力锚固时预应力损失按张拉控制应力的 15% 估算。于是,所需钢束的数量为

$$n = \frac{N_{p0}}{A_{p1}\sigma_{p0}} = \frac{10^7}{139 \times 1\,395 \times 6 \times 0.85 \times 1.415} \approx 7(束)$$

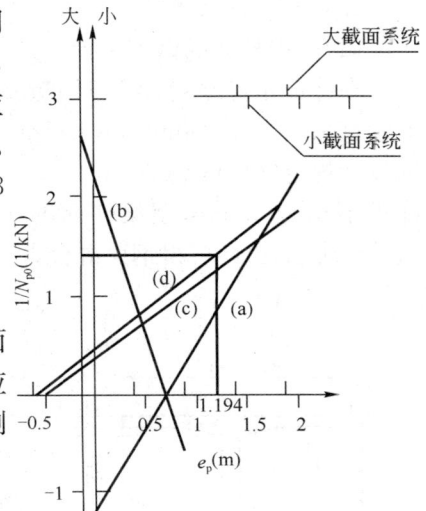

图 11-3 预应力钢束数量估算示意

（2）按承载能力极限状态估算钢束数量

根据承载能力极限状态主梁截面抗弯承载力计算图式,截面受压区混凝土的应力达到抗压强度设计值 f_{cd},同时预应力钢束也达到其抗拉强度设计值 f_{pd}。在进行 T 形梁截面预应力钢束数量估算时,受压区可近似看成宽度为翼缘板宽的矩形截面。钢束数量估算公式可写成

$\sum X = 0$：

$$A_p f_{pd} = f_{cd} bx$$

$\sum M = 0$：

$$\gamma_0 M = f_{cd} bx \left(h_0 - \frac{x}{2}\right)$$

求得

$$x = h_0 - \sqrt{h_0^2 - \frac{2M}{f_{cd}b}}$$

$$A_p = b \frac{f_{cd}}{f_{pd}} \left(h_0 - \sqrt{h_0^2 - \frac{2\gamma_0 M}{f_{cd}b}}\right)$$

式中：M——承载能力极限状态时的主梁跨中截面弯矩组合设计值,按表 11-4 取用;

f_{cd}、f_{pd}——分别为混凝土的抗压强度设计值和预应力钢束的抗拉强度设计值,按表 11-1 取用;

γ_0——结构重要性系数,取 1.0。

代入数据计算得到

$$A_p = 2.50 \times \frac{22.4}{1\,260} \times \left[(2.30 - 0.15) - \sqrt{(2.30 - 0.15)^2 - \frac{2 \times 1.0 \times 12.826\,41}{22.4 \times 2.50}} \right] \times 10^6$$

$$= 4\,858(\text{mm}^2)$$

所需钢束数量为

$$n = \frac{A_p}{A_{p1}} = \frac{4\,858}{139 \times 6} = 5.8(\text{束})$$

根据以上两种预应力钢束估算结果,最后取钢束数量 $n = 7$ 束。

2. 预应力钢束布置

(1)跨中截面的钢束位置

在保证布置预应力管道构造要求的前提下,跨中截面应尽可能使钢束合力偏心距最大。本示例采用内径 70mm、外径 77mm 的预埋波纹管,根据《公路钢筋混凝土及预应力混凝土桥涵设计规范》(JTG D62—2004)9.1.1 条和 9.4.9 条的规定,管道净距不小于 40mm,至梁底的净距不小于 50mm,至梁侧面的净距不小于 35mm。于是,跨中截面预应力钢束布置如图 11-4a)所示,由此可得钢束群合力至梁底距离为

$$a_p = \frac{3 \times (9.0 + 16.7) + 28.4}{7} = 150.7(\text{mm})$$

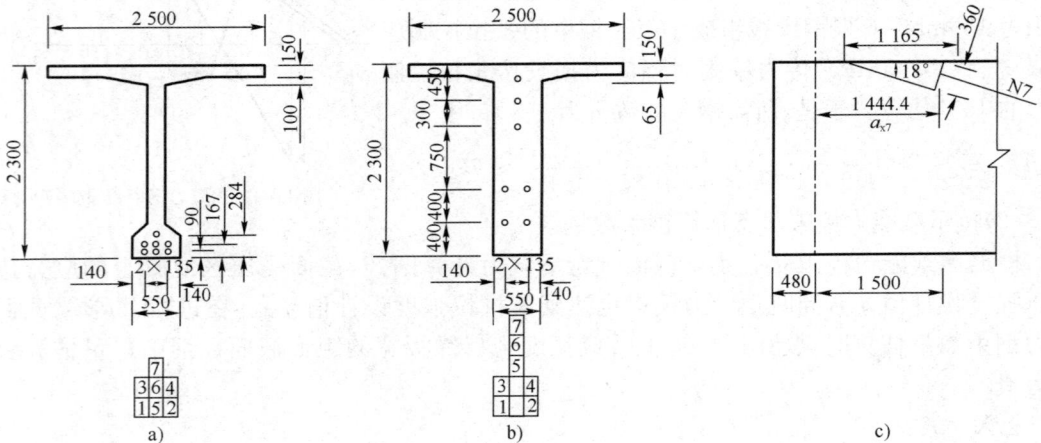

图 11-4 预应力钢束截面布置(尺寸单位:mm)
a)跨中截面;b)锚固截面;c)N7 号钢束纵向布置

(2)锚固端截面的钢束位置

由于预制梁截面较小,若预应力钢束在预制梁上全部张拉完毕,则可能会在梁的上缘产生较大的拉应力。因此,在预制梁上先张拉 N1~N6 号钢束并锚固在梁端面,待现浇翼板施工后再张拉 N7 号钢束并锚固在梁顶,钢束布置如图 11-4c)。

钢束在梁端布置通常应考虑如下因素:一是预应力钢束合力尽可能靠近截面形心,使截面均匀受压;二是锚具布置应满足钢束张拉操作空间要求;还有,锚具布置间距应满足锚区局部受力要求。按照上述锚具布置"均匀"、"分散"的原则,锚固端截面所布置的钢束如图 11-4b)所示。钢束合力至梁底的距离为

$$a_p = \frac{2 \times (40 + 80) + 155 + 185}{6} = 966.7(\text{mm})$$

（3）钢束弯起角和线形的确定

确定钢束弯起角时，既要考虑到弯起后能产生足够的竖向预剪力，又要使摩擦引起的预应力损失较小。为此，本示例将锚固端截面分成上、下两部分（图 11-5），上部钢束的弯起角定为 15°，下部钢束弯起角定为 7°，在梁顶锚固的 N7 号钢束弯起角定为 18°。

N7 号钢束在离支座中心线 1 500mm 处锚固，如图 11-4c)所示。

为简化计算和施工，所有钢束的线形均为直线加圆弧，并且整根钢束布置在同一个竖平面内。

（4）钢束线形参数计算

①钢束起弯点至跨中的距离

锚固点到支座中心线的水平距离（图 11-5）如下。

N1、N2：$a_{x1}(a_{x2})=360-400\times\tan7°=310.9$（mm）。

N3、N4：$a_{x3}(a_{x4})=360-800\times\tan7°=261.8$（mm）。

N5：$a_{x5}=360-250\times\tan15°=293.0$（mm）。

N6：$a_{x6}=360-550\times\tan15°=212.6$（mm）。

N7：$a_{x7}=-\left(1\ 500-\dfrac{360\times\sin18°}{2}\right)=-1\ 444.4$（mm）[图 11-4c)]。

图 11-6 为预应力钢束线形参数计算示意图，各钢束线形定位参数列于表 11-5。

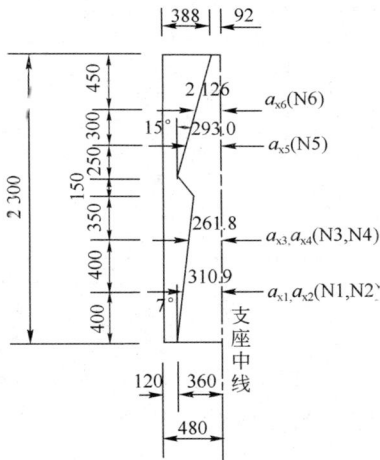

图 11-5　预应力钢束锚固端尺寸（尺寸单位：mm）

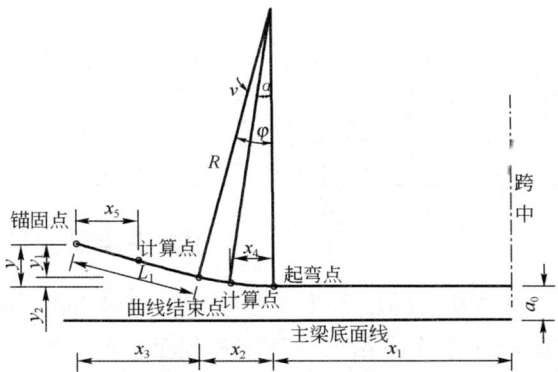

图 11-6　预应力钢束线形参数计算示意图

预应力钢束线形参数表　　　　　　表 11-5

钢束号	y (mm)	y_1 (mm)	y_2 (mm)	L_1 (mm)	x_3 (mm)	φ (°)	R (mm)	x_2 (mm)	x_1 (mm)
N1(N2)	310	121.9	188.1	1 000	992.5	7	25 239.4	3 075.9	15 742.4
N3(N4)	633	121.9	511.1	1 000	992.5	7	68 572.7	8 356.9	10 412.3
N5	1 460	258.8	1 201.2	1 000	965.9	15	35 251.9	9 123.9	9 703.2
N6	1 683	258.8	1 424.2	1 000	965.9	15	41 796.5	10 817.7	7 928.9
N7	1 844.8	309.0	1 535.8	1 000	951.1	18	31 378.7	9 695.6	7 408.0

②主梁计算截面的钢束形心位置计算

由图 11-6 所示的几何关系，当主梁计算截面处在钢束曲线段时，计算公式为

$$a_i = a_0 + R(1-\cos\alpha)$$

181

$$\sin\alpha = \frac{x_4}{R}$$

当计算截面在靠近锚固点的直线段时,计算公式为

$$a_i = a_0 + y - x_5\tan\varphi$$

式中:a_i——主梁计算截面处钢束截面形心到梁底的距离;

$\quad\quad a_0$——弯起前钢束截面形心到梁底的距离;

$\quad\quad R$——钢束弯曲半径,见表 11-5 所示。

主梁各计算截面的钢束位置及钢束群形心位置见表 11-6 所示。

计算截面的钢束位置及钢束群形心位置 表 11-6

截面	钢束号	x_4 (mm)	R (mm)	$\sin\alpha = x_4/R$	$\cos\alpha$	a_0 (mm)	a_i (mm)	a_p (mm)
四分点	N1(N2)	未弯起	25 239.4	—	—	90	90	168.9
	N3(N4)	未弯起	66 572.7	—	—	167	167	
	N5	46.8	35 251.9	0.001 327 6	0.999 999	90	90	
	N6	1 821.1	41 796.5	0.043 571 0	0.999 050	167	206.7	
	N7	2 342.0	31 378.7	0.074 636 6	0.997 211	284	371.5	
	直线段	y (mm)	φ (°)	x_5	$x_5\tan\varphi$	a_0 (mm)	a_i (mm)	a_p (mm)
支点	N1(N2)	310	7	310.9	38.2	90	361.8	920.6
	N3(N4)	633	7	261.8	32.1	167	767.9	
	N5	1 460	15	293.0	78.5	90	1 471.5	
	N6	1 683	15	212.6	57.0	167	1 793.0	

四、主梁截面几何特性计算

本节在求得计算截面的毛截面几何特征和预应力钢束位置的基础上,进行主梁净截面和换算截面的面积、抗弯惯性矩及截面静矩等截面参数的计算,最后汇总成截面特征总表,为主梁各受力阶段计算准备数据。

现以主梁跨中截面为例说明其计算方法。

1. 截面面积和抗弯惯性矩计算

(1)净截面几何特征计算

在预加应力阶段,需要计算预制梁截面的几何特征。计算公式如下:

截面面积:

$$A_n = A - n\Delta A$$

截面抗弯惯性矩:

$$I_n = I - n\Delta A(y_{nu} - y_i)^2$$

式中:A、I——分别为预制梁的毛截面面积和抗弯惯性矩;

$\quad\quad n$——预应力钢束的数量;

$\quad\quad \Delta A$——一个预应力钢束孔道的截面面积;

$\quad\quad y_{nu}$、y_i——分别为净截面形心和预应力钢束孔道截面形心到主梁上缘的距离。

计算结果见表 11-7。

主梁跨中截面面积和抗弯惯性矩计算表

表 11-7

截面		分块名称	分块面积 A_i （mm²）	分块面积形心至上缘距离 y （mm）	分块面积形心对上缘静矩 S_i （×10⁶mm³）	全截面形心至上缘距离 y_u （mm）	分块面积自身抗弯惯矩 I_i （×10⁴mm⁴）	$d_i=$ y_u-y_i （mm）	$I_y=$ $A_i d_i^2$ （×10⁴mm⁴）	$I=$ $\sum I_i+\sum I_y$ （×10⁴mm⁴）
$b_1=$ 1 600 mm	净截面	毛截面 （表11-2）	833 750	955.6	796 729		57 248 299	−48.6	196 688	
		扣孔道面积 （$n\Delta A$）	−32 596	2 149.3	−70 059	907	略	−1 242.3	−5 030 331	52 414 656
		Σ	801 154	—	726 670		57 248 299		−4 833 643	
$b_2=$ 2 500 mm	换算截面	毛截面 （表11-2）	968 750	832.9	806 854		66 283 353	36.1	126 362	
		钢束换算面积 （$\alpha_{Ep}-1$）$n\Delta A_p$	27 342	2 149.3	58 766	869	略	−1 280.3	4 481 699	70 891 415
		Σ	996 092	—	865 620		66 283 353		4 608 062	
计算数据			$\Delta A=\pi\times77^2/4=4\,656.6(\text{mm}^2),n=7(\text{根}),\alpha_{Ep}=5.65$							

（2）换算截面几何特征计算

根据《公路钢筋混凝土及预应力混凝土桥涵设计规范》（JTG D62—2004）第 4.2.2 条，预应力混凝土 T 形梁在计算预应力引起的混凝土应力时，预加应力作为轴向力产生的应力按实际翼板全宽计算，由预加弯矩产生的应力应按翼板有效宽度计算。

①有效宽度计算

根据《公路钢筋混凝土及预应力混凝土桥涵设计规范》（JTG D62—2004）第 4.2.2 条，T 形梁翼板有效宽度 b'_f，应取用下列三者中的最小值：

$$b'_f\leqslant\frac{l}{3}=\frac{39\,000}{3}=13\,000(\text{mm})$$

$$b'_f\leqslant2\,500\text{mm}（主梁间距）$$

$$b'_f\leqslant b+2b_h+12h'=200+2\times300+12\times150=2\,600(\text{mm})$$

其中，$b_h>3h_h$，根据规范取 $b_h=3h_h=300$mm。

经比较，取 T 形梁翼板有效宽度 $b'_f=2\,500$mm。

②换算截面几何特征计算

在使用阶段，预制梁和现浇翼板形成了组合截面，其几何特征计算公式如下：

截面面积：

$$A_0=A+n(\alpha_{Ep}-1)\Delta A_p$$

截面抗弯惯性矩：

$$I_0=I+n(\alpha_{Ep}-1)\Delta A_p\times(y_{0u}-y_i)^2$$

式中：A、I——分别为预制梁加现浇翼板的毛截面面积和抗弯惯性矩；

α_{Ep}——预应力钢束与混凝土的弹性模量之比，由表 11-1 得 $\alpha_{Ep}=5.65$；

ΔA_p——一根预应力钢束的截面面积；

y_{0u}——换算截面形心到主梁上缘的距离；

其余符号意义同前。

计算结果列于表 11-7。

2. 截面静矩计算

预应力混凝土梁设计时,应对截面形心轴和截面突变处的剪应力进行计算。在预加应力阶段和使用阶段(图 11-7),除进行截面 $a\text{-}a$ 和 $b\text{-}b$ 位置的剪应力计算外,还应满足如下计算要求:

(1)预加应力阶段产生在净截面形心轴位置的最大剪应力,应与使用阶段相应位置产生的剪应力叠加。

(2)使用阶段产生在换算截面形心轴位置的最大剪应力,应和预加应力阶段相应位置产生的剪应力叠加。

因此,对于每个受力阶段,主梁截面均需计算四个位置(共 8 种)的剪应力,即需要计算如下几种情况的静矩。

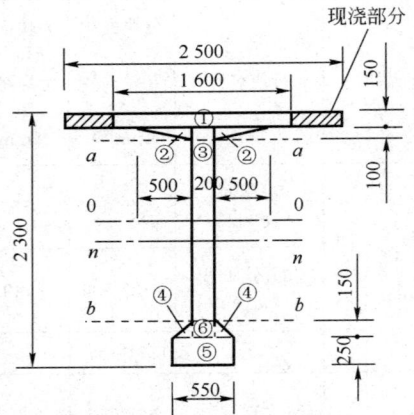

图 11-7　截面静矩计算图式(尺寸单位:mm)

①$a\text{-}a$ 线以上(或以下)的截面对形心轴(净截面和换算截面)的静矩;

②$b\text{-}b$ 线以上(或以下)的截面对形心轴(净截面和换算截面)的静矩;

③净截面形心轴($n\text{-}n$)以上(或以下)的截面对形心轴(净截面和换算截面)的静矩;

④换算截面形心轴($0\text{-}0$)以上(或以下)的截面对形心轴(净截面和换算截面)的静矩。

计算结果列于表 11-8。

跨中截面静矩计算　　　　　　　　　　　　　　表 11-8

分块名称及序号	净截面 $b_1=1\,600\text{mm}$, $y_u=907\text{mm}$				换算截面 $b_2=2\,500\text{mm}$, $y_u=869\text{mm}$			
	静矩类别及符号	分块截面面积 A_i (mm^2)	分块截面形心至全截面形心距离 y_i (mm)	对净截面形心轴静矩 $S_{i\text{-}n}=A_iy_i$ ($\times10^3\text{mm}^3$)	静矩类别及符号	分块截面面积 A_i (mm^2)	分块截面形心至全截面形心距离 y_i (mm)	对换算截面形心轴静矩 $S_{i\text{-}0}=A_iy_i$ ($\times10^3\text{mm}^3$)
翼板①	翼板部分对净截面形心轴静矩 $S_{a\text{-}n}$ ($\times10^3\text{mm}^3$)	240 000	832.0	199 680	翼板部分对换算截面形心轴静矩 $S_{a\text{-}0}$ ($\times10^3\text{mm}^3$)	375 000	794.0	297 750
三角承托②		50 000	723.7	36 185		50 000	685.7	34 285
肋部③		20 000	707.0	14 140		20 000	669.0	13 380
Σ		—		250 005		—		345 415
下三角④	马蹄部分对净截面形心轴静矩 $S_{b\text{-}n}$ ($\times10^3\text{mm}^3$)	26 250	1 093.0	28 691	马蹄部分对换算截面形心轴静矩 $S_{b\text{-}0}$ ($\times10^3\text{mm}^3$)	26 250	1 131.0	29 689
马蹄⑤		137 500	1 268.0	174 350		137 500	1 306.0	179 575
肋部⑥		30 000	1 068.0	32 040		30 000	1 106.0	33 180
孔道或钢束		−32 596	1 242.3	−40 494		26 048	1 280.3	33 350
Σ		—		194 587		—		275 794
翼板①	净截面形心轴以上净面积对净截面形心轴静矩 $S_{0\text{-}n}$ ($\times10^3\text{mm}^3$)	240 000	832.0	199 680	净截面形心轴以上换算面积对换算截面形心轴静矩 $S_{0\text{-}0}$ ($\times10^3\text{mm}^3$)	375 000	794.0	297 750
三角承托②		50 000	723.7	36 185		50 000	685.7	34 285
肋部③		151 400	378.5	57 305		151 400	340.5	51 552
Σ		—		293 170		—		383 587

184

分块名称及序号		净 截 面 $b_1=1\,600mm, y_u=907mm$			换 算 截 面 $b_2=2\,500mm, y_u=869mm$			
	静矩类别及符号	分块截面面积 A_i (mm^2)	分块截面形心轴至全截面形心轴距离 y_i (mm)	对净截面形心轴静矩 $S_{i-n}=A_iy_i$ $(\times10^3mm^3)$	静矩类别及符号	分块截面面积 A_i (mm^2)	分块截面形心轴至全截面形心轴距离 y_i (mm)	对换算截面形心轴静矩 $S_{i-0}=A_iy_i$ $(\times10^3mm^3)$
翼板①	换算截面形心轴以上净面积对净截面形心轴静矩 S_{0-n} $(\times10^3mm^3)$	240 000	832.0	199 680	换算截面形心轴以上换算面积对换算截面形心轴静矩 S_{0-0} $(\times10^3mm^3)$	375 000	794.0	297 750
三角承托②		50 000	723.7	36 185		50 000	685.7	34 285
肋部③		143 800	397.5	57 161		143 800	359.5	51 696
Σ		—	—	293 026		—	—	383 731

3. 截面几何特征汇总

其他截面几何特征可用同样方法计算,下面将计算结果一起列于表 11-9 内。

主梁截面几何特征汇总 表 11-9

名 称			符号	单位	截 面		
					跨中	四分点	支点
混凝土净截面	面积		A_n	mm^2	801 154	801 154	1 415 685
	抗弯惯矩		I_n	$\times10^4mm^4$	52 414 656	52 560 927	73 143 108
	形心轴到截面上缘距离		y_{nu}	mm	907.0	907.8	1 009.0
	形心轴到截面下缘距离		y_{nb}	mm	1 393.0	1 392.2	1 291.0
	截面模量	上缘	W_{nu}	$\times10^3mm^3$	577 890	578 992	724 907
		下缘	W_{nb}	$\times10^3mm^3$	376 272	377 539	566 562
	对形心轴静矩	翼板部分截面	S_{a-n}	$\times10^3mm^3$	250 005	250 253	271 396
		净截面形心轴以上截面	S_{n-n}	$\times10^3mm^3$	293 170	293 462	441 588
		换算截面形心轴以上截面	S_{0-n}	$\times10^3mm^3$	293 026	293 416	440 434
		马蹄部分截面	S_{b-n}	$\times10^3mm^3$	194 587	195 052	—
	钢束群形心到截面形心轴距离		e_n	mm	1 242.3	1 223.3	370.4
混凝土换算截面	面积		A_0	mm^2	996 092	996 092	1 602 061
	抗弯惯矩		I_0	$\times10^4mm^4$	70 891 415	70 764 877	84 981 692
	形心轴到截面上缘距离		y_{0u}	mm	869.0	868.5	944.2
	形心轴到截面下缘距离		y_{0b}	mm	1 431.0	1 431.5	1 355.8
	截面模量	上缘	W_{0u}	$\times10^3mm^3$	815 782	814 794	900 039
		下缘	W_{0b}	$\times10^3mm^3$	495 398	494 341	626 801
	对形心轴静矩	翼板部分截面	S_{a-0}	$\times10^3mm^2$	345 415	345 193	369 501
		净截面形心轴以上截面	S_{n-0}	$\times10^3mm^2$	383 587	383 299	516 732
		换算截面形心轴以上截面	S_{0-0}	$\times10^3mm^2$	383 731	383 490	517 887
		马蹄部分截面	S_{b-0}	$\times10^3mm^3$	277 450	277 063	—
	钢束群形心到截面形心轴距离		e_0	mm	1 280.3	1 262.6	435.2
	钢束群形心到截面下缘距离		a_p	mm	150.7	168.9	920.6

五、预应力损失计算

根据《公路钢筋混凝土及预应力混凝土桥涵设计规范》(JTG D62—2004)第6.2.1条规定,当计算主梁截面应力和确定预应力钢束张拉控制应力时,应计算预应力损失。后张法梁的预应力损失包括前期预应力损失(钢束与孔道壁之间摩擦引起的应力损失,锚具变形、钢束回缩引起的应力损失,混凝土弹性压缩引起的应力损失)和后期预应力损失(钢束松弛、混凝土收缩和徐变引起的应力损失),而钢束传力锚固后的应力和有效应力分别等于张拉控制应力扣除相应阶段预应力损失后的应力。

预应力损失的数值因主梁截面位置的不同而有差异,现以四分点截面(既有直线形钢束又有曲线形钢束通过)为例说明各项预应力损失的计算方法。其他截面也用同样方法计算,计算结果均列入钢束预应力损失及预加力汇总表内(表11-16、表11-17)。

1. 预应力钢束与孔道壁之间摩擦引起的预应力损失

按《公路钢筋混凝土及预应力混凝土桥涵设计规范》(JTG D62—2004)第6.2.2条规定,计算公式为

$$\sigma_{l1} = \sigma_{con}\left[1 - e^{-(\mu\theta + kx)}\right]$$

式中:σ_{con}——预应力钢束锚下张拉控制应力,根据《公路钢筋混凝土及预应力混凝土桥涵设计规范》(JTG D62—2004)第6.1.3条规定,预应力钢绞线的张拉控制应力可取 $\sigma_{con} = 0.75f_{pk} = 0.75 \times 1\ 860 = 1\ 395$MPa(见表11-1);

μ——钢束与孔道壁之间的摩擦系数,预埋金属波纹管取 $\mu = 0.20$;

θ——从张拉端到计算截面曲线段孔道的弯曲角之和(rad);

k——孔道偏差摩擦影响系数,预埋金属波纹管取 $k = 0.001\ 5$;

x——从张拉端到计算截面的孔道长度(m),可近似取梁轴线的投影长度(图11-6),当四分点为计算截面时,$x = a_{xi} + l/4$。

主梁四分点截面的预应力损失计算结果见表11-10所示。

四分点截面 σ_{l1} 计算   表11-10

钢束号	$\theta = \phi - \alpha^*$		x	$\mu\theta + kx$	$1 - e^{-(\mu\theta + kx)}$	$\sigma_{con}\left[1 - e^{-(\mu\theta + kx)}\right]$
	(°)	rad	m			MPa
N1(N2)	7	0.122 2	10.060 9	0.039 5	0.038 8	54.06
N3(N4)	7	0.122 2	10.011 8	0.039 5	0.038 7	53.96
N5	14.923 9	0.260 5	10.043 0	0.067 2	0.065 0	90.61
N6	12.502 9	0.218 2	9.962 6	0.058 6	0.056 9	79.38
N7	13.719 6	0.239 5	8.305 6	0.060 3	0.058 6	81.70

注:* 见表11-6,其中 α 值由表11-6中的 $\cos\alpha$ 值计算得到。

2. 锚具变形、钢束回缩引起的预应力损失

根据《公路钢筋混凝土及预应力混凝土桥涵设计规范》(JTG D62—2004)第6.2.3条的规定,计算曲线预应力钢束锚具变形、钢束回缩引起的应力损失时,应考虑传力锚固后钢束与孔道反向摩擦的影响。这里采用《公路钢筋混凝土及预应力混凝土桥涵设计规范》(JTG D62—2004)附录D给出的方法进行计算。

(1)反向摩擦影响长度计算

$$l_f = \sqrt{\frac{\sum \Delta l \times E_p}{\Delta \sigma_d}}$$

$$\Delta \sigma_d = \frac{\sigma_0 - \sigma_l}{l}$$

式中：$\sum \Delta l$——锚具变形、钢束回缩值(mm)，按《公路钢筋混凝土及预应力混凝土桥涵设计规范》(JTG D62—2004)第 6.2.3 条采用，采用夹片式锚具时 $\sum \Delta l = 6$mm；

$\quad \Delta \sigma_d$——孔道摩擦引起的单位长度预应力损失；

$\quad \sigma_0$——张拉端锚下张拉控制应力，本示例为 1 395MPa；

$\quad \sigma_l$——扣除沿途摩擦损失后预应力钢束锚固端的应力，即跨中截面扣除 σ_{l1} 后的钢束应力；

$\quad l$——张拉端至锚固端的距离；

其余符号意义同前。

反向摩擦影响长度计算结果见表 11-11。

四分点截面 σ_{l2} 计算 表 11-11

钢束号	$\Delta \sigma_d$ (MPa/mm)	影响长度 l_f (mm)	锚固端 σ_{l2} (MPa)	至张拉端距离 x (mm)	σ_{l2} (MPa)
N1(N2)	0.003 708 86	17 761	131.75	10 061	57.12
N3(N4)	0.003 710 67	17 757	131.78	10 012	57.48
N5	0.005 513 16	14 568	160.63	10 043	49.89
N6	0.005 522 27	14 553	160.76	9 963	50.73
N7	0.006 567 31	13 347	175.31	8 306	66.22

(2)σ_{l2} 计算

张拉端预应力损失：

$$\sigma_{l2} = 2\Delta \sigma_d l_f$$

在反摩擦影响长度内预应力损失：

$$\sigma_{l2} = 2\Delta \sigma_d (l_f - x)$$

在反摩擦影响长度外预应力损失：

$$\sigma_{l2} = 0$$

主梁四分点截面的预应力损失计算结果见表 11-11。

3. 混凝土弹性压缩引起的预应力损失

根据《公路钢筋混凝土及预应力混凝土桥涵设计规范》(JTG D62—2004)第 6.2.5 条的规定，采用分批张拉方式施加预应力时，先张拉钢束因后张拉钢束产生的混凝土弹性压缩而引起的应力损失为

$$\sigma_{l4} = \alpha_{Ep} \sum \Delta \sigma_{pc}$$

$$\sum \Delta \sigma_{pc} = \frac{\sum N_{p0}}{A_n} + \frac{\sum M_{p0} e_{pi}}{I_n}$$

式中：$\sum \Delta \sigma_{pc}$——先张拉钢束形心处由后张拉各批钢束而产生的混凝土截面正应力；

$\quad N_{p0}$、M_{p0}——分别为钢束传力锚固时预加力引起的轴力和弯矩；

$\quad e_{pi}$——计算截面钢束形心到净截面形心轴的距离，$e_{pi} = y_{nb} - a_i$，其中 y_{nb} 值见表 11-9 所示，a_i 值见表 11-6 所示；

四分点截面 σ_{l4} 计算

表 11-12

$A_n = 801\ 154\text{mm}^2,\Delta A_p = 840\text{mm}^2,I_n = 52\ 560\ 927\times10^4\text{mm}^4,y_{nb} = 1\ 392.2\text{mm},\alpha_{Ep} = 5.65$

钢束号	锚固时钢束的应力 $\sigma_{p0} = \sigma_{con}-\sigma_{l1}-\sigma_{l2}-\sigma_{l4}$ (MPa)	$N_{p0} = \sigma_{p0}\Delta A_p\cos\alpha$ (kN)			$e_{pi} = y_{nb}-a_i$ (见表11-6) (mm)	预加弯矩 $M_{p0} = N_{p0}e_{pi}$ (N·m)	$\sum M_{p0}$ (N·m)	计算应力损失的钢束号	钢束至净截面形心轴的距离 e_{pn} (mm)	$\sum\Delta\sigma_{pc}$ (MPa)			$\sigma_{l4} = \alpha_{Ep}\sum\Delta\sigma_{pc}$ (MPa)
		$\sigma_{p0}\Delta A_p$ (kN)	$\cos\alpha$ (见表11-6)	N_{p0} (kN)	$\sum N_{p0}$ (kN)						$\dfrac{\sum N_{p0}}{A_n}$ (MPa)	$\dfrac{\sum M_{p0}e_{pn}}{I_n}$ (MPa)	合计 (MPa)	
N3	1 283.56	1 078.188	1.000 000	1 078.188	1 078.188	1 225.2	1 320 995	1 320 995	N2	1 302.2	1.35	3.27	4.62	26.09
N2	1 257.72	1 056.487	1.000 000	1 056.487	2 134.675	1 302.2	1 375 758	2 696 753	N4	1 225.2	2.66	6.29	8.95	50.57
N4	1 232.99	1 035.708	1.000 000	1 035.708	3 170.383	1 225.2	1 268 949	3 965 702	N1	1 302.2	3.96	9.83	13.78	77.87
N1	1 205.95	1 012.996	1.000 000	1 012.996	4 183.379	1 302.2	1 319 124	5 284 826	N6	1 185.5	5.22	11.92	17.14	96.85
N6	1 168.04	981.153 6	0.999 050	980.221 5	5 163.600	1 185.5	1 162 062	6 446 888	N5	1 302.2	6.45	15.97	22.42	126.66
N5	1 127.84	947.387 7	0.999 999	947.386 8	6 110.987	1 302.2	1 233 658	7 680 546						

计算数据

其余符号意义同前。

本示例采用逐根张拉预应力钢束方式施加预应力:预制梁截面时张拉钢束 N1~N6,张拉顺序为 N5、N6、N1、N4、N2、N3;现浇翼板混凝土强度达 100% 后,张拉 N7 号钢束。计算应从最后张拉的一束钢束开始逐步向前推进。

为了区分预制梁截面时和使用阶段的预应力损失,先不考虑 N7 号钢束对其他 N1~N6号钢束的影响,计算得到的预制梁截面时预应力损失见表 11-12 所示。

4. 钢束松弛引起的预应力损失

根据《公路钢筋混凝土及预应力混凝土桥涵设计规范》(JTG D62—2004)第 6.2.6 条的规定,钢绞线松弛引起的应力损失的终极值按下式计算:

$$\sigma_{l5} = \Psi\zeta\left(0.52\frac{\sigma_{pe}}{f_{pk}} - 0.26\right)\sigma_{pe}$$

式中:Ψ——张拉方式系数,每根钢束一次张拉至设计值时 $\Psi = 1.0$;

ζ——钢束松弛系数,对低松弛钢绞线,$\zeta = 0.3$;

σ_{pe}——传力锚固时钢束的应力;

其余符号意义同前。

计算得到的主梁四分点截面松弛引起的预应力损失见表 11-13。

四分点截面 σ_{l5} 计算 表 11-13

钢束号	σ_{pe}(MPa)	σ_{l5}(MPa)
N1	1 205.95	27.91
N2	1 257.72	34.57
N3	1 283.56	38.06
N4	1 232.99	31.33
N5	1 127.84	18.71
N6	1 168.94	23.32
N7	1 247.08	33.17

5. 混凝土收缩和徐变引起的预应力损失

根据《公路钢筋混凝土及预应力混凝土桥涵设计规范》(JTG D62—2004)第 6.2.7 条的规定,由混凝土收缩和徐变引起的预应力损失可按下式计算:

$$\sigma_{l6} = \frac{0.9[E_p\varepsilon_{cs}(t,t_0) + \alpha_{Ep}\sigma_{pc}\phi(t,t_0)]}{1 + 15\rho\rho_{ps}}$$

$$\rho = \frac{A_p + A_s}{A}, \rho_{ps} = 1 + \frac{e_{ps}^2}{i^2}, i^2 = \frac{I_n}{A_n}$$

式中:$\varepsilon_{cs}(t,t_0)$——加载龄期为 t_0、计算龄期为 t 的混凝土收缩应变;

$\phi(t,t_0)$——加载龄期为 t_0、计算龄期为 t 的混凝土徐变系数;

σ_{pc}——全部预应力钢束形心处由预应力(扣除相应阶段的应力损失)产生的混凝土截面正应力,根据受力情况考虑主梁重力的影响;

ρ——纵向钢筋的配筋率;

A——主梁的截面面积,后张法梁取净截面面积 A_n(见表 11-9);

e_{ps}——全部预应力钢束形心至主梁截面形心轴的距离,后张法梁按净截面计算 e_{pn}(见表 11-9);

189

i——主梁净截面的回转半径;

其余符号意义同前。

(1)混凝土收缩应变终极值 $\varepsilon(t_u,t_0)$ 和徐变系数终极值 $\phi(t_u,t_0)$ 的计算

构件理论厚度为

$$h=\frac{2A}{u}$$

式中: A——主梁混凝土截面面积;

u——与大气接触的截面周边长度。

考虑到混凝土收缩和徐变较大部分在成桥之前完成, A 和 u 均采用预制梁毛截面的数据。主梁四分点与跨中截面的上述数据完全相同,即

$$A=833\ 750\text{mm}^2(\text{表}\ 11\text{-}2)$$

$$u=1\ 600+2\times(150+200+\sqrt{500^2+100^2}+1\ 650+\sqrt{175^2+150^2}+250)+550=8\ 130.8(\text{mm})$$

故

$$h=\frac{2A}{u}=\frac{2\times833\ 750}{8\ 130.8}=205.1(\text{mm})$$

设混凝土收缩和徐变在野外一般条件(相对湿度为 75%)下完成,混凝土的加载龄期为 20d。

按照上述条件,查《公路钢筋混凝土及预应力混凝土桥涵设计规范》(JTG D62—2004)表 6.2.7 得到 $\phi(t_u,t_0)=1.79$, $\varepsilon(t_u,t_0)=0.23\times10^{-3}$。

(2) σ_{l6} 计算

混凝土收缩和徐变引起的应力损失计算见表 11-14。

表 11-14

四分点截面 σ_{l6} 计算

数据	$A_n=801\ 154\text{mm}^2,e_n=e_p=1\ 223.3\text{mm},E_p=1.95\times10^5\text{MPa},\alpha_{Ep}=5.65$				
计算 σ_{pc}	$\dfrac{N_{p0}}{A_n}$(MPa)		$\dfrac{M_{p0}-M_{g1}}{I_n}e_n$(MPa)		σ_{pc}(MPa)
	(1)		(2)		(3)=(1)+(2)
	8.932		12.056		20.988
计算应力损失 σ_{l6}	$\sigma_{l6}=\dfrac{0.9[\alpha_{Ep}\sigma_{pc}\phi(t,t_0)+E_p\varepsilon_{cs}(t,t_0)]}{1+15\rho\rho_{ps}}$				
	(4)	$\alpha_{Ep}\sigma_{pc}\phi(t,t_0)$	212.263	$i^2=I_n/A_n$	6 560.652 1
	(5)	$E_p\varepsilon_{cs}(t,t_0)$	44.85	$\rho_{ps}=1+e_p^2/i^2$	3.281
	(6)	$0.9[(4)+(5)]$	231.402	$\rho=7\Delta A_p/A_n$	0.734%
	(7)			$1+15\rho\rho_{ps}$	1.361
	$\sigma_{l6}=\dfrac{(6)}{(7)}=\dfrac{231.402}{1.361}=170.02(\text{MPa})$				

注:表中 N_{p0} 和 M_{p0} 包括 N7 号预应力钢束产生的轴力和弯矩,并近似取 N1~N7 号钢束徐变情况相同。

6. 预制梁与现浇翼板组合后张拉 N7 号钢束引起的混凝土弹性压缩损失

根据受力需要,N7 号预应力钢束在预制梁与现浇翼板组合后再进行张拉,其将引起混凝土弹性压缩并使 N1~N6 号钢束产生应力损失 σ'_{l4},相应计算结果见表 11-15。但由于张拉 N7 号钢束时 N1~N6 号钢束的孔道内已经灌浆,应考虑其对混凝土应力的影响。

表 11-15

四分点 σ'_{l4} 计算

计算数据：$A_0=996\,092\text{mm}^2 \cdot A_p=840\text{mm}^2 \cdot I_0=70\,764\,877\times10^4\text{mm}^4 \cdot y_{0b}=1\,431.5\text{mm} \cdot \alpha_{Ep}=5.65$

钢束号	N7锚固时钢束的应力 $\sigma_{p0}=\sigma_{con}-\sigma_{l1}-\sigma_{l2}-\sigma_{l4}-\sigma_{l5}-\sigma_{l6}$ (MPa)	$\sigma_{p0}\cdot A_p$ (kN)	$\cos\alpha$ (见表11 6')	N_{p0} (kN)	$e_{pi}=y_{0b}-a_i$ (见表11-6) (mm)	预加弯矩 $M_{p0}=N_{p0}e_{pi}$ (N·m)	计算应力损失的钢束号	钢束至净截面形心轴的距离 e_{p0} (mm) 合计	$\Sigma\Delta\sigma_{pc}$(MPa) $\dfrac{\Sigma N_{p0}}{A_0}$ (MPa)	$\dfrac{\Sigma M_{p0}e_{p0}}{I_0}$ (MPa)	合计 (MPa)	$\sigma'_{l4}=\alpha_{Ep}\Sigma\Delta\sigma_{pc}$ (MPa)
N7*	1 247.08	1 047.547	0.997 211	1 044.626	1 060.0	1 107 303	N3	1 264.5	1.05	1.98	3.03	17.10
N3	1 075.48	903.399	1.000 000	903.399	1 264.5	1 142 348	N2	1 341.5	1.05	2.10	3.15	17.79
N2	1 053.13	884.631	1.000 000	884.631	1 341.5	1 186 733	N4	1 264.5	1.05	1.98	3.03	17.10
N4	1 031.63	866.572	1.000 000	866.572	1 264.5	1 095 780	N1	1 341.5	1.05	2.10	3.15	17.79
N1	1 008.02	846.735	1.000 000	846.735	1 341.5	1 135 894	N6	1 224.8	1.05	1.92	2.97	16.75
N6	974.70	818.748	0.999 050	817.971	1 224.8	1 001 858	N5	1 341.5	1.05	2.10	3.15	17.79
N5	939.11	788.851	0.999 999	788.850	1 341.5	1 058 218						
N7	1 043.89	876.872	0.997 211	874.426	1 060.0	926 892						
Σ*				5 982.584		7 547 724						

注：表中 N7* 为 N7 号钢束锚固时的应力，采用 $\sigma_{p0}=\sigma_{con}-\sigma_{l1}-\sigma_{l2}$ 计算；

Σ* 指使用阶段预应力损失 σ'_{l4} 后由 N1～N7 号钢束产生的预加内力之合力。

7.预加力计算及钢束预应力损失汇总

施工阶段钢束传力锚固时的应力 σ_{p0} 为

$$\sigma_{p0} = \sigma_{con} - \sigma_{ll} = \sigma_{con} - \sigma_{l1} - \sigma_{l2} - \sigma_{l4}$$

由 σ_{p0} 形成的预加内力如下。

轴向力：

$$N_{p0} = \Sigma \sigma_{p0} \Delta A_p \cos\alpha$$

弯矩：

$$M_{p0} = N_{p0} e_{pi}$$

剪力：

$$V_{p0} = \Sigma \sigma_{p0} \Delta A_p \sin\alpha$$

式中：α——弯起钢束与主梁轴线的夹角，$\sin\alpha$ 与 $\cos\alpha$ 值见表 11-6；

ΔA_p——单根钢束的截面面积，$\Delta A_p = 840 \text{mm}^2$。

用同样的方法可计算出使用阶段钢束的预加内力 N_p、V_p、M_p。下面将计算结果一并列入表 11-16 内。

将主梁各控制截面钢束的预应力损失汇总起来列于表 11-17。表中同时给出了跨中和支点截面预应力损失的计算结果。

六、主梁截面承载力与应力验算

预应力混凝土梁从预加应力开始到加载直至最后破坏，将经历预加应力、使用荷载作用、裂缝出现和破坏四个受力阶段，为确保受力安全、可靠并使其得到控制，应对主要截面的各受力阶段进行验算。在以下内容中，先进行持久状况承载能力极限状态验算，再分别进行持久状况抗裂验算和应力验算，最后进行短暂状况应力验算。

1.持久状况承载能力极限状态验算

在承载能力极限状态下，预应力混凝土梁可能发生正截面或斜截面破坏，下面分别对这两类破坏形态进行承载力验算。

（1）正截面抗弯承载力验算

主梁正截面抗弯承载力计算图式见图 11-8。

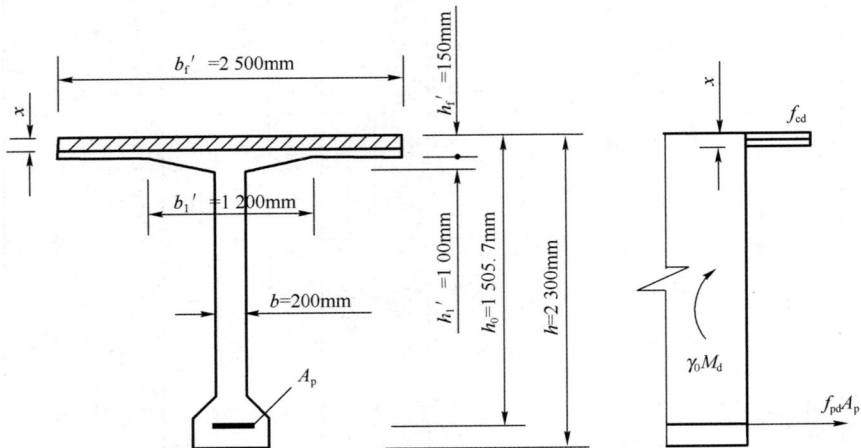

图 11-8 正截面承载力计算图式

表 11-16

预加力作用效应计算

截面	钢束号	sinα	cosα	预加应力阶段钢束张拉产生的预加力作用效应				使用阶段钢束张拉产生的预加力作用效应			
				$\sigma_{p0}\Delta A_p$ (见表11-12) (kN)	$N_{p0}=\sigma_{p0}\Delta A_p\cos\alpha$ (见表11-12) (kN)	$V_{p0}=\sigma_{p0}\Delta A_p\sin\alpha$ (kN)	M_{p0} (见表11-12) (kN·m)	$\sigma_{pe}\Delta A_p$ (见表11-15) (kN)	$N_p=\sigma_{pe}\Delta A_p\cos\alpha$ (见表11-15) (kN)	$V_p=\sigma_{pe}\Delta A_p\sin\alpha$ (kN)	M_p (见表11-15) (kN·m)
四分点	N1	0	1	1 012.996		0		846.735		0	
	N2	0.	1	1 056.487		0		884.631		0	
	N3	0	1	1 078.188		0		903.399		0	
	N4	0	1	1 035.708		0		866.572		0	
	N5	0.001 328	0.999 999	947.388		1.258		788.851		1.047	
	N6	0.043 570	0.999 050	981.154		42.748		818.748		35.672	
	N7	0.074 637	0.997 211					876.872		65.447	
	Σ				6 110.987	44.006	7 680.546		5 982.584	102.167	7 547.724
跨中	Σ				6 269.459	0.000	7 925.011		6 206.576	0.000	7 941.124
支点	Σ				6 164.881	1 045.649	2 348.907		5 580.888	946.745	2 487.118

193

表 11-17

钢束预应力损失汇总

| 截面 | 钢束号 | 预加应力阶段 | | | | 正常使用阶段 | | | 有效预应力 $\sigma_{pe}=\sigma_{p0}-\sigma_{III}$ (MPa) |
| | | $\sigma_{lI}=\sigma_{l1}+\sigma_{l2}+\sigma_{l4}$ | | | $\sigma_{p0}=\sigma_{con}-\sigma_{lI}$ (MPa) | $\sigma_{III}=\sigma_{l5}+\sigma_{l6}+\sigma'_{l4}$ | | | |
		σ_{l1} (MPa)	σ_{l2} (MPa)	σ_{l4} (MPa)		σ_{l5} (MPa)	σ_{l6} (MPa)	σ'_{l4} (MPa)	
跨中	N1	73.53	0.00	80.40	1 241.07	32.38	158.68	19.16	1 030.85
	N2	73.53	0.00	26.94	1 294.53	39.58		19.16	1 077.11
	N3	73.43	0.00	0.00	1 321.57	43.40		18.40	1 101.09
	N4	73.43	0.00	52.21	1 269.36	36.13		18.40	1 056.15
	N5	109.89	0.00	130.95	1 154.16	21.70		19.16	954.62
	N6	109.73	0.00	102.31	1 182.96	25.10		18.40	980.78
	N7	119.96	0.00	—	—	36.90		0.00	1 079.46
四分点	N1	54.06	57.12	96.85	1 205.95	27.91	170.02	17.79	990.23
	N2	54.06	57.12	50.57	1 257.72	34.57		17.79	1 035.35
	N3	53.96	57.48	26.09	1 283.56	38.06		17.10	1 058.38
	N4	53.96	57.48	77.87	1 232.99	31.33		17.10	1 014.54
	N5	90.61	49.89	0.00	1 127.84	18.71		17.79	921.32
	N6	79.38	50.73	126.66	1 168.04	23.32		16.75	957.95
	N7	81.70	66.22	—	—	33.17		0.00	1 043.89
支点	N1	0.65	129.44	27.41	1 237.50	31.92	85.08	—	1 120.50
	N2	0.65	129.44	8.17	1 256.74	34.44		—	1 137.22
	N3	0.55	129.84	0.00	1 264.61	35.49		—	1 144.04
	N4	0.55	129.84	14.55	1 250.06	33.56		—	1 131.42
	N5	0.61	157.40	17.13	1 219.86	29.66		—	1 105.12
	N6	0.44	158.41	4.92	1 231.23	31.11		—	1 115.04

①截面混凝土受压区高度确定

根据《公路钢筋混凝土及预应力混凝土桥涵设计规范》(JTG D62—2004)第5.2.3条的规定:当$f_{pd}A_p \leqslant f_{cd}b'_f h'_f$时,达到抗弯承载力时截面受压区在翼板范围内,否则将进入肋板内。

$f_{pd}A_p = 1\,260 \times 58.8 \times 0.1 = 7\,408.8(kN) < f_{cd}b'_f h'_f = 22.4 \times 250 \times 15 \times 0.1 = 8\,400(kN)$

即受压区在翼板范围内。

设受压区高度为x,则

$$x = \frac{f_{pd}A_p}{f_{cd}b'_f} = \frac{1\,260 \times 5\,880}{22.4 \times 2\,500} = 132.3(mm) < \xi_b h_0 = 0.4 \times (2\,300 - 150.7) = 859.7(mm)$$

式中:ξ_b——预应力混凝土受弯构件受压区高度界限系数,按《公路钢筋混凝土及预应力混凝土桥涵设计规范》(JTG D62—2004)表5.2.1采用,对C50混凝土和钢绞线,$\xi_b = 0.40$;

h_0——截面的有效高度,$h_0 = h - a_p$,跨中截面的$a_p = 150.7$mm(见表11-9)。

说明该截面将为塑性破坏状态。

②正截面抗弯承载力验算

根据《公路钢筋混凝土及预应力混凝土桥涵设计规范》(JTG D62—2004)第5.2.2条,正截面抗弯承载力按下式计算:

$$\gamma_0 M_d \leqslant f_{cd}b'_f x \left(h_0 - \frac{x}{2} \right)$$

式中:γ_0——结构的重要性系数,取1.0。

上式代入数据,右边为

$$22.4 \times 10^3 \times 2.5 \times 0.132\,3 \times \left(2.3 - 0.150\,7 - \frac{0.132\,3}{2} \right)$$

$$= 15\,433.64(kN \cdot m) > \gamma_0 M_d = 12\,826.41(kN \cdot m)(跨中)$$

主梁跨中截面抗弯承载力满足要求。其他截面可用同样方法验算。

③截面最小配筋率验算

根据《公路钢筋混凝土及预应力混凝土桥涵设计规范》(JTG D62—2004)第9.1.12条的规定,预应力混凝土受弯构件最小配筋率应满足下列条件:

$$\frac{M_{ud}}{M_{cr}} \geqslant 1.0$$

式中:M_{ud}——受弯构件正截面抗弯承载力设计值;由以上计算可知$M_{ud} = 15\,433.64$kN·m;

M_{cr}——受弯构件正截面开裂弯矩值,按下式计算:

$$M_{cr} = (\sigma_{pc} + \gamma f_{tk})W_0$$

$$\gamma = \frac{2S_0}{W_0}$$

$$\sigma_{pc} = \frac{N_p}{A_n} + \frac{M_p}{W_{nb}}$$

式中:S_0——换算截面形心轴以上(或以下)部分截面对形心轴的静矩,见表11-9;

W_0——换算截面抗裂边缘的截面模量,见表11-9;

σ_{pc}——扣除全部预应力损失后预应力钢束在构件抗裂边缘产生的预压应力。

代入数据,得

$$\sigma_{pc} = \frac{N_p}{A_n} + \frac{M_p}{W_{nb}} = \frac{62\,065.76}{8\,011.54} + \frac{7\,941\,124}{376\,272} = 28.85(MPa)$$

$$\gamma = \frac{2S_0}{W_0} = \frac{2 \times 383\ 731}{495\ 398} = 1.549$$

$$M_{cr} = (\sigma_{pc} + \gamma f_{tk}) W_0 = (28.85 + 1.549 \times 2.65) \times 495\ 398 \times 10^{-3}$$

$$= 16\ 325.77 (\text{kN} \cdot \text{m}) \qquad \frac{M_{ud}}{M_{cr}} < 1.0$$

可见,尚需配置普通钢筋来满足最小配筋率的要求。

下面计算为满足最小配筋率的要求所需增加的普通钢筋。

a. 计算受压区高度 x

$$\gamma_0 M_d \leqslant f_{cd} b'_f x \left(h_0 - \frac{x}{2} \right)$$

令

$$16\ 325.77 = 22.4 \times 10^3 \times 2.5 \times x \times \left(2.3 - 0.150\ 7 - \frac{x}{2} \right)$$

整理得

$$x^2 - 4.298\ 6x + 0.583\ 06 = 0$$

求得

$$x = 0.140 (\text{m}) < \xi_b h_0 = 0.4 \times (2.3 - 0.1507) = 0.860 (\text{m})$$

b. 计算普通钢筋 A_s

$$A_s = \frac{f_{cd} b'_f x - f_{pd} A_p}{f_{sd}} = \frac{22.4 \times 2.5 \times 0.140 - 1\ 260 \times 58.8 \times 10^{-4}}{280}$$

$$= 0.001\ 54 (\text{m}^2) = 1\ 540 (\text{mm}^2)$$

即在梁底部配置 6 根直径 20mm 的 HRB335 钢筋,$A_s = 1\ 884\text{mm}^2$,以满足最小配筋率的要求。

(2)斜截面承载力验算

①斜截面抗剪承载力验算

根据《公路钢筋混凝土及预应力混凝土桥涵设计规范》(JTG D62—2004)第 5.2.6 条的规定,计算受弯构件斜截面抗剪承载力时,其计算截面位置应按下列规定采用:

距支座中心 $h/2$ 处截面;

受拉区弯起钢束起弯点处截面;

锚于受拉区的纵向钢筋开始不受力处的截面;

箍筋数量或间距改变处的截面;

构件肋板宽度变化处的截面。

本例以 N7 锚固截面为例进行斜截面抗剪承载力的验算。

a. 截面尺寸验算

根据《公路钢筋混凝土及预应力混凝土桥涵设计规范》(JTG D62—2004)第 5.2.9 条的规定,斜截面抗剪承载力计算时截面尺寸应符合如下条件:

$$\gamma_0 V_d \leqslant 0.51 \times 10^{-3} \sqrt{f_{cu,k}} b h_0$$

式中:V_d——验算截面处由作用(或荷载)产生的剪力组合设计值,边梁的 V_d 为 1 311.84kN
(见表 11-4);

b——支点截面的肋板厚度,$b = 550\text{mm}$;

h_0——支点截面的有效高度,$h_0 = 1\ 379.4\text{mm}$;

$f_{cu,k}$——混凝土强度等级,$f_{cu,k} = 50\text{MPa}$;

其余符号意义同前。

代入数据,得

$$\gamma_0 V_d = 1\,311.84(kN) \leqslant 0.51 \times 10^{-3} \times \sqrt{50} \times 550 \times 1\,379.4 = 2\,735.95(kN)$$

主梁截面尺寸满足规范要求。

b. 是否需要进行斜截面抗剪承载力验算判断

根据《公路钢筋混凝土及预应力混凝土桥涵设计规范》(JTG D62—2004)第5.2.10条的规定,若符合下列公式,则不需进行斜截面抗剪承载力计算:

$$\gamma_0 V_d \leqslant 0.50 \times 10^{-3} \alpha_2 f_{td} b h_0$$

式中:f_{td}——混凝土抗拉设计强度(MPa);

α_2——预应力提高系数,预应力混凝土受弯构件取1.25;

其余符号意义同前。

在钢束N7的锚固截面:$b=550mm$,$a_p=681.2mm$,$V_d=1\,234.46kN$,代入上式得

$$0.50 \times 10^{-3} \times 1.25 \times 1.83 \times 550 \times (2\,300 - 681.2) = 1\,018.33(kN) < 1\,234.46(kN)$$

因此需要进行斜截面抗剪承载力验算。

c. 斜截面抗剪承载力验算

首先,计算斜截面水平投影长度。按《公路钢筋混凝土及预应力混凝土桥涵设计规范》(JTG D62—2004)第5.2.8条的规定,斜截面水平投影长度为

$$C = 0.6 m h_0$$

式中:m——斜截面受压端正截面处的广义剪跨比,$m = M_d/(V_d h_0)$,当$m>3.0$时取$m=3.0$;

V_d——斜截面受压端正截面由作用(或荷载)产生的最大剪力组合设计值;

M_d——相应于上述最大剪力组合设计值的弯矩组合设计值;

h_0——斜截面受压端正截面的有效高度,自纵向受拉主钢筋的合力点至受压边缘的距离。

按以上公式计算斜截面水平投影长度,必须先确定最不利受力截面的位置,然后再由V_d和相应的M_d计算剪跨比m。可见,必须采用试算法才能得到斜截面水平投影长度。这里假定$C_i=2.400m$,计算得到$V_d=1\,105.45kN$和相应的$M_d=4\,427.42kN \cdot m$,按以上公式求得$C=0.6mh_0=0.6M_d/V_d=0.6 \times 4\,427.42/1\,105.45=2.403(m)$;结果与假定的$C_i$值基本相同,可认为是最不利截面,即最不利受力截面在距支座3.844 4m处。

然后,进行箍筋设计和配箍率计算。根据《公路钢筋混凝土及预应力混凝土桥涵设计规范》(JTG D62—2004)第9.4.1条的规定,肋板内箍筋直径不小于10mm,且应采用带肋钢筋,间距不应大于250mm。本示例选用HRB335钢筋ϕ10@200mm的双肢箍筋,则箍筋的总截面面积为

$$A_{sv} = 2 \times 78.5 = 157(mm^2)$$

取箍筋间距$s_v=200mm$,箍筋抗拉设计强度$f_{sv}=280MPa$,箍筋配箍率为

$$\rho_{sv} = \frac{A_{sv}}{b s_v} = \frac{157}{386 \times 200} = 0.002\,0 = 0.2\%$$

式中:b——斜截面受压端正截面处T形梁的肋板宽度,该处$b=386mm$。

可见,满足了《公路钢筋混凝土及预应力混凝土桥涵设计规范》(JTG D62—2004)第9.3.13条关于采用HRB335钢筋时箍筋配箍率ρ_{sv}不应小于0.12%的要求。同时,根据《公路钢筋混凝土及预应力混凝土桥涵设计规范》(JTG D62—2004)第9.4.1条,在距支点一倍梁高

范围内,箍筋间距缩小至 10cm。

最后,进行抗剪承载力验算。根据《公路钢筋混凝土及预应力混凝土桥涵设计规范》(JTG D62—2004)第 5.2.7 条的规定,主梁斜截面抗剪承载力应满足下式要求:

$$\gamma_0 V_d \leqslant V_{cs} + V_{pb}$$

$$V_{cs} = \alpha_1 \alpha_2 \alpha_3 0.45 \times 10^{-3} b h_0 \sqrt{(2 + 0.6P)\sqrt{f_{cu,k}} \rho_{sv} f_{sv}}$$

$$V_{pb} = 0.75 \times 10^{-3} f_{pd} \Sigma A_{pb} \sin\theta_p$$

式中:V_d——斜截面受压端正截面内由作用(或荷载)产生的最大剪力组合设计值,为 1 105.45kN;

$\quad$ V_{cs}——斜截面内混凝土与箍筋共同的抗剪承载力(kN);

$\quad$ V_{pb}——与斜截面相交的弯起预应力钢束的抗剪承载力(kN);

$\quad$ α_1——异号弯矩影响系数,简支梁取 1.0;

$\quad$ α_2——预应力提高系数,预应力混凝土受弯构件取 1.25;

$\quad$ α_3——受压翼缘影响系数,取 1.1;

$\quad$ b——斜截面受压端正截面处 T 形梁的肋板宽度,该处 $b = 386$mm;

$\quad$ h_0——斜截面受压端正截面的有效高度,$h_0 = h - a_p$,$h_0 = 2\ 300 - 541 = 1\ 759$(mm)($a_p = 541$mm,见表 11-18);

$\quad$ P——斜截面内纵向受拉钢筋的配筋百分率,$P = 100\rho$,$\rho = (A_p + A_{pb})/(b h_0)$,当 $P > 2.5$ 时取 $P = 2.5$;

$\quad$ $f_{cu,k}$——混凝土强度等级(MPa);

$\quad$ ρ_{sv}——斜截面内箍筋的配筋率,$\rho_{sv} = A_{sv}/(b s_v)$;

$\quad$ f_{sv}——箍筋抗拉设计强度设计值(MPa);

$\quad$ A_{sv}——斜截面内配置在同一截面箍筋各肢的总截面面积(mm²);

$\quad$ s_v——斜截面内箍筋的间距(mm);

$\quad$ f_{pb}——弯起预应力钢束的抗拉强度设计值(MPa),本例的 $f_{pb} = 1\ 260$MPa;

$\quad$ A_{pb}——斜截面内在同一弯起平面的弯起预应力钢筋的截面面积(mm²);

$\quad$ θ_p——弯起预应力钢束在斜截面受压端正截面处的切线与水平线的夹角(表 11-18)。

代入数据进行如下计算:

$$\rho = \frac{A_p + A_{pb}}{b h_0} = \frac{58.8}{38.6 \times 175.9} = 0.008\ 66$$

$$P = 100\rho = 0.866$$

$$\rho_{sv} = \frac{A_{sv}}{b s_v} = \frac{157}{386 \times 200} = 0.002\ 03$$

$V_{cs} = 1.0 \times 1.25 \times 1.1 \times 0.45 \times 10^{-3} \times 386 \times 1\ 759 \times \sqrt{(2 + 0.6 \times 0.866) \times \sqrt{50} \times 0.002\ 03 \times 280}$
$\quad = 1\ 336.91$(kN)

$\quad \Sigma A_{pb} \sin\theta_p = 840 \times [2 \times (0 + 0.076\ 463\ 4) + 0.168\ 853\ 3 + 0.184\ 864\ 8 + 0.262\ 840\ 7]$
$\quad\quad\quad = 646.37$(mm²)

$\quad\quad V_{pb} = 0.75 \times 10^{-3} \times 1\ 260 \times 646.37 = 610.82$(kN)

$\quad V_{cs} + V_{pb} = 1\ 336.91 + 610.82 = 1\ 947.73$(kN) $> \gamma_0 V_d = 1\ 105.45$(kN)

可见,主梁 N7 钢束锚固处的斜截面抗剪承载力满足要求,同时也表明上述箍筋的配置是合理的。

斜截面受压端正截面处的钢束位置及钢束群的形心位置 表 11-18

截面	钢束号	x_4 (mm)	R (mm)	$\sin\theta_f = x_4/R$	$\cos\theta_p$	a_0 (mm)	a_i (mm)	a_p (mm)
N7 钢束锚固点斜截面顶端	N1(N2)	未弯起	25 239.4	0.000 000 0	1.000 000 0	90	90	
	N3(N4)	5 243.3	68 572.7	0.076 463 4	0.997 072 4	167	367.8	
	N5	5 952.4	35 251.9	0.168 853 3	0.985 641 2	90	596.2	541
	N6	7 726.7	41 796.5	0.184 864 8	0.982 764 0	167	887.4	
	N7	8 247.6	31 378.7	0.262 840 7	0.964 839 2	284	1 387.3	

②斜截面抗弯承载力验算

由于梁内预应力钢束只有 N7 号钢束在近支点附近锚固,其他钢束都在梁端锚固,即钢束根数沿梁跨几乎没有变化,不必进行该项承载力验算,只要通过构造措施加以保证。

2. 持久状况正常使用极限状态抗裂验算

桥梁预应力构件的抗裂验算,是以构件混凝土的拉应力是否超过规定限值的形式表示的,验算内容包括正截面抗裂和斜截面抗裂两项。

(1)三梁正截面抗裂验算

根据《公路钢筋混凝土及预应力混凝土桥涵设计规范》(JTG D62—2004)第 6.3.1 条的规定,在作用短期效应组合下,预制全预应力混凝土构件应符合下列要求:

$$\sigma_{st} - 0.85\sigma_{pc} \leqslant 0$$

$$\sigma_{st} = \frac{M_{g1}}{W_{nb}} + \frac{M_s - M_{g1}}{W_{0b}}$$

$$\sigma_{pc} = \frac{N_p}{A_n} + \frac{M_p}{W_{nb}}$$

式中:σ_{st}——在作用(或荷载)短期效应组合下构件抗裂验算边缘混凝土的法向拉应力;

σ_{pc}——永存预加力在构件抗裂验算边缘产生的混凝土预压应力;

其余符号意义同前和见表 11-19。

表 11-19 给出了正截面抗裂验算的计算过程和结果,可见正截面抗裂符合规范要求。

正截面抗裂验算 表 11-19

应力计算部位			跨中截面下缘	四分点截面下缘	支点截面下缘
N_p (kN)(见表 11-16)		(1)	6 206.576	5 982.584	5 580.388
M_p (kN·m)(见表 11-16)		(2)	7 941.124	7 547.724	2 487.118
A_n (mm²)(见表 11-9)		(3)	801 154	801 154	1 415 685
W_{nb} (×10³mm³)(见表 11-9)		(4)	376 272	377 539	566 562
W_{0b} (×10³mm³)(见表 11-9)		(5)	495 398	494 341	626 801
M_{g1} (kN·m)(见表 11-4)		(6)	4 810.160	3 607.620	0.0
M_s (kN·m)(见表 11-4)		(7)	9 110.910	6 834.350	0.0
N_p/A_n (MPa)		(8)=(1)/(3)	7.75	7.47	3.94
M_f/W_{nb} (MPa)		(9)=(2)/(4)	21.10	19.99	4.39
σ_{pc} (MPa)		(10)=(8)+(9)	28.85	27.46	8.33
M_{g1}/W_{nb} (MPa)		(11)=(6)/(4)	12.78	9.56	0.00
$(M_s-M_{g1})/W_{0b}$ (MPa)		(12)=[(7)-(6)]/(5)	8.68	6.53	0.00
σ_{st} (MPa)		(13)=(11)+(12)	21.47	16.08	0.00
$\sigma_{st}-0.85\sigma_{pc}$ (MPa)		(14)=(13)-0.85×(10)	-3.06	-7.26	-7.08

(2)主梁斜截面抗裂验算

斜截面抗裂验算的关键是确定主梁最不利受力截面,并对该截面的形心处和宽度急剧改变处进行主拉应力验算。现以边梁跨中截面为例,对截面上部宽度变化处(a-a)、净截面形心轴(n-n)、换算截面形心轴(0-0)和下部宽度变化处(b-b)四处(图 11-7)分别进行主拉应力验算,其他截面可用同样方法计算。

根据《公路钢筋混凝土及预应力混凝土桥涵设计规范》(JTG D62—2004)第 6.3.1 条的规定,在作用短期效应组合下,预制全预应力混凝土构件斜截面混凝土的主拉应力应符合下列要求:

$$\sigma_{tp} \leqslant 0.6 f_{tk} = 1.59 \text{MPa}$$

$$\sigma_{tp} = \frac{\sigma_{cx}}{2} - \sqrt{\frac{\sigma_{cx}^2}{4} + \tau^2}$$

$$\sigma_{cx} = \frac{N_p}{A_n} \pm \frac{M_p}{I_n} y_n \mp \frac{M_{gl}}{I_n} y_n \mp \frac{M_s - M_{gl}}{I_0} y_0$$

$$\tau = \frac{V_{gl} S_n}{I_n b} + \frac{(V_s - V_{gl}) S_0}{I_0 b} - \frac{V_p S_n}{I_n b}$$

式中:σ_{tp}——由作用(或荷载)短期效应组合和预应力产生的混凝土主拉应力;

其余符号意义同前和见表 11-20~表 11-22。

表 11-20 给出了 σ_{cx} 的计算过程,表 11-21 示出了 τ 的计算过程,混凝土主拉应力计算结果见表 11-22。计算结果表明,主梁最大主拉应力为-0.179MPa,符合规范要求。

σ_{cx} 计 算 表

表 11-20

截面	应力计算部位			a-a	0-0	n-n	b-b
跨中	N_p (kN)(见表 11-16)		(1)	6 206.576	6 206.576	6 206.576	6 206.576
	M_p (kN·m)(见表 11-16)		(2)	7 941.124	7 941.124	7 941.124	7 941.124
	A_n (mm²)(见表 11-9)		(3)	801 154	801 154	801 154	801 154
	I_n (×10⁴mm⁴)(见表 11-9)		(4)	52 414 656	52 414 656	52 414 656	52 414 656
	y_{ni} (mm)		(5)	657	38	0.0	-993
	I_0 (×10⁴mm⁴)(见表 11-9)		(6)	70 891 415	70 891 415	70 891 415	70 891 415
	y_{0i} (mm)		(7)	619	0.0	-38	$-1 031$
	M_{gl} (kN·m)(见表 11-4)		(8)	4 810.160	4 810.160	4 810.160	4 810.160
	M_s (kN·m)(见表 11-4)		(9)	9 110.910	9 110.910	9 110.910	9 110.910
	N_p/A_n (MPa)		(10)=(1)/(3)	7.75	7.75	7.75	7.75
	$M_p y_{ni}/I_n$ (MPa)		(11)=(2)×(5)/(4)	9.95	0.58	0.00	-15.04
	σ_{pc} (MPa)		(12)=(10)−(11)	-2.21	7.17	7.75	22.79
	$M_{gl} y_{ni}/I_n$ (MPa)		(13)=(8)×(5)/(4)	6.03	0.35	0.00	-9.11
	$(M_s - M_{gl}) y_{0i}/I_0$ (MPa)		(14)=[(9)−(8)]×(7)/(6)	3.76	0.00	-0.23	-6.25
	σ_s (MPa)		(15)=(13)+(14)	9.78	0.35	-0.23	-15.37
	$\sigma_{cx}=\sigma_{pc}+\sigma_s$ (MPa)		(16)=(12)+(15)	7.58	7.52	7.52	7.42
四分点	σ_{cx} (MPa)			5.36	7.17	7.29	10.20
支点	σ_{cx} (MPa)			1.36	3.72	3.94	—

τ 计 算

表 11-21

作用		项目	V	I_n	I_0	肋板宽 b	$S_{a\text{-}n}$	$S'_{a\text{-}0}$	τ_a	$S_{n\text{-}n}$	$S_{n\text{-}0}$	τ_n	$S_{0\text{-}n}$	$S_{0\text{-}0}$	τ_0	$S_{b\text{-}n}$	$S_{b\text{-}0}$	τ_b
			kN	$\times10^4\,\text{mm}^4$		mm	$\times10^3\,\text{mm}^3$ (a-a)		MPa	$\times10^3\,\text{mm}^3$ (n-n)		MPa	$\times10^3\,\text{mm}^3$ (0-0)		MPa	$\times10^3\,\text{mm}^3$ (b-b)		MPa
跨中	一期重力	(1)	0.0	52 414 656	70 891 415	200	250 005		0.00	293 170		0.00	293 026		0.00	194 587		0.00
	短期组合[无(1)]	(2)	86.25					345 415	0.21		383 587	0.23		383 731	0.23		277 450	0.17
	预加力	(3)	0.0				250 005		0.00	293 170		0.00	293 026		0.00	194 587		0.00
	短期组合剪应力	(4)=(1)+(2)+(3)							0.21			0.23			0.23			0.17
四分点	短期组合剪应力								1.00			1.13			1.13			0.79
支点									0.04			−0.01			−0.01			—

201

截面	主应力计算部位	σ_{cx} (见表 11-20) (MPa)	τ (见表 11-21) (MPa)	$\sigma_{tp}=\dfrac{\sigma_{cx}}{2}-\sqrt{\dfrac{\sigma_{cx}^2}{4}+\tau^2}$ (MPa)
		(1)	(3)	(5)
跨中	a-a	7.58	0.21	−0.006
	0-0	7.52	0.23	−0.007
	n-n	7.52	0.23	−0.007
	b-b	7.42	0.17	−0.004
四分点	a-a	5.36	1.00	−0.179
	0-0	7.17	1.13	−0.173
	n-n	7.29	1.13	−0.171
	b-b	10.20	0.79	−0.061
支点	a-a	1.36	0.04	−0.001
	0-0	3.72	−0.01	0.000
	n-n	3.94	−0.01	0.000

注:在主应力计算过程中,取用了各截面的最大剪力计算剪应力,并用相应截面的最大弯矩计算法向应力。由于同一计算截面不可能同时出现最大剪力和最大弯矩,因此上表所算得的主应力值会稍偏大。

(3)持久状况主梁截面应力验算

按持久状况设计的预应力混凝土受弯构件,应计算其使用阶段正截面混凝土的法向压应力、受拉区钢筋的拉应力和斜截面混凝土的主压应力,并不得超过规范规定的限值。计算时荷载取其标准值,汽车荷载应考虑冲击系数。

①正截面混凝土压应力验算

根据《公路钢筋混凝土及预应力混凝土桥涵设计规范》(JTG D62—2004)第 7.1.5 条的规定,使用阶段正截面压应力应符合下列要求:

$$\sigma_{kc}+\sigma_{pt}\leqslant 0.5f_{ck}=16.2\text{MPa}$$

$$\sigma_{kc}=\frac{M_{g1}}{W_{nu}}+\frac{M_k-M_{g1}}{W_{0u}}$$

$$\sigma_{pt}=\frac{N_p}{A_n}-\frac{M_p}{W_{nu}}$$

式中:σ_{kc}——在作用标准效应组合下混凝土的法向压应力;

σ_{pt}——由预加力产生的混凝土法向拉应力;

M_k——按标准效应组合计算的弯矩,见表 11-4。

表 11-23 给出了正截面混凝土压应力验算的计算过程和结果,最大压应力在四分点下缘,为 14.36MPa,符合规范要求。

应力计算部位			跨中截面		四分点截面		支点截面	
			上缘	下缘	上缘	下缘	上缘	下缘
N_p (kN)(见表11-16)		(1)	6 206.576	6 206.576	5 982.584	5 982.584	5 580.888	5 580.888
M_p (kN·m)(见表11-16)		(2)	7 941.124	7 941.124	7 547.724	7 547.724	2 487.118	2 487.118
A_n (mm²)(见表11-9)		(3)	801 154	801 154	801 154	801 154	1 415 685	1 415 685
W_n (×10³mm³)(见表11-9)		(4)	577 890	376 272	578 992	377 539	724 907	566 562
W_0 (×10³mm³)(见表11-9)		(5)	815 782	495 398	814 794	494 341	900 039	626 801
M_{gl} (kN·m)(见表11-4)		(6)	4 810.160	4 810.160	3 607.620	3 607.620	0.0	0.0
M_k (kN·m)(见表11-4)		(7)	10 247.880	7 148.700	7 684.930	5 361.520	0.0	0.0
N_p/A_n (MPa)	(8)=(1)/(3)		7.75	7.75	7.47	7.47	3.94	3.94
M_p/W_n (MPa)	(9)=±(2)/(4)		−13.74	21.10	−13.04	19.99	−3.43	4.39
σ_{pt} (MPa)	(10)=(8)+(9)		−5.99	28.85	−5.57	27.46	0.51	8.33
M_{gl}/W_n (MPa)	(11)=±(6)/(4)		8.32	−12.78	6.23	−9.56	0.00	0.00
$(M_k-M_{gl})/W_0$ (MPa)	(12)=±[(7)−(6)]/(5)		6.67	−4.72	5.00	−3.55	0.00	0.00
σ_{kc} (MPa)	(13)=(11)+(12)		14.99	−17.50	11.23	−13.10	0.00	0.00
$\sigma_{kc}+\sigma_{pt}$ (MPa)	(14)=(10)+(13)		8.99	11.35	5.67	14.36	0.51	8.33

注：计算上缘最大压应力时，M_k 为按荷载标准值计算的最大弯矩组合(见表11-4)；计算下缘最大压应力时，M_k 为最小弯矩组合，即活载效应为0。

②预应力钢束拉应力验算

根据《公路钢筋混凝土及预应力混凝土桥涵设计规范》(JTG D62—2004)第7.1.5条的规定，使用阶段预应力钢束拉应力应符合下列要求：

$$\sigma_{pe}-\sigma_p \leqslant 0.65f_{pk}=1\ 209\text{MPa}$$

$$\sigma_p=\alpha_{Ep}\sigma_{kt}$$

$$\sigma_{kt}=\frac{M_{gl}e_n}{I_n}+\frac{(M_k-M_{gl})e_0}{I_0}$$

式中：σ_{pe}——扣除全部预应力损失后预应力钢束的有效预应力；

σ_p——在作用标准效应组合下受拉区预应力钢束产生的拉应力；

e_n、e_0——分别为预应力钢束形心到净截面形心轴和换算截面形心轴的距离，即

$$e_n=y_{nb}-a_i, e_0=y_{0b}-a_i$$

σ_{kt}——在作用标准效应组合下预应力钢束形心处混凝土的法向拉应力；

其余符号意义同前和见表11-24。

取受力最不利的外层钢束 N2 进行验算，表11-24给出了 N2 号预应力钢束拉应力的计算过程和结果，最大拉应力在跨中截面，为1 202.79MPa，符合规范要求。

应力计算部位		跨中截面	四分点截面	支点截面
I_n　（×10⁴mm⁴)（见表 11-9)	(1)	52 414 656	52 560 927	73 143 108
I_0　（×10⁴mm⁴)（见表 11-9)	(2)	70 891 415	70 764 877	84 981 692
e_n　（mm)	(3)	1 303	1 302.2	929.2
e_0　（mm)	(4)	1 341	1 341.5	994
M_{g1}　（kN·m)（见表 11-4)	(5)	4 810.160	3 607.620	0.00
M_k　（kN·m)（见表 11-4)	(6)	10 247.880	7 684.930	0.00
$M_{g1}e_n/I_n$　（MPa)	(7)=(5)×(3)/(1)	11.96	8.94	0.00
$(M_k-M_{g1})e_0/I_0$　（MPa)	(8)=[(6)−(5)]×(4)/(2)	10.29	7.73	0.00
σ_{kt}　（MPa)	(9)=(7)+(8)	22.24	16.67	0.00
$\sigma_p=\alpha_{Ep}\sigma_{kt}$　（MPa)	(10)=5.65×(9)	125.68	94.17	0.00
σ_{pe}　（MPa)（见表 11-17)	(11)	1 077.11	1 035.35	1 137.22
$\sigma_{pe}+\sigma_p$　（MPa)	(12)=(10)+(11)	1 202.79	1 129.52	1 137.22

注:虽然预应力钢束张拉时预制梁的自重已作用,但考虑到那时梁的两端并非理想支座,故在计算钢束应力时仍偏安全地考虑梁自重的影响。

③斜截面混凝土主压应力验算

以边梁跨中截面为例,对截面 a-a、n-n、0-0 及 b-b 四处(图 11-7)分别进行主压应力验算,其他截面可用同样方法计算。

根据《公路钢筋混凝土及预应力混凝土桥涵设计规范》(JTG D62—2004)第 7.1.6 条的规定,斜截面主压应力应符合下列要求:

$$\sigma_{cp} \leqslant 0.6 f_{ck} = 19.44\text{MPa}$$

$$\sigma_{cp} = \frac{\sigma_{cx}}{2} + \sqrt{\frac{\sigma_{cx}^2}{4} + \tau^2}$$

$$\sigma_{cx} = \frac{N_p}{A_n} \pm \frac{M_p}{I_n}y_n \mp \frac{M_{g1}}{I_n}y_n \mp \frac{M_k - M_{g1}}{I_0}y_0$$

$$\tau = \frac{V_{g1}S_n}{I_n b} + \frac{(V_k - V_{g1})S_0}{I_0 b} - \frac{V_p S_n}{I_n b}$$

式中:σ_{cp}——由作用标准效应组合和预应力产生的混凝土主压应力;

　　　σ_{cx}——由荷载标准值组合和预加力产生在计算主应力点的混凝土法向应力;

　　　τ——由荷载标准值组合和预应力产生在计算主应力点的混凝土剪应力;

其余符号意义同前和见表 11-25。

表 11-25 给出了 σ_{cx} 的计算过程,表 11-26 给出了 τ 的计算过程;混凝土主压应力计算结果见表 11-27,最大主压应力为 12.37MPa,符合规范要求。

截面	应力计算部位		$a\text{-}a$	$n\text{-}n$	$0\text{-}0$	$b\text{-}b$
跨中	N_p (kN)（见表 11-16）	(1)	6 206.576	6 206.576	6 206.576	6 206.576
	M_p (kN·m)（见表 11-16）	(2)	7 941.124	7 941.124	7 941.124	7 941.124
	A_n (mm²)（见表 11-9）	(3)	801 154	801 154	801 154	801 154
	I_n (×10⁴mm⁴)（见表 11-9）	(4)	52 414 656	52 414 656	52 414 656	52 414 656
	y_{ni} (mm)	(5)	657	38	0.0	−993
	I_0 (×10⁴mm⁴)（见表 11-9）	(6)	70 891 415	70 891 415	70 891 415	70 891 415
	y_{0i} (mm)	(7)	619	0.0	−38	−1 031
	M_{g1} (kN·m)（见表 11-4）	(8)	4 810.160	4 810.160	4 810.160	4 810.160
	M_k (kN·m)（见表 11-4）	(9)	10 247.880	10 247.880	10 247.880	7 148.700
跨中	N_p/A_n (MPa)	(10)=(1)/(3)	7.75	7.75	7.75	7.75
	$M_p y_{ni}/I_n$ (MPa)	(11)=(2)×(5)/(4)	9.95	0.58	0.00	−15.04
	σ_{pc} (MPa)	(12)=(10)−(11)	−2.21	7.17	7.75	22.79
	$M_{g1} y_{ni}/I_n$ (MPa)	(13)=(8)×(5)/(4)	6.03	0.35	0.00	−9.11
	$(M_k−M_{g1})y_{0i}/I_0$ (MPa)	(14)=[(9)−(8)]×(7)/(6)	4.75	0.00	−0.29	−3.40
	σ_k (MPa)	(15)=(13)+(14)	10.78	0.35	−0.29	−12.51
	$\sigma_{cx}=\sigma_{pc}+\sigma_k$ (MPa)	(16)=(12)+(15)	8.57	7.52	7.46	10.28
四分点	σ_{cx} (MPa)		6.10	7.17	7.24	12.35
支点	σ_{cx} (MPa)		1.36	3.72	3.94	—

注：计算 $a\text{-}a$、$0\text{-}0$、$n\text{-}n$ 处压应力时，M_k 为按荷载标准值计算的最大弯矩组合（表 11-4）；计算 $b\text{-}b$ 处压应力时，M_k 为最小弯矩组合，即活载效应为 0。

（4）短暂状况主梁截面应力验算

桥梁混凝土构件应验算其在制作、运输及安装等施工阶段混凝土截面边缘的法向应力。

①预加应力阶段应力验算

此阶段为初始预加力与主梁重力共同作用阶段，需要对主梁混凝土截面下缘的最大压应力和上缘的最大拉应力进行验算。

根据《公路钢筋混凝土及预应力混凝土桥涵设计规范》(JTG D62—2004)第 7.2.8 条的规定，施工阶段预应力混凝土梁正截面应力应符合下列要求：

$$\sigma^t_{cc} \leqslant 0.7 f'_{ck} = 20.72 \text{MPa}$$

$$\sigma^t_{ct} \leqslant 0.7 f'_{tk} = 1.757 \text{MPa}$$

$$\sigma^t_{cc} = \frac{N_{p0}}{A_n} + \frac{M_{p0}}{W_{nb}} - \frac{M_{g1}}{W_{nb}}$$

$$\sigma^t_{ct} = \frac{N_{p0}}{A_n} - \frac{M_{p0}}{W_{nu}} + \frac{M_{g1}}{W_{nu}}$$

式中：σ^t_{cc}、σ^t_{ct}——分别为预加应力阶段混凝土的法向压应力、拉应力；

   f'_{ck}、f'_{tk}——分别为制作、运输、安装等施工阶段的混凝土抗压强度和抗拉强度标准值，本示例考虑混凝土强度达到 C45 时开始张拉预应力钢束，则 $f'_{ck}=$ 29.6MPa，$f'_{tk}=2.51$MPa；

τ 计 算

表 11-26

作用		V	I_n	I_0	肋板宽 b	a-a		τ_a	n-n		τ_n	0-0		τ_0	b-b		τ_b
						S_{a-n}	S_{a-0}		S_{n-n}	S_{n-0}		S_{0-n}	S_{0-0}		S_{b-n}	S_{b-0}	
	项目	kN	$\times 10^4 \text{mm}^4$		mm	$\times 10^3 \text{mm}^3$		MPa	$\times 10^3 \text{mm}^3$		MPa	$\times 10^3 \text{mm}^3$		MPa	$\times 10^3 \text{mm}^3$		MPa
跨中	一期重力 (1)	0.0	52 414			250 005		0.00	293 170		0.00	293 026		0.00	194 587		0.00
	短期组合[无(1)] (2)	86.25	656 70 891				345 415	0.21		383 587	0.23		383 731	0.23		277 450	0.17
	预加力 (3)	0.0	415		200	250 005		0.00	293 170		0.00	293 026		0.00	194 587		0.00
	(4)=(1)+(2)+(3)							0.21			0.23			0.23			0.17
四分点	短期组合剪应力							1.21			1.36			1.36			0.50
支点								0.13			0.12			0.13			—

注:计算 a-a、0-0、n-n 处剪应力时,V_k 为按荷载标准值计算的最大剪力组合(表 11-4);计算 b-b 处剪应力时,V_k 取值与表 11-25 一致,即活载效应为 0。

截面	主应力计算部位	σ_{cx} (见表 11-25) (MPa)	τ (见表 11-26) (MPa)	$\sigma_{cp}=\dfrac{\sigma_{cx}}{2}+\sqrt{\dfrac{\sigma_{cx}^2}{4}+\tau^2}$ (MPa)
		(1)	(3)	(5)
跨中	a-a	8.57	0.21	8.58
	0-0	7.52	0.23	7.53
	n-n	7.46	0.23	7.46
	b-b	10.28	0.17	10.28
四分点	a-a	6.10	1.21	6.33
	0-0	7.17	1.36	7.42
	n-n	7.24	1.36	7.49
	b-b	12.35	0.50	12.37
支点	a-a	1.36	0.13	1.37
	0-0	3.72	0.13	3.73
	n-n	3.94	0.12	3.95

注:在主应力计算过程中,取用了各截面的最大剪力计算剪应力,并用相应截面的最大弯矩计算法向应力。由于同一计算截面不可能同时出现最大剪力和最大弯矩,因此上表所算得的主应力值会稍偏大。

其余符号意义同前和见表 11-28。

预加应力阶段的主梁截面法向应力计算   表 11-28

应力计算部位			跨中截面		四分点截面		支点截面	
			上缘	下缘	上缘	下缘	上缘	下缘
N_{p0} (kN)(见表 11-16)	(1)		6 269.459	6 269.459	6 110.987	6 110.987	6 164.881	6 164.881
M_{p0} (kN·m)(见表 11-16)	(2)		7 925.011	7 925.011	7 680.546	7 680.546	2 348.907	2 348.907
A_n (mm²)(见表 11-9)	(3)		801 154	801 154	801 154	801 154	1 415 685	1 415 685
W_n (×10³mm³)(见表 11-9)	(4)		577 890	376 272	578 992	377 539	724 907	566 562
M_{g1} (kN·m)(见表 11-4)	(5)		4 810.160	4 810.160	3 607.620	3 607.620	0.0	0.0
N_{p0}/A_n (MPa)	(6)=(1)/(3)		7.83	7.83	7.63	7.63	4.35	4.35
M_{p0}/W_n (MPa)	(7)=±(2)/(4)		−13.71	21.06	−13.27	20.34	3.24	4.15
σ_p (MPa)	(8)=(6)+(7)		−5.89	28.89	−5.64	27.97	7.59	8.50
M_{g1}/W_n (MPa)	(9)=±(5)/(4)		8.32	−12.78	6.23	−9.56	0.00	0.00
σ_c^t (MPa)	(10)=(8)+(9)		2.44	16.10	0.59	18.42	7.59	8.50

表 11-28 给出了预加应力阶段混凝土法向应力的计算过程。

计算结果表明,各控制截面边缘的混凝土法向应力均能符合上述规定,主梁混凝土强度达到 C45 时已满足张拉预应力钢束的要求。

②吊装阶段应力验算

简支梁考虑采用两点吊装,吊点设在两支点内移 500mm 处,即两吊点间的距离为 38m。预制边梁的重力集度为 $g_1=25.3$ kN/m。根据《公路桥涵设计通用规范》(JTG D60—2004)第 4.1.10 条的规定,构件在吊装、运输时,重力应乘以动力系数 1.2 或 0.85,因此可分别按 $g_1=$

30.36kN/m(超重)和 g_1＝21.505kN/m(失重)两种情况进行吊装应力验算,结果列于表11-29。

吊装阶段的主梁截面法向应力计算
表11-29

应力计算部位			跨中截面		四分点截面		支点截面	
			上缘	下缘	上缘	下缘	上缘	下缘
N_{p0} (kN)(见表11-16)		(1)	6 269.459	6 269.459	6 110.987	6 110.987	6 164.881	6 164.881
M_{p0} (kN·m)(见表11-16)		(2)	7 925.011	7 925.011	7 680.546	7 680.546	2 348.907	2 348.907
A_n (mm²)(见表11-9)		(3)	801 154	801 154	801 154	801 154	1 415 685	1 415 685
W_n (×10³mm³)(见表11-9)		(4)	577 890	376 272	578 992	377 539	724 907	566 562
$1.2M_{g1}$ (kN·m)		(5)	5 479.980	5 479.980	4 036.931	4 036.931	−14.579	−14.579
$0.85M_{g1}$ (kN·m)		(6)	3 881.653	3 881.653	2 859.493	2 859.493	−10.327	−10.327
N_{p0}/A_n (MPa)		(7)＝(1)/(3)	7.83	7.83	7.63	7.63	4.35	4.35
M_{p0}/W_n (MPa)		(8)＝±(2)/(4)	−13.71	21.06	−13.27	20.34	3.24	4.15
σ_p (MPa)		(9)＝(7)+(8)	−5.89	28.89	−5.64	27.97	7.59	8.50
$\sigma_{c,1.2}^t=1.2M_{g1}/W_n$ (MPa)		(10)＝±(5)/(4)	9.48	−14.56	6.97	−10.69	−0.02	0.03
$\sigma_{c,0.85}^t=0.85M_{g1}/W_n$ (MPa)		(11)＝±(6)/(4)	6.72	−10.32	4.94	−7.57	−0.01	0.02
$\sigma_{c,1.2}^t$ (MPa)		(12)＝(9)+(10)	3.59	14.32	1.33	17.28	7.57	8.53
$\sigma_{c,0.85}^t$ (MPa)		(13)＝(9)+(11)	0.83	18.57	−0.70	20.40	7.58	8.52

各控制截面应力计算结果表明,最大压应力为20.40MPa,发生在失重状态四分点截面下缘;最大拉应力为−0.70MPa,发生在失重状态四分点截面上缘,混凝土法向应力均满足施工阶段要求。

七、主梁端部的局部承压验算

由于锚具集中力作用,锚下混凝土将承受很大的局部压力,可能使梁端产生纵向裂缝,故必须进行局部承压验算。

1. 局部承压区的截面尺寸验算

根据《公路钢筋混凝土及预应力混凝土桥涵设计规范》(JTG D62—2004)第5.7.1条的规定,配置间接钢筋的混凝土构件,其局部受压区的截面尺寸应满足下列要求:

$$\gamma_0 F_{ld} \leqslant 1.3\eta_s\beta f_{cd}A_{ln}$$

$$\beta=\sqrt{\frac{A_b}{A_l}}$$

式中：F_{ld}——局部受压面积上的局部压力设计值,应取1.2倍张拉时的最大压力;本示例中,每根预应力钢束的截面面积为840mm²,张拉控制应力为1 395MPa,则 F_{ld}＝1.2×1 395×840×10⁻³＝1 406.16(kN);

f_{cd}——预应力钢束张拉时混凝土轴心抗压强度设计值,本示例取混凝土强度等级为C45,则 f_{cd}＝20.5MPa;

η_s——混凝土局部承压修正系数,混凝土强度等级为C50及以下时,取 η_s＝1.0,本示例取1.0;

β——混凝土局部承压强度提高系数;

A_b——局部受压时的计算底面积,按《公路钢筋混凝土及预应力混凝土桥涵设计规范》(JTG D62—2004)图5.7.1确定;

A_{ln}、A_l——混凝土局部受压面积,当局部受压面有孔洞时,A_{ln}为扣除孔洞后的面积,A_l为不扣除孔洞的面积,对有喇叭管并与垫板形成整体的锚具,A_{ln}可取垫板面积扣除喇叭管尾端内孔面积。

本示例采用夹片式锚具,该锚具的垫板与其后的喇叭管形成整体,如图 11-9 所示。锚垫板尺寸为 210mm×210mm,喇叭管尾端接内径 70mm 的波纹管。根据梁端锚具布置尺寸(图 11-10),取最不利的 1 号(或 2 号)钢束的锚固区进行局部承压验算。代入数据:

$$A_{ln} = 210 \times 210 - \frac{\pi}{4} \times 70^2 = 40\ 252\ (mm^2)$$

$$A_l = 210 \times 210 = 44\ 100\ (mm^2)$$

$$A_b = 400 \times 270 = 108\ 000\ (mm^2)$$

$$\beta = \sqrt{\frac{A_b}{A_l}} = \sqrt{\frac{108\ 000}{44\ 100}} = 1.565$$

公式右边$=1.3 \times 1.0 \times 1.565 \times 20.5 \times 40\ 252 \times 10^{-3} = 1\ 678.80\ (kN)$

公式左边$=1.0 \times 1\ 406.16 = 1\ 406.16\ (kN) <$公式右边

所以,主梁局部受压区的截面尺寸满足规范要求。

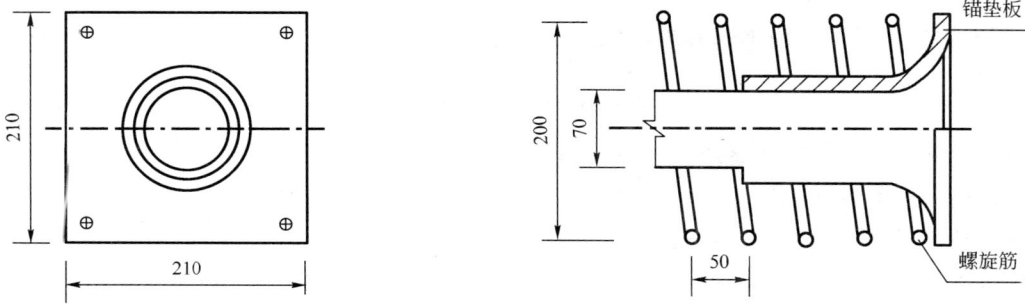

图 11-9 带喇叭管的夹片锚锚固体系(尺寸单位:mm)

2.局部抗压承载力验算

根据《公路钢筋混凝土及预应力混凝土桥涵设计规范》(JTG D62—2004)第 5.7.2 条的规定,对锚下设置间接钢筋的局部承压构件,按下式进行局部抗压承载力验算:

$$\gamma_0 F_{ld} \leqslant 0.9(\eta_s \beta f_{cd} + k\rho_v \beta_{cor} f_{sd})A_{ln}$$

$$\beta_{cor} = \sqrt{\frac{A_{cor}}{A_l}}$$

式中:β_{cor}——配置间接钢筋时局部抗压承载力提高系数,当 $A_{cor} > A_b$ 时取 $A_{cor} = A_b$;

k——间接钢筋影响系数,按《公路钢筋混凝土及预应力混凝土桥涵设计规范》(JTG D62—2004)第 5.3.2 条取用,当混凝土强度等级在 C50 及以下时取 $k=2.0$;

A_{cor}——间接钢筋内表面范围内的混凝土核芯面积,其形心应与 A_l 的形心重合,计算时按同心、对称原则取值;

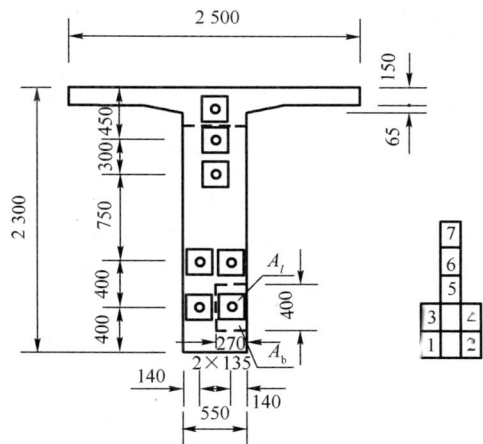

图 11-10 梁端锚具布置尺寸(尺寸单位:mm)

209

ρ_v ——间接钢筋体积配筋率,对螺旋筋,$\rho_v = 4A_{ss1}/(d_{cor}s)$;

A_{ss1} ——单根螺旋形间接钢筋的截面面积;

d_{cor} ——螺旋形间接钢筋内表面范围内混凝土核芯面积的直径;

s ——螺旋形间接钢筋的层距。

本示例采用间接钢筋为 HRB335 的螺旋形钢筋,$f_{sd} = 280\text{MPa}$,直径 12mm,间距 $s=50\text{mm}$[《公路钢筋混凝土及预应力混凝土桥涵设计规范》(JTG D62—2004)图 5.7.2 推荐为 30~80mm],螺旋筋钢筋中心直径 200mm。代入数据:

$$d_{cor} = 200 - 12 = 188(\text{mm})$$

$$A_{cor} = \frac{\pi d_{cor}^2}{4} = \frac{\pi \times 188^2}{4} = 27\ 759(\text{mm}^2)$$

$$\beta_{cor} = \sqrt{\frac{A_{cor}}{A_l}} = \sqrt{\frac{27\ 759}{44\ 100}} = 0.793\ 4$$

$$\rho_v = \frac{4A_{ss1}}{d_{cor}s} = \frac{\pi \times 12^2}{188 \times 50} = 0.048\ 13$$

公式右边 $= 0.9 \times (1.0 \times 1.565 \times 20.5 + 2.0 \times 0.048\ 13 \times 0.793\ 4 \times 280) \times 40\ 252 \times 10^{-3}$
$= 1\ 936.93(\text{kN}) >$ 公式左边 $= 1\ 406.16(\text{kN})$

因此,主梁端部的局部抗压承载力满足规范要求。

八、主梁变形验算

为了掌握主梁在各受力阶段的变形(通常指竖向挠度)情况,需要计算各阶段的挠度值,并且对体现结构刚度的活载挠度进行验算。本示例以四分点截面作为平均截面将全梁近似处理为等截面杆件,然后按材料力学方法计算边梁跨中挠度。

1. 预加力引起的跨中反拱度

根据《公路钢筋混凝土及预应力混凝土桥涵设计规范》(JTG D62—2004)第 6.5.4 条的规定,计算预加力引起的反拱度时刚度采用 E_cI_0,并采用下列计算公式:

$$f_p = \sum_1^7 \int_0^l \frac{M_{pi}\overline{M}}{E_cI_0}\mathrm{d}x$$

式中: f_p ——扣除全部预应力损失后的预加力作用下的跨中挠度;

M_{pi} ——使用阶段各根钢束产生的预加弯矩;

$\overline{M}$ ——单位竖向力作用在主梁跨中时所产生的弯矩;

I_0 ——主梁换算截面的抗弯惯性矩。

图 11-11 给出了反拱度的计算图式,其中 M_p 图绘在图 11-11b)内(只示出左半部分)。设 M_p 图的面积及其形心至跨中的距离分别为 A 和 d,并将它划分成六个规则图形,分块面积及形心位置为 A_i 和 d_i,计算公式均列入表 11-30 内。

分块面积及形心位置的计算

表 11-30

分块	面积 $A_i(\text{mm}^2)$	形心位置 $d_i(\text{mm})$	形心处的 $\overline{M}$ 值(mm)
矩形 1	$A_1 = (h_3 - h_1) \times l_1$	$d_1 = l_1/2$	
矩形 2	$A_2 = h_1 \times (l_1 + l_2)$	$d_2 = (l_1 + l_2)/2$	
三角形 3	$A_3 = 0.5 \times h_2 \times (l_2 - l_3)$	$d_3 = l_1 + \frac{1}{3}l_2 + \frac{2}{3}l_3$	

分块	面积 A_i(mm²)	形心位置 d_i(mm)	形心处的 $\overline{M}$值(mm)
矩形 4	$A_4 = h_2 \times l_3$	$d_4 = l_1 + l_3/2$	
三角形 5	$A_5 = 0.5 \times l_3 \times (h_3 - h_1 - h_2)$	$d_5 = l_1 + l_3/3$	
弓形 6	$A_6 = 0.5 \times R^2 \times (\varphi - \sin\varphi)$	$d_5 = \dfrac{2R^3}{3A_6} \cdot \sin^4 \dfrac{\varphi}{2} + l_1$	
半个 M_p图	$A = \sum\limits_{i=1}^{6} A_i$	$d = \sum\limits_{i=1}^{6} A_i d_i / A$	$\overline{\eta} = \dfrac{1}{2}(l_1 + l_2 - d)$

注：h_1为锚固点截面的钢束形心到净截面形心轴的竖直距离（图 11-11）；h_2为钢束起弯点到锚固点的竖直距离；h_3为钢束起弯点到净截面形心轴的竖直距离；φ 为钢束弯起角。

上述积分按图乘法计算,得到单根钢束预加力引起的反拱度：

$$f_i = \frac{2N_p A \overline{\eta}}{E_c I_0}$$

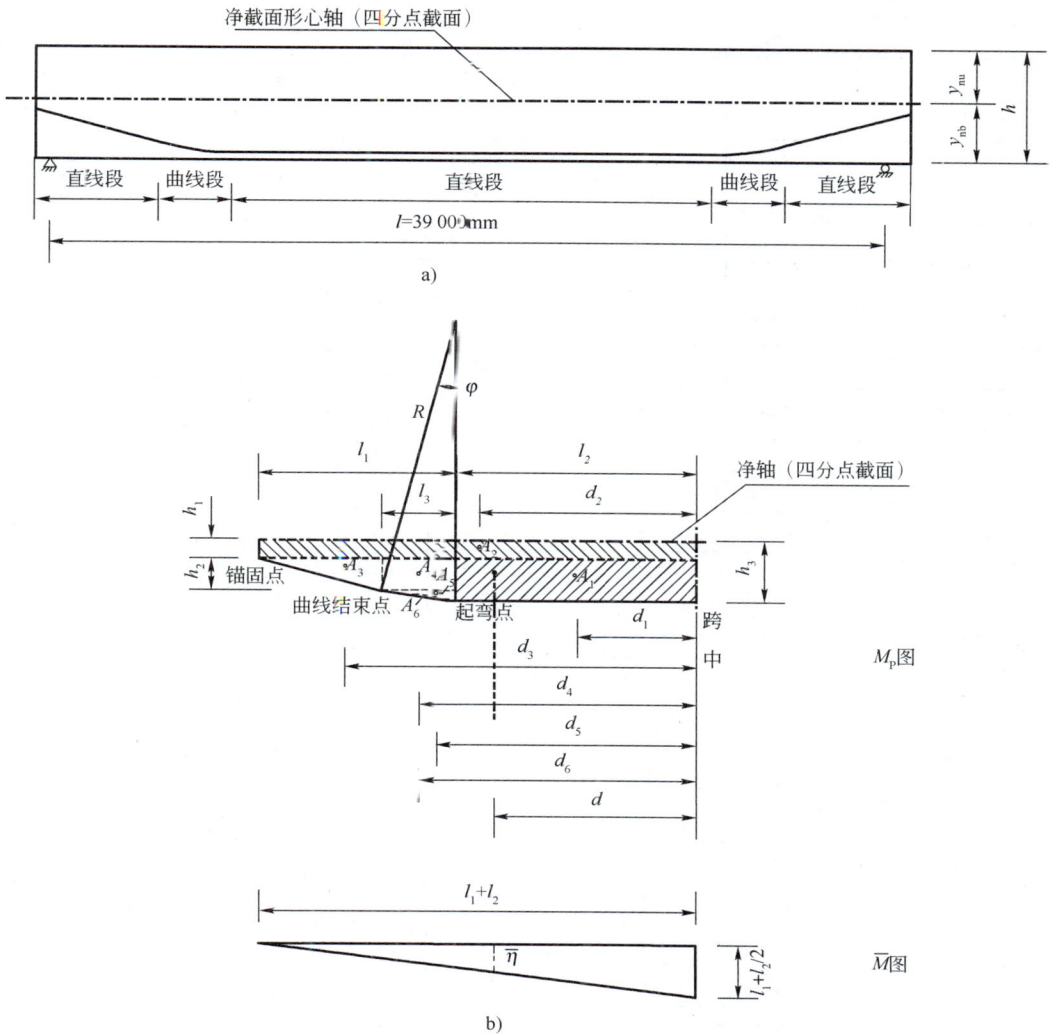

a)

b)

图 11-11　反拱度计算图式

具体计算见表 11-31。

表 11-31

各根钢束预加力引起的反拱度 f_i 计算表

计算数据			$y_{nb}=1\,392.2\,mm, I_0=70\,764\,877\times10^4\,mm^4, E_c=3.45\times10^4\,MPa$						
	钢束号 项目		N1	N2	N3	N4	N5	N6	N7
分块	$h_1=y_{nb}-a_i$（见表 11-6）	mm	992.2		592.2		−157.8	−457.8	−736.6
	$h_3=y_{nb}-a_0$	mm	1 302.2		1 225.2		1 302.2	1 225.2	1 108.2
	$h_2=y_1$（见表 11-5）	mm	121.9		121.9		258.8	258.8	309.0
	l_2（见表 11-5 中的 x_1）	mm	15 742.4		10 412.3		9 703.2	7 928.9	7 408.0
分块	l_3（见表 11-5 中的 x_2）	mm	3 075.9		8 356.9		9 123.9	10 817.7	9 696.6
	$l_1=x_2+x_3$（见表 11-5）	mm	4 068.4		9 349.4		10 089.8	11 783.6	10 647.7
	R（见表 11-5）	mm	25 239.4		68 572.7		35 251.9	41 796.5	31 378.7
	φ	rad	0.122 173		0.122 173		0.261 799 388	0.261 799 388	0.314 159 265
	$\sin\varphi$		0.121 869		0.121 869		0.258 819 045	0.258 819 045	0.309 016 994
	$\sin(\varphi/2)$		0.061 049		0.061 049		0.130 526 192	0.130 526 192	0.156 434 465
矩形 1	A_1	mm²	4 880 144		6 590 985.9		14 166 672	13 344 340	13 666 280
	d_1	mm	7 871.2		5 206.2		4 851.6	3 964.5	3 704.0
	$A_1\times d_1$	×10³mm³	38 412 589.45		34 313 661.24		0	52 902 964	50 619 895
矩形 2	A_2	mm²	19 656 280		11 702 880		−3 123 335.4	−9 024 382.5	−13 299 828.62
	d_2	mm	9 905.4		9 880.9		9 896.5	9 856.3	9 027.9
	$A_2\times d_2$	×10³mm³	194 703 274		115 634 389		−30 910 088.79	−88 946 570.02	−120 068 857.8
三角形 3	A_3	mm²	60 490		60 490		124 990	124 990	146 940
	d_3	mm	19 149.1		19 100.0		20 278.3	18 321.2	10 957.2
	$A_3\times d_3$	×10³mm³	1 158 386		1 155 416		2 534 529	2 289 916	1 610 110
矩形 4	A_4	mm²	374 950		1 018 710		2 361 270	2 799 620	2 996 250
	d_4	mm	17 280.4		14 590.8		14 265.2	13 337.8	12 256.3
	$A_4\times d_4$	×10³mm³	6 479 305		14 863 686		33 683 804	37 340 642	36 722 932
三角形 5	A_5	mm²	289 290		2 135 610		5 479 810	7 703 280	7 446 020
	d_5	mm	8 413.1		22 857.6		11 750.6	13 932.2	10 459.6
	$A_5\times d_5$	×10³mm³	2 433 822		48 814 752		64 391 289	107 323 439	77 882 134
弓形 6	A_6	mm²	96 730		714 040		1 851 830	2 603 250	2 531 600
	d_6	mm	17 281.5		14 593.9		14 280.9	13 356.4	12 280.5
	$A_6\times d_6$	×10³mm³	1 671 708		10 420 632		26 445 777	34 770 168	31 089 202
M_p 图	A	mm²	25 357 890		22 222 710		20 861 230	17 551 100	13 487 260
	d	mm	9 656.1		10 133.9		4 608.8	8 300.4	5 772.5
	$\bar{\eta}$	mm	5 077.33		4 813.90		7 592.10	5 706.07	6 141.59
	N_p（见表 11-15）	kN	846.735	884.631	903.399	866.572	788.850	817.971	874.426
	f_i	mm	8.93	9.33	7.92	7.59	10.24	6.71	5.93

计算得到主梁跨中预加力的反拱度为

$$f_p = \sum_{i=1}^{7} f_i = 56.7 \text{mm}(\uparrow)$$

根据《公路钢筋混凝土及预应力混凝土桥涵设计规范》(JTG D62—2004)第6.5.4条的规定,考虑长期效应的影响,预加力引起的反拱值应乘以长期增长系数2.0,即

$$f_{pl} = 2.0 \times f_p = 113.4 \text{mm}(\uparrow)$$

2. 荷载引起的跨中挠度

根据《公路钢筋混凝土及预应力混凝土桥涵设计规范》(JTG D62—2004)第6.5.2条的规定,全预应力混凝土构件的刚度采用$0.95E_cI_0$,恒载效应产生的跨中挠度可近似按下列公式计算:

$$f_g = \frac{5}{48} \cdot \frac{(M_{g1}+M_{g2})l^2}{0.95E_cI_0} = \frac{5}{48} \cdot \frac{7\,148.70 \times 39\,000^2 \times 10^6}{0.95 \times 3.45 \times 70\,764\,877 \times 10^8} = 48.8 \text{mm}(\downarrow)$$

短期荷载效应组合产生的跨中挠度可近似按下列公式计算:

$$f_s = \frac{5}{48} \cdot \frac{M_s l^2}{0.95E_cI_0} = \frac{5}{48} \cdot \frac{9\,110.91 \times 39\,000^2 \times 10^6}{0.95 \times 3.45 \times 70\,764\,877 \times 10^8} = 62.2 \text{mm}(\downarrow)$$

根据《公路钢筋混凝土及预应力混凝土桥涵设计规范》(JTG D62—2004)第6.5.3条的规定,受弯构件在使用阶段的挠度应考虑荷载长期效应的影响,即按荷载短期效应组合计算的挠度值,乘以挠度长期增长系数η_θ。当为C50混凝土时$\eta_\theta = 1.425$,则荷载短期效应组合引起的长期挠度值为

$$f_{sl} = 1.425 \times 62.2 = 88.6(\text{mm})(\downarrow)$$

恒载引起的长期挠度值为

$$f_{gl} = 1.425 \times 48.8 = 69.5(\text{mm})(\downarrow)$$

3. 结构刚度验算

按《公路钢筋混凝土及预应力混凝土桥涵设计规范》(JTG D62—2004)第6.5.3条的规定,预应力混凝土受弯构件计算的长期挠度值,在消除结构自重产生的长期挠度后梁的最大挠度不应超过计算结构的1/600,即

$$f_{sl} - f_{gl} = 88.6 - 69.5 = 19.1(\text{mm}) < 39\,000/600 = 65(\text{mm})$$

结构刚度满足规范要求。

4. 预拱度的设置

按《公路钢筋混凝土及预应力混凝土桥涵设计规范》(JTG D62—2004)第6.5.5条的规定,当预加力产生的长期反拱值大于按荷载短期效应组合计算的长期挠度时,可不设预拱度。本示例中预加力产生的长期反拱值为113.4mm,大于按荷载短期效应组合计算的长期挠度值88.6mm,可不设预拱度。

第二节　无粘结预应力混凝土连续梁计算示例

无粘结预应力混凝土连续梁示例选用预应力混凝土连续楼板的次梁结构。

一、设　计　资　料

1. 设计依据

(1)《混凝土结构设计规范》(GB 50010—2002);

(2)《无粘结预应力混凝土结构技术规程》(JGJ 92—2004)。

2.材料

根据《混凝土结构设计规范》(GB 50010—2002)表4.1.3、表4.1.4及表4.1.5的规定,混凝土强度等级为C40: $f_{tk}=2.39\text{MPa}$, $f_c=19.1\text{MPa}$, $\alpha_1=1.0$, $E_c=3.25\times10^4\text{MPa}$。张拉预应力钢筋时,混凝土强度达到其设计值 $f_{cu}=40\text{MPa}$。

根据《混凝土结构设计规范》(GB 50010—2002)表4.2.2-2和表4.2.3-2的规定,热挤PE无黏结预应力筋采用的 $\phi^s15.2$ 钢绞线: $f_{pk}=1\,860\text{MPa}$, $f_{py}=1\,320\text{MPa}$, $E_p=1.95\times10^5\text{MPa}$。

根据《混凝土结构设计规范》(GB 50010—2002)表4.2.3-1和表4.2.4的规定,非预应力纵向钢筋采用 HRB335 级钢筋: $f_{sy}=300\text{MPa}$, $E_s=1.95\times10^5\text{MPa}$。箍筋及焊接钢筋网片等非预应力钢筋采用 HPB235 钢筋, $f_{sy}=210\text{MPa}$。

结构所处环境类型为一类。

3.结构布置和截面几何尺寸

次梁采用等跨 15m、总长 60m 的连续结构,间距为 4.0m,楼面板的厚度为 100mm。次梁的跨高比取 15,则截面高度为 15/15=1.0m,取 $h=1\,000\text{mm}$;宽度 $h/3=333\text{mm}$,取 $b=350\text{mm}$;翼缘宽度 b'_f 取 4 000mm。次梁的几何截面特征为 $A=7.15\times10^5\text{mm}^2$, $y_0=730\text{mm}$, $I=6.566\times10^{10}\text{mm}^4$,如图 11-12 所示。

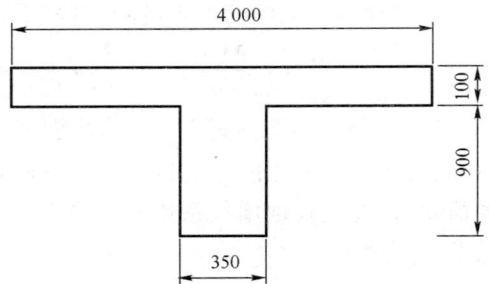

图 11-12 次梁的截面尺寸(尺寸单位:mm)

4.设计荷载

结构重力标准值 $g_k=21.1\text{kN/m}$;活荷载标准值 $p_k=3.5\times4.0=14(\text{kN/m})$。结构抗震等级为二级。

5.内力计算

在荷载作用下,四跨无粘结预应力连续梁的内力计算应考虑活荷载的最不利布置。在荷载标准值和各种荷载效应组合下四跨连续梁各控制截面的弯矩见表 11-32 所示。根据《建筑结构荷载规范》(GB 50009—2001)的规定,楼面结构重力的分项系数为1.2,活荷载分项系数为1.4,活荷载准永久系数为0.4。

控制截面弯矩(单位:kN·m) 表 11-32

荷 载 作 用	第 一 跨		第 二 跨	
	跨中	右支座	跨中	右支座
结构重力标准值 g_k	366.4	−508.7	172.6	−339.1
活荷载标准值 p_k	313.9	−379.7	253.6	−337.5
基本组合($1.2g_k+1.4p_k$)	879.14	−1 142.02	562.16	−879.42
短期效应组合(g_k+p_k)	680.3	−888.4	426.2	−676.6
长期效应组合($g_k+0.4p_k$)	492.0	−660.6	274.0	−474.1

同样,经计算第一跨右支座处出现最大剪力, $V_{max}=-413.07\text{kN}$(设计值)。

二、预应力钢筋布置及面积估算

1.预应力钢筋布置

该四跨连续梁的预应力钢筋采用四跨连续布置方式,在两边张拉端附近采用直线段,并且与跨中的抛物线形预应力钢筋段相切。

由图 11-13 得到如下数据：

$$\alpha = 0.15, \alpha l = 0.15 \times 15\,000 = 2\,250(\text{mm}), L_1 = 5\,000(\text{mm})$$

$$e_0 = \frac{\alpha}{\lambda}(e_1 + e_2) = \frac{0.15}{0.5} \times (1\,000 - 2 \times 100) = 240(\text{mm})$$

$$\tan\theta = \frac{2(e_1 + e_2)}{\lambda l} = \frac{2 \times (1\,000 - 2 \times 100)}{0.5 \times 15\,000} = 0.213$$

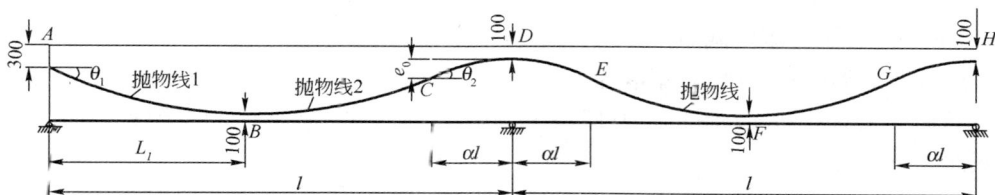

图 11-13　预应力钢筋布置(尺寸单位:mm)

抛物线 AB 的方程及其导数(原点位于 B 点)为

$$y = \frac{600}{7\,500^2}x^2, y' = \frac{2 \times 600}{7\,500^2}x$$

故

$$\theta_1 = y' \big|_{x=7\,500\text{mm}} = 0.16\text{rad}$$

抛物线 BC 的方程及其导数(原点位于 B 点)为

$$y = \frac{560}{5\,250^2}x^2, y' = \frac{2 \times 560}{5\,250^2}x$$

故

$$\theta_2 = y' \big|_{x=5\,250\text{mm}} = 0.213\text{rad}$$

2. 预应力钢筋面积估算

该工程采用二级标准,按抗裂控制要求混凝土梁一般不出现裂缝。根据《混凝土结构设计规范》(GB 50010—2002)第 8.1.1 条的规定:在荷载效应标准组合下,$\sigma_{\text{ck}} - \sigma_{\text{pc}} < f_{\text{tk}}$;在荷载效应准永久组合下,$\sigma_{\text{cq}} - \sigma_{\text{pc}} < 0$。因此,根据《混凝土结构设计规范》(GB 50010—2002)公式(6.1.5-4),可得控制截面所需预应力钢筋的截面面积为

$$A_{\text{pk}} \geqslant \frac{\sigma_{\text{ck}} - f_{\text{tk}}}{\left(\dfrac{1}{A} + \dfrac{e_{\text{p}}}{W}\right)\sigma_{\text{pe}}}, A_{\text{pq}} \geqslant \frac{\sigma_{\text{cq}}}{\left(\dfrac{1}{A} + \dfrac{e_{\text{p}}}{W}\right)\sigma_{\text{pe}}}$$

(1)第一跨跨中截面

考虑到次弯矩的影响,截面弯矩取为

$$M_{\text{k}} = 1.2 \times 680.3 = 816.36(\text{kN} \cdot \text{m}), M_{\text{q}} = 1.2 \times 492.0 = 590.40(\text{kN} \cdot \text{m})$$

截面模量为

$$W = I/y_0 = \frac{6.566 \times 10^{10}}{730} = 8.99 \times 10^7(\text{mm}^3)$$

相应截面应力为

$$\sigma_{\text{ck}} = \frac{M_{\text{k}}}{W} = \frac{816.36 \times 10^6}{8.99 \times 10^7} = 9.08(\text{MPa})$$

$$\sigma_{\text{cq}} = \frac{M_{\text{q}}}{W} = \frac{590.4 \times 10^6}{8.99 \times 10^7} = 6.57(\text{MPa})$$

将 σ_{pe} 近似取为 $0.75\sigma_{con}$，故 $\sigma_{pe}=0.75\times0.75\times1\,860=1\,046(MPa)$，$e_p=630mm$，于是

$$A_{pk}\geqslant\frac{9.08-2.39}{\left(\dfrac{1}{7.15\times10^5}+\dfrac{630}{8.99\times10^7}\right)\times1\,046}=760.82(mm^2)$$

$$A_{pq}\geqslant\frac{6.57}{\left(\dfrac{1}{7.15\times10^5}+\dfrac{630}{8.99\times10^7}\right)\times1\,046}=747.18(mm^2)$$

（2）第一跨右侧支座处截面

考虑次弯矩的影响，截面弯矩取为

$M_k=1.0\times888.4=888.4(kN\cdot m)$，$M_q=1.0\times660.6=660.6(kN\cdot m)$

截面模量为

$$W=I/y_0=\frac{6.566\times10^{10}}{270}=2.432\times10^8(mm^3)$$

相应截面应力为

$$\sigma_{ck}=\frac{M_k}{W}=\frac{888.4\times10^6}{2.432\times10^8}=3.653(MPa)$$

$$\sigma_{cq}=\frac{M_q}{W}=\frac{660.6\times10^6}{2.432\times10^8}=2.716(MPa)$$

取 $\sigma_{pe}=0.75\times0.75\times1\,860=1\,046(MPa)$，$e_p=270-100=170(mm)$，于是：

$$A_{pk}\geqslant\frac{3.653-2.39}{\left(\dfrac{1}{7.15\times10^5}+\dfrac{170}{2.432\times10^8}\right)\times1\,046}=575.6(mm^2)$$

$$A_{pq}\geqslant\frac{2.716}{\left(\dfrac{1}{7.15\times10^5}+\dfrac{170}{2.432\times10^8}\right)\times1\,046}=1\,238(mm^2)$$

综合抗裂控制要求，次梁内配置 10 根 $\phi^s15.2$ 无粘结预应力钢绞线，表示为 $10\text{-}U\phi^s15.2$，$A_p=10\times140=1\,400(mm^2)$。

三、预应力损失计算

无粘结预应力钢绞线的张拉控制应力为

$$\sigma_{con}=0.75f_{pk}=0.75\times1\,860=1\,395(MPa)$$

1. 预应力钢筋与孔道壁之间摩擦引起的预应力损失

根据《无粘结预应力混凝土结构技术规程》(JGJ 92—2004)第 5.1.6 条的规定，无粘结预应力钢绞线与 PE 护套之间摩擦引起的预应力损失按如下公式计算：

$$\sigma_{l2}=\sigma_{con}\left(1-\frac{1}{e^{kx+\mu\theta}}\right)$$

当 $(kx+\mu\theta)\leqslant0.2$ 时，

$$\sigma_{l2}=(kx+\mu\theta)\sigma_{con}$$

无粘结预应力钢绞线与 PE 护套之间的摩擦系数 $\mu=0.09$，局部偏差系数 $=0.004\,0m^{-1}$。采用两端张拉工艺，故预应力损失仅需计算至总长的一半，计算过程见表 11-33。

线 段	x_i(m)	θ_i(rad)	$kx_i + \mu\theta_i$	终点应力(MPa)	σ_{l2}(MPa)
AB	7.5	0.16	0.044 4	1 333.06	61.94
BC	5.25	0.213	0.040 17	1 277.02	56.04
CD	2.25	0.213	0.028 17	1 237.73	39.30
DF	7.5	0.426	0.068 34	1 142.39	95.33
FH	7.5	0.426	0.068 34	1 047.06	95.33

2. 预应力钢筋回缩引起的预应力损失

参照本教材第三章有关内容进行计算。采用 OVM 锚具,预应力钢筋内缩 $\Delta l = 5$mm。设锚固损失 σ_{l1} 消失于曲线段 BC 内,各段摩擦损失 σ_{l2} 的斜率为

$$i_1 = \frac{\sigma_{l2,i}}{l_i}$$

所以,

$$i_1 = 61.94/7\ 500 = 8.26 \times 10^{-3}$$

$$i_2 = 56.04/5\ 250 = 10.67 \times 10^{-3}$$

$$i_3 = 39.30/2\ 250 = 17.47 \times 10^{-3}$$

$$\omega = \Delta l E_p = 5 \times 1.95 \times 10^5 = 9.75 \times 10^5 (\text{N/mm}), l_0 = 0(\text{m})$$

$$l_f = \sqrt{\frac{\Delta l E_p}{i_2} - \frac{i_1(l_1^2 - l_0^2)}{i_2} + l_1^2}$$

$$= \sqrt{\frac{9.75 \times 10^5}{10.67 \times 10^{-3}} - \frac{9.15 \times 10^{-3} \times 7\ 500^2}{10.67 \times 10^{-3}} + 7\ 500^2} = 9\ 969(\text{mm})$$

因此,第一跨左支座截面处($x = 0$m)锚固后的预应力损失为

$$\sigma_{l1,A} = 2i_1(l_1 - x) + 2i_2(l_f - l_1)$$

$$= 2 \times 8.26 \times 10^{-3} \times 7\ 500 + 2 \times 10.67 \times 10^{-3} \times (9\ 969 - 7\ 500)$$

$$= 176.59(\text{MPa})$$

第一跨跨中截面处($x = l_1 = 7\ 500$m)锚固后的预应力损失为

$$\sigma_{l1,B} = 2i_1(l_1 - x) + 2i_2(l_f - l_1)$$

$$= 2 \times 10.67 \times 10^{-3} \times (9\ 969 - 7\ 500) = 52.69(\text{MPa})$$

3. 预应力钢筋松弛引起的预应力损失

由于采用低松弛钢绞线且 $0.7f_{pk} < \sigma < 0.8f_{pk}$,根据《无粘结预应力混凝土结构技术规程》(JGJ 92—2004)第 5.1.7 条的规定,预应力钢绞线松弛引起的预应力损失为

$$\sigma_{l4} = 0.2\left(\frac{\sigma_{con}}{f_{pk}} - 0.575\right)\sigma_{con} = 0.2 \times 1.0 \times (0.75 - 0.575) \times 1\ 395 = 48.83(\text{MPa})$$

这里不考虑超张拉的影响。

4. 混凝土收缩和徐变引起的预应力损失

根据《无粘结预应力混凝土结构技术规程》(JGJ 92—2004)第 5.1.8 条的规定,混凝土收缩和徐变引起的预应力损失按下式计算:

$$\sigma_{l5} = \frac{35 + 280\frac{\sigma_{pc}}{f_{cu}}}{1 + 15\rho}$$

计算无粘结预应力钢筋合力点处混凝土法向应力 σ_{pc} 时,预应力损失值仅考虑混凝土预压

217

（第一批）的损失 $\sigma_{l1}=\sigma_{l1}+\sigma_{l2}$，且计及结构自身重力的影响。为了简化起见，结构自身重力近似取全部结构重力，即取 g_k；考虑到框架主梁的弹性嵌固作用，取其上负弯矩为边跨跨中值的25%计算。即

$$M_{gA}=0.25\times366.4=91.6(\text{kN}\cdot\text{m})$$

在端支座 A 截面处：

$$N_{pI}=(\sigma_{con}-\sigma_{l1})A_p=(1\,395-176.59)\times1\,400=1\,705.77(\text{kN})$$

$$e_p=300-(1\,000-730)=30(\text{mm})$$

故

$$\sigma_{pc}=\frac{N_{pI}}{A}+\frac{N_{pI}e_p-M_{gA}}{I}e_p$$

$$=\frac{1\,705.77\times10^3}{7.15\times10^5}+\frac{1\,705.77\times10^3\times30+91.6\times10^6}{6.566\times10^{10}}\times30=2.45(\text{MPa})$$

式中，考虑了结构自身重力对支座截面预应力钢筋合力点处的混凝土产生的法向应力的影响。

为了预估非预应力钢筋的面积，近似取无粘结预应力钢筋的极限应力为 $\sigma_{pu}=0.9f_{py}$、$PPR=0.75$ 及根据公式（8-23），得到

$$\sigma_{pu}=0.9f_{py}=0.9\times1\,320=1\,188(\text{MPa})$$

$$A_s=\frac{A_p\sigma_{pu}(1-PPR)}{f_{sy}PPR}=\frac{1\,400\times1\,188\times(1-0.75)}{300\times0.75}=1\,848(\text{mm}^2)$$

则

$$\rho=\frac{A_p+A_s}{A}=\frac{1\,400+1\,848}{7.15\times10^5}=0.45\%$$

$$\sigma_{l5}=\frac{35+280\dfrac{\sigma_{pc}}{f_{cu}}}{1+15\rho}=\frac{35+280\times\dfrac{2.45}{40}}{1+15\times0.004\,5}=48.86(\text{MPa})$$

其余截面处 σ_{l5} 的计算结果见表 11-34。

σ_{l5} 计 算　　　　　　　　表 11-34

项　　目	第 一 跨			第 二 跨	
	左支座	跨中	右支座	跨中	右支座
N_{pI}(kN)	1 705.77	1 792.52	1 732.81	1 599.35	1 465.88
e_p(mm)	−30	630	170	630	170
σ_{pc}(MPa)	2.45	9.83	1.87	10.2	1.82
σ_{l5}(MPa)	48.86	97.23	45.04	100.00	44.70

表 11-35 列出了各控制截面的总预应力损失 σ_l 和有效预应力 σ_{pe} 和有效预加力 N_{pe}，其中：

$$\sigma_l=\sum_{i=1}^{5}\sigma_{li}，\quad N_p=(\sigma_{con}-\sigma_l)A_p$$

控制截面的 σ_l、σ_{pe} 及 N_{pe}　　　　　　　　表 11-35

项　　目	第 一 跨			第 二 跨	
	左支座	跨中	右支座	跨中	右支座
σ_l(MPa)	274.28	260.68	251.15	401.43	441.47
σ_{pe}(MPa)	1 120.72	1 132.32	1 143.85	993.57	953.53
N_{pe}(kN)	1 569.01	1 588.05	1 601.39	1 391.00	1 334.94

由表 11-35，$\sigma_{l,\max}$ 出现在第二跨的右支座处，$\sigma_{l,\max}/\sigma_{con}=441.47/1\,395=31.6\%$。

四、次内力分析

1. 等效荷载

由于沿预应力钢筋预应力的大小是变化的，因此要精确计算等效荷载较为复杂。作为工程设计，按预应力值沿跨间不变且取其平均值进行计算，其精度是能满足设计要求的。所以，第一、二跨的有效预加力值分别为

$$N_{p1}=\frac{1}{4}\times(1\,569.01+2\times1\,588.05+1\,601.39)=1\,586.63(\text{kN})$$

$$N_{p2}=\frac{1}{4}\times(1\,601.39+2\times1\,391.00+1\,334.94)=1\,429.58(\text{kN})$$

预应力的等效荷载为

$$\bar{q_i}=\frac{8N_p e}{l^2}$$

则有

$$q_1=\frac{8\times1\,586.63\times0.600}{15^2}=33.85(\text{kN/m})$$

$$q_2=\frac{8\times1\,586.63\times0.560}{10.5^2}=64.47(\text{kN/m})$$

$$q_3=\frac{8\times1\,586.63\times0.240}{4.5^2}=150.44(\text{kN/m})$$

$$q_4=\frac{8\times1\,429.58\times0.560}{10.5^2}=58.09(\text{kN/m})$$

$$q_5=\frac{8\times1\,429.58\times0.240}{4.5^2}=135.55(\text{kN/m})$$

端部预应力钢筋偏心引起的弯矩为

$$M_e=N_{p1}\cos\theta_1 e_p=1\,586.63\times0.987\times30\times10^{-3}=46.98(\text{kN}\cdot\text{m})$$

2. 综合弯矩

等效荷载作用下的固端弯矩计算如下。

(1) 第一跨

$$\overline{M}_{AD}=\frac{1}{12}q_1l^2(6-8\alpha+3\alpha^2)\alpha^2+\frac{1}{12}q_2l^2[(1-\alpha)^3(1+3\alpha)-\alpha_1^3(4-3\alpha_1)]-$$

$$\frac{1}{12}q_3l^2(1-\alpha_2)^3(1+3\alpha_2)$$

$$\overline{M}_{DA}=\frac{1}{12}q_1\cdot l^2\cdot\alpha^3(4-3\alpha)+\frac{1}{12}q_2\cdot l^2\cdot[(1-\alpha_1)^3(1+3\alpha_1)-\alpha^3(4-3\alpha)]-$$

$$\frac{1}{12}q_3\cdot l^2[1-\alpha_2^3(4-3\alpha_2)]$$

其中：$\alpha_1=0.15, \alpha=0.5, \alpha_2=0.85, l=15\text{m}$。

所以，

$$\overline{M}_{AD}=765.82\text{kN}\cdot\text{m}, \overline{M}_{DA}=588.09\text{kN}\cdot\text{m}$$

(2)第二跨

$$\overline{M}_{DH} = -\overline{M}_{HD} = -\frac{1}{6}(q_4 + q_5)l^2\alpha^2(3 - 2\alpha) + \frac{1}{12}q_4 l^2 = 648.05\text{kN}\cdot\text{m}$$

应用弯矩分配法计算预应力在次梁中产生的综合弯矩,图 11-14 为等效荷载与弯矩分配表。这里弯矩值以顺时针方向为正号,逆时针方向为负号。

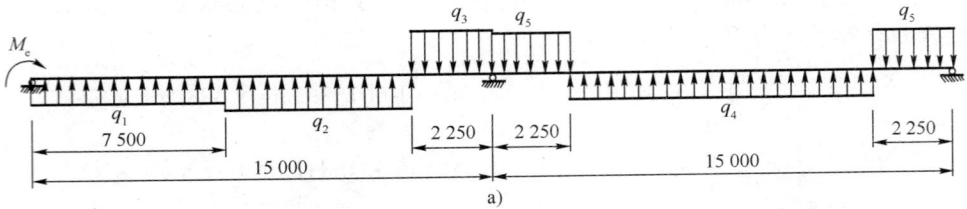

a)

分配系数	1.00		0.50	0.50		1.00
结点弯矩	−46.98					
固端弯矩	+765.82		−588.09	+648.05		−648.05
分配弯矩	−718.84	→	−359.42			
	+74.87	←	+149.73	+149.73	→	+74.87
	−74.87	→	−37.43			
	+9.36	←	+18.72	+18.72	→	+9.36
	−9.36	→	−4.68			
	+1.17	←	+2.34	+2.34	→	+1.17
	−1.17	→	−0.58			
	+0.15	←	+0.29	+0.29	→	+0.15
	−0.15	→	−0.08			
			+0.04	+0.04	→	+0.02
综合弯矩	+46.98		−819.16	+819.16		−562.48

b)

图 11-14 等效荷载与弯矩分配表(尺寸单位:mm)

a)等效荷载;b)弯矩分配表(单位:kN·m)

3.次内力

次弯矩为 $M_{次} = M_{综} - M_{主}$,其中 $M_{主} = N_p e_p$。次弯矩计算见表 11-36 所示。

次弯矩计算(单位:kN·m)   表 11-36

截 面		综合弯矩 ($M_{综}$)	主弯矩 ($M_{主}$)	次弯矩 ($M_{次}$)
第一跨	左支座	46.98	$1\,586.63\times0.987\times0.030 = 46.98$	0
	跨中	−721.46	$-1\,586.63\times0.630 = -999.58$	278.12
	右支座	819.16	$1\,586.63\times0.170 = 266.75$	552.41
第二跨	左支座	819.16	$1\,429.58\times0.170 = 243.03$	576.13
	跨中	−452.92	$-1\,429.58\times0.630 = -900.64$	447.72
	右支座	562.48	$1\,429.58\times0.170 = 243.03$	319.45

预应力在次梁中产生的次剪力为

第一跨　$V_{次}=552.41/15=36.83(kN)$；

第二跨　$V_{次}=-(576.13-319.45)/15=-17.11(kN)$。

五、截面承载力验算

1. 正截面抗弯承载力

(1)第一跨跨中截面

根据《建筑结构荷载规范》(GB 50009—2001)的规定,截面弯矩设计值为

$$M=1.2M_g+1.4M_q+1.2M_{次}=879.14+1.2\times278.12=1\,212.88(kN\cdot m)$$

无粘结预应力钢筋极限应力设计值,可根据《无粘结预应力混凝土结构技术规程》(JGJ 92—2004)第5.1.11条的规定计算,或按式(8-5)~式(8-7)计算：

$$\sigma_{pu}=\sigma_{pe}+\Delta\sigma_p$$

$$\Delta\sigma_p=(240-335\xi_0)\left(0.45+5.5\frac{h}{l_0}\right)$$

$$\xi_0=\frac{A_p\sigma_{pe}+A_sf_{sy}}{f_cbh_p}$$

代入数据得到

$$\xi_0=\frac{A_p\sigma_{pe}+A_sf_{sy}}{f_cbh_p}=\frac{1\,400\times1\,128.13+1\,848\times300}{19.1\times4\,000\times900}=0.031\leqslant0.45$$

$$\Delta\sigma_p=(240-335\xi_0)\left(0.45+5.5\frac{h}{l_0}\right)$$

$$=(240-335\times0.031)\times\left(0.45+5.5\times\frac{1\,000}{15\,000}\right)$$

$$=187.52(MPa)$$

$$\sigma_{pu}=\sigma_{pe}+\Delta\sigma_p$$

$$=1\,132.32+187.52=1\,319.84(MPa)$$

符合《无粘结预应力混凝土结构技术规程》(JGJ 92—2004)第5.1.11-4条的要求,$\sigma_{pu}<f_{py}=1\,320MPa$。

取预应力钢筋和非预应力钢筋合力点至混凝土边缘的距离$a=80$ mm。根据公式(8-20)得到受压区高度：

$$x=h_0-\sqrt{h_0^2-\frac{2M}{\alpha_1f_cb_f'}}$$

$$=920-\sqrt{920^2-\frac{2\times1\,212.88\times10^6}{1.0\times19.1\times4\,000}}=17.42(mm)\leqslant h_f'=100(mm)$$

按截面承载力要求,普通钢筋面积应满足

$$A_s\geqslant\frac{b_f'x\alpha_1f_c-A_p\sigma_{pu}}{f_{sy}}=\frac{4\,000\times17.42\times1.0\times19.1-1\,400\times1\,319.84}{300}<0(mm^2)$$

根据《无粘结预应力混凝土结构技术规程》(JGJ 92—2004)第5.2.1的规定,非预应力钢筋只需按构造要求配筋,即$A_s=0.003bh=1\,050mm^2$,故配置HRB335钢筋4Φ20($1\,256mm^2$)。

221

（2）第一跨右支座处截面

同样，截面弯矩设计值为：

$$M = 1.2M_g + 1.4M_q - M_{次} = 1142.02 - 552.41 = 589.61(\text{kN} \cdot \text{m})$$

无粘结预应力钢筋极限应力设计值计算如下：

$$\xi_0 = \frac{A_p\sigma_{pe} + A_s f_{sy}}{f_c b h_p} = \frac{1400 \times 1143.85 + 1848 \times 300}{19.1 \times 350 \times 900} = 0.36 \leqslant 0.45$$

$$\Delta\sigma_p = (240 - 335\xi_0)(0.45 + 5.5\frac{h}{l_0})$$

$$= (240 - 335 \times 0.36) \times \left(0.45 + 5.5 \times \frac{1000}{15000}\right)$$

$$= 97.51(\text{MPa})$$

$$\sigma_{pu} = \sigma_{pe} + \Delta\sigma_p$$

$$= 1143.85 + 97.51 = 1241.36(\text{MPa})$$

符合《无粘结预应力混凝土结构技术规程》（JGJ 92—2004）第 5.1.11-4 条的要求，σ_{pu} < f_{py} = 1320MPa。

经计算知，非预应力钢筋同样只需按构造要求配置，故配置 HRB335 钢筋 4 Φ 20 （1256mm²），其他截面计算略。

2. 斜截面抗剪承载力

剪力设计值应考虑次内力的影响，其最大值为 V_{max} = −413.07kN，设计值为

$$V = V_{max} - V_{次} = 413.07 - 36.83 = 376.24(\text{kN})$$

根据《混凝土结构设计规范》（GB 50010—2002）第 7.5.1 条的规定，截面尺寸验算如下：

$$0.25f_c b h_0 = 0.25 \times 19.1 \times 350 \times 920 = 1537.55(\text{kN}) > V_{max}$$

由于 $0.7f_t b h_0 = 0.7 \times 1.71 \times 350 \times 920 = 385.43(\text{kN}) > V$，根据《混凝土结构设计规范》（GB 50010—2002）第 7.5.7 条的规定，仅靠混凝土承担剪力即可满足斜截面抗剪承载力要求，故梁中箍筋可按构造要求配置，取 φ6@200。

六、使用阶段验算

1. 抗裂验算

按《混凝土结构设计规范》（GB 50010—2002）进行正截面抗裂验算，可不作裂缝宽度验算，根据 8.1.1 条的规定进行如下验算（表 11-37）：

$$\sigma_{ck} - \sigma_{pc} \leqslant f_{tk}, \sigma_{cq} - \sigma_{pc} \leqslant 0$$

截面抗裂验算（单位：MPa）   表 11-37

计 算 公 式	第 一 跨		第 二 跨	
	跨中	右支座	跨中	右支座
σ_{ck}	7.56	3.66	4.74	2.78
σ_{cq}	5.47	2.72	3.05	1.95
$\sigma_{pc} = \dfrac{N_p}{A_n} \pm \dfrac{N_p e_{pu}}{I_n}y_n \pm \dfrac{M_2}{I_n}y_n$	10.22	5.56	7.03	4.31
$\sigma_{ck} - \sigma_{pc}$	−2.66	−1.90	−2.29	−1.53
$\sigma_{cq} - \sigma_{pc}$	−4.75	−2.84	−3.98	−2.36

已知 $f_{tk}=2.39\text{MPa}$，正截面抗裂满足要求。

2. 变形验算

连续梁的最大挠度发生在第一跨，下面仅验算该跨的挠度。

(1) 截面刚度

由于 $\sigma_{ck}-\sigma_{pc}\leqslant f_{tk}$，按不开裂截面计算刚度。

根据《无粘结预应力混凝土结构设计规程》(JGJ 92—2004) 第 5.1.17 条的规定，短期刚度为

$$B_s = 0.85E_cI_0 = 0.85\times3.25\times10^4\times6.566\times10^{10} = 1.814\times10^{15}(\text{N/mm}^2)$$

式中，换算截面抗弯惯性矩近似取毛截面抗弯惯性矩。

根据《无粘结预应力混凝土结构设计规程》(JGJ 92—2004) 第 5.1.16 条的规定，长期刚度 B 为（预应力结构 $\theta=2.0$）

$$B = \frac{M_k}{M_q(\theta-1)+M_k}B_s = \frac{680.3}{492.0\times(2.0-1.0)+680.3}\times1.814\times10^{15}$$
$$= 1.053\times10^{15}(\text{N/mm}^2)$$

(2) 短期效应组合下的跨中挠度

$$f_{qk} = \frac{5q_kl^4}{384B_s} - \frac{M_{D_k}l^2}{12B_s}(2-3\times0.5+0.5^2) = \frac{5q_kl^4}{384B_s} - 0.0625\frac{M_{D_k}l^2}{B_s}$$

其中：

$$q_k = \frac{8}{l^2}(M_{B_k}+0.5M_{D_k}) = \frac{8}{15\,000^2}\times(680.3+0.5\times888.4)\times10^6 = 39.98(\text{N/mm}^2)$$

所以，

$$f_{qk} = \frac{5\times39.98\times15\,000^4}{384\times1.814\times10^{15}} - 0.0625\times\frac{888.4\times10^6\times15\,000^2}{1.814\times10^{15}} = 7.64(\text{mm})$$

$$f_{qk}/l = 7.64/15\,000 = 1/1\,963 < 1/400$$

(3) 长期效应组合下的跨中挠度

$$f_{qq} = \frac{5q_ql^4}{384B} - \frac{M_{D_q}l^2}{12B}(2-3\times0.5+0.5^2) = \frac{5q_ql^4}{384B} - 0.0625\frac{M_{D_q}l^2}{B}$$

其中：

$$q_c = \frac{8}{l^2}(M_{Bq}+0.5M_{D_q}) = \frac{8}{15\,000^2}\times(492.0+0.5\times660.6)\times10^6 = 29.24(\text{N/mm}^2)$$

所以，

$$f_{qq} = \frac{5\times29.24\times15\,000^4}{384\times1.053\times10^{15}} - 0.0625\times\frac{660.6\times10^6\times15\,000^2}{1.053\times10^{15}} = 9.48(\text{mm})$$

$$f_{qq}/l = 9.48/15\,000 = 1/1\,582 < 1/400$$

连续梁的变形满足《混凝土结构设计规范》(GB 50010—2002) 第 3.3.2 条的要求，不必进行预应力引起的反拱计算。

七、施工阶段验算

1. 受力计算

预应力混凝土梁施工阶段应力验算时应考虑荷载最不利的作用情况，即在施加预应力时可能的最小结构自身重力，部分结构自身重力的集度为 $g' = (0.3\times0.9+0.1\times4)\times$

$25=16.75(\mathrm{kN/m})$。该荷载作用下各截面的弯矩 M'_s 见表11-38所示。

控制截面的 M'_s 和 $M_{综}$（单位：kN·m） 表11-38

控制截面	第 一 跨		第 二 跨	
	跨中	右支座	跨中	右支座
M'_s	290.83	-403.79	137.00	-269.20
$M_{综}$	800.15	909.94	488.73	632.6

2. 综合弯矩

张拉预应力钢筋时，扣除第一批预应力损失后的有效预加力为

$$N'_{p1} = \frac{1}{4} \times (1\,705.77 + 2 \times 1\,792.52 + 1\,732.81) = 1\,755.91(\mathrm{kN})$$

$$N'_{p2} = \frac{1}{4} \times (1\,732.81 + 2 \times 1\,599.35 + 1\,465.88) = 1\,599.35(\mathrm{kN})$$

等效荷载为

$$q'_1 = \frac{8 \times 1\,755.91 \times 0.600}{15^2} = 37.46(\mathrm{kN/m})$$

$$q'_2 = \frac{8 \times 1\,755.91 \times 0.560}{10.5^2} = 71.35(\mathrm{kN/m})$$

$$q'_3 = \frac{8 \times 1\,755.91 \times 0.240}{4.5^2} = 166.49(\mathrm{kN/m})$$

$$q'_4 = \frac{8 \times 1\,599.35 \times 0.560}{10.5^2} = 64.99(\mathrm{kN/m})$$

$$q'_5 = \frac{8 \times 1\,599.35 \times 0.240}{4.5^2} = 151.64(\mathrm{kN/m})$$

端部预应力钢筋偏心引起的弯矩为

$$M'_e = -1\,755.91 \times 0.030 \times 0.987 = -51.99(\mathrm{kN \cdot m})$$

同样可计算出等效荷载作用下连续梁各控制截面的弯矩，即综合弯矩 $M_{综}$，见表11-38所示。

3. 应力验算

预应力钢筋张拉阶段，各控制截面上、下边缘的混凝土法向应力及混凝土有效预压应力的计算过程见表11-39所示。

施工阶段截面应力验算（单位：MPa） 表11-39

计 算 公 式		$\sigma'_{sc} = \dfrac{M'_s}{W}$	$\sigma'_{pc} = \dfrac{N'_p}{A} + \dfrac{M'_{综}}{W}$	$\sigma'_{sc} + \sigma'_{pc}$
第一跨	左支座上边缘	$+0.29$	-2.24	-1.95
	跨中下边缘	$+3.23$	-11.35	-8.12
	右支座上边缘	$+1.66$	-6.20	-4.54
第二跨	跨中下边缘	$+1.52$	-7.67	-6.15
	右支座上边缘	$+1.11$	-4.84	-3.73

224

当混凝土强度达到100%时,根据《混凝土结构设计规范》(GB 50010—2002)第4.1.3条,表11-39所示控制截面的应力均符合如下条件:

$$\sigma_{ct} \leqslant f'_{tc} = 2.39 \text{MPa}$$

$$\sigma_{cc} \leqslant 0.8f'_{ck} = 0.8 \times 26.8 = 21.44 \text{(MPa)}$$

同时,在次梁上下边缘设置4ϕ15通长非预应力钢筋作为构造钢筋,其配筋率为

$$\rho = A'_s / (bh_0) = 804/(350 \times 1\ 000) = 0.23\% \geqslant 0.15\%$$

4. 局部承压验算

该结构锚固采用OVM锚具,全部采用配套配件,局部承压满足要求。

参 考 文 献

[1] 中华人民共和国国家标准.GB 50010—2002 混凝土结构设计规范.北京:中国建筑工业出版社,2002.

[2] 中华人民共和国国家标准.GB 50009—2001 建筑结构荷载规范.北京:中国建筑工业出版社,2002.

[3] 中华人民共和国国家标准.GB/T 5223.3—2005 预应力混凝土用钢棒.北京:中国标准出版社,2005.

[4] 中华人民共和国国家标准.GB/T 20065—2006 预应力混凝土用螺纹钢筋.北京:中国标准出版社,2006.

[5] 中华人民共和国国家标准.GB/T 5223—2002 预应力混凝土用钢丝.北京:中国标准出版社,2002.

[6] 中华人民共和国国家标准.GB/T 5224—2003 预应力混凝土用钢绞线.北京:中国标准出版社,2003.

[7] 中华人民共和国行业标准.JTG D60—2004 公路桥涵设计通用规范.北京:人民交通出版社,2004.

[8] 中华人民共和国行业标准.JTG D62—2004 公路钢筋混凝土及预应力混凝土桥涵设计规范.北京:人民交通出版社,2004.

[9] 中国土木工程学会.部分预应力混凝土结构设计建议.北京:中国铁道出版社,1985.

[10] 中华人民共和国行业标准.JGJ 92—2004 无粘结预应力混凝土结构技术规程.北京:中国建筑工业出版社,2005.

[11] 中华人民共和国行业标准.JGJ 85—2002 预应力筋用锚具、夹具和连接器应用技术规程.1992.

[12] 上海市标准.DGJ 08-69—2007 预应力混凝土结构设计规程.上海:上海市建设委员会,2007.

[13] 美国钢筋混凝土房屋建筑规范.ACI 1992 年修订版.中国建筑科学研究院结构所规范室,译.1993.

[14] 林同炎,Ned. H. Burns.预应力混凝土结构设计.3 版.路湛心,等,译.北京:中国铁道出版社,1983.

[15] 范立础.预应力混凝土连续梁桥.北京:人民交通出版社,1988.

[16] 杜拱辰.现代预应力混凝土结构.北京:中国建筑工业出版社,1988.

[17] 陶学康.后张预应力混凝土设计手册.北京:中国建筑工业出版社,1996.

[18] 周履.徐变收缩.北京:中国铁道出版社,1994.

[19] 张士铎.现代混凝土基础理论.上海:同济大学出版社,1994.

[20] 袁国干.配筋混凝土结构设计原理.上海:同济大学出版社,1990.

[21] 邵容光.结构设计原理.北京:人民交通出版社,1987.

[22] 朱伯龙.混凝土结构设计原理.上海:同济大学出版社,1992.

[23] 江见鲸.混凝土结构工程学.北京:中国建筑工业出版社,1998.

[24] 过镇海.钢筋混凝土原理.北京:清华大学出版社,1999.

[25] 滕明智.钢筋混凝土基本构件.北京:清华大学出版社,1987.

[26] 肖长礼.后张无黏结部分预应力混凝土公路桥.北京:人民交通出版社,1999.

[27] 房贞政.无粘结与部分预应力结构.北京:人民交通出版社,1999.

[28] 刘效尧,朱新实.预应力技术及材料设备.北京:人民交通出版社,1998.

[29] 苏小卒,朱伯龙.预应力混凝土框架的反复荷载试验及有限元全过程滞回分析.同济大学学报,1987(1).

[30] 车惠民,等.部分预应力混凝土.成都:西南交通大学出版社,1992.

[31] 吕志涛.预应力混凝土结构抗震设计技术规程(讨论稿).1996.

[32] 吕志涛,薛伟辰.预应力混凝土门架及排架结构抗震性能研究.土木工程学报,1996(5).

[33] 薛伟辰,周氏,吕志涛.混凝土杆系结构滞回全过程分析.工程力学,1996(3).

[34] Antoine Naaman, John Breen. External prestressing in bridges. American Concrete Institute,1990.

人民交通出版社股份有限公司 公路教育出版中心
土木工程/道路桥梁与渡河工程类本科及以上教材

注:◆教育部普通高等教育"十一五"、"十二三"国家级规划教材
　　▲建设部土建学科专业"十一五"规划教材

教材详细信息,请查阅"中国交通书城"(www.jtbook.com.cn)
咨询电话:(010)85285865,85285984
道路工程课群教学研讨 QQ 群(教师) 328662128　　桥梁工程课群教学研讨 QQ 群(教师) 138253421
交通工程课群教学研讨 QQ 群(教师) 185830343　　交通专业学生讨论 QQ 群 345360030